物业和设施管理

郭连忠　编著

中国建筑工业出版社

图书在版编目（CIP）数据

物业和设施管理 / 郭连忠编著. — 北京：中国建筑工业出版社，2014.4
ISBN 978-7-112-16462-2

Ⅰ.①物… Ⅱ.①郭… Ⅲ.①物业管理—设备管理 Ⅳ.①F293.33

中国版本图书馆CIP数据核字（2014）第032318号

本书揭开住宅（豪宅）、甲级写字楼、星级酒店、城市综合体、旧城改造（城市更新）等高端物业的"神秘面纱"，从物业篇、设施设备篇、服务创新和绿色转型三部分，全面展示品牌企业的成功经验和精华，尤其是站在建筑能源审计的角度，全面梳理各类物业消耗的能源，对物业行业、地产公司和节能企业以及相关政府部门等，拓展节能减排的绿色经济增长点，意义重大。

全书理论联系实际，内容丰富，图文并茂，可作为物业服务企业、房地产公司、相关研究机构和政府部门的参考书，还可以作为大中专院校物业管理、建筑、机电和新能源技术等专业的教材。

责任编辑：封　毅　毕凤鸣
责任设计：张　虹
责任校对：陈晶晶　赵　颖

物业和设施管理

郭连忠　编著

*

中国建筑工业出版社出版、发行（北京西郊百万庄）
各地新华书店、建筑书店经销
北京京点图文设计有限公司制版
北京云浩印刷有限责任公司印刷

*

开本：787×1092毫米　1/16　印张：20¼　字数：505千字
2014年4月第一版　2014年4月第一次印刷
定价：45.00元
ISBN 978-7-112-16462-2
（25286）

自序：物业和设施管理的发展方向

《物业和设施管理》终于要与读者见面了，心中感慨万千。在我的职业生涯中，参与过近 200 个水电工程项目的安装和维修，全国各地 200 多个项目的物业资产管理和 150 多个既有建筑的能源审计，完成大量的技术攻关和科研成果，并有机会在全国各地教学（物业管理尤其是绿色物管、设施设备管理和能源管理等教学）以及与国内外的同行们交流等。我在长期的工作、交流和教学等基础上，完成本书的编写。

物业和设施管理，将走向何方？我从未停止探索的脚步：

一、大环境论。我长期参与住宅物业资产管理，不但关注高大乔灌木对房屋建筑物的影响，把南方的各种果树规划在住宅物业，而且也在业主们能接受的前提下，把葱姜蒜和各季时鲜蔬菜种植在住宅区的绿化地上，打造瓜果飘香的绿色家园，形成有价值的"农场"，不但确保社区食品的安全，也减少城市治堵和治污（减少物流成本）的压力。我在参与公共机构（指全部或部分使用财政资金的国家机关、事业单位和团体组织）和商业物业的能源审计时，发现 2000 年以前的很多物业因为地价低，项目的绿化覆盖率高，这些物业都是绿树成荫，鸟语花香，整个建筑物外围的环境温度低，建筑物室内的走廊等公共空间使用自然风，不用中央空调，所以消耗的能源（比 2000 年以后的物业）较少，物业更节能。而 2000 年以后的地价越来越高，绿化用地越来越少，中国城市都是千城一面的高楼林立。一味拔高的摩天大楼热，改写了中国的建筑史，虽然材料越来越节能，设备的能效越来越高，但缺乏绿色植物呵护的建筑物，消耗的能源也突飞猛进的高增长。所以，物业的规划设计和后期管理，更应寻求自然、建筑与人三者之间的和谐统一，迈向环境可持续的未来。

二、大数据论。在信息化高度发达的大数据时代，对写字楼、餐饮酒店、商业购物、学校和医院等各类高耗能的物业，长期以来都很难找到准确的参考数据；而且由于缺乏分项计量装置，中央空调、电梯等物业的重大机电设备，消耗能源的数据更缺乏。我在长期的物业资产管理和建筑能源审计的基础上（包括华南区的供冷、华北和东北的采暖以及学校物业的热水消耗），全面梳理各类物业的能源情况，汇总了珠江三角洲、长江中下游、黄河中下游和东北等各地的建筑能耗，很多能源审计的数据已经收录在本书里。既有建筑消耗能源的数据越清晰，物业的全面预算管理（预算编制、实施、调整和考核）就更有针对性和专业性，从而更有效地提高能源的使用效率，挖掘物业的节能潜力，拓展节能减排的绿色经济增长点；一旦从事合同能源管理业务的节能企业，掌握了建筑能耗，对集团大客户、甚至对各城市大批量的实施节能改造，会赢得更多的商机；政府部门掌握能耗数据，能更好地挖掘公共机构的节能潜力，有效推动和促进公共机构的节能工作。

三、科技论。我从事的物业资产管理，既有普通住宅和豪宅，也有当地城市标杆的高端物业。在长期面对物业的设施设备，尤其是在机电设备选型和维修保养时，感触最深的是：高科技在物业行业的推广和应用日新月异，物业的设施设备也不断地更新换代，但物业的水泵、中央空调、高压环网柜、电力变压器、柴油发电机、电梯、楼宇智能化（智能大厦）等，国产与进口产品比较，科技含量有待提高。正是有了中国工业的不断创新和发展，进口设备和产品在中国的价格一路下跌，降低了房地产项目的建设成本。物业设施设备从规划设计、产品选型、招投标、安装和物业承接查验后，存在的问题非常多，尤其是甲级写字楼、商业购物、五星级酒店等高端物业，设施设备技术先进，要确保设施设备的正常运行，对物业的设施设备管理是严重挑战；现在的水电气（燃气、冷气、暖气）和网络信息（有线和无线）是人类高度依赖的生活必需品，中断供应不但会带来重大的经济损失，严重影响业主（客户）的生活和生产秩序，而且可能带来严重的风险，所以物业设施设备管理的科技大军不但要与时俱进，更要有前瞻性。要提高物业设施设备的能效管理，尤其是本书提出的中央空调（制冷和采暖）和电梯等重大机电设备推广节能的曲折道路，说明设备节能更需要在设计和制造等源头上实现，等到后期物业管理阶段再实施改造，就太被动了。因此，物业的节能减排任重道远。

四、全球一体化。中国经济高速增长，房地产业更是热火朝天，在全球一体化时代，中国的城市化建设都是机械式的简单复制和风靡全球的摩天大楼热。我在教学和交流以及在物业早期介入阶段等各种场合，都强调要珍惜和挖掘我们优秀的文化遗产，尤其是古代的皇家园林、私家园林、寺庙园林和自然园林等古典园林，寻找更多智慧的灵光，传承本民族的历史文化价值，打造中国特色的城市化。

物业管理起源于 19 世纪 60 年代的英国，形成于 19 世纪末 20 世纪初的美国。从 1981 年深圳在全国最早成立的第一家物业公司开始，中国的物业管理如雨后春笋般不断发展壮大，深圳的物业管理企业更是北上南下、东进西伐的异地拓展，历经 30 多年的风霜雨雪，在与狼共舞的磨合中，不断的拉近与国外物业管理水平的差距。面对全球一体化的严峻挑战，中国物业资产管理不但要通过管理增速提效，充分利用科技的力量使能源再生、能源高效，还要在物业的全生命周期内，最大限度地节约资源，实现蓝天白云、青山绿水的绿色中国梦。另外，北京的万达、深圳的万科等企业已经在欧美国家布局，中国的地产界走向海外已是一种趋势，并且无可逆转。而中国的物业管理，更需要打造自己的软实力，提升中国物业管理的全球竞争力和影响力，输出环球物业服务"中国制造"的战略模式。

在成书的过程中，得到深圳物业同行、深圳的专家和学者，尤其是深圳市金龙宇资产顾问公司中央团队等大力支持，在此一并表示感谢！

路漫漫其修远兮，吾将上下而求索！由于我的能力和实践经验不足，书中不妥和错误之处在所难免，真诚希望物业资产管理、能源管理和能源审计的专家学者以及广大的读者给予批评指正！

2014 年 2 月 8 日于深圳

第三部分　服务创新和绿色转型

第一部分
物业管理的早期介入和前期管理

　　"物业"一词译自英语"Property"或"Estate"，由香港传入内地，含义为"财产、资产、拥有物、房地产"等。

　　物业管理，根据国务院2003年9月1日施行（2007年8月26日修订）的《物业管理条例》，本条例所称物业管理，是指业主通过选聘物业服务企业，由业主和物业服务企业按照物业服务合同约定，对房屋及配套的设施设备和相关场地进行维修、养护、管理，维护物业管理区域内的环境卫生和相关秩序的活动。

　　物业管理是房地产的下游产业，但从深圳、北京和上海等地的经验，物业管理不但参与早期介入（房地产的立项决策、规划设计、招投标、建设）和后期管理各阶段，而且对以房地产、物业管理为主业的集团公司，已经实施资产评估、资源整合，站在物业保值、增值的角度，实现劳动密集型向技术密集型的转变和全方位的资产管理模式。

第一章　物业管理的早期介入

物业管理的早期介入是指物业公司在接管项目以前的房地产开发各个阶段，包括项目的立项决策、规划设计、营销策划、施工建设、竣工验收等，就参与介入，从物业管理运作和业主长期使用的角度对物业的环境布局、功能规划、楼宇设计、材料选用、设备选型、配套设施、管线布置、房屋租售、施工质量、竣工验收等多方面提供有建设性的意见，以确保物业设计和建造质量，为物业投入使用后的物业管理创造条件，同时有效的前期介入可以减少接管验收时的返修工作量，为确保业主正常入住奠定基础。

物业，涉及住宅、写字楼、商业购物场所、酒店和医院等各类物业，近年来市场流行住宅、写字楼、商场等多业态组成的城市综合体，如深圳的欢乐海岸项目，是深圳市"十一五"旅游规划的重点项目和华侨城集团重点项目，它位于深圳湾商圈核心，占地面积约125万平方米，集文化、生态、旅游、娱乐、购物、餐饮、酒店、会所等于一体，汇聚全球大师智慧，成为最聚国际风尚的都市娱乐目的地，就是城市综合体的杰出代表。

第一节　住宅物业的早期介入

中国人有安居乐业的朴素情怀，站在房屋长期使用和物业管理的角度，住宅物业的早期介入应该关注：

一、住宅物业的功能配套

住宅物业在规划设计时，需要考虑的功能配套非常多，如小区的幼儿园、学校、超市、社区健康中心、银行、邮电甚至大的社区还要考虑公交场站等，但是，住宅物业规划设计时，对物业的管理用房、地下室的环保问题、住宅太阳能热水系统等问题，聘请经验丰富的物业顾问公司或者是品牌物业服务企业参与，会更有效地完善这些配套，确保后期物业的正常使用。

（一）物业管理用房问题

物业的管理用房或物业的服务用房，应该站在政策的角度规划，相关的法规和地方条例如下：

1.《物业管理条例》第三十条

建设单位应当按照规定在物业管理区域内配置必要的物业管理用房。

2.《广东省物业管理条例》第三十八条

建设单位应当按照不少于物业管理区域总建筑面积2‰的比例，在物业管理区域内配置物业服务用房，最低不少于$50m^2$，最高不超过$300m^2$；其中，业主委员会办公用房最低不少于$10m^2$，最高不超过$60m^2$。分期开发建设的物业，建设单位应当在先期开发的区域按照不少于先期开发房屋建筑面积2‰的比例配置物业服务用房。

物业服务用房应当为地面以上的独立成套装修用房，具备水、电使用功能；没有配套电梯的物业，物业服务用房所在楼层不得高于4层。

3.《深圳经济特区物业管理条例》第五十二条

建设单位应当在物业管理区域内无偿提供物业服务用房，包括物业服务设备用房、物业服务办公用房和业主委员会办公用房。

物业服务设备用房面积根据设备安装、使用、维护实际需要提供。

物业服务办公用房面积按照下列标准提供：

1）物业管理区域物业总建筑面积25万m²以下的，按物业总建筑面积2‰提供，建筑面积在5万m²及以下的，按不少于建筑面积100m²提供。

2）物业管理区域物业总建筑面积超过25万m²的，除按照25万m²提供外，超过部分按1‰的标准提供。

业主委员会的办公用房从物业服务办公用房中调剂，建筑面积应当不少于20m²。

（二）地下室的环保

地下室的环保主要是关于垃圾用房的规划建设和汽车尾气污染问题。

1.住宅（包括商业场所、宾馆酒店等）的垃圾用房选址

对于现在高房价的现状（尤其是寸土寸金的商业场所），这是很难选择的配套设施。目前比较流行的是规划在地下室，选择在地下室要注意：

（1）垃圾用房规划在地下室，如果垃圾房靠近生活水池，这对生活饮用水，增加了长期而且严重的污染源，不利于生活用水安全和健康；

（2）垃圾用房规划面积这是困扰设计院、房地产开发公司和物业服务企业的长期课题，至少目前欠缺可参考的量化指标。国内部分城市的垃圾清运是一些特殊的利益部门垄断，他们清运垃圾是按桶数计费（如一个垃圾桶按1m³左右考虑），基于利益关系，他们建议的数量比较大（按垃圾桶数量计量得出较大的垃圾用房）；另外一种是按照住户计算（小户型的房子可以适当增加户数考虑），最低标准是25户人家一个垃圾桶，这个数据会更准确，而且这个指标也适合垃圾分类的住宅区，如以一个80万m²的住宅区按5000户计算，最低限度需要200m²的垃圾用房；而垃圾压缩站，最好请当地的环卫部门共同参与。

2.地下室设计

地下室一般也会设计停车场，汽车排放的废气造成环境污染，主要污染物为碳氢化合物、氮氧化合物、一氧化碳、二氧化硫、含铅化合物、苯丙芘及固体颗粒物等，可以说，汽车是一个流动的污染源。而地下室的通风透气比较差，所以后期的物业管理应该注意开启排风设备，减少地下室的尾气污染，提高地下室的空气质量。

（三）住宅太阳能热水系统问题

住宅的太阳能热水系统，在深圳主要针对逆12层住宅，即不管30层还是50层，楼顶上的12层一定要规划设计太阳能热水系统，这项政策规定的初衷非常好：深圳每年有250d左右能见到阳光，而太阳是最大的能源，没有任何污染，加上深圳和国内的太阳能热水设备非常成熟也非常普及，所以充分利用免费的绿色的太阳能，减少居民对燃气或电等常规能源的使用，又能享受到高品质的热水，这是利国利民的好事，从多年来在珠江三角洲、长江中下游等住宅物业的太阳能热水系统使用，还是存在一些问题：如房屋的承重、

3

设备的防雷安全（沿海地区还要考虑台风影响）、楼板的防水和节能效果（水箱的设计、水管管径和走向及距离、循环泵的配置）等问题。

二、标准化的规划设计

房地产是资金密集型企业，开发商从拿到土地，到第一桶资金回笼，这个期限有多长？一年、两年甚至更长时间。第一桶金回笼的时间越长，越不利于房地产开发商的发展，很容易因为资金问题而影响后续的项目开发，而且延期交楼的风险更大。有些城市的商品房买卖合同规定，延期交楼每日按总价的万分之五赔偿，以一个 10 万 m² （1000 户）的住宅计算，每平方米的房价是 15000 元，10 万 m² 的房价共 15 亿元，延期每日按万分之五计算，则每天要赔偿 75 万元，所以开发商要集中资源优势，通过标准化的规划设计，在保质保量的基础上缩短住宅开发的周期。

如何缩短住宅项目的开发周期呢？实际上，规划设计和施工建设是房地产项目开发最消耗时间的两个阶段，所以对于财政稳健、现金流充裕的品牌房地产商，完全可以通过标准化的规划设计，最大限度的缩短项目的开发周期：

（一）房屋建筑物外墙标准化的规划设计

1. 外墙采用喷涂材料还是贴瓷砖

现在市场上的涂料颜色丰富多彩，材料选型方便、节省时间，大规模施工简单方便，施工速度快；而且外墙涂料的防水性能可靠，有效解决城市住宅外墙普遍漏水的弊端，对后期业主的居家生活影响小，使潜在和未来的业主更认同房地产开发商的品牌。当然，选择喷涂材料也有一些问题，如 5 年以后，这些涂料开始脱落，需要重新喷涂翻新，这也符合物业管理阶段的房屋大、中修周期，不影响房地产开发商和物业服务企业的形象。

外墙选择贴瓷砖，选材时对颜色、形状、大小等综合决策的时间较长，而且后期的施工进度慢。贴瓷砖的外墙，容易出现瓷砖脱落的现象，10 年、20 年长期面对风吹日晒雨淋，外墙瓷砖的可靠性更不容乐观。另外，现在住宅外墙渗水、漏水现象非常普遍，要处理漏水问题，势必对外墙瓷砖要敲敲打打，这种维修结果也会影响瓷砖的稳固，额外增加外墙瓷砖脱落的风险；而且后期更换瓷砖，很难找回原瓷砖的颜色，影响外墙的景观。

2. 人字形屋顶

设计人字形屋顶时，靠近外墙部分最好是水平的，如果人字形斜坡贴上瓷砖，斜坡型的瓷砖长期面对风吹雨淋，也容易脱落，加大高空坠物的风险源，对业主的人身安全和楼下的车辆等财产安全是长期的、持续的影响，对物业服务企业的品牌冲击更大。

3. 外墙玻璃固定方式

现在的城市建筑，外墙玻璃的使用非常普及，景观效果好，居住者的视野也更开阔。但是对外墙玻璃安装时，都是在玻璃上钻孔后采用上螺钉固定的方式，对玻璃的安全风险不容忽视。

以华南区某物业公司的一个大户型住宅项目为例，选择夏天入伙时，发现外墙玻璃爆裂非常严重，玻璃厂家的售后维修一直忙不过来，导致新入伙业主和物业公司冲突不断。物业服务企业在评估时，认为玻璃爆裂的主要原因是夏季气温高，所以玻璃容易爆裂，但这个理由有点牵强，物业服务企业和地产开发商也没办法面对大规模的业主投诉，只好聘请专业的顾问公司协助解决。专业顾问公司首先调研这个物业企业在管的10多个大型住宅项目，发现7个住宅区在入伙时不存在玻璃爆裂问题，另3个住宅区有极少量的玻璃爆裂，但大部分是业主入伙装修时，拆掉玻璃前的铁护栏后，装修材料碰坏，或者是装修人员砸墙时的振动和石块打到玻璃的结果，这10个住宅区的调研结果可以说明，夏季高温与玻璃爆裂没有直接的关系；经过进一步调查发现，这10个住宅项目的玻璃安装，是采用夹槽固定方式，安装时整块玻璃（3面裹好玻璃安全防护膜）放进夹槽，再直接打玻璃胶的固定方式，安装简单方便。

这个出现大量玻璃爆裂的新入伙的项目有500多户，需要的外墙玻璃是非常非常庞大的，在大规模施工的玻璃上打（钻）孔，操作工艺和施工经验等问题导致破坏玻璃的性能，加上很多孔位不对称，安装工人只好强行上螺钉固定，大量的玻璃爆裂是从固定的螺钉口开始并逐步扩散，最后导致玻璃爆裂甚至整块掉下来；而且在住宅项目现场安装时，需要土建、焊接单位的相互配合和各种交叉施工，各施工单位都是为赶工期和方便施工，不会顾及他们的施工会对幕墙玻璃造成二次伤害，而且地产商现场管控的工程师和监理公司的监督也不到位，这是造成玻璃爆裂的另一个原因；最后是部分业主在装修时，装修工人不小心损坏导致。

因为玻璃钻孔和交叉施工导致大规模的幕墙玻璃爆裂，对地产商是血的教训，在以后的项目，为保证项目的工程质量和后期的顺利交房，地产商专门聘请专业的顾问公司和下属物业公司，从规划设计到施工，每一个环节、每一项工程专门制定各种标准化的技术规范，要求地产公司的工程师、监理单位和早期介入的物业公司全程参与，打造精品工程。

（二）园林绿化标准化的规划设计

住宅物业，根据项目的总体定位、建（设）管（理）模式要求和环境艺术的专业性等，实施标准化的规划设计，缩短住宅物业的开发周期。

项目的总体定位。随着社会的发展，消费群体的不断成熟和消费需求，他们（她们）到底需要什么样的家园？城市的住宅物业每年会有什么特色？或者有什么与众不同的住宅物业？深圳住宅物业的主体定位和特色模式，每年总有标新立异特别吸引眼球的规划：

1. 文化产业的角度规划

中国五千年的文明，文化博大精深，把中国文明、中国特色文化甚至世界文化融进住宅物业，让业主在家门口就能享受文化大餐、艺术的熏陶。

天地玄黄，宇宙洪荒，这些古代的特色文化，已经做成特色的建筑小品在深圳的住宅区出现，让业主不用买门票，在家门口就能逼真的拉近与我们老祖宗的距离。为了更加突出文化和艺术特色，住宅区内规划各种特色的漫画，如在停车场的墙上喷涂各种艺术漫画，让有车族在住宅区的停车场内及其他车道上，各种特色的漫画尽在眼前。

城市住宅，展现的总是钢筋水泥的石头森林，而把音乐融入住宅区，融进业主们每天居家过日子的生活中，音乐就让静态的住宅瞬间华丽转身为动态有活力的家园。硬件：在住宅区内规划各国的音乐家及其音乐作品、各种乐器的雕塑，音质效果非常好的而且非常富有特色的各种造型的喇叭；软件：后期物业管理阶段，要根据早中晚和不同的节假日，定期播放中外名曲，而且也要求物业服务企业在小区的宣传栏、通过社区文化活动等各种形式，让音乐融进住宅区、融进业主的日常生活，通过音乐打造诗意的栖息和更富生命力的家园。

2. 东南亚风情

椰林、沙滩、小船和水，东南亚的风情，稀缺的海洋文化，总是让人向往，以特色环境艺术规划的主体，也走进深圳的住宅区，在家门口，可以赤足走在水边，在沙滩上狂欢，在椰林里流连忘返，见图1-1；而且热带植物在中国比较少，主要分布在海南岛和台湾，所以热带植物的价值更高也更加吸引眼球，在深圳的一些住宅（深圳是亚热带区域），为了种植这些热带植物，更是费尽心思去创造热带植物的生长环境，因为这些海边的植物喜欢盐碱地，开发商在种植时，专门在树坑撒点盐，以确保植物生长需要的盐碱环境，见图1-2。

图 1-1　椰林沙滩小船

图 1-2　热带景观

3. 岭南特色风情

岭南，一年四季都是花木茂盛，姹紫嫣红，瓜果飘香，从植物的角度可以规划丰富多彩的特色家园。

　　1）瓜类和豆类家园：陶渊明《归园田居》"种豆南山下，草盛豆苗稀。晨兴理荒秽，戴月荷锄归。道狭草木长，夕露沾我衣"；陆游《小园》"小园烟草接邻家，桑柘阴阴一经斜。卧读陶诗未终卷，又乘微雨去锄瓜"，这些乡村美景、和谐的邻里关系、耕读生活，真是一花一世界，一草一天堂。与叶类菜蔬菜比较，瓜类食物采摘下来后，保存的时间比较长，这是瓜类食物的优势；而黄豆、绿豆和花生等豆类食物，晒干后，保存期限更长；在南方的广东等地，一年四季都能吃到新鲜的蔬菜，实际上，蔬菜是有季节限制的，不适合的节令，在农村是很难种植出来的，如每年的清明后直到整个夏天，南方的广东只有空心菜、韭菜和麦菜等非常稀少的叶菜类蔬菜，这个时节的蔬菜主要是以瓜类和豆类为主，常见的瓜类和豆类植物见图1-3；而城市里大量供应的叶菜，是温室大棚培养出来的，即所谓的反季节蔬菜。

图1-3　常见的瓜类和豆类植物（一）

荷兰豆

豌豆（麦豆）

绿豆

图 1-3　常见的瓜类和豆类植物（二）

在有条件的住宅区规划瓜类、豆类等蔬菜作物，专业人士的意见是褒贬不一。

城市规划师：在城市规划蔬菜？中国的城市是有梯级效应的，如深圳、广州这些大城市，在绿化地规划种植蔬菜，是个天大的笑话；现在城市的污染严重，种的菜都是严重污染，影响身体健康的；在小镇里种点蔬菜，因为污染没有大城市严重，多少还有点靠谱。

农业专家：在城市的住宅区规划蔬菜，这是三岁孩童玩泥沙的幼稚想法，农业是不赚钱的行业，在城市里种植蔬菜的成本更高，而且要定期打农药，这不是增加城市居民的农药污染吗？在城市应该提倡配送才对，即农村种的蔬菜供应城市。

园林专家：城市就是城市，农村就是农村，在城市的住宅区，还是应该种植乔灌木、藤本植物和草皮等；在城市的住宅区规划蔬菜作物，怎么会这样考虑的？这也不符合中央政策，中央现在提倡城镇化建设，希望减少农村数量，如果在城市里种蔬菜，这不是把城市当成农村去深耕了吗？对于城市蔬菜问题，倒是应该考虑产生的垃圾问题，如很多没必要的菜叶变成城市的垃圾来源，如果中国的保鲜技术水平高，倒是减少很多运到城里的蔬菜垃圾，这对减少交通成本的作用更大。

日本学者：在城市的住宅区种蔬菜是不对的，因为中国的汽车多，城市的污染严重，种出来的菜是有毒的，危害身体健康；当然，汽车进不去的后花园，种些蔬菜还是可以的。中国在这方面还是要多向日本学习，日本是岛国，土地资源稀少，怎么解决吃菜问题呢？如日本的物业管理，住宅区的楼顶上及地下停车场比较偏角的地方，会搭建蔬菜大棚，通过封闭的大棚就解决了空气污染问题，大棚里的蔬菜通过 LED 灯解决了光合作用，LED 采用太阳能供电，成本非常低；而且在规划时，非常明确多大的面积能生产多少公斤蔬菜？能供应多少人？这是日本人非常精细的管理，其实，在中国种菜的农民也知道这些简陋的种菜理论，只是中国的城乡脱节，农业不受重视且农民的地位低下，所以很多农民家喻户晓的基础理论不成体系。

农场主：城市住宅区有场地的话，规划种植瓜类、豆类或者其他蔬菜类作物，如果说城市的住宅区能够解决整个住宅区 50% 的葱、姜、蒜，能够解决 30% 的花生、黄豆等，现在就不用考虑用那么多的火车、汽车往城里送菜了，城市的政府官员也不用到处找地方规划菜篮子基地了，所以在城市能够自给自足的供应一部分蔬菜，真是利国利民的大好事。所谓农药污染，种植蔬菜肯定要打农药，问题是如何把农药危害最小化，在农村的农民打农药前会通知左邻右舍不要把家里养的鸡放出来，在城市就更简单了，完全可以在靠近房子的菜地周围，种植黄金叶或福建茶等绿篱围起来，这样即使在刮风时打农药，农药对旁边的房子影响也非常有限；另外，城市与农村不一样，为了减少种植成本，应该规划种植成本低的蔬菜作物，如上半年可以考虑种植花生、黄豆、豆角、苦瓜、芋头等，下半年也可以考虑花生、黄豆，以及地瓜（番薯）、萝卜等，让城市的孩子从小能够分清五谷，即稻、黍（小米）、稷（高粱）、麦、菽（豆）。其实在城市里种植蔬菜作物，主要的问题是土地如何深耕问题，在农村可以使用耕牛，像我们农场主可以使用机械化，而城市里绿化土地有限，靠人工耕耘的效率低下；另外和我们经营农场性质不一样，我们会大量使用农家肥，尤其是鸡粪、猪粪及农家的基肥，这些肥料含有刺激性的气味，对居家的业主影响比较大，所以住宅区应该注意使用这些有刺激性肥料对业主的干扰。

物业管理人：现在物业的经营成本越来越高，住宅物业的经营已经越来越艰难，在城市的住宅区种植蔬菜作物，这种规划方向值得在新建的住宅项目提倡，对于开发商来说，规划种植蔬菜的绿化用地能立即减少投资成本；对城市居民来说，在家门口就能普及农业知识，这对城市的孩子和国家都是好事；对于物业管理公司，有地方种植蔬菜，至少能够解决管理处大部分员工的吃菜问题，降低物业的运营成本，而且管理处的员工可以以身作则，充分调动大家（管理处工作人员和有时间的业主）定期参与劳动，在城市里耕作的人力应该不会成为问题；其实，在城市的住宅区规划蔬菜种植，最大的问题首先是国家相关政府部门的支持，至少允许在住宅区的绿化用地种植蔬菜，而且在参与考评如国家、省市等物业管理示范小区中给予加分奖励等更好的政策支持；其次是住宅区业主们的支持，种植经济作物有季节和时间性，所以广大业主要接受蔬菜种植地的杂草丛生和黄土裸露的现象，不能因为在绿化用地规划种植蔬菜产生大量的投诉源，让物业管理企业更加疲于应付。

其实，在有条件的住宅物业规划瓜类、豆类，或者周期短、易种植的经济作物，意义还是很大的：增加住宅区的蔬菜供应量，降低交通物流等成本和减少城市的交通拥堵；群众的眼睛是雪亮的，在住宅区业主眼皮下种植蔬菜，既让城里人增加农业知识，知道粒粒皆辛苦的食物是何等的来之不易，从而更好地珍惜食物，面对今天的食品危机，在家门口种出来的食品更有安全感吧！君不见，现在城市市民不是流行在阳台上种菜吗？而且现在在城市生活的人，都热衷于到网上偷菜去，以前见面的招呼"您吃了吗"，现在大家见面已经习惯问"您偷菜了吗"？说明现在城里人和古人是一样的，喜欢返璞归真，向往田园生活，更关注餐桌安全。

2）水果家园：中国唐朝王翰《凉州曲》"葡萄美酒夜光杯，欲饮琵琶马上催"，唐朝杜牧《过华清宫》"一骑红尘妃子笑，无人知是荔枝来"，宋朝苏东坡"罗浮山下四时春，卢桔杨梅次第新。日啖荔枝三百颗，不辞长作岭南人"就非常形象生动的描绘了瓜果飘香的岭南风情。部分岭南水果见图1-4。

在住宅区规划果树，专业人士的意见也是褒贬不一。

果树专家：果树怎么能规划到住宅区呢？站在水果的角度来说，岭南的水果都是偏重甜味，甜的东西肯定要遭惹蚊虫的，所以要经常打农药杀虫，尤其是柑橘、橙等一年生的水果，因为生长周期长，打农药的频率更高，打农药杀虫对业主的居家生活影响大，所以不建议在房前屋后规划果树。

日本学者：在城市的住宅区规划果树，确实不好！如现在的深圳和广州等一线城市，住宅区的车辆多，这些汽车长期停在果树下，汽车排出来的尾气带有碳化物和硫化物等有毒成分，所以树上水果长期受汽车尾气影响，水果的表皮是有毒的，吃这些水果容易导致

荔枝　　　　　　　　　龙眼　　　　　　　　　橙子

黄皮　　　　　　　　　枇杷　　　　　　　　　番石榴

杨桃　　　　　　　　　菠萝　　　　　　　　　香蕉

图 1-4　部分岭南水果

癌症；另外，果树种植在住宅区，以芒果树为例，芒果掉到地上后，这个芒果就不是芒果了，而是地上的一堆糖，蚊子、苍蝇、蚂蚁都喜欢，这样增加了住宅区的各种蚊虫，也增加了它们的活动范围和活动空间，尤其是蚂蚁，会跑到树上做窝，所以芒果树和龙眼树等果树，树上的蚂蚁窝特别多也特别大。当然，在没有汽车通行的后花园等地，种植果树还是可以的。

　　农场主：岭南果树种类多，在住宅区一点果树不种多少有点"另类"，在农村的房前屋后，都有种植果树的传统，拿农药污染说事站不住脚在这里还是强调，规划蔬菜和水果，应该多听听农民的声音，因为他们才是真正的专业户；不管怎么说，房前屋后的水果比较丰产，当然原因很多，如农民喜欢在家门前养殖鸡鸭鹅和牛羊，这些动物增加了果树的肥料，像黄皮这种果树，农家的烟熏后（农家做饭的烟和烧农业秸秆等）比没有烟熏的挂果率更高；当然，农村和城市不一样，农家长期做饭的袅袅炊烟，能最大限度地减少蛀虫，能更好地保护木结构为主（包括木地板）的房屋，这也是农村有人住（生火做饭），房子很少遭蛀虫损坏的主要原因。

物业管理人：住宅区最好不要规划水果树，因为每年水果成熟时，都会有大量的业主偷摘水果，导致每年都有业主摔伤后找管理处赔偿，处理不慎会加大管理处和业主关系的恶化；即使管理处统一摘下水果后，挨家挨户送给业主吧，前面挑剔的业主要挑好的、大的水果，后面分到小的或者有压伤水果的业主对管理处有意见，送到幼儿园给孩子品尝，没有孩子上幼儿园的业主又投诉我们分配不公。——住宅区有果树是好东西，但是，水果成熟后的采摘、分配会产生大量的问题和矛盾，至少我们没有陶渊明"榆柳荫后檐，桃李罗堂前。狗吠深巷中，鸡鸣桑树颠"的田园感觉！如何解决这些矛盾还真考验物业管理人，每年水果要成熟时，我们物业管理要召集大家开会献计献策，花费大量的人力和时间考虑怎么分配水果和怎么面对业主的投诉。

不管怎么说，在住宅区种果树还是利大于弊的，从前面唐朝王翰《凉州曲》和杜牧《过华清宫》及宋朝苏东坡对岭南佳果的诗词，说明岭南佳果在古代就已经是价值无限了；至于在住宅区种植水果产生的矛盾和纠纷问题，正如农场主认为城市居民的素质高的看法，而且现代人的智慧肯定比古代人更高，宋朝苏东坡笔下"东家著孔丘，西家著颜渊。市为不二价，家为不争田"，古代尚且有"岭南万户皆春色"的和谐家园，在今天中国城镇化的道路上，办法总比困难多，建设和谐社会，中国物业管理人会更有智慧和信心打造中国式的和谐家园。

4. 住宅区绿化植物的标准化设计

园林绿化，专业可以包罗万象，在理论上总让人感觉千头万绪，但是站在区域的角度考虑，中国长江以北、甚至黄河以北的植物的品种和数量比较少，而长江以南尤其是岭南的植物品种和数量非常丰富，按乔木、灌木、草本和地植被、藤本及水生类等乡土植物细分，就更清晰明了，加上中国的住宅产业已经越来越成熟，因此，完全可以站在绿化的角度实施植物的标准化设计工程。

1）实施植物标准化图谱的数据库。这十多年来，深圳品牌开发商深耕的区域集中在珠江三角洲、长江三角洲和京津唐环渤海经济圈，所以，针对自己跑马圈地的区域，更有针对性地完成植物的数据库，如《能源管理与低碳技术》❶ 一书，列出湖南长沙地区常用的乡土植物有200多种，以及部分广东深圳区域的部分乡土植物。

2）乔木规划。如可以根据普通乔木类、果树类规划；也可以根据水边、坡地和普通的平地规划；还可以根据树木的树冠、遮阴、降低公路噪声的角度规划。不管乔木如何规划，最重要的还是站在植物粗生易长、病虫害少、养护成本低、更环保的角度考虑：如靠近公路边的住宅，交通噪声大和汽车尾气排放严重，规划小叶榕（细叶榕）、芒果树，这些乔木生长快、养护成本低、降低交通噪声效果好，但是榕树的落叶量大，后期清扫的成本高，所以榕树下有草地的地方比较好；而种在公路边的芒果树，在芒果成熟时节，如何减少路人私自爬到树上采摘芒果导致伤残甚至死亡事件，就挺考验城市管理者的智慧。

3）植物绿篱和造型植物。南方植物品种丰富，植物绿篱和造型植物更是百花齐放，常见的植物绿篱和造型植物有：九里香和米兰、黄金榕、黄金叶、鸭脚木、福建茶、勒杜鹃（三角梅）、毛杜鹃、非洲茉莉、红榕树（木）、红桑、银边兰、大红花、柏树、小叶榕等，见图1-5。

❶ 郭连忠. 能源管理与低碳技术. 北京：中国电力出版社，2012.

九里香　　　　　　　黄金榕　　　　　　　鸭脚木

福建茶　　　　　　　勒杜鹃　　　　　　　竹子

黄金叶/福建茶/美人蕉等　　　福建茶/红桑　　　　　勒杜鹃

垂叶榕　　　　　　　金钱榕　　　　　　　小叶榕

图1-5　常见的植物绿篱和造型植物

对于房地产公司、设计院、顾问公司等专业公司，不要每个项目的植物设计都是从零开始，而完成标准化的规划设计后，对于缩短项目开发的周期，让品牌地产商快速滚动项目，降低房地产开发商的风险，意义重大。

第二节　商业物业的早期介入

商业物业，主要指写字楼（办公楼）、商业购物场所和酒店等物业。中国的写字楼现状，目前在一线和二线甚至三线城市已经形成摩天大楼热。电子技术、计算机技术和网络技术等科技的日新月异，给商业物业尤其是写字楼的智能化发展和能源管控注入新活力。另外不管是写字楼，还是商业购物场所和酒店等物业，已经不是单一功能的物业，而是配套越来越成熟，甚至是多种业态同时高度集中的物业，即城市综合体。

一、写字楼物业的早期介入

写字楼物业的早期介入，需要关注如下方面，见表1-1。

写字楼物业需关注内容 表1-1

序号		规划设计要求
1	物业总体	① 总体布局，人车分流
		② 物业整体功能设置和配套设施及各设备系统的配置
2	物业平面设计	① 功能分区、户型分析及将来可能改进的空间
		② 标准层平面的清洁用房、茶水间等配套位置
		③ 各层间设备管井的位置分布及日后维护
		④ 屋面设备布置情况及其他装饰性结构
		⑤ 无障碍设施
3	物业立面	外观形状颜色
4	设备房的布置	① 各设备房是否满足要求
		② 地下室设备房的分布位置
		③ 设备机房通风
5	物业管理用房	① 物业管理处用房
		② 消防控制中心用房
		③ 中控室位置及其规划设计
		④ 工具及管理用料仓库位置及其规划设计
		⑤ 维修间位置及其规划设计
		⑥ 垃圾房位置及其规划设计
		⑦清洁绿化队伍用房位置及其规划设计

序号		规划设计要求
6	变配电系统	① 高、低压配电系统方案及备用电源的配备分析
		② 分析后备发电机方案
		③ 各业态、各设备系统用电计量表的设置
		④ 发电机功能选择和设备选型
		⑤ 供配电系统设备的选型、功能选择
7	空调系统	① 空调系统方案的选择及可能改善的方式
		② 空调计费方案
		③ 空调系统设备的选型和功能选择
8	给排水系统	① 给排水系统方案的选择
		② 各业态各功能用水计量表的设置
		③ 给排水设备的选型和功能选择
9	物业消防系统	① 消防监控中心
		② 消防通道设计
		③ 消防广播和背景音乐
		④ 避难层的规划设计
10	电梯系统	① 电梯运力及配置
		② 电梯的选型和功能选择
		③ 管理标准的要求对电梯装修档次设定的影响
		④ 维护保养的要求对电梯机房环境设计的影响
		⑤ 物业管理的要求对电梯布置、出入管理的影响
		⑥ 安全管理的要求对其运行状态监控的设计影响
11	物业各系统节能环保设计	① 环境（园林、垃圾管理）
		② 场地和房屋建筑物
		③ 水电设备（供配电、空调、给排水、电梯等系统）
12	智能化系统	① 综合布线、信息点、电话点等分布
		② 安防系统设置
		③ 智能化系统设备的选型及功能选择
13	物业灯光照明系统	① 灯光照明的设计方案
		② 照明效果及供电容量的审查

序号		规划设计要求
14	大厦空间、视野及景观项目	① 大厦广场的环境设计
		② 采光
		③ 建筑物出入口
		④ 大堂／中庭形象感观
		⑤ 走廊宽度及视觉线
		⑥ 绿化设计及养护系统
15	大厦地下室及车行流线	① 停车场道闸系统
		② 停车场出入口
		③ 停车场空间规划
		④ 停车场标识系统
		⑤ 停车场保安系统
		⑥ 停车场照明系统
		⑦ 车流动线
		⑧ 立体车库
		⑨ 汽车美容设施

二、商业购物场所和餐饮业的早期介入

在早期介入阶段，商业购物场所和餐饮等面对什么样的客户群体？这些客户的需求是什么？这是进行功能定位时必须确定的。

（一）欧美商业巨头选址

在商业购物场所方面，欧美商业巨头选址的科学性是备受称道的，也是非常值得我们商业购物场所在规划设计时借鉴的。

1. 市场调研

国外商业巨头在中国开设门店，首先要聘请两家专业公司进行市场调研，调研的重点是进行销售额测算，这两家公司是与本集团没有关系的独立的第三方企业，以保证预测的科学和准确性。

2. 商圈要求

考虑商圈内的充足人流（常住人口和潜在人口），关注马路、高速公路、公交和地铁等交通情况，在中国一般标准是公共汽车 8km 车程，不超过 20 分钟的心理承受力。

3. 经营要求

不同商家的经营是不一样的，有的商家会选择比较灵活，适应中国的国情，分店可以开在地下室，也可以在地上，但地上的门店楼层不能太高。欧美商业巨头一般能够承受的租金较低，但能够签订长期的租赁合同（通常是 20 年～ 30 年）。

（二）餐饮类物业

餐饮类物业包括西餐和中餐。西餐有肯德基、麦当劳、咖啡店和酒吧等，见表1-2，中餐有火锅店、普通餐厅、快餐连锁和茶坊等，见表1-3。

西餐的商圈和经营要求 表1-2

要求	肯德基、麦当劳	咖啡店	酒吧
商圈要求	城市一类商圈的繁华地段，有一定的消费支持	商住楼、高档住宅区、饮食街、大酒店附近，人流充足	选址往往是高雅路段，具有清净、优雅的环境
经营要求	一般选择首层，面积350m²，租期要求至少10年以上	地下和地上层都可以灵活选择，面积300～500m²，租期5年以上	地下和地上层都可以灵活选择，面积50～400m²，租期2年以上

中餐的商圈与经营要求 表1-3

要求	火锅店	普通餐厅和快餐连锁	茶坊
商圈要求	选址于人口不少于5万人的居住区域或社区型、区域型、都市型商圈	商务型的普通餐厅以商务酬宾为销售对象，一般选址在商务区域或繁华街市附近，或其他有知名度的街市，快餐连锁一般选址在繁华商业街市、车站、海港码头，以及消费水平中等以上的区域型商业街市或特别繁华的社区型街市	要求与酒吧一样
经营要求	一般选择楼上商铺，面积150～500m²，租期至少2年以上	一般选择地下室或地上一、二、三楼均可，面积150～500m²，租期不得少于3年	

（三）工程技术的要求

商业和餐饮物业对工程技术的要求，见表1-4。

商业和餐饮物业对工程技术的要求 表1-4

序号	专业		技术要求	
			商业购物场所	餐饮
1	房屋建筑物	占地面积	有严格要求	不同的餐饮行业有不同的要求
		建筑面积		
		建筑物长宽比例		
		每层面积		
		层高	卖场和后仓的数据不一样	要求比较灵活
		楼板载荷		
		柱距	有严格要求	要求不高
		外立面	要规划做广告的地方	

续表

序号	专业		技术要求	
			商业购物场所	餐饮
2	停车要求	机动车	停车位数量有严格要求	具体停车位不明确
		货车		
		自行车		
		卸货区	考虑多辆大货车（小车）要考虑满载重量及回车空间；停车时符合抗压耐磨的特殊要求	
		外送车位	给大客户的优惠	
3	电梯系统	观光梯	要求高	基本不考虑
		扶梯		
		货梯	轿厢尺寸和载重量	考虑比较少
4	供电系统	市电	供电负荷和电缆规格	——
		应急供电	消防、电梯、水泵、部分照明和营运设备	收费处和厨房冷冻设备及部分照明
5	给排水	给水	茶水间和洗手间	给水压力和给水量
		排水管道		厨房和洗手间
		化粪池	——	洗手间
		隔油池		厨房
6	临时用水、临时用电		装修时提供	
7	空调系统	温湿度	场内有严格要求	餐饮区和厨房不一样
		新风机	有严格要求	
		排烟风机		
8	弱电系统	电话		
		网络线		
		电视线	电视音像销售区	客房和大厅

序号	专业	技术要求	
		商业购物场所	餐饮
9	消防系统	火灾自动报警	有严格要求	
		防火门		
		防火卷帘		
		消火栓系统		
		喷淋系统		
		消防广播		
10	燃气系统	——	厨房内预留燃气管道/计费表和燃气报警装置
11	垃圾处理	规划垃圾池	

三、酒店业的早期介入

我国经济的高速增长，高速公路网络的不断完善和私家车的普及，以及高铁和民航业的蓬勃发展，这些因素极大的催生酒店行业的稳定和繁荣。现在中国消费顾客的个性化与品牌化进一步明显，针对外地观光客、外来商务客、本地白领和金字塔人群等不同需求的客户群体，酒店业已经不是简单地给顾客安全舒适、干净整洁的"家外之家"，而是高、中、低端甚至特色型酒店，即设施更完善、配套更成熟的定位，形成酒店、会务、餐饮、娱乐、休闲和购物等完整的商业链。

（一）对酒店功能定位时，要对当地酒店进行科学调研

1. 高、中、低端酒店的调研

根据 2005 年深圳市酒店业经营状况调查数据（深圳市旅游局统计资料）显示，深圳酒店的客房出租率比较高，全市的客房出租率达到 65.19%，而高端的五星、四星级酒店的客房出租率是 74.41%、68.09%，显示高端酒店消费群消费力强劲，而且随着城市的发展，深圳五星级酒店房价仍有上涨空间；而低端的一星级酒店的客房出租率达到 98%，也说明普通消费人群消费更加强劲。但是现在五星级酒店体量大而且性质雷同。

2. 酒店盈利模式调研

酒店的盈利模式主要是客房、餐饮、会务还是休闲娱乐设施？在一线、二线城市或者旅游城市及会展业比较发达的城市，盈利模式是通过会务拉动酒店住宿和餐饮：会议已经成为酒店一个重要的客源市场，而且会务相关收入平均占酒店总营业额的 20% 以上，成为酒店经济效益的增长点，其盈利点是四类会议的 MICE 市场，M 是 Meeting（会议：许多人聚集到某地进行交流协商或举行某一特殊活动的总称，在时间上可以是自由地临时组织或有一定的固定模式，如年会、委员会等）、I 是 Incentive（奖励旅游：作为对表现优秀的员工的奖励之一而组织他们进行一次聚会活动）、C 是 Conference（大型会议：以讨论、求实、解决问题或协商为目的的参与性集会）、E 是 Exhibition（展览：陈列展示产品和服务的各种活动），MICE 市场已成各大酒店兵家必争之地。

（二）五星级酒店的规划设计标准

酒店集团（Hotel Group，又称作饭店联号 Hotel Chain 或连锁饭店）起源于美国，二次世界大战后，经过几十年的历史，国际酒店集团化更加明显，品牌化发展进程加快，在规划设计上，全球名列前茅的酒店集团都形成自己标准化的特色模块，如某五星级酒店的标准化要求，见表 1-5：

五星级酒店规划设计的标准化要求

表1-5

序号		标准化要求	序号		标准化要求
00	一般要求	A 品牌概述	02	公共入口	A 规划要求
		B 设计标准界定			B 客人上下车处
		C 酒店项目设计			C 代客泊车站
		D 设计过程			D 贵宾车服务
		E 无障碍设计			E 消防控制中心
		F 室内设计			F 行李员服务台
01	基地/建筑外部	A 总体规划			G 行李房
		B 设计通则要求			H 大堂
		C 现场开算			I 前台
		D 交通流线和交通控制			J 礼宾部
		E 铺面与硬地面			K 公共电话
		F 现场主要入口			L 公共卫生间/清洁间
		G 服务/送货入口			M 固定设施，家具，与设备
		H 停车区			N 系统特性
		I 停车库结构	03	商务中心	A 规划要求
		J 绿化			B 入口与门厅
		K 灌溉			C 接待台
		L 水景，喷泉与基地现场配套设施			D 客人休息区
		M 基地与绿化灯光			E 员工工作站
		N 建筑结构			F 客人私用办公室和会议室
		O 建筑与消防法规			G 电话亭
		P 建筑外立面与特征			H 卫生间
		Q 酒店入口——上下车处			I 室内设计
		R 室外标识			J 系统特性
		S 室外建筑灯光			

续表

序号		标准化要求	序号		标准化要求
04	餐饮、酒廊与餐厅	A 规划要求	07	功能空间	H 后勤功能服务空间
		B 大堂酒廊			I 宴会贮藏
		C 酒吧／备餐			J 饮料贮藏
		D 餐厅			K 宴会服务
		E 娱乐酒廊			L 团队登记台
05	休闲娱乐设施	A 一般要求	08	客房与套房	A 规划要求
		B 健身中心接待区			B 室内与完成面
		C 流线，走道与服务区			C 隔音控制
		D 运动区域			D 窗户与玻璃
		E 桑拿			E 客房编号／标识
		F 更衣／穿衣，梳洗，淋浴与卫生间			F 平面图纸范例
		G 分发区——服务员			G 客房卫生间
		H 餐饮			H 浴缸，配件与装饰
		I 游泳池与按摩池			I 衣柜
		J 附加休闲设施			J 点心酒水凹壁
		K 理疗间			K 套房备餐间
		L 蒸气室			L 阳台，露台与平台
		M 蒸气产生器			M 门，门框与小五金
		N 休息区			N 客房设备
		O 其他设施			O 家具，固定设施，设备，材料与产品
06	商店	A 一般要求			P 客房与套房的备用材料
		B 品牌商店			Q 系统设施
		C 食品服务商店	09	客房走道与支持	A 规划要求
		D 服务性商店			B 客房走道
		E 系统要求			C 客梯厅
07	功能空间	A 规划要求			D 服务梯厅
		B 宴会厅			E 管房／布草管理
		C 前厅——设计			F 冰块服务
		D 会议室——设计			G 备餐间（可选择）
		E 董事会议室——设计			H 逃生梯
		F 活动隔断			I 分发室
		G 公共支持空间			J 系统设施-走道

序号	标准化要求		序号	标准化要求	
10	行政酒廊（EGL）	A 规划	14	食品生产	A 一般要求
		B 入口／门厅			B 食品服务规划——通则
		C 接待区			C 空间规划
		D 商务支特区			D 施工要求——通则
		E 酒廊			E 符合法规与设计标准
		F 备餐间			F 厨房设备
		G 会议室（区域选项）			G 厨具材料与工艺
		H 董事会议室（区域选项）			H 厨房烟罩与排烟道消防要求
		I 卫生间（可选项）			I 机电／空调
		J 室内设计——完成面			J 给排水
		K 系统设施			K 供电
11	行政设施	A 规划			L 收发
		B 空间规划			M 粗处理
		C 前台办公／支持区域			N 高低温冷库
		D "为您服务"（AYS）部			O 干货贮存
		E 高级行政办公／销售与宴会			P 非食品类贮存
		F 财务部			Q 酒类贮存
		G 系统设施			R 厨师冷库
12	员工设施	A 规划			S 粗加工（鱼、内、家禽）
		B 员工入口			T 预加工区
		C 人事部（HR）			U 冷类食品加工区
		D 发新办公（区域性选择）			V 热类食品加工区
		E 服务走道			W 肉类加工区
		F 培训室			X 烤面包房
		G 护士／医务室（区域性选择）			Y 零点食品生产线
		H 衣柜／更衣区，淋浴与卫生间			Z 食品领取区
		I 员工餐厅			AA 风味餐厅厨房
13	工程部与维修	A 规划要求			BB 自动餐区
		B 工程部与维修工作间和办公			CC 服务员柜台
		C 收发区与卸货平台			DD 服务酒吧台
		D 附属收发设施			EE 外包餐厅
		E 采购与收发办公			FF 宴会准备
		F 灯光控制／调光			GG 宴会饮品柜台
		G 暖通空调，电气与给排水			HH 宴会分菜
		H 室外维修设施			II 制冰生产——主厨房
		I 系统设施			JJ 洗锅区

序号	标准化要求		序号	标准化要求	
14	食品生产	KK 洗餐具区	16	电梯和扶梯	E 服务电梯
		LL 清洁间			F 货运电梯
		MM 主厨办公室			G 图例
		NN 员工餐厅			H 扶梯
		OO 银器抛光室			I 单元的系统特征
		PP 垃圾冷藏间	17	网路电缆与设施	A 通则
		QQ 客房送餐服务			B 电缆基础构造
		RR 制冰机／贩卖机			C 局域网安全
		SS 行政酒廊——备餐间			D 设备与实质环境
		TT 客房			E 电缆管理
		UU 各项相关系统			F 设备房
15	洗衣设施与管房部	A 设计程序			G 电脑设备房——实际范围
		B 规划	18	电脑设施与应用	A 通则
		C 布草暂存——洗衣与干净布草			B 系统基础设施
		D 整理分类区			C 局域网基础设施
		E 清洗区			D 信息系统与应用
		F 烘干区	19	通讯	A 系统描述
		G 熨烫区			B PABX 电话系统
		H 折叠区			C 电话系统设备房
		I 干净布草贮存			D 电话分机
		J 洗衣经理办公室			E 其他通信系统
		K 贮藏／压缩机			F 缩写与图形范例
		L 设备间			G 系统准则与管理指引
		M 制服分发	20	音响／视讯（A/V）	A 通则叙述
		N 客人洗衣服务			B 参考，定义
		O 系统设施			C 音响系统
		P 规划			D 餐饮音响系统
		Q 空间规划与区域			E 健身中心音响与视讯系统
		R 系统设施			F Spa 音响与视讯系统
16	电梯和扶梯	A 设计—总则			G 娱乐酒廊音响与视讯系统
		B 消防和应急控制			H 主控天线电视系统
		C 乘客电梯			I 视讯信息显示系统（电子显示屏）
		D 区间穿梭客梯			J 基础设施要求

序号	标准化要求		序号	标准化要求	
20	音响／视讯（A/V）	K 范例图示	23	暖通空调系统	F 管道系统
		L 系统设施			G 全空气空调系统
21	安保系统设施与配套	A 安保系统			H 公共区和后勤的全空气空调机组
					I 客房／客房层通道补风用空调系统
		B 安保办公			J 风管
		C 彩色 CCTV 系统			K 防排烟系统
		D 安全报警系统			L 燃油系统
		E 双向无线对讲系统			M 系统的测试和平衡调节
		F 传呼系统			N 室内温度自动控制（ATC）
		G 巡更记录系统			O 楼宇管理系统（BMS）
		H 内部通话系统			P 室内环境要求
		I 遥控门卡识别器	24	给排水系统	A 基本要求
		J 客房安全门锁系统			B 生活污水废水系统
22	消防／人身安全	A 基本规定			C 雨水排放系统
		B 定义注释			D 生活水系统
		C 规范、参考资料及标准			E 其他要求
		D 系统测试			F 管道系统
		E 文件提交送审			G 水处理
		F 自动喷淋／竖管系统			H 系统测试和平衡调节
		G 消防报警系统			I 洁具与零配件
		H 机械防排烟风机系统	25	电气系统	A 总则
		I 厨房排油烟罩及排油烟管灭火系统			B 基本的电气系统
		J 应急供电系统			C 配电
		K 中央控制室（消防控制室）			D 照明设计
		L 避难逃生单元			E 照明控制
		M 特别事项			F 动力
23	暖通空调系统	A 总则			G 应急电源系统
		B 建筑制热／制冷荷载的计算原则			H 消防报警系统
		C 采暖通风空调系统要求			I 中央控制站（消防指挥室）
		D 中央制冷站（机房）			J 其他电气项目
		E 中央制热站（机房）			

物业管理公司在早期介入时，一定要清楚不同品牌的五星级酒店设计标准，再根据设计标准并结合当地情况，打造有中国特色的酒店业。

第三节　重大机电设备的选型

物业设施设备的选型，主要是对重大机电设备的选型，重点是品牌选择。

一、变配电系统和柴油发电机系统的品牌选择

（一）变配电产品品牌选择

在改革开放时期，深圳市场上从香港引进一些进口的高压环网柜和电力变压器，这些产品占地面积大，现在基本被淘汰了；但是在 2000 年后，深圳市场上开始流行中外合资和国产的品牌；2007 年西方金融危机后，与欧美国家合资的品牌基于政治、经济和企业等综合因素，已经停产甚至退出这个行业了；目前深圳供配电设备都是中外合资或国产产品，市场品牌比较多、比较杂也比较乱，如施耐德、ABB、江西和广东的品牌等，见图 1-6 和图 1-7。

图 1-6　高压环网柜设备

图 1-7　电力变压器设备

（二）柴油发电机品牌

目前在深圳市场上的主流产品是沃尔沃、康明斯和国产品牌，见图1-8。

图1-8 柴油发电机组

（三）后期评估

变配电产品，中外合资的品牌质量非常好，在深圳一些物业因为设计问题或后期经营转型需增加较大的用电设备，电力变压器在夏天高负荷时，即使达到140℃的温度，电力变压器经历多年的使用，还是很忠实地履行使命没有跳闸等不良故障反应；低压配电房的主开关如断路器，中外合资包括一些国产的品牌产品，质量性能都比较稳定且可靠；柴油发电机，无论是柴油机的噪声、振动和排烟（环保）等技术方面比较，中外合资比纯国产的品牌更胜一筹，因为深圳停电非常少，物业企业的柴油发电机使用频率非常低。

二、电梯系统的品牌选择

（一）电梯品牌

目前市场上电梯的常见品牌非常多，有进口的、中外合资和国产的，深圳市场上的主流是奥的斯、迅达、三菱、日立等欧美和日系品牌电梯，见图1-9。

图1-9 各品牌电梯的照片（一）

图 1-9　各品牌电梯的照片（二）

（二）后期评估

在超高层的写字楼物业，欧美品牌的更高档、舒适度更高，日系品牌比较成熟；但是在故障频率和维修保养成本（包括住宅电梯），不管是进口还是中外合资，日系电梯品牌的性价比优势明显高于欧美品牌。另外在选择内抱闸电梯时，不管是什么品牌，一定要谨慎，这种电梯的好处是紧凑且占用机房空间小，但是万一电梯出现故障要盘车解困时，内抱闸电梯就很考验电梯操作人员，如日系某品牌电梯，电梯困人后不平层，需要在电梯机房盘车，非常熟练的电梯维修工，整个操作流程需要 20 分钟，才能把电梯轿厢内的人放出来，这会严重影响物业的服务品质，更会让业主和住户对电梯的质量安全有"恐惧感"！

三、中央空调系统的品牌选择

（一）中央空调品牌

目前市场上中央空调的常见品牌非常多，有进口的、中外合资和国产的，在甲级写字楼、高端商业和酒店业等物业，水冷式中央空调目前使用较多的是约克、开利、特灵、麦克维尔等，见图 1-10。

图 1-10　各品牌的中央空调机组

（二）后期评估

中央空调受地域、城市、温度、人流、灯光和建筑的密封程度等因素影响非常大，而且以上的中央空调设备有 20 世纪 90 年代和 2000 年以后的产品，因为购买年限不一样，对哪种品牌的质量和能耗更有优势，物业服务企业一直都没有更好的比较指标，经过多年的使用感觉都一样。

但是与水蓄冷和冰蓄冷中央空调比较，蓄冷空调也不节能，即大家的能耗是旗鼓相当的，但蓄冷空调执行的是低电价，如在深圳（包括东莞等城市），蓄冷空调的电价是 0.24 元左右，而商业电价是 1 元多，即水冷式空调和蓄冷式的空调电价相差 5 倍左右，所以前期选型蓄冷空调，根据经验数据，占能耗大头的空调运行成本相差将 2 ~ 3 倍（考虑到保温效果、加上设计等因素），以深圳一个 10 万 m² 的写字楼为例，一套中央空调（蓄冷设备）一年的运行能耗是 400 万 kW·h（制冷主机 200 万 kW·h），按经验数据物业服务公司每年光是中央空调一项，节省 150 万 kW·h 左右的成本，5 年节省 750 万 kW·h 左右，这个节省的成本对物业服务公司和业主是非常庞大的收入。

另外，随着智能大厦在全国日益普及，尤其是互联网和物联网、云技术和卫星定位系统（GPS）以及电信运营商 4G 等技术不断推陈出新，楼宇智能化系统的选型已经越来越重要，具体详见《能源管理与低碳技术》❶ 第十章，楼宇智能化系统。

❶　郭连忠 . 能源管理与低碳技术 . 北京：中国电力出版社，2012.

第四节　营销运营

房地产的营销运营，包括代理销售、租赁经营和自主经营。在房地产的营销运营阶段，营销公司做好招商工作，需要物业公司做好销售配合和管理模式的确定。

一、项目销售和租赁

住宅物业的销售在一、二线城市比较简单也比较成熟，而写字楼和商业购物及文化创意产业的招商就非常复杂、压力也非常大。

（一）住宅物业

在我们国家，住宅物业调控了十年，调控的结果是越调越高：以深圳南山某片区为例，2004年某高层大盘的房价是5000元/m² 左右，而到了2010年，该大盘的房价是30000元，而新建的住宅普遍在50000元以上甚至价格更高，不到6年时间住宅房价上涨了10倍甚至更高；再以广东惠州市中心的某项目为例，2005年的高层住宅是2200元/m²，2011年该楼盘的二手楼普遍在8000元，而惠州市中心有些地块在前几年每平方米房价就已超过万元了，6年时间市中心房价上涨了5倍以上，即使离市中心很偏远的郊区，2013年的房价也要5000元以上了。所以，从城市的住宅房价一路攀升说明，住宅物业基本上就"不愁"销售，而且从这几年房价的不断上涨也说明住宅物业很容易升值。

现在的住宅物业，因为政策对住宅的打压严重，开发商开始规避政策的风险，资金链稳健的品牌开发商开发的住宅已经开始转型，如建好的别墅也不考虑一锤子买卖了，而是自己持有，即只租不售，通过租赁而希望得到更高的、长期的价值回报；另外是规划建设SOHO住宅公寓或是商住两用的公寓楼；中国的地产界不但考虑开发住宅物业的风险，甚至漂洋过海拓展海外市场：如2012年北京万达集团收购美国第二大的院线AMC，2013年收购英国圣汐游艇公司，并将在英国泰晤士河建伦敦万达酒店（超五星级）。2013年深圳万科携手美国的铁狮门开发美国旧金山一处高端住宅项目，中国地产界走向海外已是一种趋势，并且无可逆转。

（二）写字楼、商务购物物业

写字楼、商务购物与住宅物业就不一样了，销售或租赁受影响的因素非常多。

1. 摩天大楼热

写字楼、商业购物和酒店已经不是单一业态出现，而是综合业态高度集中，而且现在中国的写字楼物业已经形成摩天大楼热。摩天大楼，英语是skyscraper，又称为超高层大楼，是指非常高的多层建筑物，起初为一二十层的建筑，现在通常指超过50层的高楼大厦。在世界17个最高建筑中，中国有12席，占7成多的比例，中国的摩天大楼名列世界前茅；而且摩天大楼不是单纯的写字楼业态，而是集中办公、商业购物甚至有酒店的综合体，见表1-6和表1-7。

全球最高建筑统计　　　　　　　　　　表1-6

序号	建筑名称	高度/楼层	国家/地区	业态组合
1	迪拜塔	828m/162层	阿联酋	住宅、写字楼、酒店、购物中心
2	世贸中心自由之塔	609 m	美国纽约	写字楼
3	广州海心塔（小蛮腰）	600 m/108层	中国广州	餐饮、商业购物、旅游观光等

续表

序号	建筑名称	高度 / 楼层	国家 / 地区	业态组合
4	台北 101	508 m /101 层	中国台北	写字楼、购物中心
5	上海环球金融中心	492 m /101 层	中国上海	写字楼、酒店、观光
6	香港环球贸易广场	490 m /118 层	中国香港	写字楼、商业购物、酒店
7	双峰塔	452 m /88 层	马来西亚吉隆坡	写字楼、酒店、购物中心、旅游观光等
8	西尔斯大厦	450 m /110 层	美国芝加哥	住宅、写字楼、购物中心、酒店
9	南京紫峰大厦	450 m /89 层	中国南京	写字楼、酒店、购物中心
10	深圳京基 100	441.8 m /100 层	中国深圳	写字楼、商业购物、酒店
11	广州国际金融中心	437.5 m/103 层	中国广州	写字楼、酒店、购物中心
12	金茂大厦	420.5 m /93 层	中国上海	写字楼、酒店、购物中心等
13	香港国际金融中心	420 m /88 层	中国香港	写字楼、酒店、商业购物
14	中信广场大厦	391 m /83 层	中国广州	写字楼、商业购物、酒店
15	地王大厦	383.95 m /69 层	中国深圳	写字楼、商业购物、酒店
16	纽约帝国大厦	381 m	美国纽约	写字楼、酒店等
17	深圳赛格广场	355 m /72 层	中国深圳	写字楼、酒店、商业

中国规划建设中的摩天大楼

表1-7

序号	建筑名称	高度 / 楼层	开工和预计完工时间
1	武汉绿地中心	666 m /125 层	2011 年 7 月 ~ 2017 年
2	深圳晶都酒店改造项目	666 m	规划中
3	深圳平安国际金融大厦	660 m /118 层	2009 年 8 月 ~ 2014 年
4	上海中心大厦	632 m /124 层	2008 年 11 月 ~ 2014 年
5	天津中国 117 大厦	597 m /117 层	2012 年 8 月 ~ 2016 年 8 月
6	天津罗斯洛克国际金融中心	588 m	2011 年 12 月开工
7	广州珠江新城东塔	530 m /113 层	2009 年 9 月 ~ 2016 年
8	天津滨海中心大厦	530 m /97 层	2009 年 11 月开工
9	北京"中国尊"大楼	528 m /108 层	2011 年 9 月 ~ 2016 年
10	大连绿地中心	518 m	2011 年 11 月 ~ 2016 年
11	深圳佳兆业环球金融中心	518 m	规划中
12	苏州中心	500 m	2012 年 5 月 ~ 2017 年
13	深圳"春笋"(华润集团总部大厦)	500 m	2012 年 10 月开工
14	重庆"嘉陵帆影·国际经贸中心"	468 m	2008 年 10 月 ~ 2015 年
15	成都绿地中心	468 m	2012 年 7 月 ~ 2017 年

从全国各地在建和规划审批中的摩天大楼统计说明：中国的摩天大楼没有最高，只有更高，而在深圳等一线城市，摩天大楼大量出现，建筑高度已经不是营销的主要卖点。

2. 经济（租金）评价

深圳超高写字楼虽然打造了这座城市的新高度，但却难以在这个城市树立起租金标杆。来自全球五大行的报告显示：目前深圳 200m 以上的超高层建筑已经建成的有 37 座，加上规划或在建的 74 座，合计有 111 座，将超过香港的 40 座和上海的 63 座。

深圳罗湖区的写字楼，深南大道一路之隔的深圳地王大厦（69 层）与华润大厦（29 层），楼层较低的华润大厦租金水平高于地王大厦的 30%；而在深圳中心区的 CBD 区域，租金最高的不是福田 CBD 的 280m 高的卓越世纪中心，也不是 383m 高的深圳第二高楼地王大厦（每月每平方租金 140～160 元），更不是 441m 高的深圳第一（也是华南第一）高楼京基 100 大厦（租金 260 元），而是福田中心区 200m 高嘉里建设广场（中低区租金 280 元、高区租金 300 元）；而且深圳罗湖片区早期开发的标志性写字楼，现已渐趋陈旧，租金水平低，发展扩容能力也低。而福田 CBD 区升值潜力巨大，租金水平高企，高端写字楼密集且不断更新换代。

3. 写字楼交易

深圳的写字楼虽然有租有售，但这几年来市场更流行只租不售。深圳中心区（福田 CBD 区）定位为深圳集金融、商贸、信息文化、会展及行政一体的城市商务、行政和文化中心，CBD 在交通、配套、功能上的规划优势，以及大量的写字楼的投建，吸引跨国企业 / 办事处、金融、保险业龙头、贸易、物流和文化传播企业进驻，在中心区写字楼出现整租整购的现象。

深圳写字楼的大宗买卖：2009 年中信证券以 13 亿元购买卓越时代广场二期约 3 万 m^2 作总部大楼；此外是罗湖京广中心 12 亿元卖出 6 万 m^2，之后变身"瑞思国际"；2013 年初交通银行以 36 亿购买旧城改造后中航城世纪汇 5 万 m^2 的写字楼及其 5000 m^2 的商业裙楼。来自全球五大行的报告显示，深圳业权分散的写字楼占到 60%，这些业权分散或散售的写字楼，对于大公司来说，不便于其统一协调管理，会对后期的物业管理、业态、交通以及环境产生一定破坏，散售的盈利模式容易导致整体经营一致性的欠缺，无法获取价值最大化。

深圳写字楼租赁的大客户：2009 年深圳星河中心大厦（除楼顶上星河集团有几层楼自用和楼下裙楼做商场外）整栋租给平安集团；2012 年 9 月，华润深国投信托公司正式从深国投广场搬迁至嘉里建设广场二期办公，在这座深圳最贵的写字楼内租下了整整四层办公楼。

（三）文化创意产业的招商引资

中国的文化创意产业非常发达，尤其在北京、上海、广州和深圳都已形成产业化：北京有中关村创意产业先导基地等；上海有天山路时尚园、泰康路田子坊和莫干山路工业园区等；广州有国际交流中心和彩虹座示范区等；深圳有个文博会，文化产业园区更多，如大芬的油画村、OCT 文化创意园区、怡景的动漫基地等，形成规模效应和品牌效应的是设计类（平面设计、广告公司、服装企业）、视觉艺术和工艺美术类、传媒业类（广播电视）、文化旅游类、影视动漫类、科技研发类（科技开发中心和博士后基地）等。

深圳的文化创意发展空间和潜力巨大，但产业发展极不平衡，即使形成规模效应和品牌效应的大部分文化产业，能够承受的租金水平较低。如深圳布吉大芬村拥有 300 多家画廊和 700 多间油画个人工作室，随着近年来的租金水平升高，大芬村的油画行业生存堪忧；

现有的深圳原创产业园区（包括怡景和蛇口）都是由旧厂房改造而来，成本较低，面积较大，但主要以制作和加工为主，而原创的产值最高。目前深圳的原创产业中，动漫及设计是最主要的两大支柱产业。

深圳2003年提出了实施"文化立市"战略、2005年提出"努力把文化产业培植成为第四大支柱产业"、到2010年文化立市的框架基本形成和高品位文化城市建设初具规模，这对深圳的文化创意产业是绝好的契机。

二、物业的销售配合

中国的房地产市场已经逐步走向成熟阶段，购房者也越来越理性，高品牌的物业服务企业在销售期间的配合，能更好地促进项目的销售；而随着消费者的日益成熟，业主也越来越认识到物业管理对物业保值、增值的重要作用，对物业服务也越来越重视，所以物业资产服务在房地产销售阶段的配合，对促进项目的销售，让潜在的和后续的客户满意，显得尤为关键和重要。

（一）物业销售配合人员的标准化培训

对住宅物业和写字楼物业，物业的销售配合可以实施标准化培训，具体内容见表1-8。

物业销售配合人员的标准化培训　　　　　　　　　　　　表1-8

责任区域	责任人	工作内容	培训重点
项目大门口	秩序维护员	交通指挥： 引导自驾车 客户停车	1. 秩序维护员在指挥车辆时的人身安全 2. 引导自驾车的交通标识 3. 标准且规范的交通指挥动作 4. 礼仪礼貌（敬礼/礼貌用语的规范/遇到带宠物和行李的客户接待）
园林/泳池		引导步行客户	
售楼处门口	门童	售楼处 门岗服务	1. 服务动作 2. 统一规范的接待用语
售楼处内	客户服务人员	售楼处内的客户接待服务	1. 礼仪礼貌用语 2. 吧台的咖啡机/榨果汁机等设备使用 3. 斟茶倒水和饮料 4. 调制咖啡和红酒 5. 各种客户的接待技巧
样板房		参观样板房	1. 礼仪礼貌 2. 与客户的距离 3. 样板房的介绍 4. 社区配套（交通、幼儿园和学校、公园等） 5. 物业服务的介绍

物业销售配合的人员，包括秩序维护员、门童（礼宾）和客户服务人员，这些销售配合人员基本上是临时招聘来的，他们（她们）经验非常有限，甚至对房屋销售配合一无所知，可以说新招聘的销售配合人员基本是草台班子。对物业服务企业，只有通过标准化的培训把这个草台班子搭建起来，一到现场展示就能立即进入角色和顺利地开展工作，有效的促进房屋的销售和让未来及潜在的客户满意。

（二）理论联系实际，强化突发事件演练

所谓兵无常势水无常形，在销售配合时会遇到各种各样的问题，这是考验房地产开发商、销售代理商和物业服务的多方联合团队。对于物业配合销售的草台班子，在完成标准化的统一培训后，应结合现场的环境，对各种常规的、突发事件进行反复演练，以深圳某城市综合体为例：

1）楼盘靠近公路边，交通噪声大怎么办？答复：楼盘靠近公路，而且邻近地铁，说明交通便利，方便业主的居家生活。当然，靠近公路有交通噪声，开发商已经通过各种方式去规避，如楼盘外围的公路，开发商种植高大遮阴、降噪的乔木，另外在四楼的空中花园也通过乔灌木搭配，通过植物作用减少交通噪声；靠近公路一侧的户型，1～4层是商业，4楼以上的住宅缩进去十多米，通过四楼以下的商业建筑和空中花园挡住交通噪声，而且靠近公路边的窗户，开发商选用多层窗户再减少噪声——通过各种方式，最大限度的减少噪声，基本不影响业主的居家生活。而且，您买房以后，选用厚布料的窗帘，这也会更有效的减少交通噪声。

后期评估：进入正常的物业管理阶段后，地铁（轻轨）在晚上10：00后已经停运，所以轻轨的振动噪声对业主的休息影响比较有限。公路边的高大乔木和空中花园基本隔离了交通噪声，后期业主入住后，发现这个答复不一定正确，因为声音（噪声）是直线传播的，只有低楼层的住户不受交通噪声影响，10楼以上的住户噪声比较严重。

2）客户带着宠物到售楼处怎么办？处理：若遇客户带有宠物（如大型宠物狗），应礼貌的劝说客户不要将宠物带入售楼处，建议客户将宠物留在车内或拴在停车场的树下。

后期评估：物业服务公司在多个项目实施后，完全规避了宠物狗可能伤人的风险，以后在所有的销售配合项目推广这个经验。

3）客户带着宠物坐电梯，宠物在电梯轿厢大小便怎么办？处理：首先礼貌劝说客户不要带宠物坐电梯，以免宠物（尤其是宠物狗）在狭小的电梯轿厢咬人；如果客户执意要带宠物坐电梯，一定请其他（她）看楼的客户不要坐这个电梯，应该坐其他电梯或等下一趟梯；如果宠物在电梯轿厢大小便，发现后立即通知清洁人员过来打扫，打扫完后在轿厢喷洒空气清新剂。

后期评估：也作为成功经验在以后的新项目推广，杜绝了宠物在电梯轿厢咬人，以及确保电梯轿厢的空气。

4）业主的小孩突然跑到游泳池怎么办？处理：在空中花园（园林）看到客户的孩子突然离开大人，跑到游泳池玩水，秩序维护员应该立即跑过去，牵着孩子的手，告诉小朋友，不要私自离开大人，更不要私自玩水，这是不安全的。然后牵着孩子的手礼貌的带回给家长。

后期评估：保安对突然跑到游泳池的孩子不能大喊大叫，更不能吆喝，而且牵着孩子的手交回给家长，这才是物业为客户服务的体现，更是物业基本的礼仪礼貌，这种特色服务也作为经验在其他新项目推广。

实际上，每个项目的情况不一样，但是住宅物业和写字楼物业都有自己共性的东西，在销售配合时，面对不同的客户群体，以及促销的重大活动，各种突发事件随时都可能发生，做好物业销售配合人员的培训和演练，以及在实际岗位上的不断总结，这些问题的及时化解和让客户在看楼时亲身体验物业服务，更好地激发潜在业主的购买欲望，并通过潜在业主带动更大的客户群，物业与准业主的和谐相处从售楼阶段就开始了。

第二章 物业管理模式

物业服务是房地产的最下游产业，在规划物业管理模式时，不是单纯的站在物业服务的角度考虑，而应该追溯源头，站在项目的立项决策、规划设计、招投标、营销、施工建设、竣工验收和物业服务阶段的整个产业链，甚至站在城市管理的基础上考虑。

中国的城市化管理模式一直是与时俱进的，不同的城市在不同的发展阶段，往往根据城市的实际情况，会打造不同的管理模式，如近来最热门和比较有代表性的平安城市、无线城市、低碳省市、智慧城市等。平安城市更多的是站在治安的角度，在城市内通过安装大量的闭路监控设备，形成网格化的管理，在城市内的大部分区域，都能看到监控范围内的各种情况，对人流和车流的信息可以随时掌控；无线城市是规范城市内的供电线、电话线、电视线、网络线等各种强、弱电线路，在视野上完全减少或规避乱七八糟像蜘蛛网一样无序的线路，让城市具有更好的视野、更安全的环境和更有序的城市空间；低碳省市更注重在新能源和可再生能源及节能产品使用，环保和生态方面更加严格；而智慧城市可能对智能电网、智能交通等高科技的智能化程度要求更高，对政府的电子政务等办事效率更注重，对政府官员和市民的素质要求更高。

城市化的管理模式对房地产和物业服务企业有什么影响呢？如平安城市，房地产在规划设计时，可能要与公安、交通等各政府部门对接，对安全的布防设计，在平安城市的基础上打造平安社区；无线城市对开发商的各种有线和无线的设备实行更严格的设计和管控要求；低碳省市可能要求开发商在建筑围护结构、园林绿化、各种水电设备的节能技术和节能产品的门槛更高——所以，结合城市化的管理模式，房地产开发商和物业公司在规划建管模式应该更有前瞻性和更好的扬长避短，这样规划的物业管理模式才更符合城市的人文环境，更贴近业主和客户的需求，也更有利于后期物业服务企业的实施，实现物业资产的保值和增值。

第一节 住宅物业的管理模式

住宅物业，根据地段、景观、交通和不同的业主群体等，其管理模式也是丰富多彩的。

一、突出自然景观的物业管理模式

自然景观主要是海景、江景、湖景、山水景观等稀缺资源的住宅项目。宋朝郭熙《林泉高致·山水训》云："水，活物也。其形欲深静，欲柔滑、欲汪洋、欲回环、欲肥腻、欲激射、欲多泉、欲远流、欲瀑布插天、欲溅扑入地、欲渔钓怡怡、欲草木欣欣、欲挟烟云而秀媚、欲照溪谷而光辉，此水之活体也。"又说："以山水为血脉，以草木为毛发，以烟云为神采。故山得水而活，得草木而华，得烟云而秀媚。水以山为面，以亭榭为眉目，以渔钓为精神，故水得山而媚，得亭榭而明快，得渔钓而旷落，此山水之布置也。"开发商策划山水主题："智者乐水、仁者乐山"和"明月松间照、清泉石上流"的稀缺资源，修建曲径通幽处的盘山小路、以水为景观打造的庭园理水各种特色的建筑小品。当项目在销售阶段，这些稀缺资源会立即吸引有刚需和投资需求的成功人士，项目销售都比较火爆。

（一）物业的管理模式

开发商策划的山水主题以及针对高端业主群体，物业公司以绿色家园、低碳系列为主题，为成功人士打造酒店式的管理模式。

1.绿色家园

开发商设计的大户型、大阳台，LOE-E 节能玻璃等材料的使用，打造高价值的低碳建筑，业主在家里，看到的是绿色的大自然，听到的是鸟语花香的世界，感受的是大自然无污染的清风吹拂，真是一幅"远看山有色，近听水无声。春去花还在，人来鸟不惊"的山居生态家园。物业公司在小区的宣传栏上和业主装修时，都会善意的提醒业主有关绿色家居设计装修以及检测，业主在设计装修自己的房子就充分考虑节能环保和家居安全。

1）房屋装修的环保和安全：

（1）严格使用环保无毒的装修材料，后期选择的家具不能散发甲醛等有害气体等，以确保健康的居家生活；

（2）生活用水管在家里专门安装一个总开关，周末和节假日出门前在家里就能随时关闭生活用水（电和天然气在家里都有总开关），即使无人在家，也不用担心爆水管导致水漫金山甚至影响邻里和楼层电梯的安全；

（3）装修后，找专业公司检测甲醛、氡气、氨气等有害气体，并根据检测结果进行规避，如开窗通风一段时间散发掉有害气体，或者放置相应的盆景植物等吸收室内的有害气体。

2）物业公司在小区的标识和宣传栏等提醒有车族，为了确保大家的生活秩序和减少噪声，在住宅区内车辆无鸣笛；而且定期在住宅区的配套幼儿园，给小主人们讲解，让车辆无鸣笛的理念从娃娃抓起；

3）禁烟规定：高层楼宇的消防安全是物业管理的重点和难点，减少住宅区乱丢烟头能更有效地减少火灾的频率，所以物业公司是不允许在住宅区的公共区域抽烟，而且住宅区的大门口也有醒目的禁烟宣传标识；

4）资源的循环再利用：住宅区不但实行严格的垃圾分类，而且注重废旧电池回收，在住宅区的管理处和会所等地方专门放置电池回收点，物业公司定期将重污染的废旧电池交给当地的环保部门；住宅区业主的孩子大了，他们（她们）的玩具就会成为垃圾随手丢掉，所以物业公司不定期的组织社区活动，鼓励孩子们接受大哥哥、大姐姐的玩具；鼓励小朋友（学生）的书籍互赠和交换好书活动；而业主家里不要的家具和家用电器，物业公司则不定期请专业公司到住宅区回收；在国内发生重大的自然灾难时，物业公司倡导业主捐出多余或不使用的衣物，由物业公司和业主委员会以全体业主的名义，统一交给当地的民政部门，支援灾区人民。

2.绿色低碳出行

1）鼓励市民（业主）使用公交车和地铁，少开私家车。在工业和科技快速发展的时代，尤其是近年来汽车工业领域的快速发展，油气资源在不断地减少，同时给城市交通带来压力，影响业主出行。因此，为了节约资源、降低能耗，节省开支、保护环境、减缓交通压力，城市的公共交通配套应该及时跟上，以此减少私家车的使用。不同城市限制私家车的政策是不一样的，如采用单双号限行的措施，而深圳的人性化更值得借鉴：

2011 年深圳的汽车保有量已超过 200 万辆，上下班的道路交通非常拥挤，尤其是第 26 届世界大学生夏季运动会在深圳举行，这种重大城市活动期间如何保证交通顺畅，深圳政府部门没有选择强制性单双号限行，而是在全市实行"绿色出行"、自愿申报停驶的交通政策，并强调公务人员要做出表率，尽量少用甚至停用公务用车。车主可以自行选择停驶方式，包括每天停驶、单双号停驶、选择性停驶等。深圳市交警部门将对参与"绿色出行"的车主给予荣誉鼓励。停用、少用车的车主可在交警的路面执勤点、大运 U 站、停车场、加油站、车辆检测站、尾气检测站、高速公路收费站和社区领取精美的荣誉车贴。在自愿绿色出行行动期间，民警如发现有申报停驶后又上路行驶的车辆，将提醒其遵守出行承诺，或通过车主短信平台发送短信对其进行宣传和提示，但不会进行处罚，也不会纳入任何诚信系统。物业公司也配合政府部门，在住宅区宣传绿色出行，从这次大运会深入人心的宣传，加上深圳的地铁和公交不断完善，深圳车主不管在理念上和行动上都已经有意识的少开车。

2）中国的大城市，面临治污和治堵的困境，而绿色出行是一剂良药。随着汽车的普及，汽车排放的尾气已经严重污染环境和影响人类的身体健康，增大城市的交通压力，影响城市居民的出行和生活秩序。为了保护环境、减缓交通压力，实现绿色出行，目前国内很多城市推出绿道建设和建立覆盖城市的自行车网点。

绿道（Greenway）是一种线形绿色开敞空间，通常沿着河滨、溪谷、山脊、风景道路等自然和人工廊道建立，内设可供行人和骑车者进入的景观游憩线路，连接主要的公园、自然保护区、风景名胜区、历史古迹和城乡居住区等，有利于更好地保护和利用自然、历史文化资源，并为居民提供充足的游憩和交往空间。绿道从乡村深入到城市中心区，有机串联各类有价值的自然和人文资源，兼具生态、社会、经济、文化等多种功能。以广东省为例：

以广东省丰富的自然生态资源和历史人文资源为依托，通过建设互联互通的绿道网络系统，有机串联全省主要的生态保护区、郊野公园、历史遗存和城市开放空间，将"区域绿地"的生态保护功能与"绿道"的生活休闲功能合二为一，在确保区域生态安全格局的同时，满足城乡居民日益增长的亲近自然、休闲游憩的生活需求，使其成为广东省落实科学发展观、建设生态文明和"加快转型升级，建设幸福广东"的标志性工程。到 2015 年，广东将建成约 8770km（含珠三角地区已建好的 2372km 省立绿道）、功能形式多样的省立绿道，实现 46 处城际交界面互联互通，统筹绿道网络与城市交通体系布局，实现绿道与城市公共交通系统的无缝衔接。在广东各城市中，深圳的步伐是最快的，截至 2012 年底，深圳已建成总长约 2210km 绿道，其中省立绿道 346km，城市绿道和社区绿道 1864km，已经形成省立绿道、城市绿道和社区绿道三级网络体系。

针对政府绿道建设和城市自行车网点布局，广东很多城市的房地产开发商和物业公司的社会责任感非常强烈：在住宅区（包括 CBD 区域）规划时，都会考虑和政府相关部门接合，建立或预留自行车网点，方便居民的绿色出行，见图 2-1。

图 2-1 绿色低碳出行

3. 健康低碳生活

1）建立业主俱乐部：如深圳的一些物业公司，充分利用住宅区的公共空间，组织业主们展示各种厨艺，让广大业主品尝百家菜和各地的特色菜；配合深圳的读书季活动组织业主们交流读好书；

2）针对住宅物业老人、儿童多的情况，以及购物广场人流量大的特点，物业公司与当地的社区健康中心（诊所）合作，建立家庭医生制度，为社区内的老年人及儿童建立健康档案，并派发"阳光服务卡"，定期在小区开展健康咨询、义诊和健康知识进社区讲座，从而方便小区业主，小病不用跑医院。有条件的社区会和当地的大医院联系，建立急重病人绿色通道，为病人赢得宝贵的抢救时间；

3）绿色家庭。家庭是生活的港湾，近年来深圳市开展绿色家庭创建，得到了市民的热心参与，《深圳市绿色家庭考评细则》如下：

深圳市绿色家庭考评细则

序号	考评内容	分数	考评办法	评价
1	热心环保，积极参与	5		
1.1	家庭成员积极遵守《公民行为规范》，家庭成员环境意识强，具有一定的环保知识，热心参与各项环保活动	3	现场发环保小知识及行为规范试卷 测试	符合 3 分，基本符合 2 分，不符合 0 分
1.2	有环保报刊、读物或音像资料	2	查阅资料	符合 2 分，不符合 0 分
2	节约资源	10		
2.1	家庭安装节水龙头和节能灯，或其他节能措施	5	实地勘察	符合 5 分，基本符合 3 分，不符合 0 分
2.2	日常生活中进行一水多用，不提倡用浴缸	4	实地勘察	符合 4 分，基本符合 2 分，不符合 0 分
2.3	少开空调，多开窗，白天尽量利用日照光	1	实地勘察	符合 1 分，不符合 0 分
3	污染控制	25		
3.1	厨房安装环保型油烟处理设施，减少油烟废气排放	3	实地勘察	符合 3 分，基本符合 2 分，不符合 0 分

续表

序号	考评内容	分数	考评办法	评价
3.2	及时清理各类积水、空调水、袋装垃圾水等,杜绝蚊虫滋生	2	实地勘察	符合2分,基本符合1分,不符合0分
3.3	家居周围墙面及地面清洁,自觉维护楼道清洁	2	实地勘察	符合2分,基本符合1分,不符合0分
3.4	厨房、卫生间和洗衣污水不可排入雨水管道	4	实地勘察	符合4分,不符合扣3分
3.5	选用环保型洗涤剂、无磷洗衣粉	3	实地勘察	符合3分,基本符合2分,不符合扣1分分
3.6	菜渣、油腻物不冲入下水道,下水道设有隔渣网等设施	3	实地勘察	符合3分,基本符合2分,不符合扣1分
3.7	家里废纸积攒回收	2	实地勘察	符合2分,基本符合1分,不符合0分
3.8	用过的玻璃瓶、易拉罐、废金属等分类收集	3	实地勘察	符合3分,基本符合2分,不符合0分
3.9	废旧电池回收	3	实地勘察	符合3分,基本符合2分,不符合0分
4	**环保行为**	**30**		
4.1	日常生活、娱乐不高声喧哗,不影响周围邻居	5	走访邻居	符合5分,基本符合2分,不符合扣1分
4.2	家用电器音量适中,不制造家庭噪声	5	走访邻居	符合4分,基本符合2分,不符合0分
4.3	家庭装修时,不选用含超标污染物的建筑材料及装饰材料,装修后,请专业机构对室内空气质量进行检测。不安装会造成光污染的窗、外墙镀膜玻璃	5	检查装修合同,实地勘察	符合4分,基本符合2分,不符合0分
4.4	家庭装修时,须按照政府有关规定文明施工,不影响周围邻居及环境	5	走访邻居	符合4分,基本符合2分,不符合0分
4.5	家里剩余的食物用密闭容器装好,减少使用保鲜胶纸	2	实地勘察	符合2分,基本符合1分,不符合0分
4.6	不使用含氟空调、少用定型发胶、摩丝等气溶胶喷雾器	3	实地勘察	符合3分,基本符合2分,不符合扣1分分
4.7	灭蚊采取安装防蚊纱窗措施,减少使用蚊香和化学杀虫剂	2	实地勘察	符合2分,基本符合1分,不符合0分
4.8	外出多乘公交汽车,少用自有汽车	3	实地勘察	符合3分,不符合0分
5	**消费行为**	**20**		

序号	考评内容	分数	考评办法	评价
5.1	节约使用纸张，对纸张进行多次利用	2	实地勘察	符合2分，基本符合1分，不符合0分
5.2	家庭不用不易降解的一次性餐具及物品	4	实地勘察	符合4分，基本符合2分，不符合0分
5.3	自备购物篮，购物时少用塑料袋，重复使用已有塑料袋	3	实地勘察	符合3分，基本符合2分，不符合0分
5.4	不购买一次性纸制品，如纸杯、纸盘等	3	实地勘察	符合3分，基本符合2分，不符合0分
5.5	购买饮料多选用可回收再用的罐装材料	2	实地勘察	符合2分，基本符合1分，不符合0分
5.6	不使用木杆铅笔，选用自动铅笔	2	实地勘察	符合2分，基本符合1分，不符合0分
5.7	不购买含镉、汞的电池，使用环保电池	2	实地勘察	符合2分，基本符合1分，不符合0分
5.8	多选用有绿色标志的家用物品和有绿色产品标志的食品。少购买野生动物皮毛衣物、饰物	2	实地勘察	符合2分，基本符合1分，不符合0分
6	环境美化	10		
6.1	家庭整洁、卫生、优雅、空气清新	4	实地勘察	符合4分，基本符合2分，不符合0分
6.2	爱绿护绿，室内种植花木	3	实地勘察	符合3分，基本符合1分，不符合0分
6.3	家庭内禁烟，对来访者劝阻吸烟，并宣传吸烟有害健康	3	实地勘察	符合3分，基本符合1分，不符合0分
加分	安装太阳能（储能、供暖等）设备或其他节能措施	10	实地勘察	符合10分，基本符合5分，不符合0分

深圳开始"绿色家庭"创建，提倡绿色消费，倡导绿色生活，许多热爱环保的家庭，在生活中力行环保节约，从垃圾分类、节约能源、旧物回收等点滴细节小事做起，把绿色理念贯穿到日常生活中，成为生态文明的积极践行者，充分反映个人、家庭、社会之间的和谐关系。

4. 酒店式服务

随着我国的豪宅（别墅）、甲级写字楼和高端购物场所的不断发展，为了更好地提升物业服务档次和更高的服务标准，服务高端物业的成功人士，策划酒店式的管理模式。什么是物业的酒店式管理服务，就是根据酒店管理的方式，像酒店总台一样设立24小时"金管家服务热线"，并在物业的重点区域增设酒店式门童（或礼宾人员），随时受理业主的咨询、服务需求和投诉，等于将总台服务延伸到了物业的多个区域，大大方便了业主。最后，加强物业服务人员的培训，将酒店式的思想、礼仪礼貌、服务内容贯穿至整个物业服务过程中，提供全方位、全天候、全过程的一站式服务，让业主体会到进入售楼处或进入社区就像进入了酒店。

（二）物业管理模式实施中的问题

1. 自然景观存在的问题

1）靠近山景的住宅区，最怕的是火灾，而火灾的原因主要有：打雷导致火烧山，目前这种自然灾难没有更好的办法；爬山的抽烟族，更多的是增加标识牌和见到有人抽烟时的友情提醒，只能寄希望抽烟者的自觉；在秋冬天干燥季节，草木容易燃烧，而且山上缺乏隔离带，目前比较成熟的做法是增加难燃树种，以及通过建设人行道（用石头等材料铺设台阶）甚至是公路的方式来隔离火源，而且人行道也成为市民（业主）休闲的通道；山上增加消防水箱（水塔），以便能解决山火刚开始时能够及时提供水源；在重阳等重大节假日、登山活动等人多时，最好当地的消防水车能在现场待命，见图 2-2。

登山道　　　　　　　　　　　消防水塔　　　　　　　　　　消防车

图 2-2　山区防火设施

2）靠近水景的问题：近水的地方怕水淹，所以在项目设计时，要防止水倒灌地势较低的楼层；业主尤其是儿童溺水的管控，往往是物业公司管理的重点和难点。

2. 酒店管理模式问题

不管是住宅还是写字楼物业，在策划酒店管理模式时，不应该全盘照搬酒店的管理。如在零干扰方面，酒店的设施设备能轻而易举的清楚房客在房间还是外出了，酒店的服务人员就能及时整理客房，而住宅（包括住宅式的酒店公寓）和办公物业有自己的独特性质，就很难判断客户在还是不在房间，这方面与酒店的差距还是很大的；另外，在国内的别墅甚至酒店，物业公司或酒店管理方总是喜欢吸引眼球的策划，如门童（礼宾）使用外国人，让业主（住酒店客人）享受西方绅士／淑女的高端服务标准，这种策划是违反国家法律的，因为按照我们国家的法律法规，外国人来中国是要签证的，而签证的期限（在中国停留的时间）是有严格限制的短期行为；而且物业企业未经国家的相关部门审批，私自雇佣外国人，也是违反国家法律的。所以，策划物业管理模式，要考虑不同物业的使用功能和风险，制定的物业管理模式不应该是天马行空的规划，而是能落地且便于操作的管理。

二、缺乏自然景观的物业管理模式

缺乏自然景观的住宅区，要么就创造景观，要么就突出自己的特色。

（一）创造景观的物业管理模式

对于缺乏景观的住宅区，目前比较常见的是自己造景：在住宅区内人工造园，常见的是植物系列主题加水景观的特色，通过人工造园打造绿色家园的管理模式。

（二）通过软性社区文化打造中国式邻里服务

在房地产规划设计时，建设广场，让业主能集中休闲和相聚，以及通过社区文化活动，促进邻里关系的健康和谐。

社区文化管理存在的问题：对于管理项目多的大物业公司，社区文化的考核是难点，不容易找到量化的考核方式，而且从财务管理的角度，物业社区文化的成本也是很高的，也不好管控，而12+6的模式就解决了这些管理难点。什么是12+6的社区文化管理模式呢？12即每年12个月，每月对社区文化宣传栏进行一次更新，6则是每年至少举行6次的嘉年华类的社区文化活动，这种量化的模式，更加便于人力资源的绩效考核管理。

而在节省成本方面的措施非常多，为了完成社区文化工作和应付公司考核的压力，基层服务中心（管理处）往往一个萝卜一个坑的进行社区文化管理专员规划，即一个服务项目设置一个社区文化专员，如果一家大物业公司下辖40个服务项目，就有40个社区文化专员的人工成本。对微利的物业服务行业，人工的成本是最大的。如何有效减少人工成本呢？深圳很多物业公司的经验非常值得推广：和电信运营商、保险公司、红酒供应商、汽车厂商合作，按照物业社区的实际情况，如社区禁止高空抛物，则请这些合作单位免费印刷禁止高空抛物的漫画，经物业服务中心审核认可后实施，在漫画的边角可以宣传这些合作方的产品。这是多赢的格局，物业公司充分利用资源，减少人工（不需要每个服务中心设置文化专员的岗位）成本和打印宣传栏的办公经费，而且印成漫画后，更加形象也更加专业，社区内老人、中年人、小孩等所有人对宣传栏都一目了然，展示的效果更加深入人心；而在环保日和消防日等特殊的日子，物业服务企业应该充分利用政府部门的资源，让环保、消防等进社区，让业主和住户在社区内就非常方便地了解环保和安全咨询。

而每年6次的社区文化活动，如正月的元宵节猜灯谜活动、3月的植树活动、活力无限的篮球和乒乓球比赛、琴棋书画的物业家庭杯运动会和社区好家庭的厨艺品尝活动、重阳的登山活动、中秋和春节的联欢晚会等，物业服务公司在策划这些社区文化活动时，可以充分利用社区周边的配套幼儿园，以及社区内的夕阳红团队（扭秧歌、太极拳、音乐团队）联合举办社区文化活动。

社区文化，深圳不少大物业公司不是单个住宅项目作战，而是物业公司集中所有住宅区的资源优势，通过各大社区巡回演出的模式来增大社区文化的效应，同时也能更好地减少成本开支。

三、特色服务模式

物业管理是劳力密集型企业，所有的工作是靠团队的战斗共同完成的，因此，更需要提升内部满意度，打造对外满意率。

（一）对内服务

深圳很多品牌物业公司，已经形成标准化的、人性化服务模式，以确保员工更好地融入企业，营造更稳定的团队建设，让员工与企业共同发展。

1. 对员工及家属的尊重

员工生日时，物业公司（或集团公司）的报纸上、刊物以及物业公司网站上的员工天地栏，都会刊登当月生日的员工名单，恭喜寿星们生日快乐；物业公司还会发有纪念意义的礼物；每个月的中旬，集中当月的寿星们举行生日会，物业总部的领导们陪员工一起过生日。对于基层员工，通过生日体验也拉近了和领导们的关系。对非常繁忙的中高层领导，能有时间停下来，让自己好好地放松，也在生日团聚会上与民（下属）同乐，实现领导与员工的和谐关系，营造更稳定的团队；

在现在的数字化时代，数字号码已经非常强大，企业的芸芸众生，更多的是冷冰冰的号码排列，员工的名字都淹没在数字号码的尘埃里。现在深圳的一些物业公司，给员工佩戴的胸牌，已经不是带金属的冰冷的数字号码，取而代之的是员工的大名。胸牌用员工的名字，不是简单的数字向员工名字的转化，更多的是对员工的尊重，对员工父母的尊重，对员工家族的尊重；

2. 学习与发展

随着企业和社会的发展，我在企业里会失业吗？我在公司内部有上升空间吗？这是物业公司员工最关心的问题。为了企业的生存和发展，早期深圳的物业公司，就非常注重员工的培训和发展。20 世纪 90 年代深圳物业都是热衷于创优（创市优、省优和国优）活动和质量体系管理，这些管理促进了深圳物业行业的标准化模块管理，包括标准化培训模块：对保安实施军事化管理，在日常训练上突出队列、齐步走、正步走、跑步、仪容仪表和停车场的指挥动作及军体拳训练。在工作上针对巡逻岗、固定岗和技术岗位（消防中心）等不同岗位加大管理职责、社区的现状及专业技术（消防广播和背景音乐、监控设备、灭火器材、烟感和温感及声光报警装置、气体报警装置、消火栓和喷淋设备、防排烟设备、电梯迫降等）培训，而且不定期组织紧急集合和消防演练；对于管理人员，强调质量体系如创优管理模块、ISO 等质量体系，以及专业岗位的要求；对客户服务，强调礼仪礼貌、与客户的沟通技巧、在服务台和巡查以及接待业主的要求；技术岗位更强调对设施设备的日常管理和维修养护要求；甚至实施岗位轮换培训，如鼓励秩序维护员和客户服务人员学习工程技术和园林知识，鼓励工程人员学习质量体系和人力资源管理等专业知识，以此更好地开拓员工视野，培养复合型人才，熟悉住宅、写字楼和商业购物等各种业态的人才。内部的人才培训到位，有岗位需求时首先是从内部提拔，内部没有人选再考虑对外招聘。

（二）对业主的服务

1. 小主人生日

针对在住宅区配套幼儿园的小主人，物业公司和幼儿园一起制定精美的生日贺卡，恭祝住宅区的小寿星生日快乐和向小主人的妈妈问候；而且幼儿园也会充分关注家长的特殊需求，如家长要上班没时间陪孩子，一般会提前到就近的超市为自己的孩子订制生日蛋糕，在孩子生日时超市会把蛋糕送到幼儿园，老师组织全班同学庆祝小寿星生日快乐；管理处规划一些场地给小寿星们庆祝生日，如果业主有需要，管理处还有专门的工作人员协助，如放音响等需求。

2. 业主结婚

深圳一物业公司，业主结婚时，物业公司首先是在住宅区显眼的宣传栏，告知大家某栋某户（门牌号码）的业主结婚，这是我们住宅区的大喜事，管理处全体员工恭喜新人，也请我们左邻右舍的业主们祝福这对新人，这种宣传立即拉近物业公司与业主关系，尤其是结婚的男女双方更感动，因为他们感觉到自己的喜事已经不是结婚男女双方两个家族的喜事，而是上升到整个住宅区的大喜事；另外，物业公司派专人负责并与业主沟通好，举办婚礼的车队在住宅区进出的路线，如果是实行人车分流的管理，物业公司会临时打开一些通道，让接送新娘的车队从地面上进出，绝对不允许接送新娘的车走地下停车场，而且接送车辆进出时都有管理处的秩序维护员在各路口指挥。据说，以后业主们自发形成规矩，婚车都要在住宅区内绕行一圈，如住宅区的姑娘嫁出去，婚车从新娘的家门口出发，在整个住宅区绕行一圈后，再从大门出去；而嫁进来的新娘子，婚车从大门进来后，在住宅区绕行一圈，最后才到新郎的家门前。

3. 植树活动

为了让业主真正融入自己的社区，融入自己的居家环境，打造人与环境和建筑的和谐统一，深圳一些物业公司通过植树活动策划天人合一的管理模式，这需要与房地产开发商共同努力。即开发商在建设阶段，绿化景观的设计图纸不变，开发商只是种植部分灌木、藤本植物和草皮，而乔木暂时不种植，待业主正式入住后，由物业公司负责，请全体业主一起参与乔木的种植，而且会把各种乔灌木包产到户，由一户或多户业主共同打理他们暂时承包的树木，物业公司更多的是指导作用，告知养护树木的要求和标准。业主们尤其是小主人，自从承包树木后，他们（她们）会通过各种方式学习园林知识，甚至部分业主向物业公司提出，给他们一些宣传栏和场地，方便他们交流对花草树木的经验。因为每个住宅区都有不同的园林主题特色，物业公司利用自己管理多个住宅区的资源优势联合起来，组建绿化沙龙，甚至不定期请当地园林学会的专家来指导并和业主们交流，让业主们不但了解自己的住宅区，而且了解自己所在的城市植物种群分布，让业主们在交流和学习中升华，更加熟悉和热爱自己的家园。

4. 保留传统植物

华南区一个旧城改造项目，在规划设计阶段，很多旧房子和园林按规划要求会有一些变化和改变，但物业公司进驻时发现：经常会有年轻的小伙子和阿姨们提着篮子要求到小区里采摘酸葡萄，后来向他（她）们了解，发现这个小区的酸葡萄是周边社区很多怀孕期的准妈妈们的"心灵家园"，她们想吃酸东西的时候，家里人就到这里来采摘酸葡萄，而且为了保护好酸葡萄，他们一般会费尽周折买篮子而不考虑用购物袋，摘了放在冰箱里放置一段时间，因为他们也不好意思老是上门麻烦小区的秩序维护员；为了和小区的保安搞好关系，他们来摘葡萄时一般会带香烟、礼品等感激现场值班人员。根据这种情况，这些不起眼的酸葡萄，物业和地产公司决定保留并重点养护，包括加大后期浇水、施肥等管理力度，而且上班的秩序维护员严禁收取（这些来摘葡萄的）客户的任何东西，需要酸葡萄的周边业主可以随时进来，如果发现采葡萄的人年纪较大，现场巡逻的秩序维护员要协助。这个小区保留酸葡萄的规划，至今都是当地城市的一个特色规划和管理。

四、物业的增值服务

住宅物业的产权是 70 年，商业物业的产权是 50 年，业主 / 客户长期居住或办公，所以业主长期购买的是物业，物业服务企业需要开展多种多样的商务活动和增值服务，为居住和办公的业主 / 客户们提供最大的方便，满足业主不断增长的服务需求，各类物业增值服务内容建议见表 2-1。

各类物业增值服务内容建议　　　　　　　　　　　表2-1

类别	编号	项目内容	收费标准
入住服务	1	物业管理咨询	免费
	2	智能化知识咨询和培训	免费
	3	水、电、气、电话、电视服务咨询及代办服务	免费
	4	搬运大件物品	面议
家居服务	5	代办理临时户口申报手续	免费
	6	介绍保姆	免费
	7	代办收订报纸、杂志、信件	免费
	8	代叫出租车	免费
	9	代订牛奶	免费
	10	保险咨询与代办	免费
	11	24 小时电话留言服务	免费
	12	代笔（公文写作）	10 元 /100 字
	13	宠物、花木养护指导及代管	10 元 / 天
	14	调试电器	10 元 / 次
	15	代租影碟	代办租碟，租金另计
清洁服务	16	家居清洁	50 元 / 户
	17	清洗空调过滤网	2 元 / 台
	18	清洗抽油烟机	30 ~ 50 元 / 次
	19	清洗排风扇	20 ~ 30 元 / 次
	20	高空门窗玻璃清洗	3 元 / 平方米
	21	墙毯清洁	3 元 / 平方米
	22	地板清洁	市价
	23	消杀服务	30 元 / 户

类别	编号	项目内容	收费标准
日常维修服务	24	修理、更换水阀／水龙头／各类软管等	10～30元／次 不含材料
	25	修理、更换门铃／门锁／信箱锁	5元／次 不含材料
	26	修理、更换开关／插座／电话盒	5～10元／次 不含材料
	27	修理、更换电表／水表等	10元／次 不含材料
	28	疏通下水管道（支管）	20元／次
	29	疏通下水管道（主管）	30元／次
	30	修理家具配件	5元／次 不含材料
	31	修理防盗门	10元／扇 不含材料
	32	钟表维修	面议
	33	空调加氟	100元／次
	34	查线、拉线	10元／小时
	35	自行车、摩托车维修	面议
	36	换镇流器	15元／个
	37	木门维修	20元／次
	38	维修家电	30～80元／次 不含材料
	39	修理窗帘、拉窗	10～50元／次 不含材料
	40	修理家具配件	面议
	41	维修浴缸及更换配件	10～30元／次 不含材料
保健服务	42	建立家庭、个人医疗档案	免费
	43	配备急救箱、药品	免费
	44	儿童免疫档案	免费
	45	家庭病床	10元／人·次
商务服务	46	翻译	面议
	47	文件编写、打字	面议
	48	传真（收发）	2～2.50元／张
	49	复印	0.30～2.00元／张
	50	电子邮件收发	免费
	51	设立电子信箱	面议
	52	代办行李托运	50元／次（托运费另计）
	53	打印	1.5元／页（A4）

类别	编号	项目内容	收费标准
度假服务	54	代办物业租赁、转让	面议
	55	旅游咨询	免费
	56	代办旅游手续	免费
	57	代订酒店客房	免费
	58	市内导游	50 元 / 天·人
	59	代订休闲活动（如高尔夫球）场地	免费
	60	举办各种娱乐活动（棋、牌等）	会所标准收费
小孩服务	61	上学、放学接送	150 元 / 人·月
	62	四点半学校（游戏、学习、娱乐、培训）	200 元 / 人月
电脑网络服务	63	电脑硬件安装	30 元 / 次（人工费，其他费用另计）
	64	电脑配置咨询	免费
	65	电脑软件安装	20 元 / 次
	66	电脑查毒、杀毒	20 元 / 次
	67	电脑维护（不含材料）	40 元 / 次
	68	网上社区服务	免费
其他	69	紧急情况下的各种援助服务	免费
	70	其他	面议

第二节　高端写字楼的物业管理模式

甲级写字楼一般位于城市商务中心或商业聚集区，四通八达的交通、浓厚的商务气氛，甲级写字楼的硬件（尤其是设施设备）体现最新的科技与创新成果，需要更专业更高品牌的物业公司，而物业管理模式的重点是安全和设施设备的管理，以及对入住企业的专业化服务。

一、安全消防管理模式

高层楼宇的消防特点是火险因素多、火势蔓延快、救火困难大、疏散救助不易等特点，所以高层楼宇的消防管理，要贯彻"预防为主、防消结合"的方针，立足自防自救，实行严格而科学的管理。

（一）无烟大厦

现在的甲级写字楼，禁烟是非常严格的，如深圳 CBD 区的一些写字楼，在销售期间，除了售楼处的大堂可以吸烟外（大堂每张桌上都有烟灰缸），写字楼其他区域禁止抽烟；在物业管理阶段，整个写字楼的办公座位、会议室、办公通道、消防通道、走廊、洗手间等都是禁烟区域，吸烟只能在写字楼一楼的室外公共吸烟点，吸烟点现场还配备有灭火器；而且针对每层楼茶水间（客户会有微波炉加热食物的习惯）和洗手间等特殊区域，都装有高灵敏度的报警设施，客户加热食品忘记关微波炉，烧焦的食物冒烟会立即报警。客户在洗手间抽烟也会立即报警。通过科技手段规避不良的生活习惯，打造更加安全的办公环境；最后是建立严格消防检查机制和义务消防队，定期组织消防演练，确保无烟大厦的严格管理。

（二）设施设备的安全管理

电气线路和机电设备也是火灾多发的主要因素，更是安全防范的重点：通过热成像仪定期检查电气线路和机电设备的安全；在夏季高温季节，对于电力变压器、中央空调等重大动力设备，因为设计遗留而出现超负荷、温度偏高等现象需要重点监控；甲级写字楼都是用幕墙玻璃，尤其是外墙和楼顶上等重点区域，在夏季高温季节最好考虑降温措施或遮阳设备，确保玻璃安全。

二、设施设备管理模式

随着客户对办公环境舒适性要求的不断提升，物业更加重视设备维护管理的生命周期的运营成本，以及对国家节能环保的响应，对楼宇设备进行高效的管理和监控，对所有设备的运转和能源的消耗情况进行合理分配，以延长设备使用寿命和降低成本，可以策划信息化（智能化）和节能环保等科技型的管理模式。

（一）信息化（智能化）管理模式

1. 物业管理信息化的发展历程

物业管理信息化的发展历程见表2-2。

物业管理信息化的发展历程 表2-2

时间阶段	发展特点	管理需求	信息化程度
创立期 20世纪80年代初到90年代初	专业化、社会化、经营化	组织架构的建设，业务流程的建立	引入电脑、简单办公软件
规范期 20世纪90年代中期	基础管理规范	规范内部管理，实施ISO 9000体系	客户档案管理，收费管理等业务软件的普及
市场规模化 20世纪90年代后期	市场化程度提高，企业规模扩大	管理扁平化、信息快速传递	内部邮件系统、办公自动化系统在大型物业公司逐步推广
服务至上期 2000年至今	贯彻以客户为中心的管理思想，智能化系统的大量应用	ISO 9000：2000版的推广，业务流程重组、满足客户需求	社区服务网站、客户服务调度系统、呼叫中心系统、智能化集成系统的建设

建筑物的科技含量在日益增加，安防、通信、远程监控、一卡通等电子设备的大量使用，在提升物业品质的同时，也对从业人员的技能提出了更高的要求，特别是如何借助信息、网络和通信工具对客户的服务质量、提高内部办公效率方面，是一个新的挑战。

2. 相关智能化技术详见《能源管理与低碳技术》❶第十章，楼宇智能化系统：主要是在空调系统、给排水系统、供电系统、智能照明系统、电梯系统、闭路监控系统、停车场系

---

❶ 郭连忠.能源管理与低碳技术.北京：中国电力出版社，2012.

统、室内无线覆盖系统、信息发布与查询系统、多功能会议系统的运用。

（二）节能环保型管理模式

随着客户对办公环境的舒适性要求的提升以及管理成本不断攀升，物业公司不但要确保服务品质不变甚至有所提高，要重视设施设备生命周期的运营成本，而且还要通过科技和管理等各种方式实现节能减排。甲级写字楼设施设备的能耗成本非常高，涉及相关的数据非常庞大，不但需要信息化的智能管理工具，而且还人为管理的水平也非常关键。以北方某新建的 6 万多 m^2 的甲级写字楼的采暖为例：

1) 该甲级写字楼最大的成本是采暖，当地冬天最低气温是零下 15 度左右，从 2012 年 11 月至 2013 年 4 月整个采暖期消耗的蒸汽费用是 1107410 元，折合每平方米的蒸汽费用是 74.41 元，见表 2-3。

北方某甲级写字楼2012～2013采暖期统计（能源费是蒸汽费用）　　表2-3

时间	2012 年		2013 年				合计
	11 月	12 月	1 月	2 月	3 月	4 月	
租赁面积（m^2）	14159	14159	14767	14995	15513	17668	——
能源费用（元）	124690	250120	251970	246235	150775	83620	1107410
供暖天数（天）	30	31	31	28	31	7	158
每 m^2 能耗（元）	8.81	17.67	17.06	16.42	9.72	4.73	74.41

2) 因为是新建项目，缺乏历史数据比较，所以凭以上（工程部门的）统计数据，对采暖成本很难评估，需要经验丰富的专业人员或专业顾问公司进行分析，才能确认设备的能耗和实际管理是否正常。通过与周边城市的物业同行沟通，收集到各种数据比较。

北方另一城市，当地冬天的最低温度在零下 10℃，写字楼供暖期共 100 天，每平方米的蒸汽供暖成本是 30 元。虽然两地温差将近 5 度，但写字楼的采暖成本高了 1 倍多；另东北某市的最低气温达到零下 25℃（个别天气甚至达到零下 30℃），12 万 m^2 的商场，供暖期 183 天，采暖费用（蒸汽）共计 500 万元，折合每平方米是 42 元。该甲级写字楼比气温更低（相差 10 度温度）的东北商场的采暖成本高了将近一倍。从以上不同温差的城市比较，说明这个甲级写字楼的采暖成本严重偏高。参考同行的成功管理经验，层层解剖该甲级写字楼能耗高的原因，具体如下：

（1）东北商场的成功经验是严格按照 18℃ ±2℃ 的管理，而该甲级写字楼的管理没有形成制度，采暖设备的管理全靠技术工人的自觉性，室内温度普遍在 20 度以上，所以能耗偏高；

（2）闭店（商场因为没有顾客）期间，东北商场的室内温度严格控制在 8℃ 左右，确保设备不结冰，保证第二天能正常运行；而该甲级写字楼，不管白天晚上都是一样的温度，所以下午 6 点下班后到第二天早上 8:30 上班前，温度都是 20 度以上，这段时间严重浪费能源；

（3）周六、周日和节假日（元旦、春节）超市照常营业，所以照常供应暖气，而该甲级写字楼在这段时间是没人上班，但暖气的温度还是 20 度左右，这段时间也严重耗能。

(4) 租赁问题：租赁部门的压力比较大，只要客户有需求就出租，而很多客户实际租赁的面积比较小，以致很多楼层实际使用面积很小，但供暖不但要确保这些少数客户的采暖，还要供应整层楼大量公共空间的暖气，即大量的暖气都浪费在这些公共空间。针对此问题后期要求租赁部门力争整层楼出租完，不是非常特殊的情况（如老板或集团的长期合作客户），不允许遍地开花每层楼都出租给租赁面积比较小的客户，以确保暖气（包括夏天的冷气）集中供应，减少公共区域不必要的浪费。

通过比较，找到差距，才能更好地亡羊补牢，以后的节假日和下班后严格控制好温度，通过改变租赁制度和严格监督，在确保温度品质的前提下，降低采暖成本，提升服务，拓展绿色低碳经济的增长点。

(三) 科技以人为本

现在城市的甲级写字楼都是摩天大楼，所以电梯是最重要的交通工具，但在上下班高峰期大量人群集中时，排队等电梯已经成了家常便饭的风景了。以南方某甲级写字楼为例：

该写字楼靠近地铁口和公交车站，整个写字楼的用户比较简单：只有一个业主（业主选最高的几层楼做集团办公地）和一个大集团客户，业主的员工每天早上 8:30 上班。而大客户的人员是早上 9:00 上班，在早上 8:35～8:55 是人山人海的排队等电梯，在客户多次投诉上下班等电梯的苦恼后，物业公司解释的理由都是客户办公人员超配，但到底多少人才是合理的配置，用人均办公面积还是什么指标来核算，物业公司又解释不清楚。通过电梯运力和现场诊断分析：

1. 电梯的相关数据

电梯的相关数据见表 2-4。

电梯的相关数据 表2-4

设备名称	规格或型号	数量	出厂日期	厂家	投入时间	配置地点	运行情况
升降客梯	Nexway 3.5m/s	10 台	2007.08	上海	2007.11	办公楼	使用中
消防电梯	Nexway 3.5m/s	2 台	2007.08	上海	2007.11	办公楼	使用中
客货梯	Elenessa 1.75m/s	3 台	2007.08	上海	2007.11	办公楼	使用中
无机房客梯	Gen2 1.75m/s	1 台	2007.08	广州	2008.04	19～26 楼	使用中

2. 现场诊断

进入大堂后，电梯分布在两边，每边各有 5 台客梯（升降梯）和 1 台消防梯，两边共有 10 台客梯和 2 台消防梯，但电梯实际运行时，消防梯是单独控制，而客梯是群控，即任何情况下只有一台客梯在载客，另 4 台客梯在待命状态，等于说这 4 台电梯的运力未有效发挥，加上另一边的电梯也是群控功能，即有 8 台客梯的运力未有效使用；在早上 8:35 至 8:55 之间，等电梯的（排队）人流瞬间达到 150 人左右，排队时间普遍在 5～15 分钟之间。按理论计算，每台电梯可以容纳 15 人，12 台电梯可以共可容 180 人，加上电梯在楼层（大客户办公最高楼层是 22 层）停留时间计算，电梯从 1～22 层共 80m 高度，3.5米/秒的电梯需要 23 秒，加上在停留的楼层的人员进出和开关门时间等各种因素考虑，电梯设计的运力可以在 2 分钟内运输 180 人。

要解决每天上下班人员排队问题，按照电梯的现状，物业公司只能用最原始的人工管控，即上下班高峰期每台电梯派一专人开电梯，长期下来，人工的成本也是很高的。但是如果站在技术的角度，只要在电梯加装相应的软件，在早上人流集中的高峰期间，所有的客梯到楼上后，不是就近楼层停下来，而是立即下到一楼并开门载客（深圳不少甲级写字楼在电梯选型时就确定此功能）。所以，电梯加装软件控制后，立即解决了业主和客户排队等电梯的现象，通过科技成果提升管理品质，而且更体现了科技以人为本。

三、增值服务模式

针对商务行政、行政办公和金融办公等不同的物业类型，其客户群体也是不一样的，以下特色服务是针对商务办公和金融办公物业策划：

（一）VIP（贵宾）服务

VIP 服务主要有总裁车位、一对一的客户经理服务：

1. 总裁车位

现在物业的地下停车场，因为地下的空气流通需要通风设备，加上汽车排放的尾气污染等因素，地下停车场的空气都是比较差的，而甲级写字楼的客户层次高，豪车多，所以对总裁级别等高端客户，把甲级写字楼地下停车场最好的位置、交通动线最便利的地块规划为总裁车位，打造更人性化的服务；

2. 一对一的客户经理服务

1）办理交楼和装修：在业主（客户）办理交楼和装修时，客户服务部门要和售楼处核实业主的信息、财务部门要收费、工程部门要和客户验楼并审核图纸、物业部门要确定装修人员的信息等，在入伙和装修时，是物业最烦琐也是很折腾业主的事，而由一个熟悉所有办事流程的客户经理全程服务，即业主（客户）直接面对这个客户经理，实行一对一的客户经理服务，让业主办事更简单、更加方便也更人性化；

2）乔迁之喜：装修完成后，最隆重的就是业主（客户）的乔迁之喜，在这个阶段客户经理要和客户沟通好，因为有些业主往往会有大的活动仪式，如烧香、祭拜等，而甲级写字楼的报警设施非常灵敏，所以现场的灭火器不但要配置好，而且要处理好消防报警设备，以免导致其他的消防设备引起连锁反应。所以在业主入伙时，物业要全力配合好客户的乔迁之喜。

（二）一站式服务

采用酒店式的总台管理模式，对客户不管是电话还是现场咨询，包括登记、下达任务、执行任务、对客户进行回访等，都统一处理，减少客户办事环节，提高物业服务质量，实现高效、准确的客户内部调度；另甲级写字楼更要根据业主群体的性质和客户需求打造增值服务：如将洗衣、订机票、电话 / 卫星会议、商务活动策划、会议 / 会展服务、贵宾接送服务等，所以一站式服务不但强调业主办事的便利，更强调物业增值的伸展力及拓展性。

（三）升国旗仪式

甲级写字楼在设计时就要考虑升国旗服务的硬件设施，在物业服务阶段，周一至周五的早上，物业公司的全体工作人员，迈着整齐的步伐，路线是从写字楼的大门口到广场。随着雄壮激昂的国歌响起，擎旗手把鲜艳的五星红旗哗地向空中一抖，散开，五星红旗在广场上空冉冉升起，大家肃立行注目礼，国旗升至杆顶（国歌奏完）后，由旗手和护旗将升旗绳固定好。

以后，只要是物业公司新员工入职前的培训，一定要参加升国旗仪式；而升国旗活动，潜移默化地吸引了在写字楼办公的业主（客户）以及在周边办公的过路人，大家也养成了上班前参加升国旗的行动。因为升国旗，物业公司再没有迟到早退的现象；因为升国旗，管理处与写字楼客户之间形成水乳交融的关系；因为升国旗，大家更爱国。

（四）环境增值服务

中国园林艺术中，山石、水体、花木、建筑为构成园林的四大要素。随着时代的发展，现代混凝土和钢结构的应用，城市高楼林立，建筑被人们誉为"凝固的音乐"，在整体玻璃幕墙交相辉映的甲级写字楼，建筑不是单一存在的，物业公司更要通过园林艺术等打造高端写字楼的增值服务：

1. 庭院理水

自然界的水体形态丰富多彩，而甲级写字楼的占地面积小，不像住宅物业的绿化场地大，所以庭院理水必须根据主题意境和节能减排的现状，因地制宜地进行规划，独具匠心地巧妙设计。

1）水墙。水从楼上沿着幕墙玻璃流下，构造出瀑布的水景，在现代的都市丛林，隔着幕墙玻璃面对这样的水景和水声，让人既赏心悦目又悦耳。这种对自然界瀑布的模仿，除了景观作用，尤其是在夏季高温季节，通过水的作用，有效降低室外的高温，确保玻璃的安全，减少玻璃的爆裂，而且也实现节能，减少写字楼冷气的消耗。

2）水廊。一般选择在写字楼内，主要是景观作用或节能考虑。在高层写字楼的室内能近距离地面对水景，更能发人深思。

3）循环水景：写字楼的环境空间比较特殊，但是，把水景观和中央空调冷却水结合设计，既打造了写字楼的水景观功效，而且实现空调制冷主机的部分冷却要求，减少工程的巨额投入，也通过水景观的循环，实现中央空调的节能。

2. 花木配置

南方一年四季鲜花盛开，园林植物品种繁多，而北方就没有南方丰富。甲级写字楼的花木配置，可以通过各种不同的花木进行组合，增加空间层次，有节奏有韵律地利用其形、色、香，演化所企求的各种效果。

1）花木介绍：

（1）梅花：元朝王冕《墨梅》"我家洗砚池边树，朵朵花开淡墨痕。不要人夸好颜色，只留清气满乾坤"。王安石"墙角数枝梅，凌寒独自开，遥知不是雪，唯有暗香来"。陆游"零落成泥碾作尘，只有香如故"。宋朝卢梅坡《雪梅》中"梅须逊雪三分白，雪却输梅一段香"，可谓是寓意深刻，别有情趣。

（2）竹子：唐朝张九龄《和黄门卢侍郎咏竹》"高节人相重，虚心世所知"；宋朝苏轼"宁可食无肉，不可居无竹。无肉令人瘦，无竹令人俗。人瘦尚可肥，世俗不可医"。苏轼赞美梅竹石云"梅寒而秀，竹瘦而寿，石丑而文，是为三益之友"；元朝杨载《题墨竹》"风味既淡泊，颜色妩媚。孤生崖谷间，有此凌云气"。清朝郑板桥《淮县署中画竹呈年伯包大中丞括》"衙斋卧听萧萧竹，疑是民间疾苦声；些小吾曹州县里，一枝一叶总关情"。

（3）杏花：宋代文学家晏殊《临江仙》中有"风吹梅蕊闹，雨过杏花香"；宋祁的《玉春楼》

中有"绿杨烟外晓寒轻，红杏枝头春意闹"；宋朝陆游"小楼一夜听春雨，深巷明朝卖杏花"等优美诗句；宋朝叶绍翁《游园不值》中的诗句"春色满园关不住，一枝红杏出墙来"更是家喻户晓，千古传诵。

（4）桃花：诗圣杜甫也写有许多赞美桃花的诗句，如"桃花一簇开无主，可爱深红映浅红"、"红入桃花嫩，青归柳叶新"等。唐朝诗人王维写有"雨中草色绿堪染，水上桃花红欲然"。唐朝崔护"去年今日此门中，人面桃花相映红。人面不知何处去，桃花依旧笑春风"。宋代汪藻有诗云："野田春水碧于镜，人影渡傍鸥不惊。桃花嫣然出篱笑，似开未开最有情"等优美诗句。

（5）木棉花：清人陈恭尹《木棉花歌》中形容木棉花"浓须大面好英雄，壮气高冠何落落"。朱光（1959年任广州市市长）撰《望江南·广州好》50首，其中有"广州好，人道木棉雄。落叶开花飞火凤，参天擎日舞丹龙。三月正春风"之句。

（6）荷花。宋朝周敦颐《爱莲说》"水陆草木之花，可爱者甚多，予独爱莲之出淤泥而不染，濯清涟而不妖，中通外直，不蔓不枝，香远益清，亭亭净植，可远观而不可亵玩……莲，花中君子也"。宋代杨万里《晓出净慈寺送林子方》"毕竟西湖六月中，风光不与四时同。接天莲叶无穷碧，映日荷花别样红"，被后人称之为不可多得的美妙佳句。

（7）菊花。唐朝的黄巢"待到秋来九月八，我花开后百花杀。冲天香阵透长安，满城尽带黄金甲"。唐代诗人元稹《菊花》中的"不是花中偏爱菊，此花开尽更无花"，是一首脍炙人口的咏菊佳句。

（8）松树：孔子有"岁寒，然后知松柏之后凋也"；陈毅的"大雪压青松，轻松挺且直"等诗词。

2）花木配置。高端写字楼的花木配置，也应该追溯源头，站在城市园林的角度考虑：

（1）以深圳为例：深圳城市园林花木的规划设计，在南方甚至全国城市，都是做得最好的。深圳早期（20世纪80年代）的花木设计比较简单，如罗湖区和南山区，主要是保留或者种植榕树（大叶榕、细叶榕）和木棉等当地的乡土物种为主；以后深圳的园林花木更加突出城市特色和人文景观以及植物的多样性：如深南路（罗湖和福田路段）和笋岗路的芒果树、南海大道上（海王大厦）的美丽异木棉、滨海大道上海边特色的红树林物种、北环大道上的深圳市花勒杜鹃（三角梅）、上步路上的白玉兰、莲花路上盆架子；而深圳免费的公园更是主题鲜明：以岭南荔枝为特色的荔枝公园、以月季为主题的人民公园、以荷花为特色的洪湖公园等。深圳城市化（市政道路）的园林花木对高端写字楼的影响还是很突出的，如CBD中心区的写字楼能看到室外大片的乔灌木和绿化地；莲花路上的盆架子，每年花开时节，路上弥漫着浓浓的很温馨的青草药味，让人仿佛回到乡下的山野气息；而上步路上亭亭玉立的白玉兰，花开时节的气场更是强大，它那独特坚韧的香气，已经被证明足以开胸散郁、行气止咳、除湿化浊。平时闻嗅一番，也能让暑湿邪气退避三舍。对那些常年奔波却早已迷失了自己的人而言，在白兰花微弱却依然纯净的味道里，人们能够找到一种似曾相识的亲切感。深圳城市的园林，让人感觉到城在园中、园在城中。

（2）以北京为例，写字楼大门前、门后绿化地的花木：北京（国贸地铁站）CBD某甲级写字楼，门前大片的绿化地上种满月季，在月季花开时节，从写字楼的窗外望，满眼都是姹紫嫣红的春色，让人感觉到在花园中办公；而写字楼后面的绿化地，种有松柏、丁香、桃树、梨树、枫树、槐树、杨树等北方特有的植物，对于长期待在封闭空间的办公室阶层，中午休息时走出室外面对松柏等针状植物，总是让人很安静，因为松树有助于对人的神经系统进行修修补补，而且它还对呼吸道疾病极为有效，又对经脉的堵塞有疏通的能力。

（3）写字楼公共区域绿化植物的配置：

① 根据季节的变化更有针对性的更换时花：写字楼一楼大门口的盆景应定期点缀时花，如深圳的市花勒杜鹃（三角梅）等多种季节性的时花；

② 关注时花、更要注意花香的调节和对客户视觉和感官的吸引：如在一楼大门外、大堂进出闸机旁、人员密集办公区域，不定期的布置一年四季都能开花且花期较长的桂花，客户从大门外、大堂内感受到一路的袭人花香，在封闭的办公场所更好地营造快乐的办公环境和改善办公人员的心态；

③ 选择竹子：写字楼外面种一些简单的竹子，一楼大堂内也选择竹子（专门定制的用塑料做的竹子，不易变色而且养护成本小），在办公区域就能感觉到竹子节节高的凌云志和君子的气节；

④ 室内花草的品种（与室外植物比较）比较少也比较单调，因此，室内花草不但应该重点关注花草的品种本身，也应该关注花盆包装，借以提升花草的形象，所以要求绿化公司关注高档花盆的选型并与现场环境协调；或前瞻性的考虑大盆套小盆的选择，平时摆小盆，过一段时间后套个大盆，既方便操作也便于管理，让进出的客户更直观感觉到现场环境盆景大小、颜色的变化；

⑤ 布置植物的立体空间造型：一些藤蔓缠在盆景上，整个盆景的立体感更加逼真和有大自然的生态感觉，通过小变化让客户感觉到物业的独具匠心和专业服务。

3）雕塑配置。雕塑是一个时代精神和文化状态的体现物，高端写字楼应更关注雕塑配置，如选用金属雕塑，提升写字楼大堂或室内办公环境的档次、艺术形象，同时也丰富着人的精神，雕塑语言是世界通用语言，它可以直接与接受者对话。

4）个别重要场所甚至可以考虑摆放钢琴，通过现场人工弹琴的余音缭绕，给进出或办事 VIP 客户耳目一新的感觉，让人感觉到甲级写字楼不是繁忙的办公场所，而是艺术享受的地方。

第三节 城市综合体的管理模式

城市综合体（HOPSCA），是将城市中酒店（Hotel）、办公（Office）、公园（Park）、商业（Shoppingmall）、会所（Club）、公寓（Apartment）、展览、餐饮、文娱和交通等城市生活空间三项以上的功能进行组合，并在各功能之间建立一种相互依存、相互补充、相互益助的能动关系，从而形成一个多功能、高效率、互为价值链的高度集约的街区建筑群体。城市综合体基本具备了现代城市的全部功能，所以也被称为"城中之城"。

城市综合体，里面有旅游的人群，写字楼有这个城市最高端的商务人群，住宅有这个城市最高端的生活人群，商业可辐射周边很多城市精英消费人群，所以城市综合体属于综合性物业，他的价值不仅体现在这个城市综合体，更体现在周边的价值提升。所以城市综合体的模式，要考虑的因素更多，比住宅、高端写字楼、酒店等单一业态的物业更复杂：

从城市综合体开发的角度，主流开发模式主要有两类：一类是分期开发商业先行模式，商业先行的好处是通过商业的开发运营可以提升周围房地产的价格，为后期配套住宅开发做好铺垫，还能从后期的住宅开发中获取更多利润；第二类是分期开发住宅先行，这种模式就是项目的启动物业为住宅，通过住宅做低价入市可以回笼资金，为后期的商业开发做准备，但是这要损失一部分利润。在这两种模式之间，开发商要么选择现金流，要么抓住利润率，总得有所取舍，而选择利润，还得看资金链是否支持。不管选择哪种模式，综合体项目的成功与否很大程度上取决于商业、商务部分的招商和后期的运营。

而站在物业资产运营的角度，城市综合体运营管理模式主要有以下三种：一是开发商自行管理（出资方共同组建）和提供服务，即统一的物业管理，该模式的产权形式都是统一的；二是国外的管理机构参与合作管理，由国外的管理机构参与合作管理，还有部分待零售商业建成后输入管理或委托国外机构管理；三是专业的物业管理公司进行市场管理，商业在管理上采用租赁模式，以租代管，统一策划布局，承租方提出方案和资金，由物业管理公司协调开发商统一进行装修，专业管理公司不直接从事商业经营，而是从事整体策划和管理，具体包括租赁管理、营销管理、服务管理和物业管理。不管采用何种模式，城市综合体管理模式的重点是以下模块化管理：

一、安全消防管理模式

主要针对交通动线、重大消防安全和自然灾害。

（一）交通动线

城市综合体由地铁、公共汽车、私家车、货车、自行车和步行组成立体交通联运体系，以保证综合体内部与外部城市其他区域的联系上在人流、物流和交通流等的出行的安全性、便利性、易达性。

1. 与外部交通接驳

城市综合体对外界的交通依赖性较强，外界的交通体系直接影响到综合体内部不同功能的使用效率和规模，所以城市综合体规划布局时，合理功能分区，通过地下层、地面层和天桥等立体交通体系，与城市的地铁、公交车等客流量大的公共交通工具形成无缝衔接，打造便利和顺畅的交通，确保人车分流的安全管理。

2. 内部车流动线的硬件要求

1）住宅与商业（写字楼、商场和酒店等）的停车场最好独立设计，即住宅的停车场是独立的，其车位和车辆进出不受商业客户车辆的影响和干扰；

2）中国的汽车工业发展迅猛，城市的交通拥堵越来越严重，所以根据城市中心、城市副中心和郊区等不同区域的交通现状，规划设计足够的停车位，满足停车需求；

3）购物接送车、私家车、货车和垃圾清运车在空间上最好进行分隔。如果不能进行分隔，在管理上根据综合体的不同业态，分时、分段的管理：在住宅业主上班前和商业客户上班、开张前做好垃圾清运，最大限度地减少垃圾臭味对业主和客户的影响和干扰；在人流和车流较少时放行货车，如果商业购物场所在做重大活动时需要补货，对出入的货车必须做好现场的交通指挥；

4）停车场的出入口及其高度、宽度、交通标识等，满足购物接送车、私家车、货车等各种车辆的有序和便利通行；卸货区及卸货转运通道、货梯等必须与人流通道隔离，并与车流动线分割；

5）购物场所的主力店和大型超市等，因货流量大，最好设计独立的通道和卸货出入口，而且货车可以直接开进仓库区域；

6）城市综合体的广场应规划少量停车区域，以确保演习时消防车辆、大型卡车和旅游车等特种车辆的临时需求；而且还要考虑银行等金融业的押钞车的进出线路等；

7）机动车和非机动车（自行车）也应进行分隔。

8）使用电池驱动的车辆在设计和管理上更应该注意安全：以节能和低碳为主题的城市推广电动汽车，加上业主和客户使用电瓶车，在规划设计和管理时，应该高度关注这些电动车，因为这些电动车使用电池驱动，只要是电池都有爆炸的可能，所以这些特殊的车辆最好独立设计停车位，相应的监控设施和现场灭火器材应该增加，在管理阶段物业公司的管理人员应该加强巡逻，并留意车辆的充电时间，而且针对车辆电池的爆炸要有非常完善的预案和演练等应对措施。

3. 人流动线

城市综合体的住宅群体、写字楼的人群可以非常便利的进入商业购物场所，在一定范围内实现"自给自足"的复合消费模式，满足居家和办公的需求，加上周边人流到综合体的购物、休闲和娱乐等，所以在规划设计时，城市综合体应该考虑更全面的人流动线，确保顾客安全。

1）写字楼办公人流动线：写字楼办公人流都是集中上班和集中下班，即瞬间高度密集的出现，所以写字楼在早上上班前和下午下班时，大量人流的方向比较单一，对综合体内的电梯交通、员工通道等在设计上比较容易确保人的流动；在中午吃饭时，长期在写字楼上班的群体，对城市综合体的环境、道路和行走线路比较熟悉，所以这类人群的行走方向相对比较有序；

2）公共交通和购物车（尤其是在节假日）带来大量购物、休闲、娱乐的人流，以及旅游大巴带来瞬间集中式的购物客流，需要综合体的水平通道（综合体的步行街区、走廊、连廊等）和垂直通道（楼梯、观光客梯、扶梯等）等人流通道进行位置移动，确保顾客安全，给顾客创造良好的购物环境。

3）开业和重大活动的安全。城市综合体的大商业，在开业和重大活动时，往往有几万人甚至十万人以上，物业公司应该提前做好预案并进行反复演练：对安全保卫的团队（疏散组、灭火组、通讯组、动力组、抢救组、医疗组、机动组、便衣伏击组）分工到位；对庆典的主会场和超市及百货等人流密集的场所，确保照明、监控、机电动力设备安全和正常，灭火器材、医药救助器材等配置齐全；对楼顶、疏散通道、绿化带等场所加强管控；有效应对偷盗打架、电梯困人、停水停电、大面积过水和风霜雨雪的天气等突发事件；对现场的老弱病残应该重点保护；借助当地公安、消防、城管等力量，在开业和重大活动时，动用一切资源，确保现场秩序井然，防止发生踩踏事件，全力保障人身安全和财产安全，维护企业的良好声誉和品牌形象。

（二）重大消防安全

火灾是一种最常见的灾害，是对综合体等物业生命周期内危害最大的一种风险源，所以综合体（尤其是商业业态）的消防始终是安全管理体系的最重要的一项内容。

1. 加强易燃易爆、有毒和腐蚀性物品的管控

加强对压缩气体和液化气体的管控：对餐饮和特殊写字楼使用的压缩气体、气瓶和油类等易燃易爆品，搬运时注意安全；在下班或晚上闭店时，必须关闭燃气开关（包括关电、

关水）和加强现场巡查力度。

在装修和施工阶段，物业公司应该针对住宅、写字楼和商业购物场所等不同业态，禁止住户/商家选用易燃和有毒材料；对使用天那水、喷漆、油漆等严重异味的装修场所强化人员管控和监督以及相应灭火器等消防器材的配备；工业物业加强对盐酸、硫酸、硝酸等腐蚀性物品的搬运、储存和使用管理。

2. 电气火灾

物业公司针对供电电缆、重大动力设备（中央空调、电梯、电力变压器、风机等）和照明设备等严防短路和超负荷，不允许选用温度较高的照明灯具；在日常的管理要确保设备的安全，发现问题及时处理，并强化日常巡查和维修保养制度；在使用电饭煲、电磁炉、灭蚊器等长期使用的家用电器更要注意安全。

3. 消除着火源

城市综合体的业态多、人流量大，明火、化学热能、电热能和光能等需要控制的着火源更加复杂，针对国内高层楼宇重大火灾的规律，消除着火源的重点是：

1）加强电焊和气焊管控：电焊时温度可达 3000 ~ 6000℃，气焊的温度为 3000℃左右，这个温度能瞬间点燃木材（燃点是 250 ~ 300℃）等建筑物内的常用装修材料，物业公司在制度和执行方面要严管动火作业。

相关案例：上海静安区余姚路胶州路 28 层的教师公寓，高度 85m。2011 年 11 月 15日 14：00，公寓大楼节能改造项目施工，在进行外立面装修（事后资料显示公寓内住着不少退休教师）发生火灾，经过消防部门抢救，最终有 58 人遇难，70 多人受伤。火灾原因是无证焊工，违规在 10 层电梯前室北窗外进行电焊作业，施工时火星四溅，引燃下方（9层）位置脚手架防护平台上堆积的聚氨酯保温材料碎块、碎屑等易燃材料，以致大火迅速蔓延，燃烧后释放剧毒氰化氢，人吸入一口就会中毒。

2）针对住宅、写字楼、餐饮和酒店（住宿）等各类物业的特点，在制度上（人、设备）强化烟头（抽烟）管控，在节假日强化烟花爆竹的管控。

相关案例：东北第一高酒店突发火灾：东北第一高的首座白金五星级国际大厦，由三个塔楼构成，主楼 A 座顶尖高度 219m，B、C 座顶尖高度 152m，2008 年 12 月开始正式对外招商。2011 年 2 月 3 日（正月初一）00：13分，A 座和 B 座发生火灾，B 座公寓已经完全烧光，只剩下主体框架，火势一度蔓延至 A 座顶层，没有发现人员伤亡。起火原因是该大厦住宿员工在 B 座室外南侧停车场燃放烟花，引燃 B 座 11 层 1109 房间南侧室外平台地面塑料草坪，塑料草坪被引燃后，引燃铝塑板结合处可燃胶条、泡沫棒、挤塑板，火势迅速蔓延、扩大，致使建筑外窗破碎，引燃室内可燃物，形成大面积立体燃烧。

4. 严管餐饮行业

餐饮行业，既有纵横交错的电气线路，高温高压的炉具，又有易燃易爆的气体（天然气等），还有在饭点时大规模的人流，所以餐饮行业不但要严控电气线路、气体以及相应的炊具，尤其是厨房里的厨师熟悉消防器材，强化消防演练，能随时应对和处理厨房内的火灾。

（三）自然灾害

现在的台风和洪涝灾害等已经越来越频繁的光顾城市和乡村了，而城市综合体更应该科学有效地规避和应对各种风险。

1. 台风暴雨对绿化的影响

据相关媒体报道：2012年7月，台风韦森特过境深圳香港等地。狂风过后，深圳11.5万棵树木在狂风中折断倒伏，造成深圳近十年来最严重的林木毁坏事件。而同受"韦森特"肆虐的香港，仅树倾倒千余棵，见图2-3。为什么深圳这么多的树木会密集倒伏，据专家分析：这几年深圳为举办大运会，大运工程前后树木栽种量大幅提升，这些刚栽种的树木并未经过两年的稳固期，遇上强风吹袭就很容易倒伏。11万多棵折断倒伏的树以垂叶榕、黄槐、洋紫荆等树种为主，垂叶榕没有主根，很多气根裸露于地表，而且这些树冠大枝叶繁，容易倒伏。所以这是急功近利、不尊重植物生长规律的密集种树行为。

图2-3　台风让"花容"失色

针对台风的影响，城市综合体的体量大，对绿化应该更注重树种选择、土壤环境、培育时间等。现在高层建筑的下面基本都是地下停车场，所以在停车场上面的回填土，土层厚度有限，种植根系发达的乔灌木，既不利于植物生长，遇到台风、暴雨容易倒伏，对树下的人、车等造成严重伤害；对空中花园的规划建设，土层的厚度更有限，更应该杜绝高大乔灌木的种植，确保安全。

2. 气象预警，保障安全和赢得商机

一线城市的地铁、政府的重大项目和房地产商的项目施工等问题，往往可能出现市政排水管网不畅甚至堵塞等，这种情况面对重大暴雨或市政管网爆水管（人为、施工不慎或车辆压坏管网等），大量的水瞬间冲进社区时，物业公司则会非常被动。如果能够提前知道信息，有充分的时间准备和应付，就能有效规避险情，详见本书附录4案例：

（四）设施设备的安全管理

城市综合体的业态多，与高端写字楼设施设备安全管理最大的区别是，酒店（城市重大活动和节假日）和商业购物场所人满为患，即满负荷甚至超负荷开业（经营）怎么办？

1. 星级酒店

现在国内的黄金周、旅游推广季节、重大会展活动，尤其是北京的奥运会、上海的世博会、广州的亚运会、深圳的大运会（世界大学生运动会）等重大的城市活动，酒店以及酒店的餐饮、会议场所、康乐设施等满负荷甚至超负荷经营，酒店的变配电系统、中央空调系统、电梯系统、照明系统、停车场系统等确保设施设备的能否正常运行，以及设施设备的危机管理，对酒店的设施设备和管理人员都是最大的考验。

2. 商业购物场所

商业购物场所的满铺开业，以及黄金周等重大的促销活动（如深圳东门步行街几大商家 72h 不关门的硝烟战、甚至是 7d 不打烊的活动），现场人流摩肩接踵、人满为患，远远超过接待能力时，物业购物场所要确保供电正常，尤其是重大负荷开关不跳闸，中央空调设施正常运行，正常照明和消防设施设备以及交通秩序的完好，各种突发事件的应对，需要物业公司不但要提前做好各种突发事件演练和预案，尤其是设施设备的检修和保养显得尤为关键。

二、绿色生态环境管理模式

（一）零垃圾管理模式

随着中国城市化的快速发展，垃圾污染、垃圾危害、垃圾围城，现在的垃圾是令人头疼的问题，而欧美和中国香港等地将城市垃圾数量减少到零的"零垃圾"运动，是以一种更善意、更平和的心态对待我们面对的共同问题，给全球的垃圾管理带来希望的曙光。

1. 零垃圾运动的主要内容

零垃圾运动的主要内容之一，是对普遍使用的一次性水杯和白色塑料餐具，使用更环保的合成材料替代塑料，如纸杯用玉米加工而成，收集后稍微加热，就会立即分解掉，不会成为公园、餐饮、办公等行业难以消化的垃圾，从垃圾产生的源头开始，最大限度的实现垃圾回收、运输和填埋及焚烧等后期处理的成本和代价。另外是实现减量化（Reducing）、再利用（Reusing）、再循环（Recycling）的循环经济原则，不同的国家都有自己独特的经验：

日本是不准许随便使用塑料袋装垃圾的，这更有利于减少塑料袋的使用；而且会有垃圾分类的小册子等宣传方式，垃圾回收有统一的 3 种塑料袋装垃圾，分别是可燃物、不可燃物，还有标有'瓶和缸'的塑料袋，这三种袋子分大中小号，标有'瓶和缸'的袋子质地较厚；垃圾箱都分类放在院门外，而且垃圾桶都很干净，主要是日本人会把垃圾处理干净后再扔到袋子里，并密封袋子。

德国的垃圾回收方式：德国的垃圾桶分几种颜色，绿桶是用来装食物残渣、树木残枝、割下的草等生物垃圾的；蓝桶是用来装废旧报纸等纸类垃圾的；黄桶是用来装食品塑料包装、饮料瓶、金属易拉罐，废旧塑料的；还有黑桶用来回收不可回收垃圾。回收回来的生物垃圾会用快速腐烂的方式被直接做成土壤和肥料，在超市售卖，使这部分垃圾直接转化为"零"。黄桶里的塑料和金属垃圾就会被送到负责分选的企业，用专业的分选设备对种类不同的塑料和金属进行分离，之后再进行循环利用。这样，需要进行焚烧的垃圾就会大大减少，而且有害物质在一定程度上会被排除在外。

2. 城市综合体的零垃圾运动

在当今讲究环保的时代，垃圾减量已经不够环保，穷尽一切资源和手段规避垃圾落地才是王道，所以城市综合体应该根据各种业态，打造更适合自己国情和地方特色的零垃圾运动：

1）在源头上减少一次性物品的消耗：物业管理公司要配合相关政府部门和环保组织，通过各种媒介和手段宣传垃圾的危害，而且明确谁产生的垃圾由谁买单，要求业主和客户树立环保理念，减少垃圾量：购物场所鼓励消费者使用环保购物袋，减少一次性塑料袋的使用；酒店行业鼓励客人自带毛巾、牙膏牙刷、拖鞋等，减少酒店这些易耗品的使用；餐饮行业鼓励客人做"光盘族",减少餐桌上食物的浪费,对于自带水杯不使用一次性杯子的客户,要给予一定的优惠。

2)垃圾分类。根据住宅、写字楼和商业购物场所及酒店等不同行业,实行严格的垃圾分类和处理:

(1)可回收垃圾:包括废纸、塑料、玻璃、布料、金属物等目前的回收利用都比较成熟。

(2)厨余垃圾:包括剩饭、各种植物类的果皮菜叶、各种禽畜肉类及其骨头等。随着科技的发展,现在有的酒店和大商业广场会添置专门的机器设备,可以将各种厨余垃圾(包括骨头类的垃圾)实现清洗除杂和粉碎,经发酵处理后制作成有机肥料销售。

(3)有毒有害垃圾:目前大家对电池和家用电器的危害比较清楚,而且有物业公司也会在项目的服务中心等地方设置回收手机和手电筒电池的回收箱,也有专门的企业会进社区回收电视机等电子产品;但有毒有害的垃圾还很多,如业主家里过期的药品、超市到期的食品、物业公司绿化消杀的杀虫剂等农药、废荧光灯、废温度计和血压计、墨盒及硒鼓等垃圾,这些有毒有害的垃圾更有赖于政府相关部门在源头上回收,环保企业在技术上能够处理。

3)城市综合体垃圾房的规划设计:根据零垃圾运动和当地业主、客户的环保意识,在此基础上再确定垃圾房的规划设计,尤其是湿式垃圾房规划设计应结合当地的垃圾收集标准(最好是当地的环卫部门参与,确保垃圾的分拣、压缩、装载和清运),干、湿垃圾房的布局、土建、门窗、装修、给排水、通风、强弱电、设备选用等硬件要求,满足后期的管理需要。

(二)绿色生态景观

城市综合体在贴近自然的同时,也为自然的物种提供宜于生存的栖息地,所以城市综合体在规划设计时应该兼顾基地植被,保留原有的大树等植物景观,在此基础上再根据项目的定位和特色,住宅区选择高大的乔灌木,把绿化引进商业(高端写字楼和商业购物场所)项目的部分楼层(规划空中花园)和楼顶以及外墙,形成立体的绿化空间。通过大面积的绿化植物覆盖,科学的规划设计,强调自然采光和通风,以及通过建筑小品、铺装和照明等手段形成丰富的景观与宜人的环境,营造生态节能和可持续的建筑环境。

(三)绿色交通

城市综合体更强调项目的便利可达,所以在规划设计时,重点是连接城市地铁和公共汽车等公共交通,通过高效的交通带动高密度的人流。城市综合体内设计自行车和步行的专用通道,以及非机动的停放更加方便,鼓励步行与公共交通,减少碳排放。

(四)综合管廊

城市综合体采用综合管廊,将电力、电信、给水、消防管道等均设于管廊中,市政管线一次性铺设到位,不仅便于管理和维修,而且避免了市政管道常见的"开肠破肚"的情况,减少对业主和客户的干扰。

三、科技智能化管理模式

物联网、电商、云技术等信息化产业和技术日新月异,在城市综合体打造科技化、智能型的物业管理模式更加成熟。

（一）科技智能化在交通管理的应用

1. 住宅物业

住宅物业的业主，重点是在一卡通管理。业主办理的门禁一卡通或手机可以实现捆绑模式，凭一张卡或业主的手机，在住宅区的大门、单元门、停车场和电梯等需要刷卡的地方非常便利的出入，物业公司凭刷卡的信息就能确定业主（客户）的身份（人、车）信息，对住宅区庞大的人流、车流实现信息化管理，既提升管理效率，而且能更有效地保障业主的人身和财产安全；为了加大住宅区车辆通行的效率，通过视频抓拍或感应技术，可以让持固定车卡的业主快速和便利的出入，并实现交费功能。

2. 商业物业

写字楼进出的人流大，对于大客户，固定办公人员可以通过手机或门禁卡，在进出闸机、电梯等固定刷卡点或 Wi-Fi 等无线信号实现便利覆盖的地方，确保上下班高峰期人员的出入和实现考勤管理以及人流量信息的统计。

在商业购物场所，通过信息化手段，不但可以实现人流量的准确统计，而且对持卡会员的购物信息也实现科技化管理，便于商家发掘商机，更好的服务客户，提升商业经营和管理水平；

商业购物场所的车流量大，通过视频抓拍或手机信息感应（会员），实现驾车客户快速地进入停车场；停车场内的交通指示标识和信号，引导客户快速的寻找空位停车；顾客开车离开时，通过视频自动抓拍，对 VIP 客户免费放行、也可以通过扣积分（商场积分、航空积分等）放行，其他驾车客户也可以通过手机刷卡放行。充分利用各种信息化管控手段，实现车辆安全和快速进出，打造智能交通的管理模式。

（二）科技智能化在设施设备的管控

物业的供电和供水、中央空调、电梯、照明等系统以及物业区域的治安情况，每天都要大量的管理人员多次例行巡查，而信息化技术的发展，可以实现无人化和智能化的管理：

1）高清监控设备的市场化，云技术的使用，再多的图像、再大的内存，通过有线和无线的传输，在监控中心的显示屏幕、办公电脑、IPAD、智能手机都能随时掌握，通过安防智能化设备，打造平安社区。

2）各种机电设备的运行工况、运行参数也能随时在电脑上查询和调阅，实现无人值守，设施设备的管理更加简单和方便；地下停车场和商业场所，通风设备根据二氧化碳浓度自动开停，打造更舒适的办公和购物环境；室内和室外的各种照明系统，实现智能（声控、光控、感应控制）控制。

（三）智慧城市综合体

智慧城市综合体是城市综合体智能化的另一说法，源自于国家十二五规划中的智慧城市建设。

1. 关于智慧城市

智慧城市的理念最早是 IBM 将其定义为：运用信息和通信技术手段感测、分析、整合城市运行核心系统的各项关键信息，从而对包括民生、环保、公共安全、城市服务、工商业活动在内的各种需求做出智能响应。智慧城市主要体现在以下几个方面：

1）全面感测：遍布各处的传感器和智能设备组成"物联网"，对城市运行的核心系统进行测量、监控和分析。

2）充分整合："物联网"与互联网系统完全连接和融合为城市核心系统运行图，提供智慧的基础设施。

3）激励创新：鼓励政府、企业和个人在智慧的基础设施之上进行科技和业务的创新应用，为城市提供源源不断的发展动力。

4）协同运作：基于智慧的基础设施，城市里的各个关键系统和参与者进行和谐高效的协作，达到城市运行的最佳状况。

2. 深圳贝尔信公司提出智慧城市综合体"4+1体系"架构

通过智能视觉物联网技术实时智能感知人、车、物、路；城市信息通过三网融合互联互通；城市信息资源在官、商、民之间的协同共享；智能化的城市综合体运营服务。

1）智能感知：用视觉采集和识别、各类传感器、无线定位系统、RFID、条码识别、视觉标签等顶尖技术，构建智能视觉物联网，对城市综合体的要素进行智能感知、自动数据采集，涵盖城市综合体当中的商业、办公、居住、旅店、展览、餐饮、会议、文娱和交通、灯光照明、信息通信和显示等方方面面，将采集的数据可视化和规范化，让管理者能进行可视化城市综合体管理。

具体来说，就是以打造智慧城市综合体为目标，实施智能交通、智能管理、智能公共安全、智能旅游、建筑节能等系统的综合集成，通过构建城市综合体的智能交通指挥系统、停车诱导系统、智能车库系统，完善智能交通信息平台，实现城市综合体交通信息的智能感知和自动采集，实时交互路况信息以及车辆管理信息，建设基于物联网的交通智能感知和调度系统。同时，围绕以提高生活品质、方便百姓生活为目标，推动物联网技术融入日常生活领域，在城市综合体的智能家居、智能社区、智能医疗保健等领域开展综合系统集成，推进智能抄表系统、智能周界安防、特殊人群实时监护，构建智慧城市综合体舒适的人居环境。

大型城市综合体的智慧能耗管理至关重要，通过构建智能视觉物联网，推进智能电网、智能物流以及食品安全溯源系统等的综合集成，通过采用射频识别技术、定位技术、自动化技术以及相关的软件信息技术的系统集成，对智慧城市综合体进行智慧能源管理。

而围绕生态监测、保护，将无线传感器网络技术、地理信息技术等应用到智能视觉物联网当中，可构建生态环境监测系统，对城市综合体的水资源、大气环境、地下管网和园林生态安全监测试点进行综合监测。

简而言之，建成之后的智慧城市综合体将融合云计算、互联网、通信网和物联网，无限延伸智能感知能力，并在持续演进的云模式统一平台上，构建绿色智慧城市综合体。

2）互联互通：通过中国电信、中国移动、中国联通以及广电网络或城市综合体专网，实现商业、办公、居住、旅店、展览、餐饮、会议、文娱和交通、灯光照明、信息通信和显示等系统的相互接驳，互联互通，打通信息孤岛，实现社会各层面纵向与横向之间的互联互通，具体包括几个层面：

（1）城市综合体的规划、建设、运营、管理等各方面的互联互通；

（2）建设城市综合体市民卡，实现公交、地铁、出租、商场消费、门禁、医疗等系统的一卡通；

（3）实现不同城市综合体之间信息的互联互通，提升百姓生活舒适度。

3) 协调共享：智慧城市综合体能实现商业、酒店、公寓、写字楼等建筑的资源协同共享，价值相互提升，提升城市综合体的整体商业价值。通过采用智慧城市综合体管理平台系统，建立综合管理、决策、融合协同、共享服务一体化信息平台，全面支持城市综合体各级部门的决策办公，提升办公效率；同时，通过提供各类公共信息服务，方便市民商业、居住、休闲、娱乐等等活动，增强市民的生活便捷性和幸福感。

4) 综合体运营：除了构建城市管理、应急指挥调度系统、安防监控系统、环保监测系统、节能控制系统、医疗监控系统等系统之外，在城市综合体建设和运营过程中，开发商关注的核心问题是：如何通过运营使城市综合体的商业利润最大化？贝尔信采用独有的智能视觉物联网技术，其核心技术包括：（1）智能视觉技术；（2）智能视觉中间件技术；（3）城市综合体综合管理平台技术。通过这三大技术构建城市综合体客流统计的完整解决方案，功能包括：

客流数据预处理：根据原始数据与采集点（设备）的对照关系，对客流数据进行处理，建立客流数据与楼层、区域、门店的对照关系，计算各个统计指标项目的数值；

固定时段客流统计报告：根据系统设置（固定时段长度），统计各个楼层、区域、门店的客流量情况，输出数据表格，折线趋势图，分布饼状图，对比直方图；

时段客流统计报告：分别以小时、日、周为单位，统计各个楼层、区域、门店的客流量情况，输出数据表格，折线趋势图，分布饼状图，对比直方图；

自定义时段客流统计报告：根据用户随机设置时段，统计各个楼层、区域、门店的客流量情况，输出数据表格，折线趋势图，分布饼状图，对比直方图；

营业分类客流分析报告，以时段客流统计结果，按各个楼层、区域、门店的营业分类属性汇总分析各个营业分类的客流情况，输出数据表格，折线趋势图，分布饼状图，对比直方图；

客流情况分布分析报告，以时段客流统计结果，按照用户随机选定的区域、楼层、门店的营业分类进行横向的数据分析，产生数量对比分析，比例对比分析，输出数据表格，折线趋势图，分布饼状图，对比直方图。

客流流量排名统计，以时段客流统计结果，根据系统设置（统计排名位数）提供客流量最大／小的楼层、区域、门店的排名统计；提供客流量最大／小的时段排名统计，输出数据表格，折线趋势图，分布饼状图，对比直方图。

3. 深圳贝尔信智慧城市综合体的应用远景

1) 提升城市竞争力：通过现代高科技的手段，配合大屏幕投影、环绕屏幕等设备，将整个城市综合体项目真实的展示在客户面前，大大提升城市综合体的整体档次和实力，使项目在市场上更具竞争力。另外，项目周边片区的规划也可以通过可视化管理平台展示出来，把项目模糊的未来投资潜力真实地展现在客户面前，提升整个城市综合体的潜在附加值。

2) 聚集商圈的人气：可视化打破传统模式的被动性，让购物者能通过链接到3DGIS可视化管理平台的视频终端或手机，可查看综合体各个不同商业楼宇的三维地理信息，在借助于现场安装的各类监控摄像头，通过身临其境的体验，提高购物者的兴趣。

3) 可视化管理：城市综合体集酒店、写字楼、公园、购物中心、会展中心、文化娱乐中心以及公寓为一体，通过一体机、大屏幕或环幕等，物业管理人员利用可视化管理平台能对城市综合体进行在线管理。同时，也可作为领导视察、应急指挥和调度以及险情处置的平台。

4）综合集成：采用贝尔信的 VIDC 云单元主机技术，可以把停车场管理、停车诱导系统、楼宇自控系统、火灾消防与报警系统、安全防范系统、通信办公系统、机房环境监测系统等综合集成为 IBMS 系统，与 3DGIS 可视化管理平台一起，嵌入 VIDC 主机之中，实现贝尔信的"智能感知、互联互通、协同共享、城市运营"理念，为城市综合体创造安全、环保、节能、舒适、高效的生活休闲和购物天地。

第三章 物业的预算管理

预算是一种系统的方法，用来分配企业的财务、实物及人力等资源，以实现企业既定的战略目标。企业可以通过预算来监控战略目标的实施进度，有助于控制开支，并预测企业的现金流量与利润。

物业管理的预算编制，不同的阶段会有不同的要求。在物业管理的早期介入阶段，项目尚在规划设计阶段，还有后续的招投标和施工建设阶段，所以设施设备的具体数据不一定是准确的，物业管理的预算更多的是针对写字楼、商业购物、酒店等物业的重大能耗设备等做专项预算，为业主的招商、销售和后期的物业管理提供信息和参考依据；而在物业项目入伙前，为提升物业品牌和开发商的信誉，结合项目的开发设想，做出更加准确和符合实际的预算，预测会更准确，确保后期的预算执行和监督考核，达成目标的系统工程。

第一节 住宅物业的预算管理

住宅物业，是指人们集中成片居住地区域或区块，按楼层高低可以分为多层、小高层、高层和超高层住宅；按楼盘的档次可以分为普通住宅、公馆豪宅或别墅。楼层越高的住宅，电梯、供水等设施设备的成本越高，所以服务费也相应地提高；而档次越高的公馆和别墅，要求的服务更高，产生的物业成本也高，以华南区某高层住宅和别墅为例：

一、住宅物业服务费市场调研

服务费预算参考周边项目，高层住宅服务费普遍在 2 ~ 2.5 元，因本项目环境山清水秀，区域位置优越，交通便利，所以服务费初定 2.8 ~ 3 元 /m^2，与周边的差距不会太大；周边别墅都是 20 世纪 90 年代的产品，普遍比较陈旧，管理费是 3 元 /m^2，本项目设计南北通透、户型实用率非常高，加上园林价值高，所以本项目的别墅按照 5 元 /m^2 考虑。

二、项目基本情况

1）本项目占地面积为 145 500m^2，总建筑面积为 261 424 m^2，绿化面积为 87 300 m^2，拟分两期建设；一期建筑面积为 63 794 m^2，由 40 多栋联排别墅组成；二期建筑面积为 157123 m^2，由 5 栋 18 层的高层住宅组成，另有部分配套商业，以方便业主居家生活的便利。

2）项目可收管理费面积：198 552.59 m^2

其中：高层：135 502.59 m^2；

别墅：55 050 m^2；

商业：8 000 m^2；

停车场停车位：1 953 个（其中别墅私家车位 441 个，其他车位 1 512 个）。

3) 预算收入：

(1) 高层：暂按每月 2.8 元 /m^2 收取物业管理费（包含公共水电费）；

每月物管费收入：135 502.59 × 2.8=379 407 元。

(2) 别墅：暂按每月 5 元 /m^2 收取物业管理费（包含公共水电费）；

每月物管费收入：55 050 × 5=275 250。

(3) 商场：暂按每月 3 元 /m^2 收取物业管理费；

每月物管费收入：8 000 × 3=24 000。

(4) 停车场：暂按每月 60 元 / 个收取物业管理费（包含公共水电费）；

每月物管收入：1 512 个 × 60=90 720 元。

物业管理处每月预算收入 ￥769，377 元

三、管理支出预算

（一）物业日常服务费

物业日常服务费的项目，见表 3-1。

物业日常服务费　　　　　　　表3-1

序号	项目	费用金额（元 / 月）				
		整个项目	高层	别墅	商场	停车场
1	管理服务人员工资福利	321 860	138 647	146 075	7 427	29 710
2	公共设施运行及保养费	36 500	25 185	7 300	365	3 650
3	绿化费	23 000	10 580	12 190	230	0
4	公共水电费	74 837	42 657	23 948	748	7 484
5	清洁卫生消杀费	68 370	38 971	21 878	684	6 837
6	办公费	14 333	7 023	6 450	143	716
7	折旧费	2 000	940	840	20	200
8	保险费	18 600	3 300	2 580	120	12 600
9	其他	16 785	8 019	6 637	292	1 836
10	管理人酬金	76 938	37 941	27 525	2 400	9 072
11	营业税金	40 008	19 729	14 313	1 248	4 717
12	总支出	693 231	332 992	269 736	13 677	76 822
13	附：可收物业管理费面积		135 502.59	55 050	8 000	1 512 个
14	物业管理成本		2.46	4.90	1.71	50.81 元 / 个
15	预算收入	769 377	379 407	275 250	24 000	90 720
16	管理处收支平衡情况	76 146	46 415	5 514	10 323	13 898

（二）预算总体评估

1）保险费：住宅物业的业主多，加上项目在偏远的郊区，把很多不可控的风险转嫁到保险公司，这是物业公司目前最有效的风险规避方式之一；

2）因为物业公司没有管理过豪宅、别墅类物业，为了服务好这些高端业主，先聘请专业的物业顾问公司（所以增加管理人酬金），充分共享专业物业的资源，管理好这个项目，也提升物业公司的管理水平和服务能力；

3）以上高层住宅服务费按 2.8 元 /m^2 收取，预算管理成本是 2.46 元 /m^2，此数据比较符合物业实际；

4）而别墅的物业服务费按 5 元 /m^2 收，管理成本是 4.9 元 /m^2，利润很低，说明别墅 5 元 /m^2 的成本偏低。为什么会产生这种问题：因为这个别墅是开发商首次建设的别墅，开发商的重点是地产（包括卖车位）赚钱，而物业不但不能赚钱，还要动用物业所有的资源，优先服务好别墅的业主，打造业主的忠诚度，而且开发商将来其他地块的别墅，还指望首批业主带来更多的潜在业主；

5）商业成本 1.71 元 /m^2，说明不太符合现实，在理论上，商业的成本应该比住宅要高，而且商业服务费定为 3 元 /m^2，接近住宅物业 2.8 元 /m^2，这也不合理；

6）从住宅物业的预算说明：住宅物业完全靠服务费的盈利水平较低，这还是按照正常管理的预算，如果考虑物业刚接管时整个磨合期的风险，两年后设施设备的维修保养费用，以及到一定年限后进入大、中修，还有人工、物价、能源费用的上涨等各种因素，则物业在整个寿命周期内，可持续发展面临很多不确定的风险，这也是目前中国住宅物业面临的尴尬现状。

四、预算评估

物业服务费用最高的是薪酬福利（即人工费）和设施设备管理（含能源费）成本，所以有必要列出明细来分析和评估：

（一）薪酬福利

1. 薪酬福利费用明细

薪酬福利费用明细见表 3-2。

薪酬福利费用明细

表3-2

序号	职位	编制	月均工资（元）	每月开支预算（元）
（1）	管理处经理	1 人	8 000	8 000
	经理助理	1 人	2 500	2 500
		小计		10 500
（2）	管家部主任	1 人	5 000	5 000
	管家	5 人	3 000	15 000
	绿化管理员	1 人	2 500	2 500
	清洁工	3 人	1 500	4 500
		小计		27 000

续表

序号	职位	编制	月均工资（元）	每月开支预算（元）
（3）	安管部			
	安管主管	1 人	4 000	4 000
	安管领班	3 人	2 500	7 500
	安管员	93 人	1 500	139 500
	电瓶车司机	3 人	1 800	5 400
			小计	156 400
（4）	工程部			
	工程主管	1 人	4 000	4 000
	工程领班	2 人	2 500	5 000
	技术员	10 人	1 800	18 000
			小计	27 000
（5）	财务，后勤			
	出纳	2 人	1 800	3 600
	厨工	3 人	1 800	5 400
			小计	9 000
	每月管理人员工资预算为			229 900
（6）	附加40%作为医疗津贴、年终奖金及其他国家规定及福利。			229 960×40%=91 960
			总计	321 860

2. 评估

1）薪酬福利占总支出的比例见表 3-3。

薪酬福利占总支出的比例 表3-3

序号	项目	费用金额（元/月）				
		整个项目	高层	别墅	商场	停车场
1	管理服务人员工资福利	321 860	138 647	146 075	7 427	29 710
2	总支出	693 231	332 992	269 736	13 677	76 822
3	薪酬福利占总支出的比例	46.4%	41.6%	54.2%	54.3%	38.7%

2）薪酬福利占总收入的比例见表3-4。

薪酬福利占总收入的比例　　　　　表3-4

序号	项目	费用金额（元／月）				
		整个项目	高层	别墅	商场	停车场
1	管理服务人员工资福利	321 860	138 647	146 075	7 427	29 710
2	预算收入	769 377	379 407	275 250	24 000	90 720
3	薪酬福利占总收入的比例	41.8%	36.5%	53.1%	30.9%	32.7%

3）以上表格的统计数据说明：

（1）整个项目薪酬福利占总支出的46.4%、占总收入的41.8%，这个数据比较符合豪宅的服务。

（2）人员定位：按照开发商的要求，为了卖别墅，业主有可能是外国人，所以要求管家部的人员必须是学英语专业，以便更好地服务好业主，但物业顾问公司认为开发商的定位是错的，因为这个别墅在城市偏远的郊区，业主应该是本地人为主，外加周边城市的炒房团，所以没必要强调英语专业，物业行业留不住这些人才，而且也增加物业成本。进入正常期物业服务后，也证明物业顾问当初的定位是对的。

（3）物业服务不可持续：因为开发商的压力不但要面对现在这个首次建设的别墅，还要面对将来其他别墅项目的销售，所以要求物业公司的重点是服务，不是盈利。后来随着国家对房地产的调控，而别墅资源的稀缺，在一线城市的销售比较理想，这是开发商在前期评估最大的败笔，导致物业的生存空间更加狭小，物业面临的转型压力更大。

（4）迫于开发商的压力，物业做预算时，出现的失误是未考虑后期人工成本和物价的上涨。在后来面对节节上涨的人工成本和能源费用上涨时，别墅物业已经严重亏损，物业公司要求开发商补贴，但开发商不予支持。最后，物业公司与别墅业主反反复复的协商后，别墅大部分业主基本同意加管理费，才给物业公司带来一些生存空间。

（二）设施设备和能源费用

1.公共设施运行及保养费

公共设施运行及保养费，见表3-5。

公共设施运行及保养费　　　　　表3-5

(1)	电梯保养维护（为全责保养或保养加材料费，含年检费）	
	（共30台）	30×1 000=30 000
(2)	保安监视系统	12 000÷12=1 000
(3)	消防系统	12 000÷12=1 000
(4)	给排水系统	12 000÷12=1 000
(5)	变配电设备	18 000÷12=1 500
(6)	照明系统	12 000÷12=1 000
(7)	土建、装饰维护	1 000
	小计	36 500

2. 能源费用（根据一般情况估算）

电费按服务业计费：0.9008 元 /kW·h [2006 年 8 月 1 日开始执行；水费按 2.22 元 /t，已含 0.8 元 /t×90%（按用水量的 90% 计）排污费]，具体内容见表 3-6。

能源费用明细（元）　　　　　　　　　　　　　　　表3-6

（1）	电梯	30×12kW×10h×50%×55%×30×0.9008 元 /kW·h=26 754
（2）	公共照明	60kW×80%×10h×30×0.9008 元 /kW·h=12 972
（3）	闭路监视、消防系统	5kW×24h×80%×30×0.9008 元 /kW·h=2 594
（4）	给水系统	45kW×10h×50%×55%×30×0.9008 元 /kW·h=3 344
（5）	排水系统	30kW×2h×30×0.9008 元 /kW·h×50%=811
（6）	设备间电器、照明等	8kW×10h×60%×30×0.9008 元 /kW·h=1 297
（7）	消防泵及系统	500kW×2h×0.9008 元 /kW·h×50%=451
（8）	水景水泵系统	85kW×6h×0.9008 元 /kW·h×70%×30=9 648
（9）	绿化、水景用水	80 000m²×80%×3×30÷1000×2.22 元 /t=12 787
（10）	清洁用水	261 424.88m²×80%×0.3×30÷1000×2.22 元 /t=4 179
	小计	74837

3. 评估

1）设施设备管理费用占总支出的比例见表 3-7，设施设备管理费用占总收入的比例见表 3-8。

设施设备管理费用占总支出的比例　　　　　　　　　表3-7

序号	项目	费用金额（元 / 月）				
		整个项目	高层	别墅	商场	停车场
1	公共设施运行及保养费	36 500	25 185	7 300	365	3 650
2	公共水电费	74 837	42 657	23 948	748	7 484
3	1～2项合计	111337	67842	31248	1113	11134
4	总支出	693 231	332 992	269 736	13 677	76 822
5	设施设备费用占总支出的比例	16.1%	20.4%	11.6%	8.1%	14.5%

设施设备管理费用占总收入的比例　　　　　　　　　　　表3-8

序号	项目	费用金额（元／月）				
		整个项目	高层	别墅	商场	停车场
1	公共设施运行及保养费	36 500	25 185	7 300	365	3 650
2	公共水电费	74 837	42 657	23 948	748	7 484
3	1～2项合计	111337	67842	31248	1113	11134
4	预算收入	769 377	379 407	275 250	24 000	90 720
5	设施设备费用占总收入的比例	14.5%	17.9%	11.4%	4.6%	12.3%

以上数据说明：整个项目的设施设备管理费用占总支出的16.1%、占总收入的14.5%，这个预算数据有点偏低，不太符合住宅物业设施设备的费用成本；进入正常期管理后，设施设备占总成本的25%左右；

2）在后期面对水电等能源费用上涨时，对物业公司是沉重的打击。物业公司开始群策群力的考虑节能，从办公区域的人走关灯、洗手间节约用水、绿化节水、设备机房减少空调和风机的使用、地下停车场采用节能灯具等，通过开源节流，基本度过能源费用涨价对物业公司的冲击。

第二节　写字楼物业的预算管理

写字楼是指国家机关、企事业单位用于办理公务或商务等活动的建筑物，写字楼在我国没有统一的分类标准，我国《智能建筑设计标准》GB/T50314-2006将写字楼分为商务办公、行政办公和金融办公类写字楼；中国的摩天高楼热，各地都热衷于打造由甲级写字楼群组成的CBD区域，与住宅物业比较，高层、超高层写字楼的管理成本更高，以华南区某超高层写字楼为例：

一、超高层写字楼物业服务费市场调研

写字楼的物业服务费，包括物业管理费和中央空调费用，收费的方式有两种，一种是物业费和中央空调捆绑后的总数，这个城市CBD的甲级写字楼基本是30元/m²；另一种是中央空调有独立计量系统，空调按实际使用计费，管理费收20或25元/m²，平均下来（加上中央空调费）是35～40元/m²。

二、项目基本情况

1）整体物业总建筑面积：602 401.75m²（含多种业态，各业态相互独立）；
其中占地面积为：42 353.96m²；
2）写字楼整体物业可收管理费面积：196 697.52m²；
其中：写字楼：196 697.52m²；
停车场停车位：2 095个（其中地下停车位1 855个，地面停车位240个）；

3）预算收入

（1）写字楼：暂按每月 30.00 元 / m² 收取物业管理费（包括中央空调费）；

每月物管收入为：196 697.52×30.0=5 900 926 元；

（2）停车场：停车位暂按 80 元 / 个收取物业管理费；

每月物管收入为：2 095×80=167 600 元。

收入合计：¥6 068 526 元

三、管理支出预算

（一）物业日常服务费的项目

物业日常服务费项目见表3-9。

物业日常服务费项目　　　　　　　　　　　　　　　　　表3-9

序号	项目	费用金额（元 / 月）		
		整个物业	写字楼	停车场
1	管理服务人员工资福利	716 954	681 106	35 848
2	公共设施运行及保养费	268 500	255 075	13 425
3	绿化费	15 000	15 000	0
4	公共水电费	1 052 312	999 697	52 616
5	中央空调运行费用	1 652 829	1 652 829	0
6	清洁卫生消杀费	291 993	278 853	13 140
7	办公费	60 967	57 918	3 048
8	折旧费	3 000	2 850	150
9	保险费	35 950	15 000	20 950
10	其他	81 950	79 167	2 784
11	管理人酬金	606 853	590 093	16 760
12	营业税金	309 495	300 947	8 548
13	总支出	5 095 803	4 928 535	167 267
14	附：可收物业管理费面积	196 698	196 698	2 095 个车位
15	物业管理成本	——	25.06	79.84/ 车位
16	预算收入	6 068 526	5 900 926	167 600
17	管理处收支平衡情况	972 723	972 390	333

（二）预算总体评估

1）聘请专业顾问公司：因为物业公司没有管理过甲级写字楼，而且这个写字楼还是当地城市的标杆建筑，所以物业公司首先是不惜花费巨额资金聘请专业顾问公司，由专业公司实施一条龙服务，从早期介入一直到成熟期形成无缝衔接；

2）保险费：甲级写字楼的设施设备先进，各种配套比较完善，服务要求高，面临的风险更多，所以物业公司也通过保险公司，规避各种风险；

3）将近 20 万 m^2 的甲级写字楼，收入达到 6 068 526 元，即每平方米达到 30.85 元，这个数据不符合当地甲级写字楼的现状。但是预算成本达到 25 元 $/m^2$，这个数据是对的，说明其他方面的预算还有待完善；

4）利润：项目刚入伙，设施设备还在保修期内，所以物业公司利润会比较高，这只是一种理想状态，因为写字楼的出租有一个过程；两年后，设施设备已过保修期，物业的成本也会相应提高，利润将降低；

5）营销风险：写字楼的租赁也会有一个过程，不可能像住宅一样非常顺利的实现销售，所以房地产开发公司和物业企业要有心理准备，写字楼的租赁在 20%、30%、50% 时，物业公司如何根据租赁的实际情况，和租赁部门互动，服务好业主和租户，最大限度地节省成本。

四、预算评估

预算评估主要针对成本最高的薪酬福利、设施设备和能源费用：

（一）薪酬福利（管理服务人员工资福利）

1. 薪酬福利费用

薪酬福利费用见表3-10。

薪酬福利费用　　　　　　　　　　　　　　　　　表3-10

	职 位	编制	月均工资	每月开支预算
（1）	总办			
	总物业经理	1 人	75 000	75 000
	秘书	1 人	3 500	3 500
			小计	78 500
（2）	行政人事部			
	行政人事主任	1 人	5 000	5 000
	行政人事助理	1 人	3 000	3 000
			小计	8 000
（3）	物业部			
	物业经理	1 人	45 000	45 000
	客服主管	2 人	5 000	10 000
	客服助理	4 人	3 000	12 000
	接待 / 热线 / 收发	4 人	2 500	10 000
			小计	77 000

续表

	职 位	编制	月均工资	每月开支预算
(4)	安管部			
	安管经理	1 人	10 000	10 000
	治安／消防主管	2 人	4 000	8 000
	安管领班	3 人	2 500	7 500
	安管员	48 人	2 000	96 000
			小计	121 500
(5)	工程部			
	工程经理	1 人	45 000	45 000
	值班／维修工程师	2 人	6 000	12 000
	技术员	19 人	2 800	53 200
	文员	1 人	2 500	2 500
			小计	112 700
(6)	财务部			
	会计	1 人	7 000	7 000
	出纳	1 人	2 800	2 800
	收款员	1 人	2 000	2 000
	仓管	1 人	2 000	2 000
			小计	13 800
(7)	品质部			
	品质专员	1 人	5 000	5 000
			小计	5 000
	每月管理人员工资预算为			416 500
(8)	社会保险及医疗津贴（20%，其中基本养老保险11%、工伤保险1%、医疗保险6.5%、生育保险0.5%）			83 300
(9)	其他福利（教育基金、工会经费等，基本工资的10%）			41 650
(10)	年终双薪（平均至每月）			34 708
(11)	高温补贴（平均至每月）			6 063
(12)	招聘、培训费用			1 000
(13)	合同补偿款			34 708
(14)	住房公积金（基本工资的13%）			54 145
(15)	午餐补贴（平均每人每个工作日15元）			31 646
(16)	节日聚餐费用（中秋、国庆、春节，平均至每月）			3 233
(17)	加班费用			10 000
			总计	716 954

2.预算评估

1）薪酬福利占总支出的比例见表3-11，薪酬福利占总收入的比例见表3-12。

薪酬福利占总支出的比例　　　　　　　　表3-11

序号	项目	费用金额（元／月）		
		整个物业	写字楼	停车场
1	管理服务人员工资福利	716 954	681 106	35 848
2	总支出	5 095 803	4 928 535	167 267
3	薪酬福利占总支出的比例	14.1%	13.8%	21.4%

薪酬福利占总收入的比例　　　　　　　　表3-12

序号	项目	费用金额（元／月）		
		整个物业	写字楼	停车场
1	管理服务人员工资福利	716 954	681 106	35 848
2	预算收入	6 068 526	5 900 926	167 600
3	薪酬福利占总收入的比例	11.8%	11.5%	21.4%

以上表格数据说明，薪酬福利占整个物业总支出的14.1%、占总收入的11.8%，基本符合当地CBD甲级写字楼的现状，但还是稍为偏低了一点，主要问题是停车场成本拉高了数据，写字楼的成本偏低，需要调整。

2）总物业经理、物业部经理和工程部经理的工资远远超出当地城市的工资标准，对外具有竞争力，主要原因是这个项目是当地城市标杆性建筑，而且跨国企业和外国人占有一定的比例，服务要求高，所以这些管理人员的招聘要求是香港、澳门和台湾的境外专业人才或留学归来人员，对欧美国家比较熟悉，而且英语（外语）水平高，随时可以服务租赁写字楼的跨国企业。

3）安管部经理的工资在当地城市也非常有竞争力，说明写字楼对安全和消防管理的重视。

4）薪酬福利的激励：从社会保险、住房公积金、年终双薪、合同补偿款、午餐补贴、节日聚餐费用等预算，说明写字楼物业更关注对内的稳定性。

5）严格执行劳动政策：从高温补贴、加班费用的预算说明，写字楼对国家和地方的政策非常重视。

（二）设施设备和能源费用

1.公共设施运行及保养费

公共设施运行及保养费明细见表3-13。

公共设施运行及保养费明细　　　　　　　　　　　　表3-13

(1)	电梯保养维护（为全责保养或保养加材料费，含年检费） （共 66 台，其中 15 台为扶梯）	51×3 000+15×1 500=175 500
(2)	弱电系统	180 000÷12=15 000
(3)	消防系统	180 000÷12=15 000
(4)	给排水系统	60 000÷12=5 000
(5)	变配电设备（含发电机运行用油）	120 000÷12=10 000
(6)	照明灯具（含公共区域易耗品更换）	120 000÷12=10 000
(7)	外墙清洗设施	48 000÷12=4 000
(8)	土建、装饰维护	10 000
(9)	中央空调系统	20 000
(10)	道路维护	24 000÷12=2 000
(11)	保安费用（对讲机电池、劳保易耗品、消防器材等）	2 000
	小计	268 500

2. 公共水电费（根据一般情况估算）

电费按商业、服务业计费：1.0044 元 /kW·h；水费按 2.95 元 /t，另加 1.20 元 /t 排污费，明细见表 3-14。

公共水电费明细　　　　　　　　　　　　表3-14

(1)	变压器基本电价	24 元 /kVA×21 000kVA=504 000
(2)	电梯	2407kW×12h×60%×75%×30 天 ×1.0044 元 /kW·h=391 650
(3)	闭路监视、消防系统	10kW×24h×30 天 ×1.0044 元 /kW·h=7 232
(4)	公共照明	140kW×12h×80%×30 天 ×1.0044 元 /kW·h=40 497
(5)	给水系统	179.4kW×10h×55%×30 天 ×1.0044 元 /kW·h=29 731
(6)	排水系统	600kW×50%×60%×2h×30 天 ×1.0044 元 /kW·h=10 848
(7)	管理处办公室及设备间电器、照明等	25 kW×12 h×80%×30 天 ×1.0044 元 /kW·h =7 232
(8)	停车场照明	72kW×12h×60%×30 天 ×1.0044 元 /kW·h=15 620
(9)	停车场风机	220kW×60%×4h×30 天 ×1.0044 元 /kW·h=15 910
(10)	消防泵及系统	1 978kW×2h×1.0044 元 /kW·h=3 973
(11)	擦窗机运行电费	2 000
(12)	备用发电机试运行费用	1 000
(13)	绿化用水	8 471m²×5kg/m²×30 天 ×1/1000×4.15 元 /t=5 273
(14)	清洁用水	196 697.52m²×0.3kg/m²×30 天 ×1/1000×4.15 元 /t=7 347
(15)	公共卫生间用水	10 000
	小计	1 052 312

3. 中央空调运行费用（估算）

1）空调设备情况见表3-15。

空调设备情况　　　　　　　　　　　　　　　　　　　　表3-15

(1)	冷水机组	4台	3×900RT+1000RT=3 700RT
(2)	冷水机组	2台	2×500RT=1 000RT
(3)	冷却水泵	7台	4×90+2×55=525kW
(4)	冷冻水泵	19台	22～55kW
(5)	空气处理机	136台	

2）中央空调系统运行费测算见表3-16。

中央空调系统运行费测算　　　　　　　　　　　　　　　表3-16

(1)	电费（电费按 1.0044 元/kw·h）	
	冷水机组	$3\,700 \times 85\%\ kW \times 12h \times 30$ 天 $\times 1.0044$ 元/kW·h=1 137 182
	冷冻水泵	$525kW \times 85\% \times 12h \times 30$ 天 $\times 1.0044$ 元/kW·h=161 357
	冷却水泵	$525kW \times 85\% \times 12h \times 30$ 天 $\times 1.0044$ 元/kW·h=161 357
	冷却塔	$100kW \times 12h \times 30$ 天 $\times 1.0044$ 元/kW·h=36 158
	空气处理机	$136kW \times 12h \times 30$ 天 $\times 1.0044$ 元/kW·h=49 175
(2)	水费（水费按 4.15 元/t 计）	
		$80m^3/h \times 10h \times 30$ 天 $\times 4.15$ 元/m^3=99 600

3）水处理费用约为 8 000，合计 1 652 829。

4. 评估

设施设备管理费用占总支出和总收入的比例见表3-17和表3-18。

设施设备管理费用占总支出的比例　　　　　　　　　　　表3-17

序号	项目	费用金额（元/月）		
		整个物业	写字楼	停车场
1	公共设施运行及保养费	268 500	255 075	13 425
2	公共水电费	1 052 312	999 697	52 616
3	中央空调运行费用	1 652 829	1 652 829	0
4	1～3 项合计	2 973 641	2 907 601	66041
5	能源费用（2-3项）合计	2 705 141	2 652 526	52 616

续表

序号	项目	费用金额（元／月）		
		整个物业	写字楼	停车场
6	总支出	5 095 803	4 928 535	167 267
7	设施设备费用占总支出的比例	58.4%	59%	39.5%
8	能源费用占总支出的比例	53.1%	53.8%	39.5%
9	中央空调运行费占总支出的比例	——	33.5%	——

注：能源费是公共水电费和中央空调费用合计；因中央空调能耗大，所以单独预算。

设施设备管理费用占总收入的比例　　　　　　　　　　　表3-18

序号	项目	费用金额（元／月）		
		整个物业	写字楼	停车场
1	公共设施运行及保养费	268 500	255 075	13 425
2	公共水电费	1 052 312	999 697	52 616
3	中央空调运行费用	1 652 829	1 652 829	0
4	1～3项合计	2 973 641	2 907 601	66041
5	能源费用（2～3项）合计	2 705 141	2 652 526	52 616
6	总收入	6 068 526	5 900 926	167 600
7	设施设备费用占总收入的比例	49%	49.3%	39.4%
8	能源费用占总收入的比例	44.6%	45%	39.4%
9	中央空调运行费用占总收入的比例	——	28%	——

以上表格的数据说明：

（1）设施设备的费用、能源费和中央空调的运行费用，从占总支出和总收入两个角度的数据，可以反映预算的合理和准确性，为后期的运营提供管理依据和信息决策；

（2）设施设备费用占总（整个项目）支出的58.4%、占总收入的比例的49%，这个数据符合当地CBD区域甲级写字楼的现状，预算做得比较合理；

（3）能源费用占总（整个项目）支出的53.1%、占总收入的44.6%，说明能源费的成本占整个成本的比例非常高，物业在运营阶段一定要在管理方式和技术手段开源节流，降低能源成本；

（4）中央空调运行费用占总支出的33.5%、占总收入的28%，这两个数据也符合甲级写字楼的能耗标准，也说明中央空调是甲级写字楼能源消耗最大的设备，对中央空调主机及其配套的设备（冷冻泵、冷却泵、冷却塔、风柜或盘管风机）的管理节能和技术节能是关键。

第三节 工业（物流）物业的预算管理

中国城市化进程突飞猛进的高速发展，在一线、二线甚至三线城市，人口的密集度高，以前的工业厂房面临"腾笼换鸟"的困局，目前的转型主要有3种方式：

一是把原来的工业厂房拆掉，这是最简单也是最省事的，可以根据城市的定位重新规划；但是大拆大建的结果既浪费资源，对城市和区域的污染严重，也影响周边居民的生活。

二是改造升级，根据城市的定位和发展，将工业厂房升级为商业，这种转型需要重点关注将来的消防条件，因为从工业到商业，不同的业态，消防要求差距比较大；另外是能源的供应和计量，如餐饮行业的不但负荷高，而且要考虑排水和增加燃气，以及不同的负荷更换用水和用电的仪表计量等；餐饮行业还要考虑排烟等环保要求等。

三是基本不做大的改动，将工业厂房改变用途。如果在人口密集度大的市区内，一般会打造：动漫产业/美术文化基地/工业设计产业园区/工业物流业，这种转型能较好地保证原居民的居家生活；作为动漫产业或油画等美术文化基地，以及转型为工业物流产业等。而在城市郊区厂房，因为郊区人流密度比市区低，工业厂房转型为工业物流业，运输条件基本不受限制，而且对大货车的管制相对较少，所以大货车的噪声、震动对周边居民的影响比较有限。以下是一家外企的工业（厂房）物业转型为工业物流的案例：

一、项目情况

1）荷花一期仓库由1997年12月20日交付至今已13年，共4层，建筑面积为31 086m²。外墙面积8 500 m²（其中玻璃面积1 800 m²）。

2）分为办公区及仓库区（约3万 m²），每一层仓库分为ABCD四个区，共有5台电梯（4台3t/1台5t）。

3）水泵房：喷淋泵2台，消防泵2台，生活水泵1台，湿式报警阀5个，水池800m³（以消防用水为主），屋面水池12m³。

4）配电房：变压器3台（500kVA有2台，1000kVA有1台），其中1台备用，已于2008年10月报停，为双回路供电。

5）发电房：发电机1台250kVA。

6）监控中心：4台CCTV监控（包括外围及仓库），1台门禁系统监控，使用6个硬盘，录像资料保存半年，设有消防联动柜（另供水联动柜在地下室值班处）。

备注：

（1）由于贵司提供的设备参数有限，故以下预算方案以估算为主，实际运行费用会有所偏差。

（2）以下物业管理支出费用测算按深圳市的中档物业标准进行人员配备及费用支出预算。发展商可根据自身定位及需要进行修改和变动。

二、具体的物业管理支出预算

（一）物业日常管理费的项目

物业日常管理费的项目明细，见表 3-19。

物业日常管理费项目　　　　　　　　　　　　　表3-19

序号	项目	费用金额（元／月）	备注
1	管理服务人员工资福利	11 793	
2	公共设施运行及保养费	25 500	
3	水电费（常用区域）	1 100	
4	办公费	2 683	
5	折旧费	667	
6	保险	3000	
7	其他	1 199	
8	管理人酬金	10 000	
9	营业税金	2 750	
10	总支出	53 926	

（二）物业日常管理开支明细

1. 管理服务人员工资福利、费用

物业日常管理开支明细见表 3-20。

物业日常管理开支明细　　　　　　　　　　　　表3-20

职位	编制	月薪	成本估算
管理处主任	1	8 000	8 000
物业助理	1	4 500	4 500
技术员	1	4 500	4 500
总计			7 000
社会保险及医疗津贴（20%，其中基本养老保险11%、工伤保险1%、医疗保险6.5%、生育保险0.5%）			1 400
加班费			500
其他：合同补偿等			583
小计			9 483

2. 公共设施运行及保养费

备注：

1）由于项目使用时间已超过 13 年，楼体包括配套设备设施均较为陈旧，故维保费用较高。

2）对于需要大修或更换的设备设施，建议由专项维修资金出资，或者由业主 / 租户共同分摊。

1)	电梯维修保养费		5×1 200=6 000
2)	弱电系统		12 000÷12=1 000
3)	消防系统		24 000÷12=2 000
4)	给排水系统		12 000÷12=1 000
5)	变配电设备（含发电机运行用油）		18 000÷12=1 500
6)	建筑主体结构维保费用		18 000÷12=1 500
7)	防雷接地检测		500
8)	卷闸门维保		500
		小计	14 000

3. 公共水电费

1)	管理处用电		800
2)	管理处用水		300
		小计	1 100

4. 办公费

1)	电话费		500
2)	办公费		200
3)	差旅费		200
4)	业务应酬费		500
5)	洗涤费		100
6)	服装费（人均500元）		2 人 ×500/12=83
7)	饮用水费用		300
8)	审计费		300
9)	政府事务		2 000
10)	地域社会活动费用		2 000
		小计	6 183

5. 折旧费用

	月折旧费		40 000÷12÷5=667
		小计	667

6. 保险

公共建筑财产保险和第三者责任险		3 000
	小计	3 000

7. 其他（不可预计）

3% 的管理费用		1 033
	小计	1 033

8. 管理人酬金

		10 000
	小计	10 000

9. 营业税金（按上述支出的 5.05% 计）

		2 296
	小计	2 296
	总计（1～9）	47 762

三、预算评估

（一）接管的背景

物业公司尤其是跨国企业接管这个老旧的工业厂房，经济利益实在有限，即使国内物业接管也有点得不偿失，而接管这个物业的背景主要不是为了这个项目，按照业主方（同为跨国企业）的计划，首先是以深圳的项目开始，再逐步放开在中国的产业，最后把全球的产业交给一家有国际背景的而且在世界各国有分支机构的专业资产管理公司，确保资产的保值和增值。

（二）接管的要求

1. 业主方的要求非常高

本项目由大业主和小业主共同持有，持有股份多的大业主按照企业的惯例，要求资产管理公司把消防和安全风险告知业主方，而且要按照中国的实际情况将风险转嫁给保险公司，规避在中国面临的各种问题，在此基础上服务好这个项目并能平衡大、小业主的关系；并且所有的资料以及在日常的汇报都需要中文和外语版本。以预算管理为例，按照跨国企业的情况，召集一次股东会议都要全球动员，其成本和代价非常高，除非所在国家的战争或政策变化，否则不可能再增加预算，所以大业主要求资产管理公司的预算要完全准确。

2. 物业管理方的要求

1）物业管理酬金按照中国各地的现状并且要高于当地的标准收取；

2）管理的标准也按照所在国家的要求进行，而且根据资产现状实现梯级服务水平，即高端资产实现高端服务，低端资产不一定能实行高端服务，如老式建筑，设施设备不能满足（如环境温度、湿度以及设备残旧等）要求，以及设施设备（如电梯和消防设备等）不能立即找到配件，不能确保维修的及时性和有效性，业主方不能提出无理要求；

3）另外对合同和所有资料的语言要求，因为跨国企业的全球人才流动是很频繁的，业主方来深圳的可能是韩国人、俄罗斯人以及日本人等，不能因为业主方的负责人是韩国人就要求用韩语、是俄国人就用俄语、是日本人就用日语，以深圳首个项目为例，外语应以英语优先，其次是中文，即所有合同和资料都是中、英文版本。

第四章　物业的承接查验和装修服务

第一节　物业的承接查验

2007年8月《物业管理条例》第二十八条规定：物业服务企业承接物业时，应当对物业共用部位、共用设施设备进行查验；2010年10月14日中华人民共和国住房和城乡建设部印发《物业承接查验办法》的通知第二条：本办法所称物业承接查验，是指承接新建物业前，物业服务企业和建设单位按照国家有关规定和前期物业服务合同的约定，共同对物业共用部位、共用设施设备进行检查和验收的活动。

一、物业承接查验的范围

根据《物业承接查验办法》第十六条，物业服务企业应当对下列物业共用部位、共用设施设备进行现场检查和验收：

（一）共用部位

一般包括建筑物的基础、承重墙体、柱、梁、楼板、屋顶以及外墙、门厅、楼梯间、走廊、楼道、扶手、护栏、电梯井道、架空层及设备间等。

（二）共用设备

一般包括电梯、水泵、水箱、避雷设施、消防设备、楼道灯、电视天线、发电机、变配电设备、给排水管线、电线、供暖及空调设备等。

（三）共用设施

一般包括道路、绿地、人造景观、围墙、大门、信报箱、宣传栏、路灯、排水沟、渠、池、污水井、化粪池、垃圾容器、污水处理设施、机动车（非机动车）停车设施、休闲娱乐设施、消防设施、安防监控设施、人防设施、垃圾转运设施以及物业服务用房等。

物业的承接查验，涉及大规模的共用部位、共用设备和共用设施等同时交接，而这些设施设备是由施工单位负责安装和调试，施工单位及其合作的厂家对产品和技术规范非常熟悉，而开发商和监理公司在整个建设施工期是宏观管控，对大量的设施设备和技术标准不可能完全清楚；而且，房地产项目从立项决策、规划设计、招投标、施工建设等众多的节点和流程管理，加上遇到天气、施工人员是否到位和技术水平及经验、材料和产品是否及时供应、各单位交叉施工，开发商为了节省成本和赶工期等大量不确定的因素影响，即使经过竣工验收的物业也会存在大量的不确定的问题。所以为了提高效率和更有利于开展承接查验工作，最好是施工单位、开发商和物业服务公司三方同时现场交接。承接查验也可以和竣工验收同时进行。

二、住宅物业的承接查验

住宅物业，涉及千家万户的需求，承接查验的要求是确保设施设备的性能完好并满足业主的居家生活要求。不同的住宅物业，如普通住宅、豪宅甚至别墅，验收的设施设备和要求基本相同，但也会有一些差别，如豪宅和别墅的安防设施设备会更完善、共用设施设备的档次会更高。但住宅物业承接查验最复杂的，因为市场和政策变化、业主的需求以及规划设计和营销的失误，而导致整个住宅产品从规划设计和施工建设阶段经常调整和变化，这种动态的变化不但会增加开发商的巨额成本，而且会给物业的承接查验工作增加更多的负担，甚至会影响业主的装修入住和后期的正常生活秩序。

以深圳为例，深圳早期曾有小户型营销成功的案例，导致很多房地产商竞相模仿：深圳某住宅因有山有水，环境位置非常优越，在规划这个住宅第一期时，开发商同时规划有大户型和小户型，以满足各种客户的需求。但是在房屋实际销售时，客户都喜欢大户型，小户型的需求很少；而且以后面对国家的政策打压和限购后，这个住宅的小户型更不受客户关注，于是开发商立即把小户型改为大户型的营销策略，完全按照客户的需求进行调整，把同一楼层的多套小户型打通成一套大户型；但营销策略的变化，完全打乱了现场的施工建设，因为项目还是按照原设计院的图纸全为小户型结构施工，为了跟上营销的变化和节省工程材料及施工费用，开发商确定土建部分按小户型进行施工，而水电、弱电等安装工程仍按大户型的设计要求预埋管线；但是因为客户的需求多样化，有的客户要2套小户型，有的要3套甚至要4套，而且有的客户要南面的几套、有的要东面的几套，结果每层楼不同的户型组合成一套大户型是各式各样，而且客户买房的时间也是有先有后不确定的，导致现场的施工建设不可能按照客户的需求完全统一，营销部门也不能确定户型标准。开发商为了减少延期交房的风险，先把房子建起来再说，以后再根据客户的需求，把所有的问题都等到物业管理阶段再集中处理吧！

（一）物业承接查验的问题和风险

1. 小户型改为大户型的营销后果

现场把多套小户型打通为一套大户型后，物业开始承接查验，突然发现问题严重了：很多大户型没有洗手间、没有厨房、厨房内没有地漏排水、没有排烟管道、没有预埋强电（照明、插座）和弱电（可视对讲、安防设备）的管线、没有预埋空调冷凝水统一排放的管道或在施工时已把管道封死在墙体内。

2. 偷面积的后果

营销部门在小户型改为大户型的销售的基础上又额外实施偷面积的营销方式，即在竣工验收后，通过拆墙增加面积或砌墙改变户型，可以两房变三房、三房变四房等，以此模式希望加快销售力度和资金回笼。而在实施时，拆掉的墙内预埋有排水管和弱电管线，把这些排水管拆掉吧，又改变原来的排水走向，楼上业主的水往哪里排？不拆吧，房间或大厅内竖立一根排水管，严重损坏豪宅的形象和开发商的品牌，而且将来业主家发生水淹的后果谁负责？可视对讲和安防线路拆掉有可能影响楼上用户。

3. 加盖面积的后果

对部分入户花园及阳台部位的楼板进行加盖后赠送给业主，加盖楼板后需将原来的隔墙打通，导致原来公共的煤气管线出现在业主的室内或挡在厨房中间，原来已安装好的燃气管道由谁来拆掉（因为燃气管道是燃气公司负责的，其他施工单位动燃气管道是违法的）？改装燃气管道的公共管线和燃气表等设计更改、增加的费用和施工周期更是纠扯不清；物业公司又担心这些加盖后增加的面积如果出现漏水会不会增加楼上楼下业主的纠纷？会不会无形中加大后期物业的管理成本？物业公司该不该收后期增加面积的服务费？物业服务合同该不该出现这些条款？以规避各方（地产和物业）的责任和成本？

4. 部门之间各自为政却缺乏协调经验的后果

开发商的部门分工比较明确，有营销、土建、强电、弱电、电梯、给排水、暖通等部门。由土建部门负责接待国土部门的测绘大队，进场测量面积时，房屋的编号是从东到西的确定门牌编号（将来的房产证编号）；房地产公司营销部门又是按照自己的想法贴门牌号码；而强电部门接待供电局，供电部门却是从西到东的确定电表编号。这种各自为政的门牌编号真让物业公司和业主抓狂：将来催收管理费按哪个门牌编号？因为门牌号码不对以致业主不认可供电部门的电费单怎么办？以及很多小户型改为大户型后，一户会有多个计量电表，供电部门与业主和物业服务公司的三方矛盾怎么解决？

（二）住宅物业承接查验的有效沟通机制

承接查验开展后，物业服务企业发现问题太多太严重，如何将现存问题实事求是向集团主管领导反映，通过领导作用，快速有效地完成遗留问题的整改，确保在合同期限内符合物业交付楼房的条件并顺利交楼，最大限度地规避遗留问题和工程质量导致大规模的业主投诉、拒绝收楼和诉讼，房地产开发商、物业服务企业和总包单位形成有效沟通机制。

1. 承接查验的橙色沟通机制

物业公司从各管理处抽调工程的精兵强将，每栋楼实行专人专管的全面检查，对存在的工程问题进行拍照并整理成承接查验汇总表及数量统计表，并将检查的问题赋予风险优先等级（橙色管理机制）。

红色部分风险会对项目功能使用造成即时威胁，属于不可接受风险，应立即处理；橙色部分风险不会对项目功能使用造成即时威胁，但会导致被起诉或索赔，属于不可接受风险，应在 2 个月内处理完毕；蓝色部分风险不会对项目功能使用造成威胁，但同属于不可接受风险，执行物业公司的建议将会改进物业管理现状，对于这一等级的工作也应安排适当的计划并做出执行。这些书面的承接查验报告有图片及问题描述和物业的整改建议，并赋予风险级别的书面报告得到开发商总裁及地产各级领导的高度重视和肯定，集团和地产领导们集体批示要求，开发商现场项目管理负责人按照物业的意见和建议实施。

2. 全方位的沟通机制

因为物业承接查验每天都会发现新的工程遗留问题，而且物业工程人员还会检查总包单位的整改情况和进度，把这些新问题和整改进度形成书面报告，在每周房地产商、监理公司和物业公司的例会上沟通，确保所有的问题都能通过例会方式得到妥善解决；鉴于遗留工程问题多、时间紧，很多紧急问题和突发事件不能拖到例会时沟通，地产和物业确定责任人，随时可以电话和现场沟通，以确保所有的问题都能随时随地共同应对并得到解决。

3. 部门之间的工作协助

因为地产公司的人员太少，物业公司也充分发挥自己的优势协助地产公司处理重大遗留问题，如国土部门的房产证编号和供电部门编号不一致问题。因为物业公司长期和供电部门打交道，所以和供电部门的关系非常好，所以物业公司领导立即找供电部门协商，供电部门也及时配合，按照房产证的编号重新更改业主资料，完全规避后期业主们的门号之争和可能拒交电费的矛盾。

4. 问题反思

如果营销部门的市场调研更加充分，对当地限购新政策出台、业主需求实行更精准地把脉，就能让户型的规划设计更顺利，也不会出现大规模的户型变化和重大遗留问题；如果不是房价的瞬间升值，让开发商不担心整改工程的"巨额"整改成本投入，这个一直变化的项目很容易成为烂尾楼；如果不是集团领导的强势决策和重视，项目开发部门和营销部门会在互推责任的扯皮中没有下文；如果不是物业公司的负责人同时也是集团的主要领导，他有权限对地产公司和物业公司同时发号施令，驻场总经理是精通技术和熟悉管理的复合型人才、工程经理是精通空调维修而且熟悉写字楼等高端物业服务的专业人士、工程人员都是从各大项目抽调出来的经验丰富的元老们，物业各精英力量的组合，与地产商形成强强联合和无缝衔接。通过领导的重视、地产公司和总包单位及物业公司的无缝衔接和通力配合，所有的重大工程问题在房屋交付前顺利解决，在合同期限内顺利交楼，对地产公司、业主和物业公司是皆大欢喜的多赢结局！

三、超高层写字楼的承接查验

与住宅物业不一样，超高层写字楼的设施设备种类繁多，对设施设备的性能和要求更高，所以承接查验的重点对象是设施设备。

（一）中央空调系统、给排水系统、消防系统、电梯系统、弱电系统、大堂装修工程和其他工程等设施设备的承接查验

1. 中央空调系统

中央空调系统的承接查验见表4-1。

中央空调系统的承接查验

表4-1

地点	问题（缺陷）描述	存在的风险	需要采取的补救措施
53层空调机房	冷凝水管保温措施不到位，有漏水现象。风管的漏水现象更为严重	漏水将损坏机房内的设备和设施，损毁保温层，增加耗电量	要求施工方检查漏水原因并尽快整改
53层空调机房	设计图纸中设置的空调冷冻水系统中的膨胀水箱没有安装，同时系统已投入使用	空调主系统正常停机或发生故障时，管道中的冷冻水在热胀冷缩原理作用下，体积增大导致压力升高，易造成管道或管件爆裂，系统将无法使用	要求施工方立即安装膨胀水箱
53层空调机房	机房内风柜的设计风量为30520m³/h，而标准层的建筑面积超过2000m² 据物业管理的经验，此设计风量对于甲级写字楼来说明显不足	随着客户入住率的提高，各标准层办公区域的空调冷量在高温天气使用时很有可能引起客户的投诉，目前已出现相关投诉	应联系设计单位根据设计参数，结合现场情况采取相应措施应对
39层风机房	检查发现设计院提供的建筑竣工图中在39层风机房设计有通风百叶，实际现场则没有	维修通道无法散热，减短设备房内设施的使用寿命	设备房内增加通风及排烟功能

地点	问题（缺陷）描述	存在的风险	需要采取的补救措施
22 层设备房	检查发现设计院提供的建筑竣工图中在所有 22 层设备房均设计有通风百叶，实际现场则没有。而部分设备房外墙面的百叶已被封堵（避难层），造成设备房通风不能满足要求	设备房内没有足够的自然及机械通风排烟，违反规范要求，其他设备房亦有此状况	恢复原设计内容
B1 层空调主机房	1 号主机启动柜底座高度不够	若发生爆管，积水将造成启动柜内线路短路	建议在地面增加积水报警装置，报警信号引至消防中心，在启动柜周边加设护栏
53 层办公区域	从空调机房引向办公区域的主风管正对着办公室天花下的水管，管道走向有冲突	风管无法引入办公区域，引起客户投诉	相关专业进行协调，调整管道走向
B1 层空调主机房	乙二醇加药箱未完工	系统已投入使用，影响系统正常使用	尽快完工
B1 层空调主机房	动力柜间的温度较高	动力柜有自身的工作温度要求，温度过高将造成设备的损坏，增加设备用电量	加装空调或其他散热设施，保证设备正常工作温度
地面冷却塔	设计图纸中冷却塔采用的是带圆孔的不锈钢百叶，现场发现采用的是带圆孔的不锈钢围板，检查中发现冷却塔散热效果达不到要求，回水温度超过 39 度，与主机设定的临界温度 41 度仅相差 1.8 度	本地六月的气温达不到最高，随着外界气温升高，回水温度有可能达到临界温度从而导致系统无法运作。不能提供正常的办公环境，引起客户投诉	采取措施改善冷却塔的散热效果
21 层空调机房	冷冻水泵的水管上 90° 弯头没有做固定支架	运行中的震动易引起管道移位，变形甚至损坏	加设固定支架
21 层空调机房	控制柜房没有散热设施，且柜内接线不规范	温度超过设备正常工作温度将缩短设备使用寿命，增加耗电量，接线不规范将可能造成安全事故	加装空调或其他散热设施，按规范规定使用设备
B1 层空调主机房	集水器阀门没有采取保温措施	能量损耗加大，运行成本增大	在阀门上加上保温棉或采取其他保温措施
屋面	冷却塔底座没有进行减震处理	冷却塔运行所造成的震动易损坏设备及屋面地面，且噪声较大	加装减震装置
屋面	冷却塔的进、出水管固定架采用硬固定方式	运行时管道产生的震动没有经过减震处理易损坏管道，减短管道使用寿命	加装减震装置
B1 层空调主机房	1 号主机启动柜上仅粘贴有"有电危险"的简易警示标志，没有其他运行指示或标志	工作人员操作时不能及时发现故障隐患，易产生设备事故	在启动柜面上加上电压、电流指示灯
21 层空置房（原网络机房）	由于施工时各专业沟通不足，房间顶部冷冻水管与电缆槽连在一起，连接处冷冻水管无法采取保温措施导致漏水	漏水将影响电缆槽内的线路，极可能引起线路短路	避免线路交叉，更改线槽走向

地点	问题（缺陷）描述	存在的风险	需要采取的补救措施
6层空调机房	机房地面有少量积水，冷冻水供、回水管周围没有采取任何保护措施	机房内风柜的过滤网等每年均需要清洗，积水若不能及时排走，则将会损坏水管及其他设备	增加地漏，在冷冻供、回水管四周建水泥护栏进行保护
53层空调机房	空调管道过滤器下部没有设置相应的排水设施，地面有较多积水	保养或检修时排水有困难，易造成积水，从而损坏其他设备设施	在过滤器下部增加地漏或其他排水设施
屋面	冷却塔的进、出水管蝶阀采用铁质材料，现已生锈	管件使用寿命有限，增加维护保养成本	建议改用不锈钢材料
屋面风机房	风管的减震措施不够，效果不太好	噪声较大，管道有损坏	建议加强减震措施，吊起的风管建议采用液压减震器
B1层空调主机房	地面积水较多	腐蚀设备设施	施工单位查找漏水原因，清除积水
B1层空调主机房	机房内电缆槽设在冷却水管下面	若冷却水管漏水，则将造成电缆损坏、短路	做好保护措施，可考虑在电缆槽上加设不锈钢盖子
B1层空调主机房	1号主机进出水管固定支架（管）法兰处没有采取减震措施	系统运行时管道震动较大，易造成管道损坏	在法兰连接处加上减震垫片
B4层风机房	电机基座未作减震处理	电机运行过程中产生的震动会影响风管内的零配件，使其松动或损坏，缩短其使用寿命	加装减震装置
B4层风机房	进入风机房的电源线没有做线槽	电缆没有保护易造成损坏，给日后的维护保养、检修工作造成不便	补做缺少的线槽
B1层风机房	风机房内的布线没有经过规划设计，布线混乱	电缆没有保护易造成损坏，给日后的维护保养、检修工作造成不便	规范线路种类及走向，标示清楚，增加相应线槽
53层空调机房	过楼板的冷凝管的穿墙套管高出地面不足5cm	保护功能及防水功能不足	按规范要求穿墙套管应高出地面5cm
41层空调机房	管道上的压力表表面朝内，无法看清	管道压力异常时，不能及时发现	将压力表面转向外部
B1层空调主机房	空调主机水流指示器控制线管的固定支架连在水管上	水管在运行过程中产生震动，固定效果不能保障	将固定支架从地面架起
B4层风机房	机房内的风管已变形	对出风量有影响	修复变形的部分

2. 给排水系统

给排水系统的承接查验见表4-2。

给排水系统的承接查验 表4-2

地点	问题（缺陷）描述	存在的风险	需要采取的补救措施
屋面	屋面地漏采用铁质材料，生锈现象严重	雨季易造成堵塞，发生溢水事故，最有可能水浸电梯，造成重大事故	普通地漏易生锈腐蚀，应采用专用且有一定高度之不锈钢地漏
屋面生活水箱	水箱溢流管下没有设置地漏或其他排水设施	水箱水位超过设计水位时，溢水无法迅速排走，造成设备房地面积水，甚至损坏其他设施设备	加设相应的排水设施
屋面生活水箱	水箱向空调膨胀水箱进行补水的管道没有安装，现在用胶管进行临时补水	水压、水量无法正常保证	尽快安装正式管道
屋面生活水箱	水箱高低水位报警线路没有完善	水箱水位异常时不能及时发现和处理，易产生溢水事故	尽快安装相关报警线路
53层外露台	外露台上有杂物，且办公区没有通往露台的通道，清理杂物较为困难，易堵塞地漏	若地漏被堵塞，则积水很可能渗入办公区，损坏办公区的装修及设备	定时利用擦窗机等设备进入露台清理杂物，保证地漏畅通
53层管道井	消防水管穿越楼板处没有进行处理，且立管没有固定	若发生漏水，则水易渗入下层造成多层漏水。立管没有固定管卡，运行中的震动易造成管道移位从而导致爆裂	对管道穿越楼板处进行处理，按规范加装立管固定装置
53层管道井	生活给水管连接法兰缺一半的螺栓	易发生漏水现象	将缺少的螺栓补齐
屋面	幕墙的不锈钢排水槽与系统的铸铁排水管采用焊接的连接方式，焊接处已锈蚀	焊缝处处理不当易脱落，造成漏水事故发生	焊缝处宜加装硅酮结构密封胶，防止漏水发生，已产生锈蚀部位须补油漆
21层水泵房	水泵房控制室内的电缆槽盖板没有盖好	积灰较多，对电缆线造成腐蚀	将盖板盖上
21层水泵房	水泵房控制室内放置了一台空调外机	设备房内不能存放其他物件，空调室外机散热，造成室内温度升高将对设备运行不利	将空调外机移走
B4层停车场	集水井设在车位范围内，且集水井与控制柜的距离超过4米	若检修集水井时停车位上停有车辆，则给检修工作带来不便，集水井与控制柜之间的距离过远将不利于操作控制	将集水井移位，车位亦可正常使用
B4层生活水泵房	水箱底座仅刷了底漆，没有刷面漆或其他防腐漆	未作防腐的底座易生锈腐蚀	补上面漆或其他防腐漆
B4层生活水泵房	地线没有接到水泵底座	没有起到接地保护作用	尽快完善接地系统，保障操作人员人身的安全
B4层生活水泵房	水泵水管软接头前的管道支架没有采取减震措施	橡胶软接头的减震作用仅适用于后部管道的保护，接头前部的管道管件也需要减震保护	在此管道支架上增加减震垫片
B4层生活水泵房	水泵控制柜监控线路没有接入，进线处没有处理	控制柜的监控线路没有接入，将影响设备的远程监控，不利于及时发现故障	尽快接好控制柜的监控线路，保证设备的正常运行。进线处应用胶垫保护

3. 消防系统

消防系统的承接查验见表4-3。

消防系统的承接查验 表4-3

地点	问题（缺陷）描述	存在的风险	需要采取的补救措施
B1层消防控制室	由于故障点太多，消防主机停用，整个大厦消防系统不能使用	消防报警没有投入使用，大厦的消防安全重大存在隐患	屏蔽故障线路，打开消防主机，保障系统正常使用
屋面加压/排烟机房	消防加压、排烟管道没有直接通往室外，原设计门边一堵墙为百叶窗	使用时设备房内没有足够的鲜风量，烟也无法及时排走，因为设备房的门不可能整天打开，系统无法正常运作	按设计图纸显示，在墙上开设百叶窗，保证通风要求
B4层消防泵房	设备房天花渗水现象严重，水已滴到电缆槽上	漏水会影响甚至损坏设备房内的设备，影响系统正常使用	查明渗水原因，尽快修复
屋面加压/排烟机房	加压风机的电源线没有完善	电源易损坏或故障，风机无法运作	将电源线整齐排序，装入线槽，盖好盖板
21层加压/排烟机房	机房控制柜内电线排列紊乱，且直径20mm的穿线管内穿了9对线路，穿线管规格偏小	电缆易损坏或故障，风机无法运作	将线路整理整齐，改用适合规格的穿线管，线管内容量不能大于60%
B4层消防泵房	电缆线槽设在消防水管的下部	若消防水管漏水，将会流入线槽，损坏线槽内的线路，影响系统使用	类似情况较普遍，建议在电缆线槽上部架设保护措施，如不锈钢盖子等
B4层消防泵房	设备房内的照明设施已坏	给工作人员的巡查工作带来不便，设备运行不正常时不能及时发现	照明线路跳闸无法送电，须维修故障点，更换损坏的灯具
21层消防泵房	水泵出水管上没有安装泄压装置	没有卸压阀保护，水泵因错误信号启动时，管道内压力增大将导致管道破裂	在水泵出水管上安装泄压阀
21层消防泵房	水箱出水管连接法兰处缺少部分螺栓	易发生漏水现象	补上缺少的螺栓
B4层停车场	湿式报警阀旁边没有做地漏、排水沟等排水设施	湿式报警阀组运行或测试时泄流的水无法及时排走，将造成停车场地面积水，影响车辆或人员进出及工作	在湿式报警阀组旁边增加排水明沟
B4层消防泵房	设备房门上部的管道穿墙孔洞位置打错了，打错的部分没有补好	没有补好的部分无法防鼠、虫等进入，另外影响美观	补好空洞部分

4. 电梯系统

电梯系统的承接查验见表4-4。

<h3 align="center">电梯系统的承接查验</h3>

表4-4

地点	问题（缺陷）描述	存在的风险	需要采取的补救措施
22层低区电梯机房	机房内温度较高，不符合机房正常工作环境。空调外机装在走道上，制冷效果较差	温度过高将造成设备的损坏，缩短设备使用寿命，增加用电损耗	加强空调制冷效果或加装其他散热设施，保证设备正常工作温度
22层低区电梯机房	机房的上层是卫生间，卫生间渗漏水的可能性很大	卫生间渗漏水将破坏机房内的设备设施，电梯将无法运行，造成重大损失	卫生间移位，或在机房天花下约10cm处架设不锈钢盖子，并从盖子向下引管至地面地漏处
39层中区电梯机房	机房外的污水管漏水，地面积有大量积水，机房门口堆有沙子防止积水进入电梯机房	污水进入机房将损坏电梯设备，造成电梯无法运行	尽快修复污水管
39层中区电梯机房	机房内温度较高，不符合机房正常工作环境。因为空调外机装在走道上，散热效果较差	温度过高将造成设备的损坏，缩短设备使用寿命，增加耗电量	改善空调制冷效果，保证设备正常工作
B4层观光电梯底坑	底坑内找不到地漏及其他排水设施	若有积水，则无法及时排走，影响电梯的运行甚至损坏电梯设备	增加地漏或其他排水设施
B4层消防电梯底坑	消防电梯底坑有漏水现象，垃圾较多	漏水将影响电梯的运行，严重时将会损坏电梯设备	查明漏水原因，及时进行处理，及时清理现场垃圾
屋面电梯机房	机房内的线槽没有处理，线槽盖板没有盖上	易人为或意外损坏电缆，影响电梯运行	尽快整理好线槽，盖好盖板
屋面电梯机房	日光灯管一端的固定已坏，灯管垂吊下来	若灯管掉下，易造成线路短路	将灯管固定好
屋面电梯机房	机房内电缆槽与地面有约3cm的空隙	防火、防鼠等方面效果不佳	用盖板盖好
22层低区电梯机房	机房内电缆槽内的线路凌乱，没有整理好	可能引起线路短路	将线路整理整齐，做好固定
屋面电梯机房	电缆桥架下来到主电源开关的电缆管弯曲半径较小	弯曲半径不足，电缆里面的线路套管长期超过机械强度将导致套管老化加剧，缩短使用寿命，易引起短路事故	按规范要求进行电缆安装，满足其弯曲半径（角度为45°）要求
屋面电梯机房	电缆线管没有进到主电源开关箱处，电缆部分裸露，此现象在39层中区电梯机房内也存在。空调单体机的电源线从电梯主电源开关箱上部走线	裸露的电缆线胶管易发生老化或损伤。空调机的电源线走线位置将严重影响电梯主电源开关箱内的线路布线	电缆线管一直穿至电梯主电源开关箱上部。机房内空调机的电源线改从机房天花上走线
屋面电梯机房	电梯电源柜内线路很乱，没有经过整理，此现象也存在于39层中区电梯机房内	可能引起线路短路	将线路整理好
屋面电梯机房	电梯迫降信号线从电缆槽中走线	强电系统将干扰弱电信号	电梯迫降信号线另外走线
屋面电梯机房	地面线槽高度与电梯控制柜不配套，此现象也存在于39层中区电梯机房内	裸露电缆无保护，易损伤	地面线槽从电梯控制柜底预留口布置，或者紧贴着电梯控制柜布置

地点	问题（缺陷）描述	存在的风险	需要采取的补救措施
屋面电梯机房	机房天花板上的消防控制线没有完成，此现象也存在于39层中区电梯机房及6层观光梯机房内	电梯已经正常运行，而相配套有保护作用的消防设施没有完善，不能有效保障电梯的运行安全	尽快完善机房内的消防设施，提供更为安全的运行
屋面电梯机房	消防电梯机房的房门原设计单独对外，现场实际是向电梯机房开门	与规范要求不符	将消防电梯机房门口直接对外
39层中区电梯机房	机房天花板处部分模板未拆	未拆除的模板对工作人员的人身安全造成隐患	拆除模板
6层观光电梯机房	机房内的空调风管没有安装	机房散热效果较差，温度较高，温度过高将造成设备的损坏，缩短设备使用寿命，增加耗电量	尽快将空调风管接入机房，或安装分体机，保障机房的散热效果

5. 弱电系统

弱电系统的承接查验见表4-5。

弱电系统的承接查验　　　　　　　　　　　　　　　　表4-5

地点	问题（缺陷）描述	存在的风险	需要采取的补救措施
B1层闭路监控室	项目的BA系统没有布好线，没有经过调试，到目前为止除了电梯控制线接入闭路监控室外，其他系统如水箱高低水位报警、潜水泵、空调系统BA控制等均没有完成，系统不能正常使用	因为所有的BA系统均不能使用，大厦的所有设备均靠工作人员手工完成，增加了物业管理公司的管理压力和运行成本，尤其是楼层及室外照明不采用BA控制时，将不可避免的浪费电能（开关时间不能统一）	加快施工进度，尽快完善系统，照明系统建议使用BA控制或加装时间控制器控制
B1层闭路监控室	闭路监控系统正在调试，部分摄像头没有调试好不能使用，部分区域的摄像头甚至没有安装。控制柜线路布置凌乱	不能发挥系统正常监视功能，大厦的安全有隐患。增加物业管理的人员配置及运作成本	尽快进行安装调试
B1层闭路监控室	中控室内的电缆槽没有处理好，线槽盖板没有盖上	易人为或意外损坏电缆，影响系统运行	尽快整理线路，安装好线槽盖板
B1层闭路监控室	闭路监控中心电缆直接从天花上引下来，没有经过线管	电缆没有足够的保护措施，易引发短路等事故	将电缆线进行穿管保护

6. 大堂装修工程

大堂装修工程的承接查验见表4-6。

大堂装修工程的承接查验　　　　　　　　　　　　　　表4-6

地点	问题（缺陷）描述	存在的风险	需要采取的补救措施
大堂	橄榄型大厅的空调出风口，相对于大厅的高度和体积，明显出风量不足，制冷效果差	大堂空调冷量不足，不能满足需要，客户会认为物业管理有问题或大厦运营定位较低	采取相关措施增加冷量供应
大堂	大堂的部分大理石地面已磨损和因腐蚀改变颜色	影响项目的美观及形象	定时采取维护保养措施，及时清理地面的杂物

地点	问题（缺陷）描述	存在的风险	需要采取的补救措施
大堂	消火栓箱旁边没有设置击碎玻璃按钮	违反规范规定，火灾发生时报警的及时性可能有影响	在消火栓箱旁边增加破玻璃按钮
大堂	大堂顶部部分喷淋头没有对准预留洞口，安装不到位	喷洒的范围较设计为小，影响灭火效果	将喷淋头对准吊顶的预留洞口
大堂	大堂东南面咨询台后的不锈钢板四边没有经过处理	给维护保养工作造成影响	将不锈钢进行倒角处理
大堂	东南面进出口墙面的钢架油漆颜色不太一致	影响美观，影响项目的形象	重新油漆
大堂	咨询台大理石板边上已损坏，缺失的部分用胶水补上	影响美观，影响项目的形象	进行更换处理
大堂	东南面进出口墙面的钢架与底面连接处有锈斑	生锈严重会影响钢架与底面的连接强度，进而影响结构强度	进行除锈、刷漆处理
大堂	东南面进出口中部的不锈钢柱子有凹洞	影响美观	修复凹陷的部分
大堂	部分电梯厅的吊顶采用玻璃材料，部分玻璃连接缝隙较大	影响美观，影响项目的形象	玻璃连接缝隙较大部位进行更换，预留一定比例的相同材料便于维修
大堂	插座设在咨询台的前面	影响美观，影响项目的形象，且给咨询台使用电源及其他用途的插座造成不便	将咨询台位置移到插座前面

7. 其他工程
其他工程的承接查验见表4-7。

其他工程的承接查验　　　　　　　　　　　　　　　　表4-7

地点	问题（缺陷）描述	存在的风险	需要采取的补救措施
外围	首层室外西南角放有两个临时垃圾桶	影响大厦的形象和档次	项目本身设有垃圾站，应将垃圾运往垃圾站处理
五层露台	五层楼台通往商业裙楼的楼梯顶板由于高度问题部分留空	虽然楼梯中段设有排水沟，但遇到雨量较大时，露台地漏排水不及，水将涌入楼梯	建议在楼梯留空处加装活动顶板，平时打开，雨量大时盖上。同时加高楼梯口与露台的高差
五层露台	外墙石材除了做表面处理，石料四周均没有做防水处理	雨量大时，玻璃幕墙流下的水会沿着石材四周渗入墙壁	补做石材四周的防水处理
屋面	屋面幕墙与地面之间的收口不太严密，易发生渗水	防水效果不能满足要求，集水易渗入下层	加做地台结构与幕墙连接，填充防水胶等
首层西面商业裙楼	项目首层西面商业裙楼从天花往下大量渗水	对商业裙楼墙面造成损坏，影响客户装修工程进展	查明渗水原因，尽快修复
外围	首层室外通风管井设在水景旁边	若防水处理不好，水景里的水将渗入通风管井，引起地库停车用户投诉	重点注意防水工程的效果，封闭部分孔洞

续表

地点	问题（缺陷）描述	存在的风险	需要采取的补救措施
外围	首层西南侧的施工用卫生间仍没有拆除	大厦已投入使用，施工卫生间的存在影响项目的整体形象	尽快拆除施工卫生间及其管道，通过管理手段解决洗手间问题
外围	大厦北侧消防通道的装饰灯没有考虑散热	散热效果不佳将缩短其使用寿命	不锈钢门板做成散热百叶式样
外围	大厦北侧通道的地灯面安装高度超过地面，易被车辆压坏，且灯面周边防水措施不足，部分灯具已有水渗入	灯具表面的强度不够，易被进出的车辆压坏。渗入灯具的水也会毁坏灯具	注意地灯的安装方式，同时做好防水处理
53层屋面	地线没有固定好	地线安装不牢固，易损坏	按规范要求进行固定
屋面	电梯机房出来的单体空调的冷凝水直接排放地面	屋面地面积水	将冷凝水引向地漏处排放
外围	项目首层西面室外的通风管井上面放有电缆、配电柜等杂物	影响外观	清理杂物
外围	室外西南侧通风管井旁的部分竹子长势不好	影响大厦的形象和档次	更换长势不好或死亡的竹子

（二）超高层写字楼承接查验的有效沟通机制

以上承接查验的汇总说明：超高层写字楼的设施设备种类繁多，需要各种更专业的技术人员共同合作，找出问题、分清责任，形成标准化的承接查验报告，并以高标准的专业服务，与开发商等有效沟通（详见前面小户型更改为大户型的承接查验的橙色沟通机制）。

第二节　高端商业物业的装修服务

深圳的住宅物业的装修服务已经非常成熟，但是在具体的服务细节、人性化服务和管理边界等，还有待于提升和完善，这方面应该借鉴深圳甲级写字楼和高端零售业（购物场所）的装修服务，更需要向境外的专业公司取经学习。

以深圳某超高层甲级写字楼及高端购物场所为例，首先应该明确业主方（集团的资产管理中心）和物业公司的管理边界，即使在超高层的甲级写字楼，物业公司的资源和能力是有限的，如物业公司不可能配置各种机电设备的专业技术人才，对国家的消防、环保和环境的很多国家要求并不清楚，而参与这个项目的规划设计和施工阶段的地产商的专业工程师是非常熟悉的，所以物业管理阶段，租户的装修审批需要有当时负责建设这个项目的专业工程师协助；对项目营销策划的定位和整个项目的品牌建设，物业公司即使参与早期介入等工作，也知之甚少；对于高端购物场所旗舰店和租赁写字楼的大客户，这类特殊客户的很多信息对物业公司也应该有所保留。所以，甲级写字楼和高端购物商场，在装修服务阶段（包括在正常期的物业管理阶段），一定需要业主方（集团资产管理中心）协调当初负责建设的房地产商、集团的营销中心和客户管理中心协助，才能更好地执行和延续规划设计的理念，服务好高端客户的需求，打造甲级写字楼的品牌。以深圳某甲级写字楼和高端购物场所的装修服务手册为例：

一、前言

本指引《装修服务手册》旨在向大厦和商场（以下简称本物业）的租户及其设计师、装修单位等提供本物业出租单元的交楼标准和装修指导，本物业所有租户均须按照本指引内容和规定进行装修，以维护本物业整体利益和形象。

各租户须仔细阅读本指引并承诺遵守所有内容和规定。本指引中的内容会随时间的推移或某些特殊情况而做出相应或必要的修正，我们将及时告知各租户。

我们希望与租户及其设计师和装修单位等有关各方保持积极、紧密而有效合作，各租户如对本指引的内容有任何疑问，欢迎随时垂询。

二、交楼标准

交楼标准的对照见表4-8。

交楼标准对照　　　　　　　　　　　　　　　　　　　　表4-8

序号	建筑/机电设备		业主提供标准	租户负责范围
1	外墙		花岗岩、铝合金、玻璃幕墙	无
2	公共区域	一楼大堂	1. 地面：磨光花岗岩/大理石 2. 墙面：大理石/花岗岩石板，入口处为单索点式玻璃幕墙	无
		各层电梯大堂	1. 地面：磨光花岗岩/大理石 2. 墙面：大理石/花岗岩 3. 吊顶：石膏板或其他装饰天花	无
3	租赁区域		1. 地面：素混凝土面比完工后公共区域走道饰面低约50mm 2. 墙面：水泥砂浆抹灰 3. 顶棚：素混凝土面，天花无吊顶	1. 租户应聘请有资质的设计师为其租区装修做出设计图，并负责向有关政府部门保健、报批（如质检站、消防局、卫生部门等）且承担费用 2. 设计图须经业主审批后方能动工 3. 租户应聘请有资质的监理单位或由业主指定的监理单位监督施工过程并承担费用 4. 租户应按规定缴纳临时施工水电及垃圾清运等各项费用 5. 租户应承担业主需另行聘请的顾问公司进行审图的费用
4	洗手间	普通公共卫生间	1. 地面：高级防滑耐磨/抛光地砖 2. 墙面：高级饰面砖 3. 洁具：高档卫生洁具 4. 化妆台：大理石/花岗岩	未经业主和物业服务公司同意，不得擅自更改位置及设计
		高层管理人员卫生间	1. 地面：大理石/花岗岩 2. 墙面：大理石/花岗岩 3. 洁具：高档卫生洁具、淋浴设备 4. 化妆台：大理石/花岗岩	

续表

序号	建筑/机电设备	业主提供标准	租户负责范围
5	消防通道、电梯及楼梯	1. 按业主原建筑设计 2. 低区电梯：5台进口高速电梯，载重量1600kg/台，服务1、4至19层 3. 高区电梯：4台进口高速电梯，载重量1600kg/台，服务1、20至30层 4. 消防梯：2台高速进口电梯，可以停地下和地上所有楼层 5. 货梯：连接地面及地下停车场	装修或设备不得超载
6	楼面荷载	1. 写字楼标准层：办公 2.0kN/m²、避难层4.0kN/m²，机房 8.0kN/m²，阳台 3.5kN/m²，楼梯 3.5kN/m²，屋面层：屋面 2.0kN/m² 2. 商场的楼面荷载：（略） 3. 除以上标明的荷载外，其余未注明的荷载按《建筑结构荷载规范》GB50009-2012的规定取值	1. 写字楼的装修或设备不得超载 2. 商场装修运送材料到达和停留所在的区域，严格遵照物业公司的交通管制
7	中央空调	1. 采用变风量中央空调系统（VAV），风管安装至VAVBOX的消声静压箱出口处 2. 独立空调用冷却水系统，设置两台闭式循环冷却塔，提供24小时水予特定机房使用；冷却水供、回水管接口到各办公楼层	1. 消声静压箱出口软管及风口由租户自行负责承担 2. 租户区域内空调系统的安装、修改、变更由业主指定承建商完成，费用由租户负责 3. 设计图须经业主和物业公司审批
8	变配电和备用电源	1. 在同层强电井提供适合容量的断路器、开关及电表配合租户用电需求 2. 提供应急电源供大厦公共区域照明	1. 负责安装租赁区域的配电箱、电源开关、照明、插座及其电器设备，设计图需经业主和物业公司审核 2. 负责租赁区域的应急供电安装，设计图需经业主和物业公司审批
9	电话及数据接口	在同层弱电房内提供电话线及数据线接口	1. 同层弱电房至租户端的电话线和数据线的连接由业主指定承建商完成，费用由租户承担 2. 设计图需经业主和物业公司审批
10	安防系统	主要出入口、紧急通道、停车场、机房及卸货点等公共区域均设有电视监控系统和巡更系统	负责区域内的安防设施安装，设计图需经业主和物业公司审批
11	紧急广播系统	提供公共区范围内公共、紧急广播系统	负责租赁区域内的紧急广播系统的安装和连接，设计图需经业主和物业公司审批
12	消防系统	按消防部门批准的原设计图纸提供消火栓、自动喷淋、烟雾探测系统、机械排烟、火灾报警系统等	1. 负责租赁区域内（因配合装修而引起）消防系统的安装、修改和变更等 2. 上述工程由业主指定承建商安装，费用由租户承担 3. 设计图需经业主和物业公司审批

三、装修程序

租户须聘请有资质的设计师和装修单位来承担单元的设计和装修施工，且必须符合国家和深圳城市规范；租户及其设计师、装修单位应该亲自到现场，以确定单元的位置、施工条件及场地的尺寸；设计图纸必须经过业主和业主指定专业工程师的审批，同时经政府相关部门审批通过后方可施工，此项费用由租户承担；为保障本物业的原有建筑构造及机电设施，某些工程需要由指定承建商施工。由于指定承建商会同时承接其他租户的工程，因此租户应尽早与他们联络，以便工程得到妥善安排。

（一）装修设计预备会

在签署租赁确认书后，业主向租户提供建筑图及装修指引等资料，租户应偕同其设计师亲自前往现场查验，之后参照建筑图进行设计。租户应与业主交换意见以确保对装修步骤、程序和现场管理规定完全理解。业主通常提供图纸资料及其电子文件包括（图纸可能与现场实际情况有偏差，租户及其设计师应亲自前往现场查验）：

（1）建筑平面图；

（2）结构平面图；

（3）消防平面图；

（4）机电平面图。

（二）提交装修施工图

在收到业主提供图纸资料后，租户完成设计后，应向业主提交装修施工图（一般比例为1：100）、图纸说明书及其电子文件。

（三）审核装修施工图

在收到装修施工图和技术说明后，一般情况下业主会在15个工作日之内通知租户审查结果。同时，业主将协助租户向政府部门申报装修资料，办理有关证照，费用由租户支付，由于租户的原因造成图纸审查或装修工作延迟，由租户自行负责。

（四）装修施工协调会

业主将召集内部各部门，包括租户及其设计师、装修单位、指定承建商、物业管理公司等，召开施工准备协调会，以明确各方的责任，入场装修的费用和条件、装修管理规定，并促进积极、有效的合作。

（五）装修现场管理

业主将与物业公司共同管理现场，以及协调在施工过程中的事项。

（六）竣工验收

业主将与物业公司共同依照审查并批准过的装修施工图对租户的装修进行验收，并协助租户向政府部门申请验收。

（七）装修施工总结会

装修工程完工后，业主将偕同各有关方面，就施工过程中各专业工种的交叉作业、施工现场的组织协调、遗留问题以及经验教训召开总结会。

四、施工图要求

装修施工图纸应当符合国家标准和深圳市有关规定，租户需向业主提供A1设计图纸和资料3套以及2套电子文件（AutoCAD格式的光盘拷贝），租户提交的资料应至少包括下列内容：

（一）平面设计图清楚显示

1）装修装置、家具、陈列柜、办公家具等装修平面。

2）所有增加隔墙（采用内隔墙的形式）的位置、厚度、高度和材料（不批准阻碍通往消防通道和安全通道的布局设计）。

3）地面装修类型，如用地毯需满足防火要求，并减少粘贴材料。装修后的地面高度应与室外高度一致。

4）摆放重型设备如保险箱、防盗文件柜和自用 UPS 电源等的位置，底部面积和重量。本写字楼项目允许地台承重为 $2.0kN/m^2$（商场按所在楼层的具体荷载），若超出此数量范围，需经设计院签署确认适合本大厦楼层允许荷载重量的审批证明。

5）租户所用装修材料必须符合消防和绿色环保要求（无毒、无异味、抗辐射指标达到国家规定标准）。

6）租户如对隔音有特殊要求，需在设计时予以考虑。

7）门所使用材料，旋转方向及门洞大小，如有更改或装设结构组织，请提交结构图。

（二）吊顶平面布置图清楚显示

1）所有灯具、风口、喷淋头、报警探测器、扬声器、检修口等物件的位置和尺寸，其他通道不可露出天花。

2）吊顶内不允许作为储藏物品空间。

3）吊顶内不可设置可燃物件，吊顶内部高度不可超过 800mm。

（三）单元立面图清楚显示

1）用料详情（务必符合消防安全）。

2）各间隔及里面更改详情。

3）与相邻租户之间的间隔墙上的嵌装物或装置。

（四）空调安装图清楚显示

1）空调水管和各种风管及保温的型号规格和分布走向。

2）进出风口位置、温控器位置。租户新增的空调设备及元件需与本大厦系统一致。

3）空调负荷计算及冷冻水流量和风量计算。

（五）变配电设计图清楚显示

1）装修设计单位按照租户提供的供电容量设计。

2）单线系统图和负荷计算，导线类型、规格、敷设方式及所带负荷。

3）配电箱开关规格及位置，每段回路标出各自不同的配电用途。租户新增的电器设备及元器件需与本大厦系统一致，配电箱内张贴系统图。

4）租户如使用不可中断供电的电气设备（如电脑终端或信息化机房），须自备 UPS（不间断电源）。

5）室内照明的线路走向及灯具平面布置图；本项目如客户使用节能灯具、节能洁具等节电产品和办公区域内管理节能及节能设计等（具体节能方式可参考本项目节能须知），租金会有一定的优惠。

6）线管、线槽和桥架的型号规格及敷设方式和走向。

7）火灾应急照明、门口疏散指示照明。

（六）消防平面及系统图清楚显示

1）单元内消防喷淋系统、气体灭火系统、消火栓的位置，不允许有固定设备、储藏物品或经营活动阻挡消防设备的操作，消防设备外也不允许有其他不符合政府要求的装饰或涂色。

2）各种管道、管材和线路管径分布走向。

3）火灾报警系统内探测器、扬声器的位置分布区域。

4）租户不得安装任何用声响报警的装置。

5）租户新增的消防设备及元器件需与本大厦系统一致。

（七）单元门面设计图清楚显示

1）单元门面是本大厦的统一风格，未经批准禁止对单元门面进行任何修改，也不允许对单元门面外部进行任何修改。

2）装修单位应给出单元门面方向的效果图，业主有权拒绝单元门面内附近安装的显示屏、扬声器、展示设备及影响公共视线的灯光等。

（八）弱电系统图

设计师应提供电话、电视、电脑网络、保安监控、广播、门禁等相关图纸资料。

五、竣工验收要求

装修施工完毕并经验收合格后，租户应向业主提供 2 套竣工图以及 1 套电子文件，图中包括所有更改隐藏管线等，以便于维护和存档备查。

六、装修管理规定

1）租户及装修单位应遵守国家及深圳各类法规、规范各类施工安全操作标准，切实搞好施工现场管理和工程质量。装修单位进场后需爱惜本物业设施，严禁破坏或擅自拆除装修保护。

2）租户及装修单位须严格按照已批准的图纸和确定的施工方案和技术工艺进行作业，如有变更应及时通知业主及有关政府部门批准。

3）对可能影响大厦系统设施项目和隐蔽工程必须经业主检查验收后，方可进行后续工程的施工。单元工程完工时也必须通知业主进行单元工程检查验收。隐蔽工程必须有《隐蔽工程验收记录》。

4）施工期间施工单位应确定现场负责人及安全员，并佩戴明显标志。

5）施工使用的易燃易爆品须持《易燃危险品进入许可证》方可进入施工现场，并妥善保管，当天使用当天带出现场。施工现场严禁吸烟。

6）装修单位动用明火作业须提前向业主申办《使用明火许可证》，电气焊工应持证上岗，并确定看火人和防火措施。

7）施工所有的材料须符合防火规范的要求，运进易燃材料时，业主有权验料并有权要求出示相关材料的防火检测证明、出厂合格证明及产品说明书留存备案并确定当日用量。

8）施工临时用电须使用装设有效防护装置的施工用电保护开关，其容量不得超过施工区域的用电容量。应由物业服务公司负责电源连接，租户及装修单位不得随意乱拉临时电线，必要的临时线经批准后须使用双护套电线。施工完毕，拆除施工保护开关应由物业公司负责。

9）大厦严禁使用电动风镐、电锯等大震动工具振捣地面表层。

　　10）施工过程中，每日 8：00 至 19：00，不得进行电锯、电锤、冲击钻、剔凿等有噪声及油漆等有异味的作业。为保证其他租户的正常经营，以上作业施工时间须调整到 19：00 以后进行，施工前必须获得批准。油漆等有异味的施工用料，当天用料，当天完成，剩余物料当天清理出本物业。

　　11）装修单位应保证施工现场周围的环境卫生，避免易燃易爆品堆积，造成火灾隐患。施工区域以外不得堆放施工材料和设备。

　　12）装修单位运送物料需提前申请使用货梯。每日 8：00 至 19：00 不得运送物料，物料及垃圾必须按要求装袋。

　　13）装修单位须负责施工垃圾的清运和消毒，严禁向清洁间水池、地漏倾倒施工垃圾，禁止将垃圾存放或遗弃在本物业所附属的任何区域内。装修单位应于每日 19：00 之后将当天的施工垃圾清出大厦。

　　14）装修单位应做到文明施工，保持施工现场清洁、有序，因施工原因而导致大厦设施故障或损坏的，装修单位应予赔偿并承担连带责任。对造成大厦排水设施堵塞的，装修单位须负责清通和复原。

　　15）施工人员须佩戴有效的出入证，自觉接受大厦管理人员的检查。携带器材物品离开大厦时，需按规定办理放行条，凭放行条携带物品放行。

　　16）施工人员在指定的时间使用指定的电梯、指定的卫生间，且需服从临时或特殊安排。

　　17）施工单位在施工中必须采取严格的保障措施，以保证施工装修区域内报警装置不受尘土污染和损坏。

　　18）装修单位应严格管理其施工人员，教育其遵守日常管理的有关规定。施工人员在施工现场不得大声喧哗、追逐打闹、酗酒赌博，不得在施工区域及公共场所坐卧、闲逛、吸烟、聊天、窥探其他单元，不得留宿，不得触动、毁坏大厦公共设施。施工人员发生治安、刑事案件，或违反规定造成严重后果的，由租户和装修单位承担一切责任。

　　19）发生下列情况之一者，业主有权责令装修单位停工或部分停工，整改合格后，经允许方可复工：

　　（1）故意违反施工管理规定，情节恶劣，造成严重后果或屡教不改的；

　　（2）办理部分工程手续时投机取巧、隐瞒事实、伪造材料、使用欺骗手段取得开工许可证的。

　　20）发生下列情况之一者，业主责令立即停工，对施工单位和施工人员予以清场处理，并追缴有关费用：

　　（1）未经批准擅自开工的；

　　（2）违反本手册规定的；

　　（3）被责令停工或部分停工后，拒不进行整改工作的。

七、承诺书

承诺书

　　×（深圳）有限公司：

　　_____为本物业的租户，现申明已详阅此份《装修手册》，已经明白并承诺遵守《装修手册》中各项规定。

　　本人 / 本公司承诺所有有关装修事宜，均按照有关规定进行操作；本人 / 本公司明白如有违反或违章，业主有权停止正在进行的装修工程并追讨由此引起的一切损失；本人 / 本公司亦明白如有任何行为导致业主牵连到任何诉讼或索偿等事件，本人 / 本公司自当承担一切责任。谨与业主立此约为据。

租户签章：

日　　期：

第五章　旧城改造的物业管理服务

在北京、上海、广州和深圳，甚至很多二线、三线的城市，可供开发的土地越来越有限，而拆掉既有的老旧建筑发展房地产业，成了市场上最有经济价值的蛋糕之一，但在拆迁过程中的各种利益博弈，原业主大规模的反弹，政府可能会基于维稳等各种压力而更改或修订政策，开发商也可能因为政府的变化而相应的调整规划设计。是"打着公共利益"的旗号，放任各种暴力和血泪拆迁，还是站在物权法的角度更好的平衡原业主的利益，在城镇化道路上建设和谐社会，这是很考验地方政府和房地产开发商的智慧。

对于旧城改造（现在称为城市更新），上游的房地产开发商的跑马圈地和拆迁以及政策变化，各种错综复杂的利益博弈和不确定的变化，所以到了最下游的物业管理企业，一旦开发商与政府相关部门协商后，按照相关程序拿下旧城改造项目，会立即与物业公司签订物业管理合同。所以针对旧城改造的物业管理，已经不是传统项目的早期介入、前期管理和正常期的物业管理角色，物业公司如何从原业主手中顺利接管项目？如何协助开发商实施拆迁并减少各种暴力冲突和对突发事件的有效管控？或者物业公司在房地产开发商的领导下，如何面对地方政府、原业主等各方错综复杂的利益格局？出现重大事件后物业公司该承担什么责任？物业管理费用按什么标准计算等，也同样考验物业公司的管理水平和智慧。以华南区没有房地产开发经验的某金融运营商为例来说明这个问题。

第一节　旧城改造的物业筹备

华南某金融运营商因销售网点星罗棋布，办公和销售网点的租赁位置总是找不到理想的场所，而且场地租赁费的成本非常高，加上业务的快速发展，决定在华南区经济发展较好的地级市大规模的买地建综合楼，楼下是营业厅，楼上是办公场地，大部分自用，少部分考虑对外出租，所有的物业由深圳的物业公司统一管理。对于旧有物业的经营，没有成熟的经验可借鉴，即使是非常专业的品牌地产商和名牌物业公司，也要摸着石头过河不断地探索，而以金融为主业的企业，缺乏房地产开发的经验，要经营旧有物业的蛋糕，难度更大。当时第一个项目是在省城购买部分工业厂房和土地的旧有物业，要求深圳物业公司立即进场，把整个项目顺利接管并协助他们的地产开发。

一、团队建设

按照集团的战略发展，因业务大规模扩张，原来只管深圳两个楼盘和省城一个在建设阶段的项目，而且要啃旧城改造的蛋糕，物业公司突感压力大增，如何跟上并配合集团的发展战略，尤其是第一个在省城的旧城改造项目，因为在省公司的眼皮下比较敏感，而且旧城改造项目的接管，需要熟悉公关服务、客户服务、安全管理、工程管理和熟悉资料体系的物业团队。为了组建这个团队，物业公司立即通过各种猎头等渠道，不惜一切代价的挖人，因为时间紧、任务重，在短期内很难招聘到真正能独当一面的人才，尤其是精通技术和管理的复合型人才。最后只好在物业公司内部调配：

（一）物业负责人

因为旧城改造首先是要在技术上配合省公司，所以物业负责人需要有丰富的物业管理从业的经验和精通工程技术的复合型人才，最适合的人选是新入职的总工程师（以下简称郭工），而且郭工对物业的工程管理、客户服务、安全管理和环境管理等物业服务是身经百战的经验型人才，因为物业公司的技术力量太薄弱，所以让郭工负责整个物业公司的工程技术管理。物业公司的领导们立即找郭工谈话，没想到郭工非常配合，立即同意领导们的安排，同意到遥远的省城负责旧城改造的物业管理。

（二）团队成员

物业负责人确定后，其他团队的成员就让物业公司的领导们大伤脑筋，因为物业公司在深圳只有两个成熟的项目、省城项目（只有管理处主任和工程师及文员共3人）还是在早期介入阶段，内部可供选择的人才非常有限，公司内部大部分是80后、90后的孩子，年纪小而且组织性和纪律性比较欠缺，要到遥远的省城，他们（她们）集体抗议，物业公司无数次的梳理后确定以下成员：

1）王勇是公司物业管理部负责品质管理工作，学建筑专业，大学刚毕业不久。因为所有的物业由物业部直接管理，加上又是物业公司直接招聘的首批大学生，对公司的制度和物业运作比较熟悉，唯一担心的是到外地后手机是长途和漫游状态，打电话和接电话都是按长途计费，通讯的成本非常高，以后长期在省城产生的超额话费，能不能报销？但是作为公司首批招聘进来的大学生，在整个公司已经太"受宠"了，为了这些超额的话费找领导，又担心领导对自己有"看法"，影响自己在这家物业公司的职业生涯，所以也不好提话费报销事宜，只有极不情愿的配合。

2）王义是退伍兵，深圳管理处的电工。但刚成家不久，让老婆一个人孤零零的待在深圳，总让夫妻俩都有孤立无援的感觉，但因为有从军的经历，组织性、纪律性比较好，还是和老婆有效沟通，毕竟去省城是临时的，暂时牺牲在深圳举案齐眉长相守的夫妻生活，无条件配合公司的安排；

3）李华（女）是应届大学生，学金融专业，负责客户租赁。作为应届毕业生，也挺想学点东西，她是既好奇又兴奋而且多少有点忐忑不安的心态参加这个团队的，更多的只是和自己的母亲在电话中难分难舍的沟通。当时李华大学将毕业时，父母已通过各种人脉关系，希望自己唯一的掌上明珠留在身边，但是不知怎么回事，她自己却稀里糊涂地跑到几百公里外的深圳了，而现在又要从深圳去另一个省城，女孩子长距离地来回奔波，做母亲的可是伤心到了极点，怎么也无法理解女儿的行为。母亲的悲伤情绪也感染到李华，去省城前很长一段时间，每天早上上班都能看到她的眼睛哭得红红的，即使用护肤品打扮过，但还是无法掩饰长时间哭泣的痕迹；

4）周清（女）大专在读，是公司综合部文员，她是最不愿意去省城的：因为在深圳长大，家庭条件优越，从初中开始，父母带着她旅游，足迹踏遍国内的山山水水，不管是城市卫生、道路交通、园林绿化、还是城市服务水平，感觉在国内最好的城市还是深圳，所以现在要离开深圳去省城，一想到省城旅游时脏兮兮印象，经常堵得一塌糊涂的道路，那种寸步难行的无奈，对省城只有刻骨铭心的"恐惧"，而要去省城工作一段时间，对她来说更是"天要塌下来了"。另外现在参加物业管理大专班的自学考试，每周一、周三和周五的晚上还要听课，离开深圳后的学业怎么办？因为她一直是在父母的羽翼保护下成长，独立生活的能力非常差，父母担心离开自己的保护，孩子在外地根本就不能生存，所以父母也坚决反对孩子出远门工作，甚至到物业公司找领导，希望物业公司改派其他人去省城。

5）阳光是深圳管理处的客户服务员，因为刚结婚不久，自己妻子的胆子特别小，而且租住在深圳农民房的治安条件非常差，晚上她一个人是不敢睡觉的。所以要丢下新婚妻子跑到外地，夫妻两人都坚决不同意，但也不敢公然反对，每天晚上下班后回到家里，都特别珍惜相守时间，妻子更是在晚上常常念念有词，周末休息时两夫妻会跑到深圳的弘法寺，非常虔诚的烧香拜佛，希望大慈大悲的观音菩萨等各类神灵保佑夫妻不要分离，可以在深圳和和美美的长相守，不用去省城了。

因为物业公司首次拿下这么大的楼盘，加上旧城改造的物业管理在深圳没有经验借鉴，所以物业公司在总经理办公会上决定：这个旧城改造项目由总经理亲自负责，集中物业公司的所有人力、物力和财力，不惜一切代价的做好这个在行业内独一无二的旧城改造项目，成为深圳乃至全国旧城改造的物业管理品牌的领头羊；但这个旧城改造项目临时搭建的草台班子，如何管理？能否完成任务？物业公司的领导们和所有的同事都非常担心。

二、物业交接的前期准备

深圳物业公司的团队班子已组成，省公司安排深圳物业公司的所有领导们（包括负责这个项目的郭工和王勇）到省城与原业主（卖方）的相关领导见面，商讨交接事宜，双方会谈确定：深圳团队进场后，物业交接主要以深圳团队为主，原业主方联系人分别是集团下属的物业公司（以下简称天际物业）杨副总、集团公司办公室主任，必要情况下，深圳团队的负责人郭工可以联系原业主方集团公司的党委书记，交接各方在这次见面会上留下各自的联系方式；而且省公司的领导也郑重表态，原业主方与深圳物业团队顺利交接，并经过深圳物业团队签字确认后，省公司才启动支付购买这块土地的最后一笔尾款。

（一）交接方案

回深圳后，旧城改造的物业管理团队（以下简称深圳物业团队）立即根据项目的现场情况准备交接方案，见表5-1。

项目现场情况交接方案　　　　　　　　　　　　表5-1

序号	主要交接事项	工作内容	责任人	日程安排
1	成立小区物业交接领导小组和现场工作小组	公司领导张总、XX副总负责 物业管理部刘文全面负责该项目的协调组织工作，综合部庞大、财务部陈丽协助 成立现场工作小组 （1）工程小组：郭工、王义 （2）物业小组：王勇、阳光 （3）资料小组：李华、周清 （4）绿化小组：郭工 现场项目负责人：郭工	公司领导	2月24日～2月26日

序号	主要交接事项	工 作 内 容	责任人	日程安排
2	现场工作小组进驻省城电涌小区的协调准备工作	召开现场工作小组会议，明确现场工作内容、责任划分及工作要点 准备交接工作中所需的各类表格 商讨进驻人员在省城期间的安置及工作所需办公物品的配置 现场工作人员到达省城了解小区概况并与天际物业公司进行沟通，商讨小区物业交接的程序及相关内容 准备约2000元的备用金	公司领导、刘文、庞大、陈丽	3月20日 ～ 3月23日
3	图纸交接	房屋产权资料的确认交接 土建工程图纸的交接 水电工程图纸的交接 绿化工程图纸的交接 机电设备及公共配套设施设备、原始附属技术资料的确认交接 小区日常管理事务档案、记录的确认和接管，主要包括：住（用）户档案、装修资料、维修资料、治安、消防管理资料、设施设备资料、绿化清洁资料、社区文化资料、业主反馈资料、行政文件资料、业主委员会资料	李华 周清	3月24日 ～ 3月27日
4	工程设备、小区绿化的交接	小区内各类机电工程设施设备、公共配套设施设备的检查、确认和接管 小区内供电系统线路（强、弱电）的检查和接管 小区内给排水系统的检查、确认和接管 小区内消防系统的检查、确认和接管 小区内园林绿化植物的检查、确认和接管	郭工 王义	3月25日 ～ 3月28日
5	物业及附属设施的交接	小区内整体建筑物的情况、物品的检查、确认和接管 小区内房屋本体及附属设施的状况和数量检查、确认和接管 物业的附属水电设施等情况的检查、确认和接管	王勇 阳光	3月24日 ～ 3月27日
6	交接的后续工作	对交接过程中的存在问题进行统计总结，并上报物业公司、省城基建办 与天际物业公司进行交接后的沟通，商讨小区交接过程中产生问题的解决措施，并上报物业公司、省基建办	郭工	3月28日 ～ 3月30日
7	物业管理处的筹备及进驻	针对小区情况确定物业管理处架构及人员配置，初步确定人员配置为：主任1人、主任助理1人、工程师1人、管理员2人、值班电工3人、水电维修工2人、绿化工3人、秩序维护员15人、清洁工7人，共计35人 综合部组织开展招聘和培训工作 物业管理部组织人员进驻管理处，综合部协调做好管理处成立时所需办公用品的采购工作及管理处人员安置工作	公司领导、刘文、庞大、陈丽	人员到位：3月15日～3月25日 4月15日前管理处正式接管

（二）准备交接工作中所需的各类表格

因为从未交接过物业，物业公司的物业管理部无法提供交接的具体表格，物业团队只好自己完善：档案资料交接表、楼宇移交登记表、设施设备移交登记表、设施设备遗留问题统计表、物品移交登记表、钥匙移交一览表、花木统计表等。

三、后勤和财务保障

俗话说"兵马未动，粮草先行"，所以后勤是基础。

（一）办公物品和生活用品

物业团队列出到省城所需的办公用品和生活用品，物业公司综合部迟迟未落实，说领导未吩咐，他们无权决定；而物业团队个人生活用品，综合部说属于个人物品，应该个人自带，而不是由公司报销。郭工最后只好找物业公司总经理，他说办公桌、办公电脑、打印机由省公司负责，而个人生活用品则不表态。

针对领导们的意见，物业团队商量：周清说带她个人的手提电脑过去吧，反正留在深圳也是闲着，而且万一省公司又推到深圳物业公司，我们在省城真是叫天天不应，叫地地不灵了。

（二）借款

郭工找财务部负责人陈丽，顺便提到购买生活用品问题，说总经理未表态，想听听财务领导人的意见，她说：不要考虑综合部，她们事情多且长期执行领导的指令压力大，所以遇事爱推诿，你们到外地不容易，办公用品和生活用品也不值多少钱，按照公司的财务制度完全可以报销。另外公司借款的手续比较麻烦，你们多申请一些钱。郭工吩咐王勇负责借款，但王勇说他是普通员工，按照公司制度没有借款权限，只有部门经理级别才有资格。郭工还在试用期内，自己在物业公司到底属于什么级别，也搞不明白，只好亲自去物业公司找物业部经理刘文，因为只有他才是经理级别，刘文说借条不能用自己负责的物业管理部的名义，建议郭工最好用省城项目筹备组的名义借款。写好借条后，不是这个领导不在就是那个领导不在，打电话预约需要签字的领导们，整整跑了两天才完成借款审批手续。物业公司办事手续之麻烦，办事效率之低，让物业团队非常担心：大家在深圳物业总部办事都这么艰难，以后到遥远的省城，怎么办？

（三）沟通联系方式

因为深圳物业管理团队都是深圳手机，到省城后漫游费用非常高，而且也需要省城的办公电话，所以郭工联系负责这个项目建设的省基建办黄主任，请他帮忙申请省城的办公电话，方便大家工作的通讯联络。黄主任说考虑到办公地址不确定（现场可能随时更换办公地点），已申请当地的无线商务通电话（这种电话可以在省城任何一个地方使用，而且携带方便），已交给省公司物业管理处。

当深圳物业团队到省城后，黄主任很高兴，并在百忙中亲自开车带郭工去省公司管理处拿他申请下来的商务通电话，但省公司管理处说是他们先申请的，任凭黄主任怎么解释也不管用。无奈之下，他感叹物业公司比省总部公司还复杂，省公司的物业管理处属于深圳物业公司管理，而且从深圳物业公司过来的人还是他们领导，怎么能这样对待物业总部来的领导呢？况且他们一直在省城，加上管理处的风主任原来是省公司的副总经理，在省城办事更容易，这部电话是我专门为深圳的同志们初来省城不熟悉环境而申请的，看来只好再申请一部电话了，不过最快也要十天才能办妥。

初到省城，省公司的领导专门请深圳物业团队吃晚饭，省公司黄总转达了董事会对深圳同志们的问候，并希望深圳团队安心扎根省城，把深圳先进的物业管理经验，在省城开花结果，大家在省城有任何需求，省公司下属的基建办将无条件支持，针对省城这个旧城改造项目，会面临很多意想不到的问题、困难和各种障碍，深圳团队的负责人郭工，有权视事情的紧急程度，联系省基建班的黄主任，如果黄主任无法协调，可以联系省公司董事会的黄总，我们要不惜一切代价的打好这个旧城改造的胜仗。

（四）落实住宿问题

1. 临时住招待所

初到省城，大家先到旧城改造项目（以下简称电涌项目）现场，发现破坏严重，不通水电，司机开车在周边转了很久，最近的只有电涌住宅区的招待所，其他的都比较远，为了方便工作，大家决定临时住下来。晚上向深圳公司领导汇报时，刘文在电话里大骂郭工是败家子，怎么顺着他们（她们）选这么贵的招待所，那要花多少钱？郭工很想解释，但鉴于自己是新员工，在公司根基未稳，而且刘文对项目现场不熟悉情况，在电话里不是三言两语能讲清楚的，还是受点委屈算了，以免在电话里越描越黑。

2. 入住电涌项目

鉴于物业部领导刘文不满大家住招待所，大家商量：电涌项目一定要尽快通水通电，安装好防盗门，让大家尽快住进电涌项目。与省基建办黄主任商量后，确定115栋做临时办公场所，大家可以住到楼上。因115栋两边楼梯（1、2F之间的楼梯）已装好卷帘门，大家立即把锁撬掉，换上两把新锁，住在三楼就有保障了。大家立即分组工作：郭工和王义负责通水电、其他（她）负责清洁现场（为安全起见，两个女孩一定要有男孩陪同）。

因为整个片区的配电房还是原业主方的天际物业在管理，对方工程人员不允许115栋通电，理由是怕出问题。郭工和王义买好摇表（也叫兆欧表），测量供电主电缆的绝缘电阻正常后，要求对方送电。但对方坚决不肯，说要领导同意，郭工电话联系原业主方的党委书记、办公室主任、总工程师，结果都不管用，值班电工说他们属于物业公司，他们只听物业公司领导的安排；郭工联系天际物业公司的杨副总过来，他要深圳接管的所有人员写保证书并签字，而且要经过集团领导同意后，他们才能送电。郭工明确的告知对方，我们在自己的地盘上（配电房在我们项目内）送电，如果你们还无理阻拦，只好请你们离开，这个配电房我们自己接管。杨副总很无奈地命令他们先送电。

顺利通电后，又在一楼20m远的喷泉处找到一个有自来水的水龙头，以后要天天拿桶提水刷牙、洗脸、冲凉、洗衣服（因蚊子多，不能在这里洗衣服），虽然条件艰苦，但大家还是很高兴；郭工请省公司管理处项目的领导过来，带领大家出去买床上用品和生活用品，深圳物业团队很快在电涌项目安营扎寨下来，大家可以全身心地投入工作了。

第二节 物业管理的早期介入

旧城改造物业管理的早期介入，更多的是熟悉项目和对既有建筑的物业资产进行统计，在此基础上协助地产开发商进行后续遗留问题的谈判，配合开发商的改造或重建准备，以及准备物业接管。

一、熟悉物业项目

这是一个集工厂、住宅、医院和学校的老旧综合性小区，房屋建筑物有20世纪60年代的木结构房、70年代的砖瓦房、80年代的钢结构（焊接）厂房、90年代的钢筋混凝土结构建筑，项目现场绿树成荫、鸟语花香，真是闹市区的世外桃源。属于深圳物业团队管辖的是大部分的工业厂房，每栋房屋的电线、水龙头等被拆走；整个项目水泥路面和外围的电缆、管道等比较容易挖的都被挖掉；很多树木甚至高大的乔木也被挖走，剩下黄土裸露的大树坑，现场迫害严重，惨不忍睹；整个综合性小区的供水和供电设备房都在深圳物业团队的范围内（配电房值班也由原业主方的天际物业公司负责），而雨水、污水管道是流经对方的住宅区、医院后再到市政管网；另外对方还有几栋厂房保留（未销售），尚有300多人（后期发现是500多人）在上班，因为对方没有另开大门，每天要从原来的大门（即深圳物业团队管理区域内）进出，因为物业尚未交接，进出大门等交通管理、安全管理、环境清洁还是由原业主方的物业公司在管理。

二、安全形势

对方（原业主）卖地触怒了整个集团大部分职工的利益，这是他们生活、工作了几十年的风水宝地，在省城曾经辉煌一时，今天怎么都无法接受要卖地为生的衰落，所以把怨气撒到领导层身上，破坏他们的汽车，晚上向领导家里的门窗丢砖头，甚至在各种场合诋毁他们的人格；深圳物业团队进场后，这些怨气又多了一个发泄口，转而攻击深圳来的人，所以深圳团队在现场的人身安全堪忧。鉴于买地后各种矛盾越来越尖锐，这些问题当时买地时根本没有考虑到，所以省公司每次来现场时反复叮嘱深圳来的同志们不要单独行动，一定要两个人甚至多个人在一起，手机任何情况下都要有电，万一出现不测事件可以立即打110报警，不是很紧急的事能缓则缓，以免被对方攻击；深圳物业公司的领导也在电话中反复交代大家注意人身安全。迫于治安形势的严峻，派出所的辖区民警来检查时，深圳管理团队主动和他们处理好关系，并留下大家的联系方式，万一有安全问题可以立即联系警察，辖区民警也承诺会在这个片区加大警力。

三、物业工作开展

但是所有的物业交接都进行得很艰难，不可能按照原计划时间交接，深圳物业团队只好先按现场的实物做好资产统计。

（一）资料图纸的交接和核对

深圳物业团队进场后，立即按照交接计划，与对方物业公司商讨物业交接事宜，但是对方物业公司直接拒绝进行物业交接；为了减少矛盾，深圳物业团队主动联系对方集团公司的办公室主任，希望办公室主任协调她们下属的物业，大家尽快协商物业交接事宜，但办公室主任说卖掉这块地皮后，她们及家属的安全都没有保障了，所以她能自保就不错了，根本没有能力协调集团下属企业，她建议深圳物业团队找她们集团公司的党委书记；而与党委书记的沟通，他也没有更好的办法，郭工也提出：如果迟迟不交接物业，深圳团队不可能这样在省城白白消耗人财物和浪费时间，将向省公司和深圳物业总部建议，鉴于大家的人身安全无法保障，而且矛盾越来越尖锐，是否考虑大家先回深圳，待条件成熟再到回来进行物业交接；另外，如果物业不能顺利交接，你们集团公司也拿不到尾款，这样拖下去对你们集团也不是好事。

鉴于对方集团公司的领导也无法协调，为了打破僵局，郭工向对方党委书记建议：自己到他们集团公司的档案室找资料和图纸，党委书记立即答应了，并要求办公室主任全力配合；对方集团总部的总工办也提出，已退休的工程师们手里还保留有一些资料和图纸，由总工办出面和这些退休的工程人员沟通，请他们交出手里的资料和图纸。而且他们还是"活字典"，对这里的一砖一瓦都记在心里，也请他们画下来，作为补充资料交给深圳的团队，充分发挥退休人员的余热，这样可以更好地减少矛盾和纠纷，但是前提是集团要拿出一些钱来给这些退休职工，否则他们是不会免费出力的。集团党委书记立即同意总工办的建议，并希望深圳管理团队多多体谅他们的难处和困境。

1. 图纸资料的交接

在集团档案室的交接也非常艰难，档案室的管理人员三天两头请假，甚至十天半个月都不上班，但郭工在他们集团的档案室还是陆陆续续的共找到如下资料、图纸，有不少资料和图纸都是复印件，说明对方集团对档案管理工作并不重视。

1）给排水类图纸资料见表 5-2。

给排水类图纸资料　　　　表5-2

序号	图纸资料	设计日期	接收日期	数量	备注
1	排水管网布置图	2002 年 6 月	2005 年 4 月	一份	复印件
2	供水布置图	不详	2005 年 4 月	一份	复印件
3	生产区供水管网改造施工图	1995 年 3 月	2005 年 4 月	一份	复印件
4	供水管网布置图	2002 年 3 月	2005 年 4 月	三份	复印件

2）变配电类图纸资料见表 5-3。

变配电类图纸资料　　　　表5-3

序号	图纸资料	设计日期	接收日期	数量	备注
1	一次回路单线图			一份	复印件
2	省城 XX 设备厂 PGL$_2$—28 4PD			一份	复印件
3	省城 XX 设备厂 PGL$_2$—28 5PD、6PD、7PD—9PD、10PD			一份	复印件
4	省城 XX 设备厂 PGL$_2$—25 9PD			一份	复印件
5	省城 XX 设备厂 PGL$_2$—04 12PD、16PD			一份	复印件
6	省城 XX 设备厂 PGL$_2$—28 18PD、20PD、21PD			一份	复印件
7	低压电缆室内竖列图			一份	复印件
8	电器设备布置图	—	2005 年 4 月	一份	复印件
9	省城 XX 设备厂 PGL$_2$—29 24PD、25PD			一份	复印件
10	省城 XX 设备厂 PGL$_2$—15 19PD			一份	复印件
11	10kV 一次结线系统图			一份	复印件
12	低压配电房系统图			一份	复印件
13	120^{号}低压电房馈电电缆允许负电荷电流表			一份	复印件
14	省城 XX 大道 XX 号建筑物受电电缆一览表			一份	复印件

3）土建类图纸资料见表5-4。

土建类图纸资料 表5-4

图纸资料	设计日期	接收日期	数量	备注
水塔城建规划处建筑执照	1971 年 7 月		1 份	复印件
水塔交工验收证明书	1972 年 2 月		2 份	原件与复印件
100m³ 储水池建筑工程交工验收证明书	1977 年 5 月		2 份	原件与复印件
建筑说明	1971 年 6 月		1 份	原件
设计总说明	无		1 份	原件
平面、立面、剖面及构造大样图	无		1 份	复印件
钢筋混凝土梁板配筋及几何尺寸	无		1 份	原件
钢筋混凝土壁及钢配筋图	无		1 份	原件
结构图纸	1971 年 5 月		1 份	原件
自动水阀	1987 年 5 月		1 份	原件
水塔专用配件	1978 年 5 月		1 份	原件，补充页
100m³ 储水池图纸	1977 年 3 月		2 份	原件
汽车库省城规划处建筑许可证	1974 年 9 月	2005 年 4 月	1 份	复印件
省城城市规划处报建审核意见	1974 年 9 月		2 份	原件与复印件
附件 1 批建地形图	无		1 份	复印件
汽车（高炮）库建筑平、立面图	1974 年 7 月		1 份	复印件
钢筋混凝土板配筋及梁构造图表	1974 年 8 月		1 份	原件
钢筋混凝土梁、柱、基础及墙、柱基础大样图	1974 年 8 月		1 份	原件
加层平面钢筋结构图楼梯大样图	1977 年 5 月		1 份	原件
厂大门、传达室省城革委生产组城建规划处建筑执照	1972 年 4 月		1 份	原件
遗失报建原批文内容摘要	1955 年 9 月		1 份	原件
批建地形图	1972 年 4 月		1 份	原件
批建建筑图	1972 年 4 月		1 份	原件
交工验收证明书	1973 年 3 月		2 份	原件与复印件
建筑平立剖及大样图	1972 年 4 月		1 份	原件

图纸资料	设计日期	接收日期	数量	备注
M2 门大样图	1972 年 5 月		1 份	原件
结构平面及大样图	1972 年 4 月		1 份	原件
梁板表	1972 年 4 月		1 份	原件
例行试验室建筑图纸	1988 年		1 份	原件
例行试验室结构图纸	1988 年		5 份	原件
总机房（#2）批建图纸	无		1 份	原件
交工验收证明书	1971 年 11 月		2 份	原件与复印件
建筑图纸	1971 年 3 月		1 份	原件
二层平面、屋面平面、剖面、门总表	1971 年 3 月		1 份	原件
楼梯大样、水池大样、明渠大样	1971 年 3 月		1 份	原件
结构图纸	1971 年 3 月		1 份	原件
屋架及楼架大样	1971 年 3 月		1 份	原件
梁板表	1971 年 3 月	2005 年 4 月	1 份	原件
双扇门大样图纸	无		1 份	原件
模具车间（#21）建筑图纸	1973 年		4 份	原件
图纸目录	无		1 份	原件
例行试验室加层	无		1 份	原件
室外楼梯、剖面、栏杆大样	1973 年 3 月		1 份	原件
建筑构造说明	1973 年 3 月		1 份	原件
模具车间（#21）结构图纸	1973 年		9 份	原件
图纸目录	无		1 份	原件
基础平面、二楼结构平面	1973 年 3 月		1 份	原件
砖墙柱基础	1973 年 3 月		1 份	原件
$2L_{1-5}$、$2EL_{1-4}$ 梁大样及梁表	1973 年 3 月		1 份	原件
GL_{1-3}、QL_{1-4} 梁大样及梁表	1973 年 3 月		1 份	原件
屋面平面结构图	1973 年 3 月		1 份	原件

续表

图纸资料	设计日期	接收日期	数量	备注
WL$_{1-4}$、WEL$_{1-2}$梁大样及梁表	1973 年 3 月		1 份	原件
WL$_{5-9}$、WEL$_3$梁大样及梁表	1973 年 3 月		1 份	原件
变形缝、飘线大样	无		1 份	原件
机修车间（#3）扩建交工验收证明书	1972 年 2 月	2005 年 4 月	2 份	原件与复印件
扩建建筑结构图纸	1971 年 1 月		5 份	3 份复印件
总平面图	2004 年 12 月		5	原件

2. 图纸资料的核对

资料和图纸拿回来后，深圳团队立即现场核对，发现很多图纸与现场不符，反而是他们退休职工手工画的图纸更符合现场情况。

（二）物业资产统计

鉴于现场的物业交接不可能按照原计划进行，深圳物业管理团队立即调整计划，除了不断地和对方沟通交接图纸和资料事宜外，也同时按计划分工对现场做好物业资产统计工作。

1. 房屋建筑物的统计

在对方集团公司的档案室拿到的零零星星的图纸，在进行物业资产统计时，这些图纸对统计工作的作用和意义非常大，也节省了大家很多的工作量和时间。

1）电涌小区 112 栋、113 栋和 114 栋物业统计见表 5-5。

省城电涌小区112栋、113栋和114栋物业统计　　　　表5-5

栋数	名称	型号（宽×高）	材质	数量	备注
112（传达室）	门	1.0m×2.0m	木	1 扇	单开
		1.0m×2.5m	铝合金	2 扇	单开
	窗	1.0m×1.5m	铝合金	1 扇	双开推拉（外带防盗窗）
		1.0m×1.5m	铝合金	3 扇	双开推拉（内置防盗栏）
		1.5m×1.5m	铝合金	1 扇	双开推拉
113（大门岗亭）	门	1.0m×2.5m	铝合金	1 扇	单开
	窗	1.0m×1.5m	铝合金	5 扇	双开推拉（内置防盗栏）
		1.5m×1.5m	铝合金	1 扇	双开推拉
114（大门）	门	1.2m×1.5m	铝合金	2 扇	单开圆钢管型
		6.0m×1.8m	铝合金	1 扇	双开电控道闸门

2）省城电涌小区 115 栋（办公楼）物业统计见表 5-6。

省城电涌小区115栋（办公楼）物业情况统计 表5-6

| 楼层 | 房间号 | 门（2.5m×1m） | | 窗（1.0m×1.5m） | | | 面积/m² | 备注 |
		材质	数量	材质	型号	数量		
一层	101	木	2扇	铁	两开	10扇	465	
	102	木	1扇	铁	两开	5扇		
	103～110	木	1扇	铁	两开	3扇		每间相同
	111	木	1扇	铁	两开	2扇		
	112	木	3扇	铁	两开	6扇		
	卫生间	木	1扇	铁	两开	2扇		男
		木	1扇	铁	一开	2扇		女
	楼梯间			铁	一开	1扇		东（综合楼方向）1与2层间
				铁	一开	2扇		西（正门方向）1与2层间
	其他	木	1扇	铁	一开	2扇		楼梯道旁，窗为0.6m×0.8m）
		转帘门	2扇					两个楼梯道各一个（尺寸另计）
二层	201	玻璃	2扇	铝合金	两开	10扇	465	（尺寸另计）
	202	木	1扇	铝合金	两开	5扇		
	203	木	1扇	铝合金	两开	3扇		
	204～206	木	共5扇	铝合金	两开	3扇		3间房连通
	207	木	1扇	铝合金	两开	3扇		
	208	木	2扇	铝合金	两开	5扇		
	209	木	3扇	铝合金	两开	8扇		
	210	玻璃	1扇	铝合金	两开	6扇		无门号（卫生间旁，尺寸另计）
	卫生间	塑料	1扇	铝合金	两开	1扇		男
		塑料	1扇	铝合金	一开	2扇		女
	楼梯间			铁	一开	1扇		东（2与3层间）
				铁	一开	2扇		西（2与3层间）
				铝合金	两开	2扇		2层西（尺寸另计）
	其他			铝合金	两开	1扇		西走道（202旁）

续表

楼层	房间号	门 (2.5m×1m)		窗 (1.0m×1.5m)			面积/m²	备注
		材质	数量	材质	型号	数量		
三层	301	木	1扇	铁	两开	5扇	465	(尺寸另计)
	302	木	1扇	铝合金	两开	5扇		
	303	木	2扇	铁	两开	5扇		
	304～310	木	1扇	铁	两开	3扇		每间相同
	311	木	1扇	铝合金	两开	2扇		
	312	木	1扇	铁	两开	2扇		
	313	木	2扇	铁	两开	3扇		
	314	木	2扇	铁	两开	3扇		
	卫生间	塑料	1扇	铁	两开	2扇		男
		塑料	1扇	铁	一开	2扇		女
	楼梯间			铁	一开	1扇		东 (3与4层间)
				铁	一开	4扇		西 (3与4层间)
				铁	两开	4扇		3层西 (尺寸另计)
四层	401	木	1扇	铁	两开	3扇	465	
	402	木	1扇	铁	两开	4扇		
	403～410	木	1扇	铁	两开	3扇		
	411	木	1扇	铁	两开	2扇		每间相同
	412～413	木	共3扇	铁	两开	6扇		
	卫生间	塑料	1扇	铁	两开	2扇		男
		塑料	1扇	铁	一开	2扇		女
	楼梯间			铁	一开	1扇		东 (4与5层间)
				铁	一开	4扇		西 (4与5层间)
				铁	两开	4扇		4层西 (尺寸另计)
	其他			铁	两开	1扇		西走道
五层	501	木	1扇	铁	两开	3扇	143	
	502	木	1扇	铁	两开	3扇		
	503	木	1扇	铁	两开	3扇		

注：总建筑面积约为1983m²，占地面积约为500m²。

3）省城电涌小区 116 栋物业统计见表 5-7。

省城电涌小区116栋物业统计　　　　　　　　　　　表5-7

楼层	名称	型号（宽×高）	材质	数量	备注
一层	门	2.5m×3.5m	铁	1扇	转帘门
		2.5m×3.5m	木	2扇	双开
		1.5m×3.5m	木	1扇	双开
		1.5m×3.5m	铁	1扇	转帘门
		1.5m×3.5m	木	1扇	单开
		3.0m×3.5m	铁	2扇	双开
		1.0m×2.5m	木	1扇	单开
		1.6m×2.5m	木	1扇	单开
		1.0m×1.8m	三夹板木门	2扇	单开
		1.0m×2.0m	木	1扇	单开
	窗	1.5m×2.1m	铝合金	3扇	双开（其中两扇带防盗窗）
		1.5m×2.1m	铁	12扇	三开
		1.2m×2.1m	木	22扇	双开
		1.5m×1.5m	木	2扇	三开
		2.0m×1.5m	铁	1扇	四开
		1.0m×1.5m	铁	1扇	双开
二层	门	1.5m×2.5m	铝合金	1扇	双开推拉
		1.0m×2.0m	木	1扇	单开
	窗	1.5m×2.1m	铝合金	13扇	双开（带防盗窗）
		1.5m×2.1m	铁	1扇	三开
		1.5m×1.5m	铝合金	7扇	双开（其中三扇带防盗窗）
		1.0m×1.5m	铝合金	16扇	双开（其中五扇带防盗窗）
		1.0m×1.5m	木	23扇	双开
		0.8m×1.0m	铝合金	1扇	双开（带防盗窗）

说明：由于116栋所有的门都上锁，无法进入房间统计，只好在走廊上对外墙的门窗进行了简单的统计。此外，116栋东面（靠120栋配电房方向）是一个发电机房，暂时还没有移交，物业组无法进入房内，所以整体统计结果不全面。

4）省城电涌小区117栋（厂房）物业统计见表5-8。

省城电涌小区117栋（厂房）物业情况统计 表5-8

楼层	名称	型号（宽×高）	材质	数量	备注
一层	门	3.2m×3m	铁	2扇	双开
		1.5m×2.5m	铝合金	2扇	双开防盗门
		1.5m×2.0m	木	1扇	双开
		1.0m×2.0m	木	1扇	单开
	窗	1.5m×2.1m	铝合金	69扇	推拉式
		1.5m×1.5m	木	1扇	西边楼梯间一层与二层间
二层	门	1.5m×2.0m	三夹板木门	1扇	双开
		1.5m×3.0m	木	1扇	双开
		1.5m×3.0m	铁	1扇	推拉式防盗门
	窗	1.5m×2.1m	铝合金	68扇	推拉式
		1.5m×2.1m	木	1扇	三开

说明：房屋结构为框架结构，部分隔墙和地面被破坏，但房屋整体结构没有受到破坏。一层内西面有一楼梯间，北面（靠118栋）外墙有两个铁架楼梯。

5）省城电涌小区118栋（厂房）物业统计见表5-9。

省城电涌小区118栋（厂房）物业情况统计 表5-9

楼层	名称	型号（宽×高）	材质	数量	备注
一层	门	3.2m×3m	木	2扇	双开
		1.2m×2.5m	木	1扇	双开
		1.0m×2.0m	木	1扇	单开
	窗	1.5m×2.1m	木	35扇	三开
		1.0m×1.5m	铁	6扇	双开
		1.0m×0.5m	木	46扇	单开
二层	窗	1.5m×2.1m	铁	1扇	三开
		1.0m×2.1m	铁	5扇	双开
		1.0m×1.5m	木	1扇	双开推拉
		1.0m×1.0m	木	4扇	双开

说明：房屋为红砖厂房，房顶为钢结构。二层房屋内墙破坏严重。

6）省城电涌小区119栋（综合楼）物业统计见表5-10。

省城电涌小区119栋（综合楼）物业情况统计　　　　表5-10

楼层	位置	名称	型号（宽×高）	材质	数量	备注
一层	东西楼梯间	门	1.8m×2.5m	铁	2扇	东、西各1扇单扇推拉式
			1.6m×2.0m	铁	2扇	东、西各1扇双开防火门
			3.0m×3.0m	铁	2扇	转帘式防盗门
			1.8m×2.0m	铝合金	1扇	双开防盗门
		窗	1.0m×0.5m	铁	2扇	1层与2层间采光窗
		消防栓			2个	东、西各1个
		警铃			1个	西边1个，东边没有
		安全出口指示牌			2个	东、西各1个
	大厅及两边的办公室、卫生间	门	1.0m×2.0m	三夹板木门	12扇	
			1.0m×2.5m	木	2扇	嵌玻璃
			1.8m×2.0m	有机玻璃	1扇	双开（综合楼大厅正门）
		窗	3.5m×2.1m	铝合金	20扇	推拉式
			1.0m×1.5m	铝合金	6扇	其中有4扇有防盗窗
			1.0m×1.5m	铁	4扇	
			2.7m×1.5m	铁	1扇	
			1.0m×0.5m	铁	3扇	东防火门处的一个房间
			1.0m×0.8m	铁	3扇	
		消防栓			3个	
		警铃			3个	
二层	东西楼梯间	门	1.6m×2.0m	铁	2扇	东、西各1扇双开防火门
		窗	1.0m×0.5m	铁	2扇	2层与3层间采光窗
			1.5m×0.5m	铁	4扇	东、西各2扇（三开）
		消防栓			2个	东、西各1个
	大厅及两边的办公室、卫生间	门	1.0m×2.5m	木	3扇	嵌玻璃
		窗	3.6m×2.1m	铁	3扇	4扇双开相连
			2.7m×2.1m	铁	22扇	3扇双开相连
			1.0m×0.8m	铁	3扇	通风窗
			1.0m×1.5m	铁	10扇	双开
		消防栓			1个	

续表

楼层	位置	名称	型号（宽×高）	材质	数量	备注
三层	东西楼梯间	门	1.6m×2.0m	铁	2扇	东、西各1扇双开防火门
		窗	1.0m×0.5m	铁	2扇	3层与4层间采光窗
			1.5m×0.5m	铁	4扇	东、西各2扇（三开）
		消防栓			2个	东、西各1个
	大厅及两边的办公室、卫生间	门	1.0m×2.5m	木	2扇	
		窗	3.6m×2.1m	铁	2扇	4扇双开相连
			2.7m×2.1m	铁	22扇	3扇双开相连
			1.0m×0.8m	铁	3扇	通风窗
			1.0m×1.5m	铁	10扇	双开
		消防栓			1个	
四层	东西楼梯间	门	1.6m×2.0m	铁	2扇	东、西各1扇双开防火门
		窗	1.0m×0.5m	铁	2扇	4层与5层间采光窗
			1.5m×0.5m	铁	4扇	东、西各2扇（三开）
		消防栓			2个	东、西各1个
	大厅及两边的办公室、卫生间	门	1.0m×2.5m	木	3扇	
			1.6m×2.0m	三夹板木门	1扇	东边防火门处（双开）
		窗	3.6m×2.1m	铁	2扇	4扇双开相连
			2.7m×2.1m	铁	22扇	3扇双开相连
			1.0m×0.8m	铁	3扇	通风窗
			1.0m×1.5m	铁	10扇	双开
		消防栓			1个	
		警铃			1个	
五层	东西楼梯间	门	1.6m×2.0m	铁	2扇	东、西各1扇双开防火门
		窗	1.0m×0.5m	铁	2扇	5层与6层间采光窗
			1.5m×0.5m	铁	4扇	东、西各2扇（三开）
		消防栓			2个	东、西各1个
	大厅及两边的办公室、卫生间	门	1.0m×2.5m	木	2扇	
			1.0m×2.0m	三夹板木门	1扇	
		窗	3.6m×2.1m	铁	2扇	4扇双开相连
			2.7m×2.1m	铁	22扇	3扇双开相连
			1.0m×0.8m	铁	1扇	通风窗
			1.0m×1.5m	铁	10扇	双开
		消防栓			1个	

续表

楼层	位置	名称	型号（宽×高）	材质	数量	备注
六层	东西楼梯间	门	1.6m×2.0m	铁	2扇	东、西各1扇双开防火门
		窗	1.0m×0.5m	铁	2扇	6层与7层间采光窗
			1.5m×0.5m	铁	4扇	东、西各2扇（三开）
		消防栓			2个	东、西各1个
	大厅及两边的办公室、卫生间	门	1.0m×2.5m	木	2扇	嵌玻璃
			1.5m×2.0m	三夹板木门	1扇	
		窗	3.6m×2.1m	铁	2扇	4扇双开相连
			2.7m×2.1m	铁	22扇	3扇双开相连
			1.0m×0.8m	铁	1扇	通风窗
			1.0m×1.5m	铁	10扇	双开
		消防栓			1个	
七层	东西楼梯间	门	1.6m×2.0m	铁	2扇	东、西各1扇双开防火门
		窗	1.0m×0.5m	铁	2扇	7层与8层间采光窗
			1.5m×0.5m	铁	4扇	东、西各2扇（三开）
		消防栓			2个	东、西各1个
	大厅及两边的办公室、卫生间	门	1.0m×2.5m	木	2扇	嵌玻璃
		窗	3.6m×2.1m	铁	2扇	4扇双开相连
			2.7m×2.1m	铁	22扇	3扇双开相连
			1.0m×0.8m	铁	1扇	通风窗
			1.0m×1.5m	铁	10扇	双开
		消防栓			1个	
八层	东西楼梯间	窗	1.8m×2.1m	铁	1扇	2扇双开采光窗（东楼梯间）
	其他房间	门	1.0m×2.5m	木	2扇	嵌玻璃
			1.0m×2.5m	木	7扇	
		窗	1.0m×0.8m	铁	13扇	通风窗
			2.7m×2.1m	铁	13扇	3扇双开相连
			3.6m×1.8m	铁	1扇	4扇双开相连
			6.3m×1.8m	铁	1扇	7扇双开相连

备注：东西楼梯间各有一个电梯井，1到7有电梯门，8层东西两边各有一个水箱和电梯机房。

7）省城电涌小区 122 栋物业情况统计见表 5-11。

省城电涌小区122栋物业情况统计

表5-11

楼层	名称	型号（宽×高）	材质	数量	备注
一层	门	1.6m×2.5m	木	2扇	双开
		3.0m×3.5m	木	1扇	双开
		1.0m×2.5m	木	1扇	单开
		1.0m×2.0m	木	1扇	单开
	窗	1.2m×1.5m	木	1扇	双开
		1.5m×1.8m	木	23扇	三开
		1.2m×1.5m	铁	2扇	双开
		0.8m×0.5m	木	18扇	采光通风窗
		1.2m×0.5m	木	23扇	采光通风窗

说明：房屋为红砖瓦房，部分内墙和窗户被拆。

2. 公共设施、设备统计

省城电涌小区公共设施、设备的统计见表 5-12。

省城电涌小区公共设施、设备的统计

表5-12

序号	名称	位置	数量	备注
1	路灯	115 栋南面（靠 XX 大道）	4个	
		115 栋北面（靠 116 栋方向）	2个	
		115 栋西面（靠山体方向）	3个	其中有 1 盏已坏
		118 栋北面（靠篮球场方向）	2个	其中有 1 盏已坏
2	警示牌	119 栋（综合楼北面）	1个	
		115 栋西面（靠山体方向）	1个	
		110 栋与 118 栋间	5个	
3	温馨提示牌	110 栋西面花栏内	1个	花草保护
4	公共消防栓	炮库和垃圾场旁边	1个	
5	宣传栏	110 栋旁	1个	
		117 栋与 118 栋之间	1个	
6	垃圾场	101 东面和炮库东面	1个	

续表

序号	名称	位置	数量	备注
7	凉亭	115 栋东面靠 116 栋	1 个	
8	喷水池	凉亭旁边	1 个	内有 2 座假山
9	水塔	115 栋山体上	1 个	已报废
10	外墙路灯	115 栋南面（靠 XX 大道）	25 盏	
	外墙路灯	山体南面（靠 XX 大道）	29 盏	已坏

说明：小区内大部分雨水井盖被撬走，有安全隐患。

3. 配电房设备和电缆（略）

4. 绿化统计

面对绿树成荫的环境，深圳物业团队的力量，根本没有能力做好绿化统计，大家商量了几天，也没有更好的办法；郭工电话请示深圳物业总部，领导们也没有园林专业的人才可以支援，只好靠深圳物业团队自己想办法；最后郭工找到以前的同事愿意帮忙，但只有周末才有时间过来，经请示物业总部领导，答复可以找外援，公司可以报销来回车费，但人工费用一定要对方提供发票才能付款。朋友愿意过来帮忙统计绿化，他也是个人行为，让人家去哪里开发票呢？深圳团队商量一个晚上也没有更好的办法，郭工只好电话请教深圳物业公司的财务负责人陈丽，她说到超市买个购物卡给他就行了，超市可以开发票。绿化统计结果见表 5-13。

绿化统计结果　　　　　　　　　　　　　　　　　　　表5-13

电涌小区绿化统计　百年古树保护　名贵植物重点保留植物					
序号	名称	数量	位置	规格	备注
1	芒果	20 棵		高 4～6m 胸 0.1～0.3m 冠 2～5m	
2	垂榕	21 棵		高 2.35m 胸 0.1m 冠 1.25m	
3	海南蒲桃	14 棵		高 9～12m 胸 0.3～0.6m 冠 4～12m	
4	香樟树	1 棵		高 6m 胸 0.2m 冠 3m	
5	海桐球	1 棵	×大道南面围墙（大门右边）	高 0.3m 冠 1m	长势良好，下植台湾草、黄榕、美人蕉、彩叶草
6	黄金叶球	1 棵		高 1.2m 冠 1.2m	
7	九里香球	4 棵		高 1m 冠 1m	
8	蒲葵	1 棵		高 0.6m 冠 0.2m	
9	大王椰	2 棵		高 3m 冠 0.1m	
10	假槟榔	2 棵		高 1.5m 冠 0.1m	
11	黄榕围篱	1 排		高 0.3m	

序号	名称	数量	位置	规格	备注
12	芒果	28 棵	×大道南面围墙（大门左边）	高 3～5m 胸 0.1～0.3m 冠 2～5m	长势良好，下植台湾草、黄榕、彩叶草、蜘蛛兰、蟛蜞菊
13	蜘蛛兰	1 批		高 0.3m	
14	黄金叶球	4 棵		高 1.4m 冠 1.4m	
15	大红花球	4 棵		高 1.8m 冠 2m	
16	枇杷	1 棵		高 5m 胸 0.1m 冠 3m	
17	木棉树	1 棵		高 15m 胸 0.45m 冠 7m	
18	洒金榕	1 棵		高 0.8m 胸 0.02m 冠 0.5m	
19	小叶紫薇	2 棵		高 3.5m 胸 0.2m 冠 3m	
20	勒杜鹃	1 排		高 1.8m 胸 0.05m 冠 1m	
21	盆栽苏铁	1 棵		高 1.8m 冠 0.35m	
22	白花泡桐	1 棵		高 4.5m 胸 0.15m 冠 6m	
23	红桑	1 排		高 1～1.7m	
24	白玉兰	1 棵		高 10m 胸 0.3m 冠 5m	
25	红铁	13 棵	119 栋门前	高 1m 胸 0.02m	长势良好，下植美人蕉、黄榕绿篱
26	绿萝	1 丛		高 1.3m	
27	红背桂	1 片		高 0.4m	
28	造型福建茶	4 棵		高 0.6m	
29	假槟榔	1 棵		高 0.6m 胸 0.25m	
30	水石榕	2 棵		高 7m 胸 0.25m 冠 5m	
31	造型福建茶	4 棵		高 1.2～1.7m	
32	大王椰	1 棵		高 8m 胸 0.5m	
33	假槟榔	1 棵		高 8m 胸 0.5m	
34	迎春	1 列	115 栋	高 0.4m	长势良好，下植黄金叶、红背桂、紫花马樱丹、红草、鸭跖草、沿街草、满天星、黄榕
35	凤凰木	4 棵		高 12～5m 胸 0.3～0.6m	
36	海南刺葵	6 棵		高 12m 胸 0.2m	
37	假槟榔	1 棵		高 9m 胸 0.2m	
38	龙眼	1 棵		高 5m 胸 0.05m 冠 3.5m	
39	含笑球	5 棵		高 1.3～1.8m 冠 1.5～2.5m	
40	桂花	1 排		高 2m 胸 0.03m	

电涌小区绿化统计　百年古树保护　名贵植物重点保留植物

电涌小区绿化统计　百年古树保护　名贵植物重点保留植物					
序号	名称	数量	位置	规格	备注
41	榄科植物	1棵		高15m 胸0.4m 冠5m	
42	洒金榕	6棵		高2m 胸0.05m 冠1m	
43	海桐球	4棵		高1.6m 冠1m	
44	米兰球	2棵		高0.5m 冠0.5m	
45	九里香	1棵		高1m 胸0.05m 冠1.5m	
46	红绒球	5棵		高0.7m 冠1m	
47	黄榕球	1棵		高1.5m 冠2m	长势良好，下植黄金叶、红背桂、紫花马樱丹、红草、鸭跖草、沿街草、满天星、黄榕
48	非洲茉莉	6棵		高0.5m 冠1m	
49	勒杜鹃球	6棵	115栋	高0.5m 冠0.5m	
50	假槟榔	7棵		高7m 胸0.2m	
51	大王椰	2棵		高7m 胸0.3m	
52	海桐球	2棵		高1.5m 冠2m	
53	红绒球	4棵		高1.4m 冠1.5m	
54	米兰球	3棵		高1m 冠0.5m	
55	黄榕球	3棵		高0.5～1.7m 冠1～2m	
56	海桐球	3棵		高1.7m 冠2m	
57	中东枣树	3丛		高4m	
58	花叶良姜	1丛		高1m	
59	九里香	1排		高1.5m	
60	黄金叶	1排		高0.4m	
61	木麻黄	1棵		高20m 胸0.4m 冠15m	
62	芭蕉	1丛		高2～4m	
63	番石榴	1棵	101栋	高4m 胸0.15m 冠6m	长势良好
64	芒果	10棵		高5～10m 胸0.2～0.4m 冠3～10m	
65	细叶桉树	3棵		高10m 胸0.25m 冠5m	
66	沙田柚	1棵		高14m 胸0.08m 冠2.5m	
67	白花泡桐	1棵		高6m 胸0.2m 冠8m	

序号	名称	数量	位置	规格	备注
				电涌小区绿化统计 百年古树保护 名贵植物重点保留植物	
68	棕竹	1 片		高 0.5 ～ 1.5m	
69	迎春围篱	1 列		高 0.5m	
70	花叶假连翘	1 排		高 1m	
71	海桐球	1 棵		高 1.7m 冠 2m	
72	含笑球	4 棵		高 0.5 ～ 1.7m 冠 1 ～ 2m	
73	桂花	6 棵		高 2 ～ 4m 胸 0.05 ～ 0.3m 冠 1 ～ 4m	
74	鸭脚木	3 棵		高 1m 胸 0.1m 冠 1m	
75	南洋杉	6 棵		高 12m 胸 0.25m	
76	假槟榔	5 棵		高 7m 胸 0.3m	
77	水石榕	3 棵		高 5m 胸 0.2m 冠 4m	
78	鱼尾葵	2 棵		高 4m 胸 0.1m	
79	豆科植物	1 棵		高 2m 胸 0.1m 冠 3m	
80	葡萄	1 棵		高 3m 胸 0.2m 冠 4m	长势良好，下植蜘蛛兰、沿街草、满天星、红草、黄金叶、紫花马樱丹、鸭跖草、台湾草
81	大叶紫薇	3 棵	凉庭与喷泉处：即 115 栋和 116 栋之间	高 6m 胸 0.15m 冠 5m	
82	小叶紫薇	1 棵		高 5m 胸 0.05m 冠 3m	
83	含笑球	6 棵		高 1.2 ～ 1.7m 冠 1 ～ 3m	
84	兰科植物	2 棵		高 4m 胸 0.15m 冠 3m	
85	文殊兰	4 棵		高 0.7m 胸 0.15m	
86	栀子花	1 棵		高 1.7m 胸 0.1m 冠 2m	
87	黄榕球	8 棵		高 0.4m 冠 0.5m	
88	苏铁	5 棵		高 0.4 ～ 1.5m 胸 0.15 ～ 0.3m	
89	龙眼	1 棵		高 6m 胸 0.2m 冠 6m	
90	刺桐	5 棵		高 6m 胸 0.3m 冠 4m	
91	南洋杉	9 棵		高 10 ～ 12m 胸 0.1 ～ 0.3m	
92	白纹桐	1 片		高 0.3 ～ 0.6m	
93	桂花	5 棵		高 1.5m 胸 0.03m 冠 0.7m	
94	七彩大红花	7 棵		高 0.5m 冠 0.5m	
95	黄榕球	5 棵		高 0.5m 冠 0.5m	
96	非洲茉莉	3 棵		高 0.5m 冠 1m	
97	勒杜鹃	5 棵		高 0.5m 冠 0.5m	

电涌小区绿化统计　百年古树保护　名贵植物重点保留植物

序号	名称	数量	位置	规格	备注
98	福建茶绿篱	1片	凉庭与喷泉处：即115栋和116栋之间	高0.7m	长势良好，下植蜘蛛兰、沿街草、满天星、红草、黄金叶、紫花马缨丹、鸭跖草、台湾草
99	毛杜鹃	1片		高0.4m	
100	造型鸭脚木	1片		高0.7～1m	
101	米兰	3棵		高1.7m 胸0.05m 冠2m	
102	石榴	1棵		高3m 胸0.1m 冠4m	
103	海南红豆	1棵		高20m 胸0.6m 冠15m	
104	木棉树	1棵	116栋和117栋之间	高4m 胸0.15m 冠4m	长势良好
105	芒果	2棵		高8m 胸0.3m 冠5m	
106	苦楝树	1棵		高12m 胸0.2m 冠7m	
107	柳叶葡桃	1棵		高5m 胸0.15m 冠4m	
108	米兰	4棵		高1.8m 胸0.1m 冠2.5m	
109	芭蕉	1丛		高2～6m	
110	青竹	1丛		高5～7m	
111	散尾葵	2丛		高5m	
112	无患子	1棵		高9m 胸0.35m 冠4m	
113	印度胶榕	1棵	119栋和120栋之间	高10m 胸0.6m 冠10m	长势良好，下植黄金吐、洒金榕、台湾草、鸭脚木
114	芒果	11棵		高10m 胸0.1～0.3m 冠10m	
115	杨桃	11棵		高2m 胸0.05～0.1m 冠2～4m	
116	火力楠	9棵		高5～10m 胸0.1m 冠3m	
117	假槟榔	3棵		高3m 胸0.15m	
118	九里香球	4棵		高0.7～1.3m 冠1～2m	
119	芒果	6棵		高3～6m 胸0.1～0.3m 冠3～5m	
120	含笑球	3棵		高0.7m 冠1.5m	
121	九里香	1棵		高0.5m 冠1m	
122	荔枝	3棵		高1.5m 胸0.08m 冠2m	
123	中东枣	2丛		高2m	
124	水石榕	3棵		高3m 胸0.2m 冠5m	
125	七彩大红花	1排		高1m	
126	火力楠	3棵		高3m 胸0.1m 冠2m	
127	龙眼	4棵		高3m 胸0.1m 冠3m	

序号	名称	数量	位置	规格	备注
128	柳叶葡桃	1棵	119栋和120栋之间	高6m 胸0.2m 冠5m	长势良好，下植黄金吐、洒金榕、台湾草、鸭脚木
129	龙船花	1丛		高1～2.5m	
130	南洋杉	11棵		高3～5m 胸0.15m	
131	福建茶绿篱	1排		高0.6m	
132	白玉兰	1棵		高9m 胸0.15m 冠5m	
133	米兰球	1棵		高1.7m 冠2m	
134	大叶紫薇	1棵		高4m 胸0.15m 冠5m	
135	芒果	1棵		高6m 胸0.3m 冠5m	
136	小叶榕	1棵	110栋	高14m 胸0.63m 冠15m	长势良好，下植洒金榕、沿街草
137	人面子	2棵		高10m 胸0.15～0.4m 冠4～8m	
138	假槟榔	1棵		高7m 胸0.12m	
139	苦楝树	2棵		高15m 胸0.3m 冠6m	
140	木棉树	2棵		高15m 胸0.4m 冠8m	
141	白玉兰	2棵		高15m 胸0.4m 冠10m	
142	羊蹄甲	5棵		高10m 胸0.3m 冠8m	
143	小叶榕	3棵		高5m 胸0.3m 冠5m	
144	南洋杉	1棵		高5m 胸0.15m	
145	垂榕	1棵		高5m 胸0.4m 冠4m	
146	白花泡桐	2棵		高5m 胸0.1m 冠4m	
147	苦楝树	1棵	103栋	高7m 胸0.3m 冠8m	长势良好
148	大叶榕	2棵		高7m 胸0.4m 冠5m	
149	大叶榕	1棵	117栋和118栋之间	高5m 胸0.15m 冠4m	长势良好
150	木棉树	1棵		高15m 胸0.5m 冠20m	
151	白玉兰	15棵		高10～14m 胸0.15～0.3m 冠5～10m	
152	香樟树	1棵		高6m 胸0.2m 冠5m	
153	榄仁树	12棵	118栋	高3～4m 胸0.03～0.06m 冠0.3～2m	长势良好，下植鸭跖草、沿街草
154	香樟树	15棵		高5～15m 胸0.2～0.45m 冠5～15m	
155	木棉树	1棵		高12m 胸0.3m 冠8m	

电涌小区绿化统计　百年古树保护　名贵植物重点保留植物

电涌小区绿化统计　百年古树保护　名贵植物重点保留植物

序号	名称	数量	位置	规格	备注
156	香樟树	15棵	北面围墙 （118株）	高8～15m 胸0.2～0.45m 冠5～15m	长势良好， 下植白蝴蝶
157	榄仁树	9棵		高4～5m 胸0.03～0.06m 冠0.3～2m	
158	白玉兰	1棵		高15m 胸0.35m 冠10m	
159	棕竹	2盆		高1.2m	
160	人面子	4棵		高12m 胸0.4m 冠8m	
161	福建茶绿篱	2排	保留山体	高0.5m	长势良好
162	小叶榕	1棵		高15m 胸0.8m 冠15m	
163	人面子	14棵		高10～15m 胸0.2～0.4m 冠5m	
164	木棉树	1棵		高15m 胸0.4m 冠8m	
165	松树	45棵		高10～20m 胸0.1～0.4m	
166	柏树	13棵		高1.5m 胸0.02m	
167	芒果	1棵		高4m 胸0.2m 冠3m	
168	罗汉松	3棵		高2.5m 胸0.05m	
169	桑树	1棵		高6m 胸0.2m 冠4m	
170	龙眼	1棵		高3m 胸0.08m 冠3m	
171	海南刺葵	1棵		高10m 胸0.2m	
172	大叶桉	1棵		高7m 胸0.3m 冠4m	
173	香樟树	2棵		高16m 胸0.3m 冠12m	
174	羊蹄甲	3棵		高10m 胸0.3m 冠10m	
175	南洋杉	10棵		高5m 胸0.1m	
176	木棉树	1棵		高8m 胸0.3m 冠7m	
177	小叶桉	1棵		高8m 胸0.4m 冠5m	
178	苦楝树	1棵		高8m 胸0.4m 冠8m	
179	白玉兰	2棵		高5m 胸0.3m 冠3m	
180	棕竹	3丛		高0.7～2.5m	
181	棕竹	1排		高0.7～2.5m	

在做物业资产统计时，原业主方的职工，尤其是天际物业公司的领导和员工，每天都会保持一定的距离跟踪深圳物业团队，他们百思不得其解：深圳团队每天爬上爬下，又是拿尺测量，又是做记录，这样每天满头大汗的做统计不是没事找事吗？现场绿树成荫，蚊

虫太多，成群结队的蚊子不停地袭击他们，加上随时可能碰到神出鬼没的毒蛇，所以他们跟踪没多久就打退堂鼓了。不过他们真佩服深圳人的敬业精神，怎么就不怕蚊虫和毒蛇呢（他们不知道，深圳物业团队已经全身擦防蚊子的花露水）？

物业资产统计完成后，深圳团队立即找省公司和基建办汇报：现场被拆掉的门窗、被损坏的房屋、被拆的七零八落惨不忍睹的设施设备、地下被挖掉的东西（如电缆、管材等）、被挖掉的大树（估计是名贵树种，黄土裸露的树坑非常大）等，现场被损害的程度之严重，让省公司和省基建办的所有领导震惊不已，当时计划购买这块地时根本没有评估这些严重的后果。

为此，省公司立即安排原业主方等各方开会，在会上，深圳团队的郭工通报深圳团队物业资产的统计：尤其是严重损坏的现场在投影上都附有照片及文字说明，以致原业主方（集团公司和天际物业）面有愧色，无言以对。郭工最后强调：现在整个旧城改造项目的所有物业资产我们都做好统计，将来深圳物业公司会不定期地派人盘点房屋建筑物、公共设施设备和乔灌木等物业资产，如果这些资产再被偷掉，我们都会一清二楚；省公司黄总也在会上希望原业主方管好自己的职工，如果从现在开始还出现严重破坏现场的行为，也将会影响到尾款的支付，甚至可能视破坏情况扣款。

这次会议对三方都产生重大反应：省公司专门在集团的董事会上表扬了深圳物业团队的重大贡献；深圳物业总部领导们也在深圳例行的月会表扬了深圳团队：在省城的艰苦环境下，冒着生命危险，不畏蛇虫，排除各种干扰，做出了卓越贡献，初到省城就打响了深圳的物业品牌，大家都要向他们学习；而原业主方的总工办、环保部等集团多个部门的领导们也主动找深圳团队交流（为了不引起误会，郭工专门请示省公司和省基建办，省公司黄总要求基建办的黄主任一起参加）。

集团总工办：请问深圳人，你们对现场的房屋、道路和其他设施设备主要统计哪些指标？

郭工：在通报会上你们不是已经看到了吗？对房屋的数量、结构和房间、道路的宽度和长度、地上和地下的水电设施设备等，都是我们物业的统计对象，具体的指标不是短时间内能讲清楚的。但是根据我们统计的数据说明，你们卖这块地和我们省公司签订的合同，对房屋建筑物的面积、整个红线范围内的面积与实际有一定的差距（立即戳到他们弄虚作假的痛处，他们不敢说话了，以免暴露更多不利的东西，也害怕深圳团队爆出更多不利于他们的资料，真后悔低估了深圳物业的专业水平）。

环保部：请问深圳人对我们环境统计哪些项目？如果有问题我们将协助解决。

郭工：我们重点统计了看得见的垃圾场站、小区的花草树木和看不见的地下排水，我们在统计时你们不是一直在跟踪监视我们吗？我们希望，这块地我们省公司购买也有较长时间了，虽然我们深圳物业还没有正式进场接管，希望你们职工不要打着挖草药的托词，跑到现场偷挖乔灌木；希望你们住宅区、工业区的垃圾不要再倒在我们的垃圾场，更不希望你们医院的医疗垃圾进我们的垃圾场，现在我们的垃圾场已经堆满了，都是你们在晚上偷运过来的垃圾，是不是请你们清理掉？最后，你们工业区有污染的水（有很重的异味）等，是否重新铺设管道，不要再经过我们的项目。

环保部的老职工：我想问问你们统计的绿化，比如高大的乔木尤其是名贵树木的分布、数量、长势等？

　　郭工：棕榈科植物、果树以及各种景观乔木等——告诉对方。

　　省公司基建办黄主任：听完会议后非常震惊，在会上拍着桌子大骂：这块地我们已经买了几个月了，省城人的城市优越感再强烈，有什么资格在我们的地盘上跟踪监视我们的人，你们这些老职工太排外了，太欺负人了；你们要知道，现在你们物业公司在代管，大部分的费用还是我们承担的，我们出钱不是让你们监视我们员工的，而是请你们配合、协助我们，尽快启动双方物业的交接；你们也看到我们下属物业公司的能力，我们随时可以接管，而且比你们物业公司管的更好；最后请你们的领导和职工们要明白，你们以为这样闹事我们就会听你们摆布吗？你们的很多退休职工还指望我们这个项目解决你们的就业，看看你们现在的所作所为，谁还敢相信你们？我们以后还敢用你们这些爱闹事的下岗职工吗？

　　最后，为了缓和会议僵局，对方集团总工办、环保部和天际物业的领导表示道歉和认错；环保部的老职工，也提醒深圳人注意安全，这里绿树成荫，也聚集了很多蛇：眼镜蛇、过树龙、蟒蛇等，尤其是晚上在小区进出时要注意带手电，以免不小心被蛇咬了。而且也感叹，自己在这里工作了30多年，花了几十年的时间才熟悉了这里的花草树木，而深圳物业人只用了短短的几天时间，就把花草树木的分布和现状统计得清清楚楚，这样的深圳速度和深圳效应，我们省城的同行真要看清差距，虚心地向深圳人学习。

　　（三）安全隐患

　　在物业统计时，物业组发现与对方相邻的一栋楼有人办公，靠近对方住宅区的楼梯（从对方住宅走过来）没有上锁，楼下停着一辆特种车。郭工立即联系天际物业公司的杨副总过来协调，他不肯来，并说深圳人是没事找事：因为自从卖了这块地后，所有的公司、工厂已在春节前搬迁，而且春节后他们还跟踪了一段时间，绝对不可能还有公司在里面办公；郭工又打电话给对方集团公司的办公室主任和党委书记，都是和杨副总一样的答复。无奈之下，郭工立即到配电房去，要求值班电工停掉这栋办公楼的供电，没有郭工的同意，谁都不能送电。结果事态严重了，很快他们找来一帮人把深圳物业团队围起来，扬言要给深圳人一点颜色瞧瞧。郭工立即打电话给辖区民警，他们笑坏了，说深圳人太不识相，当地警方是他们的铁哥们，是保护他们土生土长的本地人。警察到场后，叫他们立即散开，不要再闹事了，因为这块地已经卖给别人了，结果他们在警察面前还是非常嚣张，警察也很艰难的才平息了这次事件。

　　经过这次教训，为了亡羊补牢消除隐患，大家立即分组巡查所有的外围：看哪些地方还有死角或未堵死的通道，结果发现120栋配电房和旁边一栋的楼梯都未封好，通过楼梯也能进来，郭工立即通知基建办黄主任尽快处理。

第三节　重大经济纠纷的处理

　　这个旧城改造项目，后续的重大纠纷层出不穷：从最初的整个集团所有职工反对卖地、到买卖成交后攻击对方的集团领导、深圳团队进场后又把矛头转向深圳人，反反复复的一浪接一浪，省公司所有的领导为了这块地，常常被这些纠纷折腾得心力交瘁，幸运的是，深圳物业团队进场后，分摊了省公司的部分压力。但是，后期的经济纠纷，把各方全都推到风口浪尖：对方职工坚决不同意按照合同签约的价格，因为他们觉得这块土地更值钱，所以要求集团领导在原来价格的基础上增加一倍。为了增加一倍的价格，这次他们集团从领导到职工开始团结起来协商，因为原来签订的合同已经不能更改，但是这份简单的合同还是留下很多为他们争取经济利益的空间：如供电和供水的增容费及其工程造价、通信设施的安装费用、燃气安装费用、园林费用等，这些费用加起来超过购买这个项目的总价。当省公司接到对方集团（在原合同总价）增加一倍价格的函件后，非常震惊，立即集中省公司及下属企业的所有资源，来处理这个重大的经济纠纷，深圳团队又进入下一场攻坚战。

一、评估

针对对方提出的项目，深圳团队在原来物业资产统计的基础上，再进一步细化和完善，进行市场调研和价格评估。

（一）增容价格调研

深圳物业团队主动找省城的供电、供水和燃气部门，咨询新项目的增容费用和安装价格，在 1998 年以前的增容费用还是比较高，但现在因为要发展经济，所以增容费等很多不合理的费用已经取消了，而且也提供了政府的法律法规（尤其是地方政府的红头文件）给深圳物业团队。

（二）工程造价

针对高、低压配电房和柴油发电机房的设施设备及其管线，深圳团队也在原来物业统计的基础上增加管线的品牌、规格、长度等，然后到省城的商店咨询价格，在此基础上算出工程造价。但是柴油发电机（柴油机部分）是 20 世纪 70 年代德国的船用柴油机改装的产品，在市场上找不到同类产品，所以柴油发电机的价格不好评估，为了评估的证据更充分，省公司在深圳团队工作的基础上，决定引进一家第三方的机电评估公司，由他们核实深圳团队统计资料和相关数据，并出具评估结果。

（三）园林

仔细审阅合同条款，花草树木是包括在合同款内，只有一个假山和简陋的几个水景观，以及几个所谓的"艺术石头"在合同上没有明确规定外，对方提出巨额的园林补偿费用，理据不充足。

（四）水泵房设施设备

水泵房是 1980 年的产品，水泵残旧不堪，地下管网更是漏水严重，而且以后省基建办是要重新建水池和铺设水管的，所以这一项费用谈判的意义不大，不做评估。

二、谈判

以上所有的评估完成后，各方开始坐下来协商。

（一）不合理的费用

1. 针对供电、供水和供气的增容费问题

深圳团队：提出增容费不合理，应该取消。

对方集团公司：强调他们当时是花了巨资投入的，所以希望买方尊重当时的历史情况，能够按照他们当时的投资计算，并拿出当时的发票复印件作为依据。

深圳团队：根据省城和当地政府的规定，现在已取消增容费，所以收增容费是违法行为，并拿出省城政府部门的红头文件。

2. 通信费用

深圳团队：通信费用是什么？

对方集团：所有的通信管线和电话号码资源。

深圳团队：通讯管线像蜘蛛网一样乱拉乱接，加上现场的树木茂盛，这些线路很容易遭雷击，我们以后是要全部拆掉的；而你们所谓的电话号码，我们省公司的电话号码已经使用多年，客户也熟悉了，而且以后找电信运营商迁移不换号是很简单的事情，怎么可能使用你们的电话号码？

3. 园林费用

深圳团队：园林的费用具体包括哪些方面？

对方集团公司：所有的乔灌木、假山、现场堆放的石头和建筑小品及水景观等。

深圳团队：按照双方的买卖合同规定，交易金额已包括现场的乔灌木等绿化项目，所以乔灌木的补偿不存在；现场那几块丑陋的石头，你们认为是宝贝就自己搬回家；建筑小品被破坏得面目全非，严重影响现场的景观；至于喷水的水景观，所有的喷头都被你们的职工拆掉了，而且地下水管不知是断了还是锈迹堵死了，这种破景观你们也要当宝贝卖，太坑人了吧！

经过唇枪舌剑的反复争吵，对方最终同意取消供水和供电增容费、通讯和园林费用。

（二）机电工程造价费用

最后的谈判集中在高低压配电、柴油发电机及管线等费用，省公司拿出机电评估公司的评估报告，评估公司也做了重点说明：高低压配电设备、柴油发电机设备及其管线，在20世纪70年代、80年代和90年代的造价，管线的价格，以及安装费用，经过多年使用，加上这些机电设备欠缺保养，如柴油发电机、很多低压配电柜已经严重损坏，几年前就要报废了，没有什么价值；而供电敷设的管道（水管）和管井也是残旧不堪，很多地方已严重损坏；而且地下电缆接头多，且长期在地下管井泡水，使用多年后，电缆的安全绝缘系数低，即使现在启用这些电缆也要全面的检查和修理。

最后谈判结果，双方同意机电工程费用按照当时工程造价的20%计算，并作为合同的补充条款。

这次重大经济纠纷的解决，对各方的教训非常深刻：对方集团领导和闹事职工发现自己低估了对手，而且也再次领教了深圳团队对物业资产统计的意义，以及深圳团队对国家和地方法律法规的熟悉，再次给他们上了一堂有理有节的专业课；省公司的领导们也终于松了一口气，原来担心会拖几年，搞不好双方最终要对簿公堂，没完没了的折腾下去，真没想到这次事件这么轻易地就解决了，真是万幸，更庆幸拥有非常专业的物业公司和优秀的物业团队，而且再面对旧城改造项目，将来会有更多的心理准备和更成熟的经验。

第四节　前期物业管理

前期物业管理筹备。这个旧城改造项目，从团队组建就一波三折，因为谁也不愿意到省城，尤其是深圳物业公司和省公司的利益博弈问题：物业管理费按什么标准结算？加上物业公司综合部的后勤保障效率低；而到了省城后，商务通电话迟迟无法解决，导致深圳物业团队无法在网上（公司的OA网）办公，只能用自己的手机打电话汇报工作，大家的通信成本非常高，已经超过公司报销标准的几倍，以致物业公司无法报销手机话费（公司领导强调不能因个别项目挑战公司的报销制度）；深圳团队到省城没几天，带来的电脑不能用，打印机也无法安装，经电话请示物业公司领导后，派阳光回深圳借物业公司的手提电脑；4月8日又调王义回深圳；秩序维护人员迟迟不能进驻，这是都是物业公司的内部管理问题。原计划2月份要到省城，因为各种原因和变化，最后拖到4月1日才抵达省城。再加上对后期遗留评估不到位、竞争对手不断制造矛盾等一系列问题，深圳物业团队在省城真是腹背受敌。还有面对蚊虫厉害、毒蛇出没、人身安全没保障等恶劣的环境，深圳团队病的病、倒的倒，但是并没有被击垮。

一、秩序维护人员进场

从深圳物业团队到省城开始，一直希望自己物业公司的秩序维护人员尽快到位，可是迟迟没有消息。而4月13日下午3：00多，物业公司综合部通知：物业公司的秩序维护人员下午四点钟进驻（即还有一个小时），要深圳团队派人去省公司管理处准备接人，大家听后又喜又悲，喜的是我们的秩序维护人员千呼万唤终于进场了，悲的是怎么突然袭击不提前通知。大家商量：因我们对省城不熟悉，请公司综合部把秩序维护人员送过来。省公司管理处的领导和秩序维护人员过来了，9个秩序维护人员有一半的人自带生活用品（蚊帐、席子、棉被），一半的人两手空空，省公司管理处的领导答应他们所有的生活用品由物业公司提供；工资计算从他们在省城参加保安培训（学校）开始计算。

郭工电话咨询刘文：秩序维护人员制服、对讲机都没有，住宿怎么安排？秩序维护人员由谁负责管理？他说不清楚，这是综合部的事情，并说综合部的经理庞大已离职，暂由黄经理（女）接管。

综合部黄经理：制服我们想办法？对讲机以后再说；生活用品是个人的东西，公司不可能报销，但秩序维护人员住宿的铁架床你们要去买；既然这个项目由你负责，你也经常要求秩序维护员进驻，他们的住宿肯定由你安排。

怎么这样的：现在都下午五点多了，要我们大家紧急出去买床？保安住宿的地方怎么不提前和省公司打招呼？虽然说深圳物业团队已进场，也要业主方省公司的领导同意啊。

郭工再请示刘文怎么办，他说找总经理。

张总：那你现在去外面租农民房，秩序维护人员最好不要住在里面，这是物业公司的规定，你原来在深圳项目的秩序维护人员不是在外面租房住吗？

领导的答复更让大家哭笑不得，现在将近下午6点了，大家出去找房子，现实吗？而且我们带的钱也不多了，再出去租房都不够，更别说买铁架床了；综合部黄经理叫大家先垫钱，她在公司会用郭工的名义申请2000元，下次出差再送过来。无奈之下，郭工只好电话请示省公司黄总，并说清楚事情的突发性和公司给自己备用金也不多了，希望新来的秩序维护人员临时住在我们楼下，黄总还是答应了，并说会吩咐黄主任立即过来确定住宿的具体地方。

郭工留下2个秩序维护人员看管他们的行李，其他7人和大家立即出去买床，因为万一商场不送货或者不能及时送货，秩序维护人员好做搬运工，折腾到晚上十点才安顿好这些秩序维护人员，大家也疲惫得不想吃饭了。但郭工还是有气无力的打电话请综合部黄经理，派人过来临时培训秩序维护员，她听得莫名其妙：你们筹备组不是有几个人吗？怎么还搞不定这几个保安？郭工知道电话里跟她扯不明白也没意义，因为她毕竟刚走马上任，还没有独当一面的能力，而且物业部门的具体运作她也不懂；郭工直接打电话给总经理，请安排深圳项目秩序维护部门的章队长尽快到省城培训秩序维护人员。

二、秩序维护

刘文电话通知，让阳光负责秩序维护工作。但阳光坚决不同意，因为他在深圳是客户管理，根本就不知道秩序维护人员应该怎么管？而且他特生气：物业公司的领导把我们"骗"到省城就不理不问了，扯皮推责任更让大家心寒，我只是个普通的员工，所以我也不想负什么责任，真要管理秩序维护人员最好请王义回来，毕竟他在部队呆过，管理秩序维护人员比我们有经验。郭工给他打气，我们共同负责，毕竟我们是一个团队，遇到问题大家共同商量，他才勉强答应了。

（一）熟悉秩序维护团队

第二天一早，大家和新来的秩序维护人员谈心，感觉还不错，他们的年纪比较小，有8人当过兵，1人是保安学校的，按深圳物业公司的质量体系，实行军事化管理比较容易。

（二）训练、管理、宣传

4月14日下午，深圳管理处的章队长过来培训秩序维护人员，秩序维护队员的制服也从深圳送过来了，但数量不够，也忘了带肩章、领带、肩花。大家终于大大地松了一口气，郭工要阳光好好配合章队长，按我们深圳物业的要求和标准训练、管理。

1. 训练

队列、左转、右转和向后转、正步走、齐步走、跑步走、交通指挥动作，他们都做得挺好，毕竟是在部队锻炼过，只是军体拳没学过。这也很正常，因为他们原来是武警，在部队学的是擒拿、散打，陆军才学军体拳，不同的军种和专业，应该都鼓励（这是深圳的包容文化），但我们的物业是以军体拳为准。秩序维护员训练见图5-1。

图 5-1　秩序维护员训练

2. 管理

床上叠的被子、个人物品摆放等按部队的要求摆放整齐；宿舍、洗手间的清洁卫生大家轮流负责，还要每天提水冲洗厕所（在公共厕所里放了两个大桶）；大门口是我们的形象岗，郭工要求24小时都要有1个人保持正规的站姿；但章队长认为夜里没人，加上蚊子又多，没必要站岗。但郭工坚持一开始就要高标准严要求做好，而且要一直坚持下去，否则以后再要求他们就难了；记住省公司和深圳物业公司经常来的车牌号；任何情况下，绝对不能动手打架，而且每天都要检查执行情况。

3. 宣传

秩序维护人员刚开始训练时喊口号声、练军体拳的叫喊声，吸引了在旁边上班的天际物业公司的保安，旁边住宅区的业主也纷纷站在阳台观看，也很好奇，深圳人是不是要实行军管啦，甚至有业主拿出 DV 拍下秩序维护人员训练的全过程；在工厂上班的职工进出办事时也驻足观看。看来，深圳秩序维护队已引起高度关注，下一步应该做好品牌宣传。秩序维护人员到来的第 4 天，郭工提出每天下午 5∶30 训练结束后，留两个人值班看守我们住宿的大门，其他 7 人由章队长带队，沿着我们大门外的城市主干道、公园、超市等人多的地方齐步走一圈（需要 1 个小时来回），徒步巡逻的秩序维护团队立即吸引了路边所有的眼光，大家议论纷纷：深圳的物业公司又进驻省城了，看来深圳人就是有大家气派和社会责任感，外面公共场所都出来义务巡逻，这在省城还是闻所未闻的新鲜事，这段路的小偷小摸和打劫都会少了，我们市民更有安全感了。

深圳秩序维护团队一进场就名声在外，天际物业和他们集团公司的领导们频频过来观看深圳秩序维护人员的训练，并且也开始放下省城人的城市优越感，乐意和深圳物业团队交朋友，尤其是天际物业公司的杨副总，不断地请教深圳物业团队还有什么绝招以及深圳的物业管理。郭工说多了，如果大门前高高的不锈钢（挂国旗）旗杆你们不锯掉卖钱，我们秩序维护团队每周的早上都会在这里升国旗。他们非常感慨：深圳人刚到省城的管理就有模有样，那深圳的管理水平应该更高了，有机会真要组织大家到深圳参观学习了。阳光觉得很自豪，他开始尽心尽力协助章队长，共同做好秩序维护的工作。大家也像阳光一样，尤其是李华和周清两位美女，平时正眼都不瞧秩序维护人员一眼，也主动协助阳光的工作，和大家们有说有笑了。

三、物业接管

4 月 15 日中午 12∶00，突然接到省公司黄总的电话，下午 3∶30 和对方的保安进行交接，要我们做好准备。到了交接时间，只有深圳物业团队和对方杨副总在场，结果杨副总也不知怎么办？说等领导通知。倒是他们集团公司总工办将要退休的杨工（电气工程师）和已退休的郑工（给排水工程师）过来，提出先交接水电项目。于是深圳物业团队和杨工一起核实每一栋楼的电表底数后，和郑工抄好总水表底数，双方最后签字确认。

将近五点了，天际物业的杨副总突然通知他们保安撤场，对站在旁边的深圳物业团队视若无睹。因为没有人管理进出的大门，车辆道闸打不开，里面的车出不去，外面的车进不来，大门外排队的车堵死了门外的市政主干道，在道路上执勤的交通警察跑过来，发现情况后气得暴跳如雷；不久杨副总又带着他们的保安过来，开始疏导交通；过了几分钟，杨副总又不一声不吭地带着他们的保安撤走，并关上道闸的电源和锁上两个行人进出的铁门，整个大门挤满了他们下班的职工出不去，有的男职工一气之下爬铁门出去，有的人打电话找领导，有的人过去收拾还没走远的杨副总和保安。结果对方集团公司的很多领导过来，要杨副总好好交接，怎么可以不说一声就走了。

直到下午 6∶00 多，电涌小区里的工人们都下班了，天际物业的保安主管才过来和深圳物业团队进行交接。深圳团队兴高采烈地到对面的超市买几个灯笼挂在大门上，天黑了开灯，还有点节日的气氛，郭工才不慌不忙地准备打电话告诉省公司和深圳物业公司，结果省公司领导们的车队鱼贯而入（其时他们一直站在对面的马路看热闹）。对深圳团队的交接工作、秩序维护人员的站岗姿势，尤其是主动服务：看到省公司车辆后立即打开道闸让车进来，并举手敬礼和熟悉他们的车牌号，评价很高，说深圳的物业公司管理就是好，并赞扬深圳团队的冷静应对，没有出现暴力交接，而且是从进场至今一直忍辱负重，这种精神要省公司和所有的下属企业好好学习。

四、物业管理

深圳秩序维护人员终于正式接管这个项目了，深圳物业团队开始按照深圳物业公司的质量体系标准和要求实施物业管理了。

（一）确定临时办公点

这个项目大门两边各有一间值班室，左边一间控制道闸的电源，由秩序维护人员值班，右边一间作为深圳团队的临时办公室，方便现场处理各种突发事件，指导和监督日常工作。

（二）交通管控

对于天际物业公司的交通管理，深圳团队从进场就已经重点关注，尤其是上下班交通高峰期，大门两边的行人通道（铁门）各有两米多宽，而中间车道（道闸）有8m宽，天际物业公司把所有的通道全打开，但进出的人员基本不走行人通道，而选择走宽阔的机动车道，在上下班高峰期，人车不分，导致车辆通过速度慢，而且也容易发生交通事故。所以深圳物业团队接管后，立即改变这种人车混行的状况，进行人车分流管理。

1. 实现人车分流的管理模式

4月16日早上7：00，天际公司的职工开始从大门进出上班（因为他们很多工厂是三班倒，所以经常有人进出），中间的车道（道闸）有车进出才打开，行人就无法走车道。但是在车辆进出时，对方职工还是会跟着进出的车辆走机动车通道，深圳的秩序维护人员会不断地提醒他们（她们）注意，不要被放行的道闸的撞伤；两边行人通道全打开，给行人、自行车、摩托车进出。

2. 交通礼仪

大门的秩序维护人员要站好（即24小时服务的形象岗），有车进出时要及时通过道闸的遥控器打开道闸，汽车进出时值班的秩序维护人员要向司机敬礼，司机们非常惊讶：因为以前天际物业公司的从来就没有这样，而现在面对深圳秩序维护人员的敬礼，他们（她们）感觉不是一个简单的敬礼动作，是对他们（她们）司机太尊重，感激地也向深圳秩序维护人员回礼以表谢意。深圳秩序维护人员对司机的敬礼服务，引起对方集团公司和天际物业的震动，很多上下班的职工会选好角度，把深圳秩序维护人员给进出车辆司机敬礼的动作拍下来；而且也经常议论纷纷：深圳的保安服务真好，这些敬礼的动作只有部队才有，而深圳秩序维护人员向司机敬礼，从司机到行人，都感觉得非常亲切，为什么省城的物业公司就不懂得这些礼仪动作呢？这对开车进出的司机是最大的尊重。

3. 货物安全管理

因为现场进出的货车比较多，所以货物的安全管理不容忽视，深圳物业团队主动和天际物业公司沟通：深圳团队只是管理大门进出车辆的放行，建议天际物业在他们工厂区再设置一道安全岗，专门检查货车，以确保货物的安全管理。结果天际物业公司觉得不可思议，因为他们都是这个集团的家属，大家都在一起几十年了，偷运货物基本不存在，货车进出也不需要放行条，深圳人提到货物的安全管理，是不是以为自己管理大门，故意给他们设卡和有意找茬。鉴于对方对进出货物要放行条的强烈抵制，为了减少矛盾和冲突，深圳物业团队给天际物业公司发函：说明深圳保安只是管理大门口的车辆和人员放行，但对进出货物的安全不予负责，即不检查放行条和打开货车的车厢检查货物，以免承担不必要的连带责任。

4. 摩托车和非机动车管理

摩托车和非机动车的管理非常艰难，深圳团队不明白：省城已经禁止摩托车（禁摩）多年，为什么这些职工还是大规模的使用摩托车，在外面的主干道、在电涌小区，常常横冲直撞，险象环生，如果深圳的保安禁止摩托车出入，肯定会立即引起重大的肢体冲突，而且禁摩是相关执法部门的事情，所以深圳团队还是默许摩托车进出，但为了减少责任，深圳团队还是在门口张贴告示：鉴于省城已经禁摩多年，如果骑摩托车发生交通事故，责任自负。这个通告张贴后，骑摩托车的职工一进门，就冲着深圳的保安破口大骂：外面的交通警察都不管，你们外地人跑到省城来，还敢管省城人骑摩托车，真是吃了豹子胆了！

因为中间机动车道有机动车进出才放行，不让摩托车和自行车通过，骑车人每天进出时非常生气，用脚踢门的、狠狠地摇门的、骂人的、甚至准备动手打人的，随时都可能发生暴力冲突，所以大家再次向所有的秩序维护人员强调：不管对方怎么骂人，一定要骂不还口；对他们职工用脚踢门的，不要理他（她），门被踢坏或摇坏的，我们再追究他们（她们）的责任；如果对方动手打架，你们绝对不能动手，可以及时跑掉，以确保自己的人身安全。

（三）行人管理：持证进出，来访登记

人车分流的管理模式，不让摩托车和自行车从中间的机动车道通行，以致摩托车和非机动车不好管；上下班大规模进出的徒步的人流更不好管，不让行人走中间的机动车道，惹得他们（她们）更生气，他们（她们）已经长期习惯了走宽阔的中间车道。因为对方进出的员工不穿工作服的，也没有佩戴工作证，于是深圳团队找天际物业的杨副总沟通，要求他们的员工必须持证进出，没证件的人一定要登记。他说所有进出的职工都有工作证，他们已经补办了很多批，他觉得带不带证件是小事，没必要管得像监狱那么正规，并劝深圳团队最好不要惹他们的职工；郭工又打电话给对方集团公司的办公室主任，她也支持进出人员必须带好证件，并说他们的物业一直是这样管理的，只是你们接管了以后，员工以为不用带证件了。

4月17日早上，深圳物业团队要求凭证进出，没带证件的要拿出身份证等有效证件登记，结果有100多人随身携带有效证件（大部分是汽车或摩托车驾驶证），有300多人都没带证件，因为现场排满长龙，郭工只要他们在登记表上写自己的工厂和姓名就行，时间可以暂时不用写，但他们（她们）都不干，要强行冲进来，并把深圳的保安推来推去，鉴于现场随时可能发生不测事件，郭工立即要当班的秩序维护人员把门锁上，所有的人不能进出，也避免深圳保安受伤害。

郭工告诉他们（她们），如果还是这样闹事，我打电话给你们的领导，他们立即起哄：集团公司都要倒闭了，现在谈集团公司的领导有什么意义？你们这样也不解决问题，现在这块地已经卖了，你们是借我们的大门进出，愿意登记可以出入，不愿意登记还要闹事的，我们就打110报警，由警察来解决。结果他们的职工都批评闹事的人，登记就登记，干吗要推人家的保安，我们还急着要上班。众人谴责，闹事的人不敢吭声，郭工才吩咐值班人员打开门。进出需要凭证出入、无证实行登记后，深圳团队终于把进出大门的车辆和人流管好了，而且也能抽出人力，白天在小区里每两小时巡逻一次，杜绝了收破烂的、乱挖树木的、在小区里随意大小便等各种乱七八糟的人混进来。

（四）清洁卫生

因为对方的清洁工已撤走，小区路上的树叶越聚越多，尤其是讨厌的小叶榕，在春风春雨中，树叶每分每秒都纷纷扬扬地落下来，加上是雨季，成群结队的蚊子更加疯狂地袭击大家。深圳物业团队主动找天际物业的清洁工，向他们买了几个大扫把，以后大家每天扫地：重点是大门口的道路，希望通过自己的努力，搞好环境卫生，给大家一个更好的环境。

（五）保安问题

大家以为物业管理工作走上正轨了，也可以松一口气了，结果保安内部开始闹事，他们提出省公司管理处领导答应他们：工资计算的时间从他们在省城的保安学校开始；床上用品要公司报销；加班的计算方法；现在天气炎热应该有凉茶补贴；试用期2个月。要求负责人郭工最迟明天答复他们，否则他们集体离职，奇怪的是，现场只有龚超和叶广两个保安一唱一和，其他人都不吭声。郭工把他们提的问题一条条记下来，打电话咨询物业公司综合部黄经理，这些问题怎么答复他们？黄经理认为既然是省公司管理处承诺的就找他们去，解铃还须系铃人，她也没办法，你们都在省城联系也方便；电话咨询刘文，他说不归他管，最好找总经理，因为人力资源是总经理主管。

第二天，深圳团队请省公司管理处的文员小彭过来商量：她开始怕了，说她以前都是这样答复保安的，至于龚超，是他们主任好心，原来在他项目上班，因选不上保安主管，才调过来的，希望这边给他机会；至于叶广，他和你都是广东人，我觉得你们老乡之间比较容易沟通。她劝深圳团队最好找他们管理处的风主任，因为她只是一个小文员，说不清楚。郭工立即打电话请风主任过来协助。

风主任过来后也是一肚子火：招聘这些保安后，公司花钱给他们到省城的保安学校培训（按规定必须拿到保安上岗证才能上岗），结果因为这个项目交接一直不确定，这些培训后拿到上岗证的保安都跑了，后来深圳物业公司领导一到省城就骂他，他也不想再协助综合部招人和在省城保安学校的培训安排；至于薪酬福利的事，是庞大答复的，现在换了黄经理后又不一样了，他也不知道该怎么办；后来他们省公司项目的保安买的床上用品，公司不报销，还是他私人掏腰包的；至于龚超闹事，我来收拾他。结果他告诉龚超：在这里好好干，你还是有机会当队长的。但是叶广不干，认为必须有个说法。郭工说综合部黄经理答应本月20日过来亲自答复你们，他们也同意了。

20日早上11：00，郭工打电话给黄经理，她说忘了来省城，并说深圳也很忙，她离不开。气得郭工只好打电话请教总经理（因为公司对人力资源比较保密，所以大家一直不敢问）。晚上开会时，郭工说了公司的答复，叶广和龚超认为上当受骗了，堂堂大企业的领导，怎么说变就变了？如果这样他们不干了，但其他人都不吭声。郭工只好把秩序维护团队的情况电话告知总经理，他说明天派黄经理过来解决。

第二天中午，物业公司的司机开车送黄经理来到省城，她说自己也很无辜，公司对这一块一直没有一个明确的规定，并拿出公司的报批件给深圳团队看，是总经理昨天才签字确认的。深圳团队把所有的保安集中，黄经理亲自给他们解释，大家都不吭声；郭工宣布第二件事：竞选队长，条件是身高不能太矮小，训练达标（很多人都不会打军体拳，只有从小练习武术的徐达基本学会），能够以身作则带领整个保安团队，及时处理突发事件。龚超听后脸色都变了，他身高才 1.6 米，在所有的保安当中是最矮小，而且也没有学过军体拳（因为原来在省公司项目也不要求），竞选队长的条件基本无望了。通过现场保安们无记名投票，大家都选徐达。

散会后，龚超提出辞工，要黄经理和他立即结算工资，结果他说考勤计算不对，因为他在省公司还上了 20 天班，为什么没算进去？黄经理说一码归一码，他在省公司上的班应该找风主任，并告诉他行李搬走后才可以领工资。忙到下午将近两点钟，大家才去吃午饭，在饭桌上黄经理大骂风主任：未经总经理同意，公司内部的员工绝对不许私自调动，不是龚超事件也不会闹得大家都不安宁。郭工说下午还是一起解决叶广的事，黄经理说还是深圳物业团队自己解决吧！郭工说人事方面的事请大家都不清楚也没经验，在这个节骨眼上不要再出事了，要是这些保安被煽动后集体离职，大家都担待不起，黄经理的脸色变了，有点后悔吃这顿饭。

下午，黄经理问叶广的工作情况，并说鉴于他的表现不适合公司的要求，深圳物业团队向公司提出不录用他，具体可以和你的老乡郭工商量，他不要你，我们也没办法，因为这个项目是郭工负责的。叶广很惊讶，他也承认经常闹事不对，尤其是看到大家因为他闹事而忙得不可开交，开始还觉得挺好玩的，没想到自己的行为这么严重？但是后来看到郭工亲力亲为，整个深圳物业团队加班加点的工作，把他们当兄弟看待，他很感动，希望能留下来跟大家好好的学点东西，但一旁的王勇、章队长坚决反对他留下来。

（六）停水停电

4 月 19 日，阳光、李华、周清回深圳了；4 月 22 日，王勇、章队长也回深圳了，只剩下郭工带着 7 个秩序维护人员坚守。4 月 29 日，天际物业公司终于请来施工队另开大门，结果在施工时，挖断地下的水管和电缆，导致深圳团队住宿的地方停水停电。大家以前每天从早 7：00 忙到晚上 12：00，整个人像陀螺一样忙个不停，每天除了工作还是工作，在这个像皇家园林一样优美的环境，在这停水停电的晚上，只有成群结队的蚊子噪声烦人，加上背井离乡的孤独和寂寞，真是难于忍受。看来又要找有水有电的房子了。4 月 30 日，在靠近保留山体的 110 栋，发现一楼的水龙头有水，因为门一直锁着，以前从未进去过（物业组也未统计），大家合力拆掉了防盗窗，撬开铝合金的玻璃窗，从窗户爬进去，拆掉门锁，发现气味怪怪的很刺鼻，每间房都有很多瓶瓶罐罐，楼梯间还有很多六六粉。大家用水冲洗了三天，气味才没有那么强烈，然后秩序维护团队住一楼，郭工独自住 2 楼（一、二楼之间的楼梯有个防盗门，住在楼上的安全有保障），总算又有水有电了，而且这里的门前有两棵高大的白玉兰，开花时节令人陶醉。

（七）节假日的安全管理

直到 4 月 26 日，因为对方进出的职工还有近 50 多人没有证件，整天这样进出登记也不是办法，既增加工作量，双方也容易发生冲突，所以郭工请天际物业的杨副总尽快给他们办理证件，他说大家都有证件，没有必要再补办。转眼又到五一了，郭工请杨副总把各公司五一期间加班的统计名单交给深圳物业团队，按杨副总的统计只有 30 多人加班，看到加班人员这么少，郭工很开心，因为从接管至今，大家都疲惫不堪了，节假日可以让大家好好休息了。

五一早上八点多，值班的秩序维护员紧急叫醒郭工，说好多没带证件的人要进来加班。

郭工和紧急集合的秩序维护团队们跑到大门口了解情况：有 10 多人穿着短裤要到电涌小区来运动，说这里空气好，还有 100 多人没带证件说要进去加班，他们自以为五一过节，进出的大门应该不会查证件，所以没带证件。郭工打电话找杨副总，关机；找对方集团公司办公司主任，关机；找他们在旁边上班的保安，准备确认是不是工厂里的人，保安说让找他们领导；郭工请这些加班的人，和厂人事部联系并确认无误后可以先进去，相关的手续中午 11：00 前补办，结果他们不干，强行把深圳秩序维护人员推来推去，而且要强行推开道闸，郭工立即吩咐保安锁上大门，并打辖区民警的电话。警车很快过来了，他们看到警车到场后立即跑开了，受伤的深圳秩序维护员送去医院包扎，郭工派两个队员过来加班。为防止他们再闹事，警车一直停在大门外，直到中午才开走。

（八）偷盗事件

本以为五一节基本有惊无险的过去，但 5 月 7 日傍晚 6：00，突然来了几辆警车，说要进来查案，现场值勤的深圳物业团队莫名其妙；郭工过来后，警察让郭工带路到案发现场，大家也听得莫名其妙。二十分钟后，天际物业的杨副总带着很多人过来，带警察到发电机房，说里面很多东西被偷了。

警察勘查现场：大门有两把锁锁着，没有钥匙根本进不去；大门旁边的窗户是打开的，但防盗网也很牢固，不可能进出。警察说肯定是你们自己人有钥匙才进得去，应该是内鬼行为；偷了多少东西？偷了什么东西？杨副总又说不清楚，因为柴油机和配件是 1982 年买的，要财务部查账才清楚，但无论如何，深圳物业公司要赔偿我们的损失。以后警察经常审问天际物业公司所有的工程人员，把他们弄得人心惶惶、不得安宁，都大骂杨副总，就是配件也没有几个，也不值钱，偷出去也不能用（只能用在这种型号的发电机，其他品牌的发电机不能用，在省城估计这种品牌的发电机很难找）真的不让人活了。在以后的磨合中，不甘心退出的天际物业公司，总能折腾各种冲突和严重对立的矛盾，真是树欲静而风不止。

这个旧城改造项目，原计划 8d 的交接，大家整整坚持了两个多月，也累得疲惫不堪了，个中的艰难苦恨，很难用语言形容（详见本书附录的旧城改造部分日记），所以旧城改造，一定要充分做好各种评估，尤其是面对后期遗留问题和各种突发事件，房地产开发商和物业管理公司，都要有心理准备。

第二部分
物业的设施设备管理

物业设施设备，是指附属于房屋建筑的各类设施设备的总称，它是构成房屋建筑实体的不可分割的组成部分，是发挥物业功能和实现物业价值的物质基础与必要条件。物业设施设备的分类，主要分为：变配电系统；电梯系统；空调系统；给排水系统；消防系统；楼宇智能化系统。

物业设备全过程管理，包括设备的购置、安装调试、使用、维修、改造、报废作为管理对象，加强全过程中各环节之间的横向协调，从整体上保证和提高设备的可靠性、维修性和经济性。本篇设施设备管理，主要是站在物业管理角度，从设施设备系统的基础管理、能效管理和风险管控三方面论述。

第六章 变配电系统的管理

第一节 变配电系统的基础管理

变配电系统的管理范围包括：高压配电房、低压配电房、柴油发电机房，设施设备主要有高压环网柜、电力变压器、低压配电柜和柴油发电机等。

一、变配电和柴油发电机系统的可视化管理

（一）人工可视化
物业公司变配电管理人员日常巡视，应该重点关注：
1. 设备房的环境管理
1）设备房日常照明（日常管理）和应急照明设备。
2）门窗、挡鼠板、电缆管井的防鼠情况。
3）设备房的卫生情况。
4）设备房的环境温、湿度，通风降温设备，见图 6-1。

图 6-1 柴油发电机房的温湿度和通风设备

5）设备房的异味（柴油发电机房的柴油气味、电力变压器的异味等）。
6）柴油发电机房的密封材料（柴油发电机房的噪声非常大）。
7）绝缘地板、绝缘垫和绝缘用品及消防器材，见图 6-2。
2. 高压配电房
1）高压环网柜设备。
2）投入使用、报停或停用的高压设备及相关标识，见图 6-3。
3）临时维修、临时施工管理及标识牌。

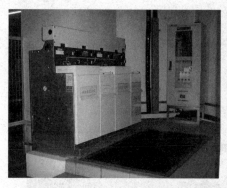

图 6-2 高压环网柜和配电柜的绝缘垫及消防器材

图 6-3 报停的高压环网柜和低压线路检修的标识牌

3. 电力变压器设备

1）电力变压器的投入使用和停用情况。

2）电力变压器的负荷、温升、噪声。

4. 低压配电房

1）总开关（断路器）的合闸、温度、噪声、负荷状态。

2）中央空调、电梯、水泵、消防等动力和照明开关的负荷情况。

3）联络柜运行状态（投入或停止）。

4）发电/市电切换装置。

5）每栋单元业主的用电负荷开关等。

5. 柴油发电机房

1）柴油机系统：

（1）柴油供给系统：输油管道、油箱，见图 6-4。

（2）冷却系统：水箱、水位情况、风扇。

（3）润滑系统：润滑油情况。

（4）起动和电气系统：起动开关状态（人工、自动、停止）、电起动系统（蓄电池：电压、电解液，各种仪表及信号装置的控制屏等）。蓄电池和控制屏见图 6-5 和图 6-6。

图 6-4　柴油发电机的油箱和输油管道

图 6-5　柴油发电机的蓄电池

图 6-6　各种品牌柴油发电机的控制屏

（5）进排气系统：空气滤清器、排气管和消声器，见图 6-7。

图 6-7　柴油发电机的排气系统

2）发电机系统：

（1）发电机的碳刷见图6-8。

图6-8　发电机的碳刷

（2）发电机的负荷开关，见图6-9。

图6-9　发电机的负荷开关

（3）发电机的配电柜等。

（二）科技可视化管理

随着智能电网的快速发展，科技可视化技术在国家电网和南方电网及各种新能源发电系统（太阳能发电、风能发电、潮汐能发电等）的发展日新月异，而在物业管理行业，不管是最高端的写字楼还是五星级酒店等标杆性的物业，科技可视化技术也不断更新换代，具体表现在：

1）高压环网供电实现了自动投入、自动切换功能，通过科技手段实现智能供电：现在深圳物业的供电质量比以前更高，住宅物业（高压）供电基本上实现环网供电，既有两路高压线，一路高压检修时，另一路高压可以立即投入运行；而且深圳市内一些达到40层的住宅区甚至成为"一级负荷"供电用户，住宅区内安装有三路高压线，完全不用担心供电部门的停电，所以住宅区在设计上对于柴油发电机等备用电源基本不考虑。这些环网或多路高压供电的住宅区，供电部门后期普遍都加装了配网自动化终端，即因为供电部门的原因导致高压停电，如高压故障、线路检修等，供电部门的设备可以瞬间自检高压停电原因，如果检查到其中一路高压段存在问题，可以立即自动投入另一路高压线确保住宅区供电正常。

图 6-10　住宅区高压供电配网自动化设备

2）供电主管部门的自动抄表系统：深圳供电部门的自动抄表系统，在变压器前端（高压段）或变压器后端（低压段）安装自动抄表系统，在供电单位的电脑上可以随时掌握用户的用电情况，而且每个月可以很方便地打印电费单，立竿见影地节省大量的人力物力和时间，电脑自动抄表系统比大规模的人工抄表的准确性更高、更可靠，效率更高。

图 6-11　供电部门的自动抄表系统

二、变配电设备操作的流程化管理

（一）变配电设备送电、停电操作流程

送电操作流程图见图 6-12。

停电操作流程与上述送电操作流程顺序相反。

（二）柴油发电机组手动启动操作流程

柴油发电机组手动启动操作流程见图 6-13。

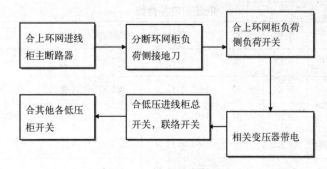

图 6-12 送电操作流程图

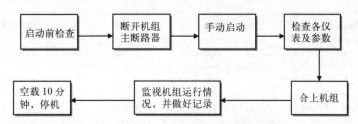

图 6-13 柴油发电机组手动启动操作流程

三、变配电系统的量化和标准化管理

通过制度建设，明确、统一和规范变配电的台账及维修保养的标准。

（一）变配电设备台账（以深圳综合楼为例）

1. 环网柜、干式电力变压器和柴油发电机台账

环网柜、干式电力变压器和柴油发电机台账见表 6-1。

环网柜、干式电力变压器和柴油发电机台账　　　　表6-1

编号	名称	型号	生产厂家	出厂日期	安装位置	数量	设备本体主要参数
1号	环网柜	SM6	梅兰日兰	1990 年	地下室	1 台	24kV、630A
4号	环网柜	SM6	梅兰日兰	1990 年	地下室	1 台	24kV、630A（注：供电局备用）
1号	变压器	EM	意大利	1996 年	地下室	1 台	10kV/0.4kV、28.8A/721A
2号	变压器	EM	意大利	1996 年	地下室	1 台	10kV/0.4kV、46.19A/1154A
3号	变压器	EM	意大利	1996 年	地下室	1 台	10kV/0.4kV、57.7A/1443A
	柴油发电机	DMT	康明斯	1994 年	地下室	1 台	220V/380V、240kW

2. 低压配电柜台账

低压配电柜台账见表 6-2。

低压配电柜台账 表6-2

编号	名称	型号	厂家	出厂日期	安装位置	数量	设备本体主要参数
XD1	1# 主变引入柜	GCK1	广东	1995 年 12 月	地下室	1 套	380V/1000A
XD2	电容补偿柜	GCK1	广东	1995 年 12 月	地下室	1 套	380V、120kvar
XD3	四路出线柜	GCK1	广东	1995 年 12 月	地下室	1 套	380V/1600A、4X200A
XD5	2# 主变引入柜	GCK1	广东	1995 年 12 月	地下室	1 套	380V/2000A
XD6	电容补偿柜	GCK1	广东	1995 年 12 月	地下室	1 套	380V、240kvar
XD7	制冷主机柜	GCK1	广东	1995 年 12 月	地下室	1 套	380V/2X1200A
XD8	五路出线柜	GCK1	广东	1995 年 12 月	地下室	1 套	380V/2X100A+3X400A
XD9	七路出线柜	GCK1	广东	1995 年 12 月	地下室	1 套	380V/6X100A+1X200A
XD10	联络柜	GCK1	广东	1995 年 12 月	地下室	1 套	380V/2000A
XD11	发电机柜	GCK1	广东	1995 年 12 月	地下室	1 套	380V/4X100A+1X630A
XD12	消防泵柜	GCK1	广东	1995 年 12 月	地下室	1 套	380V/2X400A+4X100A
XD13	八路出线柜	GCK1	广东	1995 年 12 月	地下室	1 套	380V/8X100A
XD15	电容补偿柜	GCK1	广东	1995 年 12 月	地下室	1 套	380V/165kVar
XD16	3# 主变入柜	GCK1	广东	1995 年 12 月	地下室	1 套	380V/1600A
XD17	发电机进线柜	GCK1	广东	1995 年 12 月	地下室	1 套	380V/6X100A
XD18	发电机出线柜	GCK1	广东	1995 年 12 月	地下室	1 套	380V/2X400A+4X100A
XD19	事故照明柜	GCK1	广东	1995 年 12 月	地下室	1 套	2X250A

（二）变配电和柴油发电机系统的保养内容和周期

1. 变配电设备检查保养内容及周期

变配电设备检查保养内容及周期见表 6-3。

变配电设备检查保养内容及周期 表6-3

序号	检查保养项目	主要检查保养内容	周期
1	配电柜、箱	外表清洁	1 次 / 周
2	电器仪表及二次线路	外表清洁、显示正常、接线紧固、标识正确、清晰	1 次 / 月
3	各类继电器、接触器	外表清洁、触点完好、接线紧固、声音正常、无过热	1 次 / 月
4	无功补偿柜	投切正常、电容无鼓胀、COSΦ>0.9	1 次 / 月
5	指示灯、按钮、转换开关	外表清洁、显示正常、转动灵活、标识正确	1 次 / 月

续表

序号	检查保养项目	主要检查保养内容	周期
6	绝缘器材	在指定位置放置、完好无损、耐压试验合格	1次/半年
7	各类开关	触点完好、接线紧固、动作灵活、标识正确	1次/季
8	母线排	压接良好、相序标识正确、无过热	1次/年
9	接地装置检查	接地电阻符合要求，接地线完好	1次/年
10	变压器	外表清洁、接线紧固、温控器检查，绝缘电阻、油质	1次/年
11	发电机市电联锁装置	动作可靠、灵活	1次/年

2. 柴油发电机组检查保养内容及周期

柴油发电机组检查保养内容及周期见表6-4。

柴油发电机组检查保养内容及周期　　　　　　　　　　表6-4

序号	检查保养项目	保养内容	保养周期
1	发电机外部清洁	用抹布擦除油污	1次/周
2	发电机燃油、机油量、冷却用水量	存0#柴油够运行8H，机油位接近油尺（HI），不够加补机油（如MOBIL SAEISW-40），水箱水位在水盖下50mm，不够加满	1次/月
3	蓄电池	蓄电池电解液高出极板10～15mm，不足加蒸馏水补齐，用比重计测试其值应为1.28（25℃）	1次/月
4	机油滤清器	更换机油滤清器	运行250小时
5	燃油滤清器	更换燃油滤清器	运行250小时
6	水滤清器	更换水滤清器	运行250小时
7	空气滤清器	拆下吹净，太阳晒后再装上	运行250小时
8	机油	更换机油（如MOBIL SAEISW－40）	运行250小时
9	水箱水	换水后加防锈水适量	运行250小时
10	空气滤清器	更换空气滤清器	运行500小时
11	断路器、电缆接点	拆开发电机侧板，对断路器固定螺丝紧固，发电机组电源输出端与电缆线耳锁合螺丝紧固	1次/年
12	送、排风机装置	检查、清洁	1次/年
13	控制箱	检查、清洁、调试	1次/年
14	烟尘静化装置	检查、清洁、换水	1次/年

第二节　变配电系统的能效管理

中国城市化的快速发展，甲级写字楼、高端商业购物场所、体育场馆、会展场馆、五星级酒店和高科技产业园等高端物业已经越来越普及，用电设备和生产工艺对电能质量要求越来越高，尤其是工业或写字楼的实验室设备、公安刑侦部门的高精密度的特殊设备，电压变化过大会导致高精密设备失效，因此等物业公司不但要确保物业区域内供电的可靠性，对供电质量、经济运行和高效管理提出更高要求。

一、变配电系统的能效计量和能耗统计

供配电系统的末端负荷，主要是中央空调系统、电梯系统、供水系统（生活、生产和消防用水）、照明系统、居家用电等负荷变化非常大，如中央空调设备基本都是白天正常上班使用，所以白天都在高峰阶段的大负荷，晚上基本处于停止状态（蓄冷空调是晚上用电），而且一年四季随温度变化也不断地调整负荷；电梯也是白天在使用，到了夜里也是基本处于休眠停止状态；供水系统和照明系统也有高峰期和低谷期，因此，供配电系统的末端负荷变化大，系统根据负荷情况瞬间在峰谷之间波动。南方电网的供电质量还是比较正常和稳定，如以深圳为例，城市的居家、办公遇到停电的概率很少，柴油发电机长年累月基本处以闲置状态（但又不能完全废掉），物业管理公司更多的是对柴油发电机的定期保养，确保在非常有限的停电时间可以立即投入使用，确保居家生活和办公秩序不受停电影响。

（一）变配电系统的能效计量

目前物业行业供配电系统的能效计量主要有两种方式，一种是在高压侧计量，即安装在高压环网柜（变压器前端）的计量，另一种是在（变压器后端）低压侧计量，这两种计量方式都是采用电度表计量。

（二）变配电系统的能耗统计

变配电系统的能耗统计，统计的是总用电量，如每台变压器的实际用电量，主要区别是，如果在高压端计量，则变压器的损耗是计量在内，在变压器数量较多的写字楼、商业场所和酒店项目，变压器的损耗不是小数目；另一种是低压侧计量，即变压器的损耗不计量，这种情况在国内很多城市比较普遍。

各类物业的能源统计和能耗分析详见本书第三部分《建筑的能源审计》。

二、变配电系统的管理节能

通过电力变压器的经济运行和提高供电质量等节能方式，节省管理成本。

（一）报停电力变压器节省管理成本

根据华南某市供电部门的政策，当地电费分基本电费加实际用电费用，基本电费是变压器每 kVA 按 24 元计算，如 1000kVA 变压器只要没有到供电部门报停，基本电费是每月 1000×24 元 = 2.4 万元，在这个基础上（基本电费）再加上实际用电费用。

1）以泰恩超高层甲级写字楼项目为例，在装修阶段（包括业主入伙装修）的用电量比较少（基本都是施工用电），开发商去供电部门报停部分电力变压器，一年时间节省 136 万多元；物业公司接管后，发现变压器的还有较大的富余量，在开发商的基础上再报

停部分富余的电力变压器，半年时间节省 70 多万元。具体详见表 6-5：

泰恩超高层甲级写字楼前期管理报停电力变压器节省费用统计表　　表6-5

位置	变压器		开发商				物业公司		
	容量	数量	报停	月节省	半年节省	年节省	报停	月节省	半年节省
-2 层	1500kVA	1 台	1 台	3.6 万元	21.6 万元	——			——
	1000kVA	3 台	——	——	——		3 台	7.2 万元	43.2 万元
21 层	1000kVA	3 台	2 台	4.8 万元		57.6 万元	1 台	2.4 万元	14.4 万元
37 层	1000kVA	3 台	2 台	4.8 万元		57.6 万元	1 台	2.4 万元	14.4 万元
合计	10500kVA	10 台	5 台	13.2 万元	136.8 万元		5 台	12 万元	72 万元

2）在写字楼和商业场所的物业管理项目，因为中央空调冬、春季节用电比较少，电力变压器的富余空间比较大，当地城市一些物业公司也会通过报停电力变压器的手段，立竿见影地节省物业的运营成本。

3）电力变压器在当地不允许并列运行，因此，不能通过电力变压器并列运行的经济模式节省成本。

（二）电力变压器和三相平衡的管理节能

通过调整电力变压器的电压和三相平衡的方式提高供电质量，实现节能。

1. 电压严重偏高的调整

我国电能质量标准对不同电压等级下的电压偏差不得超过额定电压的 ±5%，按此标准计算，物业住宅、写字楼、商场和酒店等三相电压允许的偏差范围是 361V ～ 399V，实际上在用电低峰期（如夜里用电量较少时），实际供电电压经常达到 410V，甚至达到 425V，所以电压严重偏高已经是物业管理行业的通病。

干式电力变压器高压侧一般有 9500V、9750V、10000V、10250V、10500V 共分五档，厂家出厂接的是高压 10000V 的分接头，在实际运行中这个挡位的变压器（低压）输出电压偏高，可以通过选择分接头，使变压器的变比发生变化，从而使电力变压器输出电压在 ±5% 额定电压范围内变化，保证供电质量和用电设备的安全运行，见图 6-14。

图 6-14　调整电力变压器分接头图

2. 三项平衡

物业照明、办公电脑、厨房设备、业主家庭用电等各个用电环节是不平衡的，这种结果会导致电力系统的三相不平衡，因此，根据物业用电设备的实际使用状况，将不对称负荷合理分布于三相中，使各相负荷尽可能平衡；或将不对称负荷分散接于不同的供电点，减少集中连接造成的不平衡度过大。通过调节三相平衡，提高供电质量。

三、变配电系统的技术改造节能

（一）电网净化（谐波处理）

详见《能源管理与低碳技术》❶第六章，供配电系统节能应用：主要是无源滤波器技术、有源滤波器技术、混合滤波技术等谐波治理技术。

（二）柴油发电机的节油技术

柴油发电机的柴油消耗偏高，根据柴油机的负载曲线和输出曲线，从怠速到全速运行范围，根据负载检测自动调节，实现最佳的经济工况，从而实现节油的目的。柴油发电机的节油技术成熟、节油效果好，目前柴油发电机的节油技术主要使用在野外不能供电的地方，如野外的石油钻井平台、我们国家西气东送的项目工程，以及部分海港、码头的塔吊等设备等。

第三节　变配电系统的风险管控

变配电系统的风险，应该重点关注大面积停电的风险和教训，并做好各类物业停电应急预案的工作。

一、大面积停电事件的危害和教训

受全球气候变暖影响，高温、台风、暴雨、雪灾、洪涝、雷电等天气气候极端事件频发，引发森林火灾、山体滑坡、泥石流等严重自然灾害，加上地震等严重的地质灾难，对城市化的设施和人民群众的安全构成严重威胁，对供电设施设备的安全稳定运行提出更高要求，大面积的停电事件随时可能在意想不到的眼皮底下发生：

（一）国外的重大停电事件

1. 美国纽约大停电

1977 年 7 月 13 ～ 14 日，纽约市长达 24 小时的停电事故影响了 900 万人口，在停电期间，犯罪分子点燃了马里昂大道上的一些建筑，制造了 1000 起火灾，抢劫者和暴徒也趁机大肆劫掠，他们洗劫了 1600 多家商店，这一晚被时任市长亚伯拉罕称为"恐怖的一夜"。类似的停电事件在 2003 年再次发生，不过这些"邪恶"的行为在后来却很少发生了；2012 年 10 月 29 日飓风"桑迪"在美国新泽西州海岸登陆，据最新灾情汇总，美国东部已有 300 多万户断电，数百万户家庭陷入一片黑暗。

---

❶ 郭连忠. 能源管理与低碳技术. 北京：中国电力出版社，2012.

2. 印度停电

2012 年 7 月 30 日，印度三大电网相继瘫痪，印度北部、东部、东北部大部分地区停电，6 亿多人受到影响，该国首都地铁系统完全停运。在 8 月 1 日电力恢复之前，大约有一半的印度人因为电力系统瘫痪而在黑暗中度过了两天两夜，受影响人数占到了全世界人口的十分之一，这应是全球历来规模最大的停电事件之一。

3. 巴西和巴拉圭停电事件

2009 年 11 月 10 日，大型水电工程伊泰普坝供电系统突然瘫痪，巴西能源部官员称暴风雨毁坏了几个变电站，切断了世界上第二大水电站的供电系统，导致了这次停电，大约三分之一的巴西人口陷入了 4 个小时的停电事故，让 6700 万人陷入停电状态，包括巴西的两个最大城市和巴拉圭，全国陷入了停电事故。

4. 哥伦比亚停电

2007 年 4 月 26 日，哥伦比亚首都波哥大北部的托尔卡总发电厂发生技术故障，致使全国供电网路中断，造成全国八成以上地区的各行业陷入瘫痪达三个多小时，经济损失严重。

5. 欧洲遭遇特大停电事故

2006 年 11 月 4 日，为了让新出炉的挪威明珠号游轮可以顺利通过，德国一家发电厂暂时关闭了一条 38 万伏高压输电线路，很快引起了其他地方的电压升高，最终引发了火花点燃了一条波及德国、法国、比利时、意大利、西班牙、奥地利、荷兰和克罗地亚部分地区的电网。西欧多国发生严重停电事故，约一千万人受影响，其中德国、法国、意大利三国受影响最大。

6. 日本东京大面积停电

2006 年 8 月 14 日，由于工程船的吊车碰触造成输电线破损，日本东京都、千叶县和神奈川县发生大面积停电。停电事故导致铁路和公路运输系统出现异常，近一百四十万户家庭受到影响。

（二）中国的重大停电事件

1. 深圳停电

2012 年 4 月 10 日 20：30 左右，因 220kV 输变电设备故障的原因，造成深圳的罗湖、福田及龙岗部分地区遭遇罕见停电两个小时左右，深圳供电局立即启动应急预案，当晚22：31，已全部恢复供电。

2. 中国南方特大冰雪灾难

2008 年 1 月中旬至 2 月上旬，在我国南方地区发生特大冰雪灾害，是 1954 年以来发生的影响面积最大、受灾人数最多、持续时间最长、经济损失最重的冰雪灾害事件，据南方电网统计，冰雪灾害共导致 2378.5 万户停电，有 6823.94 条线路受损。其中安徽 42 个乡镇和 118 个村供电中断；湖南电网基本中断，全省 220kV 以上线路 75% 以上严重覆冰；1 月 29 日贵州宣布进入大面积一级停电状态；1 月 30 日广东多数电厂库存仅够 2 天，只剩下海上通道，急调 125 艘货轮运电煤；福建 500kV 德龙线和 500kV 宁双线分别于 1 月30 日 20：50 和 2 月 1 日 23：53 中断运行，福建电网成运行的"孤网"。

3. 汶川地震

2008年5月12日14:28，新中国成立以来破坏性最强、波及范围最广、救灾难度最大、震级里氏8级、最大烈度达11度的特大地震在四川汶川发生，电力设施在这次汶川地震中也受到了严重的破坏，里氏8级地震的破坏力之大令人难以想象，新中国成立以来特别是改革开放30年来建造的先进电力基础设施没能完全抵挡住这样的冲击波。国家电网公司的统计数据显示，这次地震带来的直接经济损失超过120亿元，其中四川省电力公司的损失就超过106亿元。受灾最严重的四川电网灾后最大负荷降至正常负荷的62%（损失444万kW）；宝成铁路四川段5座电铁牵引站中断供电。陕西电网灾后最大负荷降至正常负荷的73%（损失189万kW），以世界最大的电能供应商——国家电网公司为代表的电力行业展开了中国电力史上规模最为宏大的电力抢修行动，至5月18日，重庆、甘肃、陕西电网受损电力设施基本恢复，主网运行正常，三省市的用电负荷接近或达到灾前水平。甘肃陇南地区9个县全部恢复供电。宝成铁路四川段电铁牵引站全部恢复供电。四川电网最大用电负荷恢复至灾前最大用电负荷的80%，恢复受损电力设施85%以上。国家电网为抗震救灾工作和灾区人民生产、生活的及时恢复做出了重要的贡献。

对于大面积停电事件的风险识别及其危机管控，物业公司已经不是简单的考虑门前一亩三分地的停电事件，而且应该与时俱进站在更高的角度综合考虑：如深圳供电可靠性居全国前列，但与国际先进供电企业相比仍有一段距离，以1.48小时的用户平均停电时间来看（深圳2012年4月10日的停电稍为拉低了这个指标），深圳供电局的故障率已经相当低了，但新加坡能源公司、日本东京电力等公司都是世界上故障率最低的供电公司之一，用户平均停电时间在十分钟以内，中国一线城市供电水平与之相比还有一段距离；又如美国纽约1977年7月13日的大面积停电，犯罪分子制造的火灾、劫掠并洗劫商店，但类似的停电事件在2003年再次发生，不过这些"邪恶"的行为在后来却很少发生了。2012年10月29日飓风"桑迪"对纽约来的影响，英国的媒体认为：这简直是一个"历史性"的时刻，在大自然的威力下，世界上"最有力"的大城市之一瞬间就被击败，显示出了它的无力。

因此，物业公司对大面积的停电事故和供电设施设备的安全风险不但要有所在区域的眼光，更应该具有全球的识别力，通过国内和全球的标杆比较，能更好地找到差距和教训，在这些基础上寻求更有效的风险规避，让我们的人民更加安居乐业，也更有利于物业行业的健康和可持续发展。

二、各类型物业停电应急预案的重点

随着中国城市化的快速崛起，超大规模的住宅区和高新技术产业园区、举行重大城市活动的体育设施和展览场馆、甲级写字楼和五星级酒店等各类业态越来越普及，今天人类生产生活高度依赖电力设施。物业行业对于各类型的物业停电要做到防患于未然、常备不懈地做好停电演练、突出重点确保临战水平，在任何情况下都有效应对突发停电事件的能力。各类物业停电演练预案重点详见表6-6。

各类物业停电应急预案的重点 表6-6

业态	停电演练			突发事件
	演习团队	应急保障	正常演练	
住宅物业	总指挥：管理处主任 副总指挥：物业公司副总经理 成员：工程部、秩序维护部、客户服务部、财务部组成	人力资源（包括专家团队）、财力保障、物资保障（如柴油供应、紧急借调柴油发电机、应急照明电源）、治安维护、人员防护、通信保障	1.市电停电后（断高压开关模拟市电停电），柴油发电机自动启动，工程人员按演习规定要求送电，重点是照明、电梯、消防和水泵设备，柴油发电机带负荷运行30分钟后，停止柴油发电机运行；启动第二路市电高压供电，确认供电正常 2.一级负荷企业的市电停电后（断高压开关模拟市电停电），第二路市电高压自动启用，供电正常；再断开第二路市电停电后，第三路市电高压自动投入，供电正常	1.设备故障：对于一级负荷企业，如果高压断电后不能自动投入供电，则工程人员要按安全供电原则，手动送电；如果所有的高压都不能投入运行，相关人员应该紧急借调柴油发电车，确保应急照明、电梯、消防和水泵等设备正常使用 2.因停电导致大量居民涌上街头，物业公司秩序维护人员应戴上应急电源，在小区的重点区域打开随身携带的应急照明电源并维护好秩序，相关通讯人员应该电话告知公安部门（如110指挥中心）
学校物业	总指挥：学校管理处项目经理 副总指挥：物业公司副总经理；学校副校长 成员：工程部、秩序维护部、客户服务部、财务部和学校老师组成		市电停电后（断高压开关模拟市电停电），柴油发电机自动启动，工程人员按演习规定要求送电，重点是照明、电梯、消防和水泵设备，柴油发电机带负荷运行30分钟后，停止柴油发电机运行；恢复原市电高压供电，确认供电正常	1.教学楼晚自习停电须疏散学生，所有辅导老师分别控制楼道和楼梯口，组织学生有序疏散，教育学生下楼梯一律靠右行走，禁止学生在疏散过程中停住弯腰去系鞋带或捡丢下的物品，各楼层疏散必须错开时间，防止拥挤、践踏 2.宿舍晚上停电后，各个宿舍学生必须保持安静，严禁大声喧哗、嬉闹，不准私自点蜡烛；严禁互串宿舍，有特殊紧急情况需要出宿舍，必须打电话报告值班教师，经允许后由值班教师领出宿舍；负责宿舍检查的教师一定要拿手电到宿舍督促学生就寝并处理应急事件
商业场所（大型购物中心）	总指挥：项目经理 副总指挥：物业公司副总经理 成员：工程部、防损部、客户服务部、财务部组成		停电前关停中央空调和电梯，模拟市电停电，柴油发电机自动启动，工程人员按演习规定要求送电，重点是照明、电梯、消防设备；柴油发电机带负荷运行30分钟后，停止柴油发电机运行；启动第二路市电高压供电，确认供电正常后开中央空调等设备	1.市电突发停电，柴油发电机也不能起动，商业场所内只有应急照明时，防损员应立即把好各出入口，疏散人员 2.如果商场出口的收银台不能正常工作，防损员在疏散人流时，应禁止客户拿走商场的物品
商务类超高层写字楼	总指挥：项目经理、物业公司副总经理 成员：工程部、秩序维护部、客户服务部、财务部组成		1.停电：停电前关停中央空调和电梯，模拟市电停电，柴油发电机自动启动，工程人员按演习规定要求送电，重点是照明、电梯、消防和水泵设备；柴油发电机带负荷运行30分钟后，停止柴油发电机运行；启动第二路市电高压供电，确认供电正常后开中央空调等设备 2.人员疏散：市电停电后，所有客梯都降到一楼，消防中心通过消防广播通知楼上所有办公人员走消防通道到相应的避难层，在疏散过程中禁止突然停住、弯腰系鞋带或捡丢下的物品等	市电突发停电，只能由柴油发电机供电时，工程人员应立即电话咨询供电局，如果短时间内无法供电，应通知客户服务部和消防中心，消防中心通过消防广播通知客户停电信息，客户服务部门做好解释工作

业态	停电演练			突发事件
	演习团队	应急保障	正常演练	
金融类（银行）写字楼	总指挥：项目经理；副总指挥：物业公司副总经理、银行行政部领导成员：物业（工程部、秩序维护部、客户服务部）；银行相关部门	人力资源（包括专家团队）、财力保障、物资保障（如柴油供应、紧急借调柴油发电机、应急照明电源、相关医疗设备）、秩序维护、人员防护、通信保障	1.模拟市电停电，启动第二路高压保证供电正常 2.模拟市电停电，UPS转入蓄电池供电，关闭部分设备、尽量延长UPS工作时间；模拟UPS报警，供电量不足，此时启动发电机供电并确保所有设备均保持工作正常	突发停电导致大量人群涌上街头，物业公司秩序维护人员做好银行大厦内、外的安全保卫，银行的经警维持银行的秩序，必要时请公安干警协助
通讯机房物业	总指挥：项目经理、通讯公司领导；成员：物业（工程部、秩序维护部）；通讯公司相关部门		1.核心机房动力设备：模拟市电停电，第二路高压自动启动并确保供电正常 2.两路市电停电，主柴油发电机运行供电；如主柴油发电机不能启动，物业公司应启动备用发电机	突然遇到重大暴雨、台风和重大的示威游行等，通讯部门应立即起动应急方案，协助政府相关部门（如气象台、公安局等），立即发送温馨提示
医院物业	总指挥：项目经理；副总指挥：物业公司副总经理、医院副院长 成员：物业团队（工程部、秩序维护部）、医院团队（相关科室领导和工作人员）		1.部分停电：医院部分停电，工程人员应尽快确定停电的范围和影响程度，并在第一时间告知医院的重点科室和部门，并通知工程维修部门和专家团队，尽快查出故障点并按规定完成修复 2.全部停电：医院全部停电后，柴油发电机自动启动，并立即确认手术室、重症监护室、检验科、影像科、电脑室、财务科等重点科室（以下简称重点科室）已经送电；工程人员立即到达所在电梯楼层救出被困人员并做好解释工作，物业秩序维护人员协助医护人员做好危重病人上下楼的运送工作。市电恢复后，联系供电部门确认不会再停电后，关停柴油发电机后恢复市电供电，确认重点科室供电正常	大面积停电：医院市电全部停电，工程人员应立即确认柴油发电机是否启动和送电（如果不能启动应立即组织抢修并通知供电部门派发电车支援），最大限度地寻找和抢救患者，维持抢救工作，并把停电情况通知值班室和医院重点科室；重点科室的医护人员应根据停电情况确保危重病患者的抢救，医护人员应加强病房的巡视，并做好病患者的思想工作，同时注意防火防盗工作

停电演练的后续工作：

1.通过演练完善制度建设，物业公司的演练流程、程序、各部门的配合更加合理和规范。

2.通过演练更好的培训人才，尤其是锻炼了工程人员的实际操作能力，确保在各种突发情况下，各部门人员都能沉着冷静地应对，各就各位的相互配合，有效和高效地应对各种突发事件。

3.通过演练更好的检验备用电源尤其是柴油发电机和UPS电源的完好性，同时发现部分备用设备出现隐性故障，为下一步设备维修保养提供依据，保证设备在任何情况下都能立即投入使用。

第七章　电梯系统管理

第一节　电梯系统的基础管理

电梯系统管理的范围包括电梯机房、电梯层站、电梯轿厢、电梯井道、消防中心（中控中心）的电梯监视系统和迫降系统等。

一、电梯系统的可视化管理

（一）人工可视化管理

物业公司电梯管理人员日常巡视应该重点关注：

1. 电梯设备的层站（尤其是首层及地下层）、轿厢状态

2. 电梯机房

应关注曳引机、导向轮、限速器、控制屏（柜）、总电源控制柜，机房门窗、防鼠情况、通风（空调或风机）等；

3. 突发事件

在暴雨季节或楼层发生爆水管的突发事件，电梯管理人员应加强电梯安全的可视化巡查，雨水或水管水是否影响电梯轿厢以及底坑是否积水，根据受影响情况做好安全措施，保证电梯的安全运行。

（二）科技可视化管理

通过闭路监控和远程监视设备，实现在线监控。

1）消防中心或中控室值班人员通过闭路电视随时观察轿厢内状况，如发现故障困人，用对讲电话安慰被困人员并通知电梯管理人员处理，必要时联系电梯维修保养公司处理；如发现乘客有不文明行为（如打斗、入伙装修搬运材料损坏电梯部件等），则用电梯对讲机警告并录像以及通知物业管理人员（简称物管员，下同）处理；如发现有易燃、易爆等危险品或超长超重等物品进入电梯时，则予以制止，并立即通知物管员处理。

2）电梯远程监视设备，消防中心人员能够随时看到每台电梯的运行状态和停靠的层站。

二、电梯系统的量化和标准化管理

通过制度建设，明确、统一和规范电梯的台账及维修保养的标准。

（一）电梯系统的台账

电梯的选型，在不同业态如住宅、商业、写字楼、酒店、工业和医院，关注的指标是不一样的，如商业购物场所要求提供便利的交通工具便于消费客户更好的购物，写字楼在上下班高峰期要求快速实现人流的运送，医院要求电梯的轿厢较大要确保病床的顺利进出等，虽然不同业态的电梯关注的指标不一样，但是电梯台账的指标都是共性的，以深圳某

物业公司为例：

　　1. 住宅物业的电梯台账

　　住宅物业的台账见表 7-1。

住宅物业的电梯台账

表7-1

项目	位置	品牌	规格型号	速度	功率	层站	用途	合格证期限
福田一期	1 号楼	——	——	1.75m/s	15kW	19F	客梯	2009-12-29
	8 号楼	——	——	1.75m/s	15kW	19F	消防梯	2009-12-29
福田二期	1 号楼	——	——	1.75m/s	11kW	16F	客梯	2009-6-16
	1 号楼	——	——	1.75m/s	11kW	16F	消防梯	2009-6-16
	16 号楼	——	——	1.75m/s	11kW	30F	消防梯	2009-12-29
	16 号楼	——	——	1.75m/s	11kW	29F	客梯	2009-12-29
豪阁	1 号楼 A	——	——	2m/s	18kW	36F	客梯	2009-12-20
	1 号楼 A	——	——	2m/s	18kW	36F	消防梯	2009-12-20
丽园	1 号楼	——	——	1.75m/s	15kW	40F	客梯	2010-1-10
	1 号楼	——	——	1.75m/s	15kW	40F	消防梯	2010-1-10
	3 号楼	上海	——	1.75m/s	15kW	14F	客梯	2009-5-17
	3 号楼	上海	——	1.75m/s	15kW	14F	消防梯	2009-5-17
东海居	1 号楼	——	——	2m/s	18.5kW	30F/33F	客梯	2009-11-15
	1 号楼	——	——	2m/s	18.5kW	30F/33F	消防梯	2009-11-15
城市广场	A 座 1 号梯	天津	4100	2.5m/s	28kW	39 层 30 站	客梯	2010-3-16
	A 座 2 号梯	天津	4100	2.5m/s	28kW	39 层 30 站	消防梯	2010-3-16
	F 座 2 号梯	天津	4100	2.5m/s	28kW	42 层 32 站	消防梯	2010-3-16
	F 座 3 号梯	天津	4100	2.5m/s	28kW	39 层 30 站	客梯	2010-3-16
新城	1 栋 1 号梯	德国	S009	1.75m/s	16kW	19 层 19 站	客梯	2009-12-1
	5 栋 12 号梯	德国	S009	1.75m/s	16kW	19 层 19 站	消防梯	2009-12-1
星光园	A 栋 1 号梯	上海	HOPE	0.75m/s	15kW	32 层 32 站	消防梯	2009-10-24
	F2 栋 14 号	上海	HOPE	0.75m/s	15kW	26 层 26 站	客梯	2009-10-24

　　以上统计台账的亮点是合格证期限（每年电梯年审后要更新时间）的统计，对各项目的有限期限一目了然，便于督促各项目按规定及时办理电梯年审工作，对电梯的基本参数统计的比较清晰；电梯层站也有统计，但统计指标还是有待完善，如对电梯载重等。

2. 写字楼（超高层甲级写字楼）的电梯台账

写字楼的电梯台账见表 7-2。

写字楼的电梯台账　　　　表7-2

分区	编号	型号	载重 (kg)	速度 (m/s)	层站	提升高度 (m)	理论候梯时间 (s)	轿厢规格 (m)
低区客梯 4 台	1 号 2 号	NEXWAY	1350	2.5	B3 ~ 4 6 ~ 19	85.85	39.2	1.9 × 1.45 × 2.6
	3 号 4 号				1 ~ 4 6 ~ 19	73.05		
中区客梯 4 台	5 号 6 号	NEXWAY	1350	3	1, 2, 20 22 ~ 34	129.45	44.1	1.9 × 1.45 × 2.6
	7 号 8 号				B3 ~ 1, 20 22 ~ 34	142.0		
中高区客梯 3 台	9 号	NEXWAY	1350	4	1 ~ 2, 35, 36, 38 ~ 43	163.35	51.9	1.9 × 1.45 × 2.6
	10 号				B3 ~ 1, 35, 36, 38 ~ 43	176.15		
	11 号				B3 ~ 1, 35, 36, 38 ~ 43			
高区客梯 3 台	12 号	GPM	1350	6	B2 ~ 1, 44 ~ 51, 51B, 52, 52B	213.6	52.4	2 × 1.5 × 2.6
	13 号				B2 ~ 1, 44 ~ 51, 51B, 52,	209.75		
	14 号				1, 2, 44 ~ 51, 51B, 52, 52B	204.75		
消防梯 2 台	15 号 16 号	GPM	1050	4	B3 ~ 51, 51B, 52, 52B	217.30	52.4	2 × 1.5 × 2.6

以上电梯台账，尤其是针对甲级写字楼上下班高峰期大规模输送员工的特点，电梯的层站、提升高度和电梯的速度，以及电梯的载重、轿厢规格和理论候梯时间等指标非常专业。但还是需要补充完善一些统计指标，如机房位置，该项目有 21F 电梯机房、37F 电梯机房、45F 机房和 54F 机房；传动方式，是 PM 永磁无齿轮曳引驱动系统；钢丝绳绕法（对重加补偿钢丝绳）有 1∶1 复绕和 2∶1 复绕；控制方式如客梯是群控的，而消防梯是单台集选的等。

3. 商业场所电梯台账

1）扶梯台账见表 7-3。

扶梯台账 表7-3

项目	位置	品牌	规格型号	速度	功率	配置地点	用途	合格证期限
海坊	22铺	苏州	——	0.5m/s	5.5kW	1F	扶梯	2009-5-31
	108铺	苏州	——	0.5m/s	5.5kW	1F	扶梯	2009-5-31
	F2栋14#	上海	HOPE	0.75m/s	15kW	26层26站	客梯	2009-10-24

2）扶梯和观光梯台账见表7-4。

扶梯和观光梯台账 表7-4

设备名称	规格或型号	数量	出厂日期	厂家	投入时间	配置地点	运行情况
扶梯	Gen2	6台	2007.08	广州	——	商场裙楼	未使用
观光梯	Gen2 1.75m/s	2台	2007.08	广州	——	商场裙楼	未使用

（二）电梯系统的检查保养内容及周期

1）机房内检查及保养事项见表7-5。

机房内检查及保养事项 表7-5

序号	保养项目	保养内容及要求	保养周期
1	机房的通道，出入口门	通道应通畅无障碍物，应有适当的照明设施且有效 机房门应有告示牌，出入口锁紧装置要良好 机房内应清洁卫生，不得堆放非电梯用物品	15天
2	机房设施	机房内温度要维持 5 ~ 40℃ 天花板或窗户不应漏水 消防器材在有效期内	15天
3	滑轮间	滑轮间应有足够的固定照明、电源插座 滑轮间入口，急停开关动作可靠 滑轮间地面清洁无油污	3个月
4	手动盘车装置	手动盘车装置齐全，标识明确，操作说明清晰详细 制动器松闸板手应挂在制动器附近容易接近的墙上	1个月
5	配电盘，控制柜（屏）	各开关装置及保险标识明确，工作可靠无异常 接触器、继电器等电器元件固定良好，工作可靠无异常 电子板插件固定要良好，表面无积尘，无异味 门锁及安全回路无短接线 设置有故障检测功能的微机电梯，需检查故障记录并做相应处理 布线整齐，线槽盖板齐全、严密，接地良好	15天
		各接线端子标志和编号清晰、并紧固，无氧化及接触不良 清洁卫生良好	1个月
		各电气部件的工作状态及检测点的工作参数符合产品说明要求	3个月
		断错相保护功能正常 动力和控制回路的电气绝缘符合标准要求	12个月

续表

序号	保养项目		保养内容及要求	保养周期
6		减速箱	表面无积尘及油污，油漆无剥落；箱体密封可靠，漏油无异常 运转时应无异常响声及振动 传动部件啮合状态良好，无异常温升	15 天
			油位正常，无杂质，按厂家要求定期更换	1 个月
7		曳引轮	曳引轮绳槽无严重油垢，磨损无异常 正常运行时曳引轮与钢丝绳之间无严重滑移现象 曳引轮线槽磨损严重时，需满足曳引条件要求，并确认更换或监控使用 所设置的防止机械伤害的安全装置固定可靠，警告标识清晰 所设置的防止钢丝绳脱离装置应稳固	1 个月
			曳引轮在各负荷状态下的垂直度偏差不大于 2mm	12 个月
8	曳引机	轴承	应无异常发热、无异常声音	15 天
			按润滑要求定期加注	6 个月
9		制动器	制动器动作灵活、各部件齐全并可靠固定、所设置的电气触点接触良好 制动轮光洁、无异常划痕，运行时无异响 制动器线圈表面无异常发热、电气接线可靠 制动器机械机构各相关尺寸按产品标准要求调整正确 制动器闸瓦工作可靠、磨损无异常，接近使用期限时应更换	15 天
			制动器解体清理、各运动部件选用规定润滑剂 解体清理装配完毕的制动器性能应满足相关制动要求	12 个月
10		导向轮／复绕轮	旋转顺畅、无异常声响；绳槽无严重油垢，磨损无异常 所设置的防止机械伤害的安全装置固定可靠，警告标识清晰	1 个月
11		电机	工作无异常发热和异常声响、表面清洁卫生	15 天
			定子线圈应清洁、无积尘	3 个月
			电机的接线端子固定可靠、接触良好，无明显氧化及锈蚀	6 个月
12	编码器／测速电机		固定可靠、清洁卫生、转动灵活，无异常声响	15 天
			接线端固定可靠、接触良好	6 个月
13	选层器		所设置的传动钢带受力均匀无扭曲，无裂痕或破损现象	15 天
			固定／运动各触点位置固定可靠、表面清洁、磨损值在允许范围内 电气接线标志清晰、接触良好、无明显氧化	1 个月
14	限速器和安全钳		各运动部件转动灵活、无异常声响，铅封或漆封标记齐全，无移动痕迹	15 天
			钢丝绳及绳槽无严重油垢，磨损无异常 所设置的电气开关及触点工作可靠，接线良好	1 个月
			限速器、安全钳联动试验可靠；限速器可靠固定、垂直度偏差不大于 0.5mm	12 个月
			定期现场检测限速器各动作速度符合铭牌及标准要求	24 个月
15	曳引机减震装置		限位挡块及缓冲橡胶齐全并固定可靠；橡胶表面无裂痕、老化现象	6 个月
16	停电自动救援装置		所使用的蓄电池接线端子无明显的氧化腐蚀	1 个月
			定期检查其功能正常。如需停电检修，应采取措施，防止误动作	15 天

2）轿厢和对重检查及保养事项见表7-6。

轿厢和对重检查及保养事项 表7-6

序号	保养项目	保养内容及要求	保养周期
1	轿内标示牌	轿内应有标明额定载重量、人数和制造单位的铭牌 电梯使用守则、紧急情况时联络电话 电梯注册登记标志	15天
2	轿厢壁、天花板及地板	轿内应清洁（须与业主确责任） 不应存在严重的变形、磨损、生锈、腐蚀 如轿厢重新装修，不应使用易燃材料，且需检查及调整平衡系数	15天

3）井道、层门和候梯厅检查及保养事项见表 7-7。

井道、层门和候梯厅检查及保养事项 表7-7

序号	保养项目	保养内容及要求	保养周期
1	井道照明	井道照明应齐全	1个月
2	限速器钢丝绳	钢丝绳槽磨损在规定值以内 钢丝绳不应有断股现象，不应有过量的断丝和磨损 与安全钳拉杆的连接部位材料不应有过量的磨损、锈蚀 端接部组装应良好，应使用三个绳夹夹紧，夹绳方向应正确	6个月
3	主钢丝绳	钢丝绳的张力应均等，与平均值偏差不超过5% 钢丝绳不应有过多油污，不应有断股现象，断丝数不超过标准，不应有过量磨损 绳头连接装置的各部件齐全、固定可靠，紧固件无松动	3个月
4	导轨及支架	限速器、安全钳联动试验后，应将安全钳动作痕迹打磨平整 导轨及支架表面清洁，无严重油污及锈蚀 导轨撑架、压板的紧固件不应松动	12个月
5	强迫换速、限位、极限开关	开关紧固可靠，开关动作部位不应生锈，滚轮无严重磨损 开关动作位置要适当，符合产品要求 电气触点接触良好，各开关相应功能应正常 轿厢或对重接触缓冲器前极限开关应动作	3个月
6	厅门	门头清洁，无垃圾杂物，厅门不应严重变形、磨损、生锈、腐蚀 门开关动作应顺畅良好，无卡阻、异响	15天
		厅门关门到位的电气保护装置功能正常 门扇采用间接机械联动时，被动门电气连锁保护装置功能可靠 在层门最不利位置，施加外力，门扇之间的间隙不超过30mm，且无停梯现象	1个月
		厅门三角锁动作、复位灵活，开锁钥匙应经授权使用 厅门验证锁紧的电气保护装置功能正常，锁紧元件的最小啮合尺寸为7mm 门扇与门扇、门扇与门框、地坎之间的间隙符合标准要求 门锁滚轮的间隙及与开门刀的配合尺寸符合产品说明要求 门偏心轮检查及调整、门挂轮磨损检查 闭门器功能在各层工作正常	3个月

续表

序号	保养项目	保养内容及要求	保养周期
7	厅门地坎	厅门门脚胶齐全，无脱离	15 天
		厅门护脚板可靠固定，运行时不得与轿厢部件相摩擦 不应出现因厅门门脚胶磨损而发生的噪声	3 个月
		轿厢开门刀与厅门地坎间隙应在 5 ~ 10mm 厅门地坎和轿厢地坎之间的间隙应符合产品及标准要求	12 个月
8	随行电缆及附件	随行电缆两端应可靠固定，不应有打结及波浪扭曲现象 运行时随行电缆不应触及其他部件而导致磨损或损坏 轿厢完全压缩缓冲器后，电缆不得与底坑地面及其他部件接触 轿厢监控线与随行电缆同步捆绑时，必须确保不产生大的晃动和表面破损	6 个月
9	大厅按钮及显示器	按钮、开关功能正常，且不应有显著的老化、损坏、卡阻现象 显示器的显示应正确、没有缺划、错划的现象 候梯厅应有足够照明（须与业主明确责任）	15 天
10	消防功能	消防迫降和消防员专用各项功能应正常，基站消防开关应有适当防护	3 个月

4）底坑检查见表 7-8。

底坑检查　　　　　　　　　　　　　　　　　　　　　表7-8

序号	保养项目	保养内容及要求	保养周期
1	底坑停止装置	不应有显著的生锈、腐蚀现象，开关动作应正常可靠	15 天
2	底坑爬梯	底坑爬梯固定可靠并方便人员安全进出	12 个月
3	缓冲器	液压缓冲器被压缩后应能自动复位，完全复位后开关才能恢复正常 液压缓冲器的电气保护开关动作灵活，功能可靠	15 天
		液压式缓冲器的液量应正确 缓冲器顶面至轿厢、对重的距离应符合标准要求	3 个月
		缓冲器固定可靠，无生锈、腐蚀现象	6 个月
4	安全钳	安全钳及联动机构各部件齐全，无过量磨损及损坏 安全钳各楔块与导轨间隙均匀并符合产品要求，夹紧位置正确 安全钳各部件无过多油污，应定期清洁	3 个月
5	限速器钢丝绳张紧轮、坠陀及保护开关	限速器钢丝绳张紧轮坠陀不应离地过低 钢丝绳断裂或松弛时应保能使保护开关正确动作 电梯运行中不应存在显著的振动、噪声现象	15 天
6	底坑地面	应保持良好的清洁状态，防水良好、无渗水漏水现象或消防水倒灌现象	15 天
7	补偿链或补偿绳	补偿绳的张紧轮装置及行程限制开关固定，位置正确，开关功能可靠 补偿链或补偿绳无破损及断裂，无生锈和腐蚀现象	15 天
		补偿绳张紧力要充分、均匀；电梯运行时补偿链或补偿绳不应离地过低 补偿绳的张紧轮不应离地过低，也不应脱出导向轨道	3 个月
		补偿链或补偿绳两端固定可靠，补偿链的二次保护装置正确可靠	6 个月

5）整机功能检查见表 7-9。

整机功能检查　　　　表7-9

序号	保养项目	保养内容及要求	保养周期
1	年度整机检查	标准要求的检测项目 厂家要求的检测项目	12 个月

第二节　电梯系统的能效管理

一、电梯系统的能效计量和能耗统计

电梯系统是交通运行工具，像中央空调设备一样，也是多变量的动态设备：电梯的负载如空载、50%、70% 甚至满载等，电梯的频繁停层，电梯的上行和下行，以及电梯的保养（如润滑、曳引绳的松紧）等因素，因此，电梯在实际运行中的变化因素非常多，实际能耗通过电表计量后的结果才是最准确的数据。

（一）电梯系统的能效计量

电梯系统的能效计量，不但要计量电梯的实际用电量，包括电梯驱动的电动机，电梯轿厢里的照明和风机，还应该计量电梯机房的空调（包括电梯轿厢加装的空调）和风机的用电量。

电梯系统能效计量的仪器仪表（或传感器）主要有电流表、电压表、电度表和计时器等，见图 7-1。

图 7-1　电梯用电计量仪表

（二）电梯系统的能耗统计

住宅电梯的实际用电量，通过用电度表测量（电梯机房的空调或风机的用电量未计量），具体数据如下：

1）深圳住宅电梯的能耗测量见表 7-10。

深圳住宅电梯的能耗测量　　　　表7-10

位置	电梯				9月用电量（单位：kW·h）			10月用电量（单位：kW·h）		
	品牌	数量	参数		总电量	月平均	每天用电	总电量	月平均	每天用电
A1栋	日立	2台	32层 32站		3280	1640	55	2520	1260	41
A2栋	日立	2台			3320	1640	55	2520	1260	41
A3栋	日立	2台	2.5m/s		3560	1780	59	2600	1300	42
B1栋	日立	2台	22kW		3560	1780	59	2960	1480	48
B2栋	日立	2台	1000kg		4000	2000	67	3120	1560	50
C1栋	日立	2台			4160	2080	69	3240	1620	52
C2栋	日立	2台			3160	1580	53	2960	1480	48
D1栋	日立	3台			4950	1650	55	3600	1200	39
D2栋	日立	3台			5250	1750	58	4100	1367	44

以上统计数据说明：

1 电梯的用电量是波动的，即使同一台电梯，9月与10月份的用电量也不一样，每天平均用电量最小相差5度电，最大相差17度电；

2 住宅电梯用电量差距较大，单台电梯每天最小用电量是41度电，最大用电量达到69度；

3 "月平均"和"每天用电"两个指标指的是单台电梯的能耗。

2）深圳综合楼住宅电梯的能耗测量见表7-11。

深圳27层住宅三菱电梯的能耗测量　　　　表7-11

电梯		日期	电梯用电量（单位：kW·h）		
品牌	参数		电表读数	用电度	每天用电
三菱	380V 15kW 1.75m/s 27层24站	9月22日12：00	2978	——	76.4
		9月27日11：00	3360	382	

3）以上两个表格的统计数据，使用日立电梯的住宅区的楼层更高，电梯的功率更大、速度更快，但每天平均用电量比三菱电梯的少，不能简单地说明日立电梯比较节能，因为两个住宅区不一样：使用日立梯的住宅区的业主大部分是朝九晚五的上班族，中午大部分不回家；而使用三菱电梯的综合楼在商业区内，业主（大部分都是经商人士）进出的频率高，访客也较多，所以电梯使用非常频繁，用电量相对比较大。以上电梯的用电量是电梯的实际用电量，电梯机房散热的空调用电量未统计，如果加上机房的空调，即电梯加上机房空调，能耗会更大，见图7-2。

图7-2 电梯机房安装空调

二、电梯系统的管理节能

首先是鼓励业主（客户）和物业公司的工作人员，减少对电梯的使用；另外是特殊时间或人流少时关停电梯：电梯和中央空调设备一样，都是按照最大负荷设计，但是在一些特殊的时间，如写字楼下班后或节假日、商场刚开张或将打烊时、住宅区在夜里时，这些时段的人流较少，电梯有一定的富余量，完全可以通过人工方式关掉多余的电梯，实现管理节能，也延长了电梯的使用寿命，这是最简单也是最有意义的事情，见图7-3。

图7-3 无人时段的电梯

三、电梯系统的技术改造节能

1) 做好电梯的日常维修保养和电梯机房的通风对流，就是最好的节能。日常维修保养：调整好钢丝绳的涨紧程度，确保导轨等机械的润滑，电梯不带病运行，这就是最好的节能；其次是空调机房实现有效通风和对流，空调机房一般设计在最高层，是太阳直接暴晒的地方，所以夏天室外的热量会增加电梯机房的温度；加上电梯不断在上行、下行中频繁地平层和启动，电能不断地转化为动能，最终通过电梯控制柜的制动电阻转化为热能，这些热能也导致电梯机房的温度升高。如果电梯机房的门和窗形成有效对流，让机房内的热量有效排出去，对电梯机房的降温是最简单也是有效的，这就是电梯最好的节能和安全运行。

但是也要注意不利因素：电梯设计要求比较严格，在深圳的电梯机房都采用防火门，所以密封的防火门基本不通风透气；其次是电梯机房周边环境，如施工或灰尘大，这些灰尘对电梯的电控系统影响较大；最后是雨季时打开电梯机房的门窗，雨水严重威胁电梯设备的安全和正常运行。所以，在保证电梯机房有效通风时，也应该注意这些不利因素和风险。

2）把电梯控制柜上的制动电阻安装到地板上，减少热能的传递，这是比较被动的做法。电梯频繁运行时，控制柜上面的制动电阻温度较高，不同品牌的电梯，制动电阻的温度是不一样的；而且春夏秋冬不同的季节其温度也不一样，在深圳测试各品牌电梯的制动电阻温度，基本在45℃至230℃之间。在夏天，因为制动电阻的高温导致电梯死机是正常的现象，不过待温度降低后，电梯又会自动恢复运行。所以电梯控制柜的制动电阻拆下来直接用爆炸螺丝固定在地板上，这样制动电阻的高温不会直接烤电梯的电脑主板，也不会通过控制柜的金属把高温直接传递到电脑板上，这样的结果能有效降低电梯的故障，见图7-4。

图 7-4　电梯的制动电阻安装在控制柜上

3）升降梯安装节能回馈器，电梯节电效果明显：不但电梯节能，同时节省电梯机房的空调用电（详见《能源管理与低碳技术》[1]第七章电梯系统的节能运用；节能回馈器的原理、优势和成功案例等。各种品牌的电梯安装节能回馈器，详见图7-5～图7-7。

图 7-5　三菱电梯安装节能回馈器

❶ 郭连忠. 能源管理与低碳技术. 北京：中国电力出版社，2012.

图 7-6　日立电梯安装节能回馈器

图 7-7　奥的斯电梯安装节能回馈器

4）扶梯自动感应节能，节能效果也非常理想，目前此技术在深圳非常普及（详见《能源管理与低碳技术》❶第七章电梯系统的节能运用）。以前对使用控制技术有争议，如扶梯无人时，是让电梯完全停下来，还是让电梯低速（如额定速度的 1/5）运行，现在市场普及基本是无人时电梯低速运行，有人时在几秒钟内达到额定速度。

第三节　电梯系统的风险管控

电梯是交通工具，也是特种设备，所以国家和地方层面对电梯设备的安全运行、电梯的维修保养、电梯的使用管理等政策等非常严格，因此电梯设备面临的各种风险也非常多。

一、电梯节能的风险和规避

（一）升降梯安装节能回馈器的风险与规避

电梯安装节能回馈器，在深圳经历的道路比较曲折，早期深圳的节能公司推广电梯节能回馈技术时，物业公司基本都是拒绝的，而且拒绝的理由特别多；只有极个别的物业公司，基于成本和设计安装问题考虑，允许节能公司上门安装节能回馈器测试。

1. 反对理由一

电梯是特种设备，安全是最关键的，在原来电梯的基础上加装节能产品，质量技术监

---

❶　郭连忠 . 能源管理与低碳技术 . 北京：中国电力出版社，2012.

督局会不会不同意，特检所每年对电梯的安全检查会不会有异议甚至不能通过年检，所以不能因为节能而影响电梯年检，甚至被政府主管部门处理。

因为电梯是特种设备，这些理由有一定的道理，但是对电梯节能是有政策依据的：

2003年6月1日起施行的《特种设备安全监察条例》第八条，国家鼓励推行科学的管理方法，采用先进技术，提高特种设备安全性能和管理水平，增强特种设备生产、使用单位防范事故的能力，对取得显著成绩的单位和个人，给予奖励。国家鼓励特种设备节能技术的研究、开发、示范和推广，促进特种设备节能技术创新和应用；

2009年8月1日起施行的《电梯使用管理与维修保养规则》第九条，使用单位应当履行以下职责：（十二）按照安全技术规范的要求，及时采用新的安全与节能技术，对在用电梯进行必要的改造或者更新，提高在用电梯的安全与节能水平；

2009年9月1日起施行的《高耗能特种设备节能监督管理办法》第六条，高耗能特种设备的生产单位、使用单位、检验检测机构应当按照国家有关法律、法规、特种设备安全技术规范等有关规范和标准的要求，履行节能义务，做好高耗能特种设备节能工作，并接受国家质检总局和地方各级质量技术监督部门的监督检查。第七条，国家鼓励高耗能特种设备的生产单位、使用单位应用新技术、新工艺、新产品，提高特种设备能效水平。对取得显著成绩的单位和个人，按照有关规定予以奖励。

2003年9月1日起施行的《物业管理条例》第四条，国家鼓励采用新技术、新方法、依靠科技进步提高物业管理和服务水平。

因此，升降梯安装节能回馈器等节能产品是允许的、可行的，在法律上不存在争议问题。

2. 反对理由二

加装节能回馈器后，电梯节能的电送到电网，会不会有污染，供电主管单位会不会不同意，甚至处罚物业管理公司。

因为法律已经规定是可以采用节能技术，而且在高速和超高速电梯，如4m/s和6m/s的电梯设备中，电梯生产厂家的产品本身就配置有这些节能装置，如果没有这些节能装置，电梯控制柜上制动电阻的占地空间非常大才能保证电梯正常运行，所以在理论上，为什么高速和超高速电梯产品带有节能回馈装置能接受，而中速梯和高速梯（1.5m/s至2.5m/s）加装节能装置就不允许呢？后来，深圳节能行业协会、节能公司与深圳供电部门的多次接触，供电部门的相关人士回应，他们的网站和制度没有反对电梯安装节能回馈器，供电方面的相关法律法规也没有这些规定，而且供电部门也提倡和鼓励企业节能工作，所以以己之思度供电部门之腹的理由，有点莫须有的牵强。

3. 反对理由三

电梯节能改造违法。物业公司认为：电梯加装节能回馈器是严重违法行为，按照相关法律规定，不是一般单位可以对电梯进行改造的。物业公司的违法论也让节能公司抓狂，因为节能公司不懂电梯的政策，也怀疑安装电梯节能回馈产品是违法的行为，这是电梯节能回馈技术被严重上纲上线的最大理由。这首先要界定电梯的改造行为：

1）国家质量监督检验检疫总局2001年发布的《特种设备注册登记与使用管理规则》（以下简称《规则》）对特种设备（电梯属于特种设备范畴）"改造"的定义是："改造是指改变原特种设备受力结构、机构（传动系统）或控制系统，致使特种设备的性能参数与技术指标发生变更的业务。

2）GB/T 18775—2002《电梯维修规范》则将电梯的"改装"定义为："在电梯交付使用后，由于某种原因对电梯及其部件进行了一系列操作，这些操作对电梯的特性会产生影响，如改变额定速度、额定载重量、轿厢质量，更换曳引机、轿厢、控制系统、导轨及导轨类型等。"

3）GB 7588—1995《电梯制造与安装安全规范》附录 E 将"电梯的重大改装"定义为："电梯的重大改装是指下列一项或几项内容的改变：（1）改变：额定速度；额定载重量；轿厢质量；行程；门锁装置的类型（相同类型门锁装置的更换不作为重大改装考虑）。（2）改变或更换：控制系统；导轨或导轨类型；门的类型（或增加一个或多个层门或轿门）；电梯驱动主机或曳引轮；限速器；缓冲器；安全钳装置。"

以上各种政策说明：电梯改造不违法，电梯节能更不违法，因为电梯节能回馈产品只是在电梯控制柜上的制动电阻并接一个安全器件，既没有改动电梯的主线路，也没有改动电梯的控制线路，所以安装节能回馈器并没有对电梯进行改造，也没有对电梯进行改装，因此电梯节能回馈器改造违法不成立。

（二）扶梯节能改造的风险和规避

扶梯的节能改造，即通过自动控制技术，根据有人／无人的状态进行自动感应，从而控制电梯的转速达到节能的目的。但是与升降梯节能回馈技术的激烈反对比较，扶梯的节能技术在深圳的反对声音反而听不到，显得不正常。其实物业公司更应该关注扶梯的节能风险。

1. 对扶梯改造单位的资质要求的风险，这是物业公司忽视的盲点。扶梯的节能，需要在主控线路增加变频器并相应地改动控制线路，所以扶梯的节能才是对电梯进行改造。从以上电梯政策说明，电梯是可以改造的，问题是什么单位才有资格改造，即对改造单位的资质要求被忽视了。

1）电梯安装维修改造资质的分级和要求，详见表 7-12 和表 7-13。

电梯维修资质的分级和要求　　　　　　　　　　　　　　　　　　表7-12

施工类别	施工等级	序号	基本要求
维修	A级	1	注册资金 250 万元以上
		2	签订 1 年以上全职聘用合同的电气或机械专业技术人员不少于 8 人。其中，高级工程师不少于 2 人，工程师不少于 4 人
		3	签订 1 年以上全职聘用合同的持相应作业项目资格证书的特种设备作业人员等技术工人不少于 40 人，且各工种人员比例合理
		4	技术负责人必须具有国家承认的电气或机械专业高级工程师以上职称，从事特种设备技术和施工管理工作 5 年以上，并不得在其他单位兼职
		5	专职质量检验人员不得少于 4 人
		6	近 5 年累计维修申请范围内的特种设备数量至少为：电梯 150 台套；起重机械 60 台套

施工类别	施工等级	序号	基本要求
维修	B级	1	注册资金120万元以上
		2	签订1年以上全职聘用合同的电气或机械专业技术人员不少于5人。其中，高级工程师不少于1人，工程师不少于2人
		3	签订1年以上全职聘用合同的持相应作业项目资格证书的特种设备作业人员等技术工人不少于30人（客运索道或大型游乐设施10人），且各工种人员比例合理
		4	技术负责人必须具有国家承认的电气或机械专业高级工程师以上职称，从事特种设备技术和施工管理工作5年以上，并不得在其他单位兼职
		5	专职质量检验人员不得少于3人
		6	近5年累计维修申请范围内的特种设备数量至少为：电梯80台套；起重机械40台套；客运索道5条；大型游乐设施20台套
	C级	1	注册资金50万元以上
		2	签订1年以上全职聘用合同的电气或机械专业技术人员不少于3人。其中，工程师不少于2人
		3	签订1年以上全职聘用合同的持相应作业项目资格证书的特种设备作业人员等技术工人不少于15人（大型游乐设施8人），且各工种人员比例合理
		4	技术负责人必须具有国家承认的电气或机械专业工程师以上职称，从事特种设备技术和施工管理工作5年以上，并不得在其他单位兼职
		5	专职质量检验人员不得少于2人
		6	近5年累计维修申请范围内的特种设备数量至少为：电梯30台套；起重机械20台套

电梯安装改造资质的分级和要求　　　　　　　　　　　　　　表7-13

施工类别	施工等级	序号	基本要求
安装	A级	1	注册资金300万元（人民币，下同）以上
		2	签订1年以上全职聘用合同的电气或机械专业技术人员不少于8人；其中，高级工程师不少于2人，工程师不少于4人
		3	签订1年以上全职聘用合同的持相应作业项目资格证书的特种设备作业人员等技术工人不少于30人（客运索道或大型游乐设施20人），且各工种人员比例合理
		4	技术负责人必须具有国家承认的电气或机械专业高级工程师以上职称，从事特种设备技术和施工管理工作5年以上，并不得在其他单位兼职
		5	专职质量检验人员不得少于4人
		6	近5年累计安装申请范围内的特种设备数量至少为：电梯150台套；起重机械60台套；客运索道或大型游乐设施20台套

施工类别	施工等级	序号	基本要求
安装	B级	1	注册资金 150 万元以上
		2	签订 1 年以上全职聘用合同的电气或机械专业技术人员不少于 6 人；其中，高级工程师不少于 1 人，工程师不少于 3 人
		3	签订 1 年以上全职聘用合同的持相应作业项目资格证书的特种设备作业人员等技术工人不少于 20 人（客运索道或大型游乐设施 10 人），且各工种人员比例合理
		4	技术负责人必须具有国家承认的电气或机械专业高级工程师以上职称，从事特种设备技术和施工管理工作 5 年以上，并不得在其他单位兼职
		5	专职质量检验人员不得少于 3 人
		6	近 5 年累计安装申请范围内的特种设备数量至少为：电梯 80 台套；起重机械 40 台套；客运索道或大型游乐设施 12 台套
	C级	1	注册资金 50 万元以上
		2	签订 1 年以上全职聘用合同的电气或机械专业技术人员不少于 3 人；其中，工程师不少于 2 人
		3	签订 1 年以上全职聘用合同的持相应作业项目资格证书的特种设备作业人员等技术工人不少于 10 人（大型游乐设施 6 人），且各工种人员比例合理
		4	技术负责人必须具有国家承认的电气或机械专业工程师以上职称，从事特种设备技术和施工管理工作 5 年以上，并不得在其他单位兼职
		5	专职质量检验人员不得少于 2 人
		6	近 5 年累计安装申请范围内的特种设备数量至少为：电梯 30 台套；起重机械 20 台套；大型游乐设施 8 台套
改造	A级	1	注册资金 350 万元以上
		2	签订 1 年以上全职聘用合同的电气或机械专业技术人员不少于 10 人。其中，从事申请项目特种设备设计的高级工程师不少于 1 人，工程师不少于 2 人；其他专业高级工程师不少于 1 人，工程师不少于 3 人
		3	签订 1 年以上全职聘用合同的持相应作业项目资格证书的特种设备作业人员等技术工人不少于 30 人（客运索道及大型游乐设施 20 人），且各工种人员比例合理
		4	技术负责人必须具有国家承认的电气或机械专业高级工程师以上职称，从事特种设备设计和施工管理工作 5 年以上，并不得在其他单位兼职
		5	专职质量检验人员不得少于 4 人
		6	有满足其改造作业需要的制造和试验的设备、厂房与场地
		7	近 5 年累计改造申请范围内的特种设备数量至少为：电梯 80 台套；起重机械 50 台套；客运索道 5 条；大型游乐设施 20

续表

施工类别	施工等级	序号	基本要求
改造	B级	1	注册资金 200 万元以上
		2	签订 1 年以上全职聘用合同的电气或机械专业技术人员不少于 6 人。其中，从事申请项目特种设备设计的高级工程师不少于 1 人，工程师不少于 2 人；其他专业工程师不少于 2 人
		3	签订 1 年以上全职聘用合同的持相应作业项目资格证书的特种设备作业人员等技术工人不少于 20 人（客运索道及大型游乐设施 10 人），且各工种人员比例合理
		4	技术负责人必须具有国家承认的电气或机械专业高级工程师以上职称，从事特种设备设计和施工管理工作 5 年以上，并不得在其他单位兼职
		5	专职质量检验人员不得少于 3 人
		6	有满足其改造作业需要的制造和试验的设备、厂房与场地
		7	近 5 年累计改造申请范围内的特种设备数量至少为：电梯 40 台套；起重机械 30 台套；客运索道 3 条；大型游乐设施 15 台套
	C级	1	注册资金 80 万元以上
		2	签订 1 年以上全职聘用合同的电气或机械专业技术人员不少于 3 人；其中，从事申请项目特种设备设计和施工管理的工程师各不少于 1 人
		3	签订 1 年以上全职聘用合同的持相应作业项目资格证书的特种设备作业人员等技术工人不少于 10 人（大型游乐设施 5 人），且各工种人员比例合理
		4	技术负责人必须具有国家承认的电气或机械专业工程师以上职称，从事特种设备设计和施工管理工作 5 年以上，并不得在其他单位兼职
		5	专职质量检验人员不得少于 2 人
		6	有满足其改造作业需要的制造和试验的设备、厂房与场地
		7	近 5 年累计改造申请范围内的特种设备数量至少为：电梯 20 台套；起重机械 15 台套；大型游乐设施 8 台套

2）以上两个表格说明：申请电梯的维修资质相对比较容易（但现在要注册一家电梯维修公司的要求更高了），这也是从 1995 ~ 2008 年，深圳品牌物业公司走专业化道路络绎不绝地组建自己的电梯公司的主要原因之一，另外是更好地降低物业成本实现高额回报以及提升物业服务品质，所以在深圳工商部门注册的电梯公司，物业公司组建的电梯公司异军突起，并且在电梯市场上占领比较大的蛋糕份额；但是电梯维修公司要申请改造资质就非常艰难，因为光是"有满足其改造作业需要的制造和试验的设备、厂房与场地"的这一项要求，电梯维修公司就很难实现，只有电梯的生产厂家才有那个条件。

所以，扶梯的节能改造只有电梯的生产单位（即电梯厂家）才有资格实施，而电梯维修保养公司（电梯生产厂家除外）和节能公司是没有资格，不能对扶梯进行节能改造。

二、电梯维修保养适用的对象

风险：电梯使用单位（开发商或物业公司）应当加强对电梯的安全管理，严格执行特种设备安全技术规范的电梯，对电梯的使用安全负责。但是，近年来大量兴起的私家别墅，很多私家业主自己家里面就有私家的独立电梯，这些私家电梯的维修保养是由物业公司负责吗？

1）电梯政策的角度：《电梯使用管理与维修保养规则》（2009 年 8 月 1 日起施行）第二条 本规则适用于《特种设备安全监察条例》适用范围内电梯的使用管理与日常维护保养工作。本规则不适用于个人或者单个家庭自用的电梯。

因此，从《电梯使用管理与维修保养规则》说明，私家（个人）电梯的维修保养应该是由业主自己负责。

2）物业管理法律法规的角度，见表 7-14。

（1）国家发展改革委、建设部关于印发物业服务收费管理办法的通知（发改价格 [2003]1864 号）。

（2）广东省物价局、广东省住房和城乡建设厅关于物业服务收费管理办法》（2010 年 4 月 1 日起施行）。

（3）深圳市物业管理服务收费管理规定（2006 年 9 月日起执行）。

物业管理的相关法律法规 表7-14

法律法规	具体内容
物业服务收费管理办法	第十一条 物业服务成本或者物业服务支出构成一般包括以下部分 1. 管理服务人员的工资、社会保险和按规定提取的福利费等 2. 物业共用部位、共用设施设备的日常运行、维护费用 3. 物业管理区域清洁卫生费用 4. 物业管理区域绿化养护费用 5. 物业管理区域秩序维护费用 6. 办公费用 7. 物业管理企业固定资产折旧 8. 物业共用部位、共用设施设备及公众责任保险费用 9. 经业主同意的其他费用
广东省物价局、广东省住房和城乡建设厅关于物业服务收费管理办法	第十三条 物业服务成本或者物业服务支出构成一般包括以下部分 1. 管理服务人员的工资、社会保险和按规定提取的福利费等 2. 物业共用部位、共用设施设备的日常运行、维护费用 3. 物业管理区域绿化养护费用 4. 物业管理区域清洁卫生费用 5. 物业管理区域秩序维护费用 6. 物业共用部位、共用设施设备及公众责任保险费用 7. 办公费用 8. 管理费分摊 9. 物业服务企业固定资产折旧 10. 经业主同意的其他费用
深圳市物业管理服务收费管理规定	第九条 下列项目支出可以列入物业管理服务成本或者物业管理服务支出，但不得重负计算 1. 管理服务人员的工资、社会保险和按规定提取的福利费等 2. 物业共用部位、共用设施设备的日常运行、维护费用 3. 清洁卫生费用 4. 绿化养护费用 5. 公共秩序维护费用 6. 物业共用部位水、电费用 7. 用于物业管理的固定资产折旧及办公费用 8. 物业共用部位、共用设施设备的保险费用及公众责任保险费用 9. 必要的社区文化、体育活动费用 10. 经业主同意的其他费用

以上物业管理的法律法规说明,物业管理服务成本支出针对的是共用部位、共用设施设备,而不是业主门户以内(即业主家里面的)自有设备;另外私家电梯在业主家里面,属于业主家里的私人财产,这方面深圳的品牌地产商比较有经验,在售房合同上注明业主家里的电梯,属于业主的私人财产,而且会尽快到相关政府部门办理过户手续,因此私家自用电梯应该由业主自己负责,或者业主可以委托专业的电梯公司实施维修保养工作。

三、物业公司对电梯专业人员的配置和相关人员培训的风险

物业公司的规模不一样,要配多少电梯工?要配备什么样的电梯工?对相关人员的培训等,物业公司对这些风险关注得比较少,毕竟能够组建自己电梯公司的物业公司还是少数。

(一)电梯专业人员的配置和持证上岗

1.物业公司要配置多少电梯技术人员

各地会有自己的规定,《电梯使用管理与维修保养规则》第六条,使用单位应当设置电梯的安全管理机构或者配备电梯安全管理人员,至少有一名取得《特种设备作业人员证》的电梯安全管理人员承担相应的管理职责。

2.电梯人员的持证

以深圳为例,电梯的相关证件有电梯维修证和电梯司机证。

(二)电梯人员的培训

1)持证上岗的电梯人员,按要求应定期参加年审;另外,物业公司应该充分利用电梯厂家和维修保养公司的资源,根据自己物业电梯的情况和特点,对专业的电梯人员进行系统的、有针对性培训;

2)电梯操作工的培训:按电梯政策规定,特殊物业如工业物业等要求电梯司机持证上岗,此规定对物业公司的风险很大,因为电梯司机一般是秩序维护员负责,现在这些基层人员的流动性大,物业公司出资培训后,持证的秩序维护员流失快(包括公安部门要求的保安上岗证、消防部门要求的消防证等),针对这些基层持证上岗员工的迅速流失,目前行业内没有更好的措施和办法。尤其是在项目入伙装修时,为了保证刚经过验收的电梯的安全使用,物业公司每天会例行安排秩序维护人员开电梯运送装修材料,这些人对电梯的突发事件、应急管理和日常故障的应对都不清楚,所以物业公司针对这些操作电梯的保安培训应该高度重视,确保人员和电梯设备的安全。

四、电梯的安全技术档案的风险和规避

(一)风险

物业公司包括已组建自己电梯公司的物业公司,对完善电梯的技术档案的关注比较欠缺,甚至不知道电梯技术档案包括什么内容。

(二)风险规避

按政策要求和通过合同履约规避风险。

1)电梯相关政策对安全技术档案的具体内容见表7-15。

电梯相关政策对安全技术档案的具体内容 表7-15

电梯相关政策	具体内容
《特种设备安全监察条例》（2003年6月1日起施行）	第二十六条 特种设备使用单位应当建立特种设备安全技术档案。安全技术档案应当包括以下内容 （一）特种设备的设计文件、制造单位、产品质量合格证明、使用维护说明等文件以及安装技术文件和资料 （二）特种设备的定期检验和定期自行检查的记录 （三）特种设备的日常使用状况记录 （四）特种设备及其安全附件、安全保护装置、测量调控装置及有关附属仪器仪表的日常维护保养记录 （五）特种设备运行故障和事故记录 （六）高耗能特种设备的能效测试报告、能耗状况记录以及节能改造技术资料
《电梯使用管理与维修保养规则》（2009年8月1日起施行）	第十一条 使用单位应当建立电梯安全技术档案，安全技术档案至少包括以下内容 （一）《特种设备使用注册登记表》 （二）设备及其零部件、安全保护装置的产品技术文件 （三）安装、改造、重大维修的有关资料、报告等 （四）日常检查与使用状况记录、维保记录、年度自行检查记录或者报告、应急救援演习记录 （五）安装、改造、重大维修监督检验报告与定期检验报告 （六）设备运行故障与事故的记录 日常检查与使用状况记录、维保记录、年度自行检查记录或者报告、应急救援演习记录、定期检验报告，设备运行故障记录至少保存2年，其他资料应当长期保存。使用单位变更时，应当随机移交安全技术档案
《高耗能特种设备节能监督管理办法》（2009年9月1日起施行）	第二十条 高耗能特种设备安全技术档案至少应当包括以下内容 （一）含有设计能效指标的设计文件 （二）能效测试报告 （三）设备经济运行文件和操作说明书 （四）日常运行能效监控记录、能耗状况记录 （五）节能改造技术资料 （六）能效定期检查记录

2）电梯维修保养分包出去，物业公司完全可以要求电梯维修保养单位协助完善电梯的安全技术档案，而且应该在签订电梯维修保养合同时，把这些要求写进合同内容里，通过专业电梯公司的资源，完善制度建设，也更好地降低自己承担的风险。

五、写字楼电梯在高峰运行效率的风险和规避

（一）风险

电梯在选型时，更关注的是品牌，电梯的数量，电梯的参数如载重、速度、功率和节能效果（如永磁同步技术、小机房或无机房电梯），但是对写字楼在高峰运行时的运力，即效率问题的关注比较欠缺，因为群控电梯系统的控制特性是只有一台电梯在运行，其他电梯都是在候梯（备用）状态，它不会根据人流自动调节运力，以致甲级写字楼出现在上下班时间排着长长的人流等电梯的现象，需要通过有效管理方式来改善。

（二）风险规避

要解决写字楼上下班高峰期的运力问题，可以通过科技手段和有效的人工管理方式实现。

1）最有效的方式是通过自动化控制技术的方式实现电梯最大运力。写字楼的特性是上班时把上班人流从一楼送上去，即从低到高的运行，晚上下班后，是从高处往低处运输人群，因此在原有群控电梯的控制系统上，增加硬件和软件，运用自动化控制技术实现自动分配，见图7-8。

图7-8　电梯自动分配系统

在上班高峰期，所有的客梯在一楼开门接客，然后立即把一楼的人群送上去；在下班时，运行程序与上班刚好相反，所有的电梯停在写字楼的中间或最高层，把楼上的人流送下来，实现最大的运力，最大限度地减少排长龙候梯的现象，有效节约大家的候梯时间，通过科技手段实现甲级写字楼的高效服务品质和提升物业及地产的牌牌效应。

2）人工管理。鉴于增加硬件和软件需要一定的经济投入，有的开发商或物业公司不愿意再投资，因此物业管理公司只能通过人工管理，即直接安排电梯司机（客户服务人员等）手动开电梯，解决电梯的运力问题，减少客户的排队时间。

以深圳一甲级写字楼为例：写字楼的上班时间是朝九晚五，在早上8：30人流开始集中，8：40～8：55是排队的高峰期，等电梯时间是8至15分钟之间；人流情况：坐地铁、公交车到写字楼大堂的人流，5分钟内最大的人流量是100人左右；电梯情况：5台电梯（4台客梯，1台消防梯）每台梯的速度都是3.5m/s，最多18人的负荷；电梯运力：因为电梯是群控，不管高峰期还是平时，只有一台客梯运行，另3台都在备用阶段（实际处于闲置状态）。加上另一台消防梯在工作，即5台电梯的现场只有两台梯在运行。

为了缩短上班族的排队时间，在早上上班高峰期，物业公司安排4个女客服人员开4台客梯（女性体重比男性轻，有效减少电梯载重量），加上1台消防梯，即5台电梯同时工作的最大运力（18人／梯）将近90人，通过人工开电梯实现最大运力，上班高峰期排队时间从原来最长的10分钟、15分钟，缩短到5分钟以内，立竿见影地减少上班族等候电梯的时间。与自动控制技术比较，实际上人工长期管理的成本还是很高的，在及时性和实效性稍为欠缺。

第八章 中央空调系统管理

第一节 中央空调系统的基础管理

中央空调系统管理的范围是中央空调机房（主要有制冷主机或称冷水机组、冷却泵、冷冻泵和电气控制柜）、冷却塔、楼层风柜或盘管风机、补水箱、管网系统等设备。

一、中央空调系统的可视化管理

（一）人工可视化管理
物业公司中央空调管理人员日常巡视应该关注。

1. 中央空调制冷主机（或冷水机组）

1）电源情况（制冷主机是否通电，中央空调制冷主机要 24 小时通电才能保证油温，否则因为油温过低会导致制冷主机不能启动）；

2）中央空调制冷主机的设备状态（运行 / 停止或闲置），见图 8-1；

3）润滑油的位置（上油视窗之位置，下油视窗可见油位为正常）及温度（如开利机应为华氏 140 ~ 160 度，即摄氏 60 ~ 70 度）；

4）主机屏幕显示的主机状态和各种参数（制冷主机的进出水温度、进出水压力，冷媒和冷冻油压力等）；

5）主管道上的阀门状态（开 / 关或比例调节阀的开启度），管道和水泵在外观上不存在跑冒滴漏等；

6）制冷主机运行参数：制冷主机的负荷状态、油温、冷媒压力、运行电流、冷冻水和冷凝水的进 / 出水压力及温度、每天运行时间等，见图 8-2；

7）空调主机的噪声情况。

2. 水泵和冷却塔系统

1）冷却泵和冷冻泵的设备状态（运行 / 停止或闲置）；

2）水泵运行的参数：电压、电流、扬程、流量（过去中央空调在设计阶段很少甚至不考虑流量计量装置）；水泵的噪声情况；

3）补水箱等。

3. 动力控制柜

1）电气设备：显示仪表、（主）电缆、断路器、交流接触器、热继电器；

2）运行参数：电压、电流、设备用电计量（电度表），见图 8-3；

3）每天运行时间等。

图 8-1 中央空调机房和水系统

图 8-2 中央空调制冷主机（不同品牌）的显示屏

图 8-3 动力控制柜的显示情况等

（二）科技可视化管理

通过科技化手段，实现在线监控，可以通过显示屏（在电脑或 LED）以及网络上看到中央空调制冷主机、冷却泵、冷冻泵、冷却塔的运行状态和运行数据，实际运行设备的开停信息、电压、电流、进出水温度、压力等，具体见图 8-4、图 8-5。

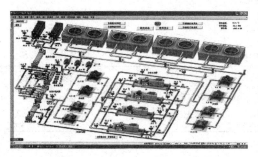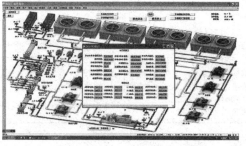

图 8-4 在 LED 显示屏上很直观地看到设备的运行工况和运行参数，而且可以在电脑上自动生成记录表格

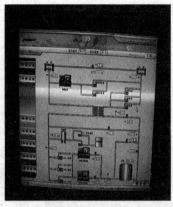

图 8-5　在电脑上和网上可以看到设备的运行工况和运行参数

中央空调系统的科技可视化管理，更加直观和便利，立竿见影地提高设备的管理效率，但还是无法完全取代人工管理。

二、中央空调系统的量化和标准化管理

通过制度建设，明确、统一和规范中央空调的台账及维修保养的标准。

（一）中央空调设备的台账

制度建设方面，规范中央空调设备的统计。中央空调的设备比较多，对设备资产统计的指标一定要统一、明确，数量一定要准确，为设备日常管理、安全管理、设备节能诊断和节能改造提供最基础的信息论依据。

1. 深圳物业公司中央空调设备台账（以深圳综合楼为例）

1）冷冻机类见表 8-1。

冷冻机类　　　　　　　　　　　　　　　　　　　　　　　　　　表8-1

名称	型号	厂家	出厂日期	安装位置	数量	设备本体主要参数
冷却机组	19XL	美国	1992 年 3 月	地下室	1 台	水流量 292m³/h、制冷量 1407kW、电压 380V 功率 324kW、满载电流 486A

2）动力柜类见表 8-2。

动力柜类　　　　　　　　　　　　　　　　　　　　　　　　　　表8-2

编号	名称	型号	生产厂家	出厂日期	安装位置	数量	设备本体主要参数
	动力柜	JX	深圳	1996 年 5 月	地下室	1 个	电压 380V、电流 315A

3）冷却泵类见表 8-3。

冷却泵类 表8-3

编号	名称	型号	生产厂家	出厂日期	安装位置	数量	设备本体主要参数
1#	冷却泵	ISP200	湖南	1998年10月	地下室	1台	扬程32.8m、流量324 m³/h、转速1450r/min、轴功率35kW
	电动机	Y225M	无锡	1995年6月	地下室	1台	电压380V、电流84.2A、功率45kW

4）冷冻泵类见表8-4。

冷冻泵类 表8-4

编号	名称	型号	生产厂家	出厂日期	安装位置	数量	设备本体主要参数
1#	冷冻泵	ISP150	湖南	1998年10月	地下室	1台	扬程30m、流量270 m³/h、转速1450r/min、轴功率30.7kW
	电动机	Y225S	江苏	1998年	地下室	1台	电压380V、电流84.2A、功率35kW

5）冷却塔类见表8-5。

冷却塔类 表8-5

编号	名称	型号	生产厂家	出厂日期	安装位置	数量	设备本体主要参数
——	电动机	——	台湾	1995年	8楼	4台	电压380V、电流13A、功率5.5kW

6）风柜类见表8-6。

风柜类 表8-6

编号	名称	型号	生产厂家	出厂日期	安装位置	数量	设备本体主要参数
1F1	风柜	FBFP-200LA	中外合资企业	1995年12月	一楼	1台	风量20000 m³/h、余压686Pa、制冷量256kW、功率18.5kW
1F3		FBFP-180LA		1996年1月	一楼	1台	风量18000 m³/h、余压686Pa、冷量209kW、功率15kW
2F1		FBFP-180LA		1996年1月	二楼	1台	风量18000 m³/h、余压686Pa、制冷量209kW、功率15kW
2F2		FBFP-200LA		1996年1月	二楼	2台	风量20000 m³/h、余压686Pa、制冷量256kW、功率18.5kW
3F1		FBFP-180LA		1996年1月	三楼	1台	风量18000 m³/h、余压686Pa、冷量209kW、功率15kW
3F2		FBFP-200LA		1996年1月	三楼	2台	风量20000 m³/h、余压686Pa、制冷量256kW、功率18.5kW
4F1		FBFP-180LA		1996年1月	四楼	1台	风量18000 m³/h、余压686Pa、冷量209kW、功率15kW
4F2		FBFP-200LA		1996年1月	四楼	2台	风量20000 m³/h、余压686Pa、制冷量256kW、功率18.5kW

从深圳物业公司的设备台账统计说明：统计的指标、科目比较详细、比较科学，但还是有需要完善的地方，如设备的大、中修未反映；一些隐蔽的设备未统计，如中央空调的冷却和冷冻的补水箱；统计的指标也有待完善，如冷却塔设备的单台散热量、风量、水量等，没有这些指标，不利于后期评估设备的正常运行和节能。

2. 不同用途和需求对中央空调设备的统计

如香港某物业公司基于节能需求，计划对甲级写字楼的中央空调系统做节能改造，在原来资产统计的基础上，汇总中央空调设备的数据，具体见表8-7。

中央空调设备节能统计表　　　　　　　　　　　　　　　　表8-7

	制冷机	水泵	冷却塔	新风处理机	空调箱风机	合计
数量	6	36	11	29	152	234
额定功率（kW）	1346	——	152	——	——	
功率合计（kW）	8076	4374	1672	513	4600	19235
比例	41.99%	22.74%	8.69%	2.67%	23.91%	

注：空调箱风机即风柜。

（二）中央空调系统的检查保养内容及周期

明确中央空调设备的检查保养内容及周期，具体见表8-8。

空调系统设备检查保养内容及周期　　　　　　　　　　　　表8-8

序号	检查保养项目	保养内容	周期
1	机组外观	清洁	1次/周
2	控制柜	检查、清洁	1次/周
3	水流开关	检查、调整灵敏度	1次/月
4	柜机、新风机过滤器	清洗	1次/月
5	压缩机电机润滑	注二硫化钼	1次/月
6	冷却塔过滤网	清洗、如损坏更换	1次/季
7	布水器	检查、调整、如损坏更换	1次/季
8	电机主回路、控制回路	检查主触点、清洁、紧固	1次/年
9	设备机座	检查、紧固地脚螺丝	1次/半年
10	进水浮球阀	检查、调整、如损坏更换	1次/季
11	机房各种阀门	启闭情况、更换填料、加油	1次/季
12	空调风机皮带	调整松紧，损坏则更换	1次/季
13	机房地漏	检查、清理	1次/季
14	冷却塔风机	检查、调整传动皮带，注油脂	1次/半年
15	压力表、温度计	如损坏则更换	1次/半年

续表

序号	检查保养项目	保养内容	周期
16	排气阀	如损坏则更换	1次/半年
17	管道吊架、支架	检查、如松动，紧固	1次/年
18	制冷剂	检漏、补足	1次/年
19	风机盘管滤网、电机轴承	清洗、检查、更换	1次/半年
20	压缩机、电机绝缘	用兆欧表检查	1次/年
21	管道保温、防锈	修补、更换、除锈、刷漆	1次/年
22	冷冻水、冷却水	按外委合同	按合同

第二节 中央空调系统的能效管理

一、中央空调系统的能效计量和能耗统计

（一）中央空调系统的能效计量

中央空调系统是多变量的动态设备，因为设计和安装原因，中央空调又是小温差、大流量的设备，冷却水、冷冻水的压力或流量的变化都会引起系统的能效变化；制冷主机的冷冻油、氟利昂等是否正常也会影响制冷主机的能效，因此，中央空调的能效应该是系统的优化匹配，而不是单纯的冷却水和冷冻水的压力、流量、温差问题，这是中央空调能效计量的对象。站在设备的角度，具体计量可细分为制冷主机、冷却泵、冷冻泵、冷却塔和楼层的风柜（盘管风机）等设备。中央空调系统的能效计量一直是业界（房地产开发公司、物业管理公司、节能公司等）难题，中央空调系统能效计量的仪器仪表（或传感器）：电流表和电压表、温度表、压力表、流量计、电度表、计时器等（建议物业公司定期检验仪表是否正常），具体如下：

1. 电流表和电压表

电流表和电压表是监视制冷主机、水泵系统的电压、电流是否正常。

2. 温度表

制冷主机冷冻和冷却温度、楼层的供冷温度等，见图8-6。

图8-6 温度计量和显示表

3. 压力表

制冷主机冷冻、冷却的压力或水泵系统的压力显示，见图8-7。

4. 流量计

监视冷冻和冷却系统的流量，见图8-8。

图 8-7 中央空调压力表　　　　　　图 8-8 中央空调流量计

5. 电度表

电度表是监视制冷主机、水泵系统、冷却塔和楼层的风机盘管的实际用电量，见图8-9。

 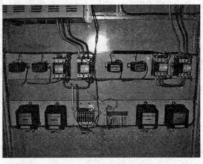 

图 8-9 计量电度表

6. 计时器

计时器是监视设备的实际使用时间。

（二）中央空调系统的能耗统计

在物业管理行业，中央空调能耗最大的是宾馆、酒店、餐饮行业，然后是商业场所和写字楼，详见本书第三部分建筑能源审计章节。

二、中央空调系统的管理节能

管理节能，即根据设备的属性、运行情况和管理模式，在保证供冷和舒适度的前提下，通过人工管理的方式实现节能。

（一）过渡季节不开冷气

中央空调系统最节能的方式是在过渡季节和温度较低的时间不开中央空调制冷主机，通过新风确保室内的温度和空气流通。

（二）电能质量管理节能

中央空调电压偏高，物业管理公司很少关注这些基础管理问题，如深圳某写字楼中央空调的供电电压是 420V，中央空调设备运行电压是 388V，说明空调供电电压偏高（因为空调主机大部分时间在预热状态，保证油温才能随时启动制冷主机），对主机的安全影响较大，也增加设备的能耗。电力变压器电压调整：如下图，电力变压器高压接 10000V 的档位，调整到 10500V 后，空调主机开机前的电压是 403V，带负荷运行的电压是 375V，所以正常的供电电压是中央空调设备安全运行的基本保障。

（三）控制室内空调温度实现节能

根据《国务院关于加强节能工作的决定》国发〔2006〕28 号文件，所有公共建筑内的单位，包括国家机关、社会团体、企事业组织和个体工商户，除特定用途外，夏季室内空调温度设置不低于 26℃，冬季室内空调温度设置不高于 20℃。有关部门要据此修订完善公共建筑室内温度有关标准，并加强监督检查。

国务院对空调温度具体规定的出台，对物业管理公司非常有利，只要夏季空调温度在不低于 26℃，并且对用户做好宣传和解释工作，能有效减少用户对空调温度偏高或偏低的投诉；而且，原来楼上楼下庞大的客户群体，把空调温度设定在 23℃ 甚至更低温度，物业公司往往要动用大量的人力巡查，苦口婆心地劝客户调高温度，但客户响应有限。而通过技术在源头上实现管控，物业公司在空调机房把制冷主机的冷冻水温度调高（要兼顾最不利区域的温度），客户再怎么调整温度控制器，办公室内的最低温度都在 24℃ 以上，不需要和客户发生任何的矛盾和冲突，而且通过技术手段实现立竿见影的节能效果。

冷冻水每提高 1℃，在不同的环境（如商场、写字楼、室内的人流、灯光和建筑物的密封程度、室内的空气流通情况等）和各种季节温度（如室外温度 32℃、35℃、38℃ 等）以及制冷主机不同的负荷状态（如 50% 的负荷、60% 的负荷、75% 的负荷等），空调主机的节能效果是不一样的。根据深圳某物业公司在多个写字楼和商场项目的测试，空调冷冻水每提高一度的温度，制冷主机可以实现 7% 左右的节能效果。如商场的 320kW 的制冷主机，在 70% 的负荷时每小时节电（320×70%×7%）是 15.68 度电，每天开机 10 小时节约 156.8 度，每月（按 30 天计）节约 4704 度电；在写字楼的 629kW 的制冷主机，在 70% 的负荷时每小时节电（629×70%×7%）是 30.82 度，每天开机 10 小时节约 308.2 度电，每月（按 22 天计，写字楼周末休息）节约 6780 度电。实际上，冷冻水在不同的季节温度，可以调整的空间是不一样的，如深圳夏季高温季节可以调高 1～2℃，在春季、秋季可以调高 3～4℃，因此，根据室内温度的情况，在保证舒适度的前提下，通过空调管理人员灵活调整制冷主机的冷冻水温度，每年可节省几万至几十万度电。

（四）时间控制节能

1. 时间控制节能

不同的业态，如商业、写字楼、酒店、医院等，规定的供应冷气的时间是不一样的：五星级酒店和医院的住院大楼是 24 小时供冷、商业场所可能是每天 12 小时（9:00～21:00）、写字楼可能是每天 9 小时供冷（8:30～17:30）；也有根据品牌、档次、收费情况和客户的需求，规定供冷时间。供冷时间确定后，可以根据中央空调的特性实现节能。

2. 中央空调开、关机时间控制节能

写字楼物业开、关机节能：因为一般写字楼周末不上班，经过周六、周日两天时间，原周五留下来的冷气在办公楼内已荡然无存，到周一上班后办公室内的温度一般比较高，所以周一上班要提前开冷气；而周二开始，因为办公室内有周一留下的残存冷气，所以周二至周五的开机时间比周一稍晚；在下班前，按管理经验（因为密封管道、保温隔热），写字楼或商业场所一般可以提前半小时左右关掉制冷主机和冷却泵，让冷冻泵独自循环半小时，确保残余冷量的供应。以深圳礼顿项目为例，制冷主机是 629kW（按 90% 负荷即 566kW 计算），冷冻泵是 90kW、冷却泵是 110kW 共 200kW，周二至周五每天节约 20 分钟（原提前 40 分钟开机，经反复测试后提前 20 分钟即可）：

（1）开机节能：

每小时节电：$(20 \div 60)$ h $\times$ $(566kW + 200kW) = 255kW \cdot h$

每月节电：$255kW \cdot h \times 22$ 天 $= 5610kW \cdot h$

（2）关机节能：

每小时节电：$566kW \times 0.5h + (20 \div 60)$ h $\times 110kW = 320kW \cdot h$

每月节电：$320kW \cdot h \times 22$ 天 $= 7040kW \cdot h$

（3）每月节电合计：$5610kW \cdot h + 7040kW \cdot h = 12650kW \cdot h$

3. 商业购物场所开、关机节能

商业购物场所每天都要正常营业，节假日的时间可能人流更多，所以商业购物场所与写字楼不一样，完全没有周末和节假日的概念，基本上一年 365 天都要营业，室内中央空调的空气调节更关键。以深圳综合楼为例，商场每天营业时间是 9：00 ~ 21：00，以前每到 9：00 都会准时开空调；后来物业公司启动节能管理机制，经调研，早上 9：00 刚开业时，都是商家进场做准备，而顾客非常少，商场内只要开新风，确保场内空气流通即可；10：30 以后才陆陆续续有顾客购物，物业公司开冷气的时间从原来 9：00 调整为 10：00，每天节能 1 个小时，而晚上的制冷主机和冷却泵可以提前一个小时关机。中央空调制冷主机是 320kW（按 90% 负荷即 288kW），冷却泵是 45kW，冷冻泵是 37kW，开、关机节电效果如下：

开机节能：$(288 + 45 + 37)$ kW $\times 1h \times 30$ 天 $= 10100kW \cdot h$

关机节能：$(288 + 45)$ kW $\times 0.5h \times 30$ 天 $= 4995kW \cdot h$

每月节电合计：$10100kW \cdot h + 4995kW \cdot h = 10100kW \cdot h$

通过调研和测试，商业物业（写字楼和商业购物场所）根据中央空调的设备规律和时间控制，实现长效的节能机制，节省物业的运营成本。

三、中央空调系统的技术改造节能

中央空调系统的正常运行，即设备处于安全、正常、稳定的状态，在此基础上，根据设备的特性和运行工况，需要一定的经济投入实现技术改造，实现中央空调系统（制冷主机、冷却和冷冻水泵、冷却塔等）的能效更加合理、系统更加优化。

（一）水力平衡技术

通过水力平衡阀的作用，使空调水系统更加合理、更加平衡，对管路复杂以及同时开两台或两台以上的制冷主机，水力平衡是中央空调系统节能最关键的保障，见图 8-10。

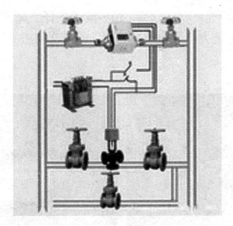

图 8-10 水力平衡系统图和水力平衡阀

目前，因设计和安装问题，中央空调水系统不平衡，后期物业管理公司即使发现问题也很难想到空调水系统的问题。按照流体力学的知识，水在密闭的管道流动，管道复杂，即使是同一台水泵供水，每一路管道的流量也是不平衡的，从外观上和设计安装的仪器仪表，根本无法判断每一路管道的流量，下面以深圳伏天大厦为例。

图 8-11 中央空调设备现场照片

1. 项目情况

项目有 3 台 500 冷吨的制冷主机，冷却泵 4 台，每台功率 55kW、流量 400m³/h、扬程 32m，冷冻泵 4 台，每台功率 55kW、流量 320m³/h、扬程 37m，冷却塔高度在 100m 高的楼顶上；空调系统在每年 5 ～ 9 月的高温季节开 2 台制冷主机（配套 2 台冷却泵和 2 台冷冻泵），11 月至明年 4 月及室外温度较低时，季节开 1 台制冷主机，现场图片见图 8-11。

2. 能效管理

1）中央空调系统现场诊断：这套系统非常复杂，从制冷主机分析，因为空调机房主管道的管径有 250mm、300mm、400mm，所以同时开两台主机时，如 1 号机和 3 号机、1 号和 2 号、2 号和 3 号等组合，流量效果是不一样的；水泵也和制冷主机一样，每两台泵同时开，如 1 号和 2 号泵、1 号和 3 号、1 号和 4 号、2 号和 3 号、2 号和 4 号、3 号和 4 号，每个组合的效率也是不一样的。

2）测试情况：因为根据中央空调机器上现有的仪表显示的数据无法评估，只能借助专门的工具测试。测试时间：2012年7月中旬。仪表仪器：超声波流量计、超声波流量传感器、便携式多功能电功率测试仪、钳形电流表及原安装在管路上的温度和压力传感器等，两台制冷主机并列运行测试，见图8-12。

图8-12 现场测试

测试结果见表8-9。

组合并联运行时冷水机组和水泵的能效 表8-9

制冷主机	冷冻水温度		冷冻水流量	冷却水流量	功率	制冷量	能效 COP
	进	出	实测	实测		实测	实测
1号主机	12.5	9.7	414.48	308.93	278.96	1353.97	4.85
3号主机	12.3	7.0	231.87	411.25	240.72	1433.73	5.96

水泵	扬程	冷冻水流量	冷却水流量	输入功率	输出功率	能效 COP
			实测		实测	实测
1号冷冻泵	33.43	275.243	——	55.51	——	——
4号冷冻泵	33.43	372.083		47.4	——	——
2号冷却泵	26.28	——	371.39	49.49	26.59	0.5372
4号冷却泵	26.28	——	348.79	49.8	24.97	0.5014

从上表的测试数据说明：

两台制冷主机并列运行，1#制冷主机出水温度是 9.7℃，是不正常的；2号制冷主机的出水温度是 7℃，比较合理、正常。

1号冷冻泵的流量是 275 m³/h，效率偏低；2号和4号冷却泵的流量分别是 371.39m³/h、348.79m³/h，与额定流量 400 m³/h 比较，能效偏低；从冷却泵和冷冻泵的数据也说明，两台水泵同时并列运行，每台水泵的流量、压力是不一样的。

从以上项目同时运行两台制冷主机、配套两台冷却泵和两台冷冻泵的测试说明，如果管道设计或安装不合理，两台制冷主机或以上同时运行，制冷主机、水泵的效率偏低，所以只有通过水力平衡阀才能保证设备的安全和正常运行。

（二）水处理、通炮和清洗球

详见《能源管理与低碳技术》[1] 第八章，制冷系统节能应用：清洗球自动清洗的概述、原理和优势等。

（三）换泵节能

目前水泵的效率普遍提高，所以更换效率高的水泵一直是沸沸扬扬的话题。以深圳某综合楼为例：

1. 项目情况

深圳综合楼主要是商场和写字楼，1～4 楼使用中央空调供冷气，其中 1、2 楼是商场，面积比较大，共有 8 个风柜机房；3、4 楼面积较小，共有 4 个风柜机房；5、6 楼是写字楼不使用中央空调（各用户在指定的位置统一安装分体空调），冷却塔安装在大厦 8 楼屋面（30m 高），制冷主机 2 台（一用一备），冷却泵、冷冻泵各 3 台（一用 2 备），相关数据见表 8-10，表 8-11。

中央空调制冷主机数据　　　　　　　　　　　　　　　　表8-10

设备	出厂时间	功率	满载电流	生产厂家提供数据		
				水流量	入/出水温度	水压力差
制冷主机	1992 年 3 月	320kW	486A	——	——	——
蒸发器	——	——	——	242 m³/h	12℃/7℃	95.6kPa
冷凝器	——	——	——	292m³/h	32℃/37℃	105kPa

中央空调冷却泵、冷冻泵的数据　　　　　　　　　　　　表8-11

设备		厂家	出厂时间	电压	电流	功率	扬程	流量
冷却泵	水泵	湖南	1998 年 10 月	380V	——	35kW	32.8m	324m³/h
	电动机	无锡	1995 年 6 月	380V	84A	45kW		
冷冻泵	水泵	湖南	1998 年 10 月	380V	——	31kW	30m	270 m³/h
	电动机	江苏	1998 年 9 月	380V	69A	37kW		
冷却塔	电动机	台湾	1995 年	380V	13A	5.5kW		

从以上表格的数据说明：

1) 扬程问题：设计院设计水泵扬程的原则是错误的，因为中央空调冷气只供 1～4 楼，高度不到 20m，冷却塔在 8F，高度 30m，冷却泵的扬程是 32.8m，当作生活变频供水的理念设计，所以在设计上压力严重偏高；

2) 流量问题：中央空调制冷主机的流量与对应的冷却泵和冷冻泵流量比较，冷冻和冷却都有余量（分别是 12% 和 11%），这个余量说明设计比较合理。

---

❶　郭连忠. 能源管理与低碳技术. 北京：中国电力出版社，2012.

2. 能效管理

1）设备运行情况：设备运行时，冷却泵的运行电流是 97A，而电动机的额定电流是84A，说明水泵超负荷运行，而长期超负荷运行的结果既容易损坏水泵，也会因水压过高等因素，导致制冷主机自动停机；而把水泵上面的阀门关闭 1/2（即打开一半），水泵的电流是 83A，电动机的电流是正常了，但是冷却水的散热效果也不好，冷却水的回水温度是34℃（出水温度是 38℃），增加系统能耗。

2）测试情况：当时物业公司有一台 37kW 的富士变频器，用来测试冷冻泵（冷冻泵的阀门也是关闭一半，水泵才不超负荷，压力是 150kPa；用变频器测试时，水泵阀门是全打开的），具体见表 8-12。

中央空调冷冻泵变频节能测试数据 表8-12

时间	温度（℃）		机号	温度（℃）			压力（kPa）			频率（Hz）
	室内	室外		进水	出水	温差	进水	出水	压差	
	28	39	2 号	13.4	9.1	4.3	500	350	150	50
7 月 29 日	28	39	2 号	13.8	8.9	4.9	440	340	100	43
	28	39	1 号	14.2	9.1	5.1	390	300	90	43
	28	37	2 号	13.9	8.8	5.1	450	340	110	43
7 月 30 日	28	37	2 号	13.9	8.8	5.1	440	330	110	41
	28	36	1 号	14.2	9	5.2	360	270	90	37
	29	36	2 号	13.3	8.2	5.1	440	340	100	42
7 月 31 日	29	37	2 号	14.1	8.8	5.3	420	340	80	40
	28	32	1 号	12.9	7.9	5	440	350	90	42
8 月 1 日	28	36	1 号	12.4	7.6	4.8	420	340	80	40

以上测试数据说明：

（1）在夏季室外 39℃的高温，变频器的频率是 43Hz，水泵的节能空间达到 30% 左右。

（2）1 号和 2 号的主机效率是有差距的：如 7 月 29 日，水泵频率同样是 43Hz，1 号主机的出水温度是 9.1℃，2 号主机是 8.9℃，说明 2 号主机的效率比 1 号主机高。

（3）后续检查：为什么在同样负荷状态下，1 号和 2 号的主机效率会有差距？据空调运行工反映，1 号机运行时，在机房能听到主机里面有很轻微的噪声，而 2 号主机则没有。针对这个情况，管理处对 1 号主机进行通炮处理，打开主机端盖后，竟然发现有一些焊渣、胶垫和铜片，焊渣说明是当时焊水管留下，多年运行后被水冲出来的；胶垫也是安装时不小心留下来的；而铜片是怎么来的则让大家百思不得其解，是制冷主机的？还是楼层风柜的？但是，对两台制冷主机通炮处理后，1# 制冷主机的能效更高，测试的变频器基本是在 37Hz 和 40Hz 之间。

3）水泵维修：在两年的保修期内，水泵厂家是不定期过来检修水泵；保修期过后，物业公司平均一年多时间要换一次水泵的轴承；水泵使用 6 年后，因多次更换轴承，导致固定轴承的轴承座都损坏了，再换轴承也不可能了，当时物业公司考虑购买新泵，但是成本太高，3 台泵（包安装）共需要 10 万元左右，而且担心，再换水泵还是不能避免水泵频繁维修的厄运，所以一直骑虎难下。

后来水泵厂家刚好过来谈合作事宜，他们说现在水泵效率比以前提高了，建议更换他们效率更高的新泵，单台水泵运行时可以节约 20 度电每小时，由他们出资更换，旧泵他们要回收，双方按 2：8 的节能比例分成（厂家 8 成，物业公司 2 成），两年维修保养期结束后，水泵无偿送给物业公司。

4）更换新水泵的能效：水泵厂家更换了新泵，水泵扬程只有 25m（原旧水泵扬程是 32.8m 和 30m），而冷却泵的电动机和水泵的功率都是 30kW（原来旧泵是 45kW），冷冻泵也是 30kW（原来旧泵是 37kW）。更换新水泵后运行一直都很正常；但是让人百思不得其解，怎么冷却泵和冷冻泵的数据都是一样的，会不会是铭牌搞错了。水泵厂家说，冷却泵流量比较大，他们是上车床车削叶轮提高效率，而冷冻泵的流量比较小，则没有车叶轮。说明厂家是通过降低水泵扬程，再通过车削叶轮的方式保证设备的安全运行并实现设备节能，真是一举两得。

（四）变频调速节能

采用电力电子技术，根据中央空调的负荷变化自动调节，实现节能。

1. 项目情况

礼顿项目现场有制冷主机 3 台(大机 2 台、一用一备，小机 1 台)，冷冻泵 4 台(大泵 2 台、一用一备，小泵 2 台、一用一备)，冷却泵 4 台（大泵 2 台、一用一备，小泵 2 台、一用一备)。日常供冷以制冷大机为主；小主机一般是在负荷比较低，如节假日或晚上个别单位加班时使用。

2. 能效管理

1）设备统计和调研见表 8-13、表 8-14。

中央空调系统设备统计表　　　　　　　　　　　　　　　　　表8-13

项 目	制冷主机 （2 台）	冷冻泵 （2 台）	冷却泵 （2 台）	中央空调最经济运行参数 （数据由空调生产厂家提供）		
				项目	冷冻水	冷却水
功 率	629kW	90kW	110kW	项目	冷冻水	冷却水
电 流	1037A	164A	201A	温度（℃）	7 ~ 12	32 ~ 37
扬 程	——	32m	32m	水压降（kPa）	53	88
流 量	见右边	765m³/h	900m³/h	流量（m³/h）	633	756
制冷量	1050RT					

中央空调系统设备统计表 表8-14

项 目	制冷主机 （1台）	冷冻泵 （2台）	冷却泵 （2台）	中央空调最经济运行参数 （数据由空调生产厂家提供）		
功率	313kW	45kW	55kW	项目	冷冻水	冷却水
电流	533A	84A	102A	温度（℃）	7～12	32～37
扬程	——	35m	31m	水压降（kPa）	92	80
流量	见右边	350m³/h	468m³/h	流量（m³/h）	301	362
制冷量	500RT					

分析：如空调大主机的流量，即主机在满负荷状态的最经济运行所需的冷冻水、冷却水流量分别是 633m³/h、756m³/h，而实际对应的冷冻泵、冷却泵的流量却是 765m³/h、900m³/h；空调小主机的情况亦如此，主机最经济运行为 301m³/h（冷冻水）、362m³/h（冷却水），对应的水泵的流量为 350m³/h（冷冻泵）、468m³/h（冷却泵）。设计严重偏大，造成能源的长期浪费。

设备运行情况分析：空调主机、冷却泵和冷冻泵在各个时间段的工作状态见表 8-15。

中央空调运行参数 表8-15

		空调主机	冷冻泵	冷却泵	标准参考值
负荷率	上午	70%	——	——	
	下午	50%	——	——	
	晚上	28%	——	——	
电压		上午：377V 下午：380V 晚上：385V			380±2%
电流	上午	939A			——
	下午	764A	145A	185A	
	晚上	490A			
时间		上午	下午	晚上	
冷却水	进口压力	90000kPa	700kPa	700kPa	
	出口压力	70000kPa	900kPa	900kPa	压差：88kPa
	压差	200kPa	200kPa	200kPa	
	进口温度	34.2℃	30.9℃	29.4℃	32℃
	出口温度	38.2℃	34.3℃	31.2℃	37℃
	温差	4℃	3.4℃	1.8℃	5℃
冷冻水	进口压力	920kPa	850kPa	850kPa	
	出口压力	850kPa	920kPa	920kPa	压差：53kPa
	压差	70kPa	70kPa	70kPa	
	进口温度	10.5℃	10.1℃	8.8℃	12℃
	出口温度	6.9℃	6.9℃	6.9℃	7℃
	温差	3.6℃	3.2℃	1.9℃	5℃

分析：中央空调制冷主机在早、中、晚的运行变化非常大，上午是 70% 负荷，下午是 50%，晚上下班是 28%，主机的负荷也根据负荷的变化而做出相应的调整，如但水泵的功率与流量却保持不变；冷却水的温差在从上午的 4℃ 到下班前的 1.8℃，冷冻水温差从上午 3.6℃ 到下班前 1.9℃，严重的大马拉小车现象。长此以往，能源浪费所造成的影响日益加深。

2）变频改造后的能效评估：水泵变频改造投入不到 20 万元，每年节约 30 万元左右，其中冷却泵和冷冻泵节电 40% 左右。经变频改造后，中央空调主机的温差、压差更合理，有效杜绝了小温差大流量现象，优化了系统运行工况。

（五）楼层风柜和风机盘管的自动控制节能

楼层的风机盘管数量较多，通过自动化控制技术，可以瞬间实现所有楼层的风机盘管开机或关机。

1. 商场风柜或风机盘管的自动控制节能

1）设备情况：商场一楼和二楼风柜各 5 台、三楼和四楼各 3 台，功率在 15kW 和 18.5kW 之间。

2）节能运行：商场中央空调每天规定供应冷气的时间是上午 9：00 至晚上 9：00，机电运行工每天（从 1～4 楼）开启楼层的风柜需要 40 分钟时间，晚上关掉风柜的时间是 20 分钟。因商场风柜的功率比较大、数量多，安装自动化控制台后，空调运行人员就能瞬间打开所有楼层的风柜，在显示盘上可以清楚地看到每台风柜的电流、电压等运行工况，不需要到现场完全能准确判断每台风柜是否正常；如果其中一台风柜出现异常，也可以在控制台关掉异常的风柜，再到现场处理异常的风柜。

2. 写字楼风柜或风机盘管的自动控制节能

1）项目情况：写字楼 23 层，央空调每天规定供应冷气的时间是上午 8：30 至下午 6：00，23 层楼公共区域的风机盘管数量非常多，机电运行工每天从 23 层到 1 楼，每次打开所有楼层的风机要 1 小时，关风机也要 1 小时（每天开、关风机要 2.5 小时），而且每天开、关风机，空调运行共从 23 楼跑到一楼；尤其是每天早上开风机，因写字楼是高度密封的建筑，楼层内空气比较差，所以开机更消耗的体力。

2）节能运行：针对写字楼晚上或节假日会有个别楼层的客户需要加班，所以楼层公共区风柜上马自动化控制技术实现节能要考虑特殊客户的需求，确保加班客户使用冷气。自动控制平台安装好后，23 层楼的风机开、关机时间也是瞬间实现，与原来每天开、关机需要两个半小时比较，长期节能效果显著，也结束了靠人工每天爬楼梯开、关机的历史，依靠科技的力量不但实现节能，而且节省人力资源。

（六）冷凝水回收

中央空调开机后，排放的冷凝水通过管道回收到冷却塔，因为冷凝水的温度低，对冷却水的降温效果非常好；加上冷凝水的排放量比较大，节水量非常可观，立竿见影地减少冷却水系统的补水。

1. 项目情况

以深圳泰恩超高层写字楼为例，项目建筑面积超过 10 万 m²，中央空调设备房分布在负 2 楼（-2～20 层冷气供应）、21 楼（21～36 层冷气供应）和 37 楼（37 层以上冷气供应），中央空调系统数据见表 8-16。

制冷主机统计 表8-16

序号	制冷机组		冷吨 RT	功率 kW	安装位置
	离心式	螺杆式			
1	1台		800	488	−2楼
2	2台		500	314	
3		1台	364	225	
4	2台		450	289	21楼
5		1台	256	165	
6	2台		450	289	37楼
7		1台	256	165	

2. 能效管理

测试 1.5 匹供 20m² 房间的家用分体空调，从上午 10：00 到晚上 9：00 时间大约装了 2 桶水，每桶水 16kg，一天时间的冷凝水石 32kg 左右；在测试空调冷凝水的酸碱度，PH 值是中性的。从分体空调冷凝水的测试说明，中央空调冷凝水回收的效益非常可观；现在高层住宅都有冷凝水统一回收管道，如果将每家每户的空调水回收后作为绿化用水或冲洗小区的道路和停车场等，能大规模的节省物业行业的用水量，有效节约住宅物业的公共用水成本，见图 8-13。

图 8-13　家用分体空调冷凝水回收测试

1.5 匹的家用分体空调使用 10 小时可以收集 32kg 的中性冷凝水，因此，深圳综合楼 320kW 的中央空调，礼顿大厦 629kW、1050RT 的中央空调，以及泰恩超高层写字楼（−2 ～ 53 层）1066kW、1700RT 等项目的中央空调，这些大功率长期使用的设备，如果回收空调冷凝水，节省的用水量和冷却温度更是一笔非常庞大的经济账。

第三节 中央空调系统的风险管控

中央空调系统的是大流量、小温差、多变量的动态设备，因此，中央空调系统的风险非常多，风险规避更关键。

一、中央空调设计和安装遗留的风险和规避

中央空调的规划设计是按照最热天气、最大负荷并预留一定的余量考虑，所以中央空调设计偏大是普遍现象；其次是水系统扬程设计偏高；再次是多台制冷主机并联运行的管道设计不合理。

（一）中央空调设计偏大和扬程偏高

中央空调系统设计偏大是正常的设计要求，因为系统是按最热天气，且增加一定余量设计，实际上系统极少在该极限条件下运行；而中央空调扬程偏高，甚至等同于生活恒压变频供水理念，这种现象在华南区（尤其是 2000 年以前）比较普遍，在中央空调运行时要关小管道上的阀门，才能确保设备正常运行。因为设计偏大（有余量）和扬程偏高，这也是变频节能家喻户晓的原因。

（二）多台制冷主机并联运行的管道设计不合理

风险：两台或以上的多台制冷主机并列运行，中央空调系统主管的管径匹配很难确定，如果管路有一次泵和二次泵的设计，管径的匹配更复杂，而且多台冷却泵和冷冻泵并联运行，水泵的效率不是额定效率，每个管道的流量和压力也是不一样的。多台制冷主机并联主要是在夏季的高温季节、高负荷状态，设备的正常运行相对比较安全，因为管道是按这个标准和要求设计的；但是在春季、秋季和冬季等低负荷时，中央空调开一台制冷主机就能满足需求，主管道偏大对单台冷却泵和冷冻泵的运行存在重大安全隐患。

风险管控：在中央空调多台制冷主机并联运行时，通过可视化管理，以水力平衡方式确保设备的安全和正常；在春季、秋季和冬季的低温季节只开一台制冷主机，开机前应该同时开启两台冷却泵和冷冻泵，确认整个水管道正常后再停掉其中一台水泵，开启制冷主机。否则，开制冷主机前一台冷却和冷冻泵面对偏大的主管道，水泵一直在满负荷状态下都"搅动"不起主管道的水，往往会导致水泵烧坏，制冷主机不能启动。

（三）建筑物重点部位耗能的风险管控

1. 风险

在整个建筑楼宇系统，最消耗冷气的部位是 1 楼、楼顶和外墙部分，1 楼是人流、物流进进出出的交通要点，所以一楼大门的频繁开关会导致室内的冷气不断的泄漏；楼顶上和外墙是太阳直接暴晒的部位，所以太阳热能的辐射导致室内的温度升高，冷气的消耗也比较高。

2. 风险管控

1 楼进出的大门最好有效关闭，根据人流、物流进出自动开关大门，酒店和甲级写字楼设计得比较好：

1）酒店和写字楼基本会设计自动感应门，根据进出的人流自动开关门，没人进出时处于停止状态（大门有效关闭）；或者设计一个小门，人少进出小门时，通过地弹簧控制关门。

通过自动控制（地弹簧）门的开关，最大限度地减少冷气的泄漏，实现中央空空调设备的节能，见图8-14。

图 8-14　自动感应门和设计小门

2）一楼进出门口风机等的设计：在频繁开关的进出的门口安装风机，减少冷气的外泄；但对于门较高、较大，风机的效果还不是特别理想，所以后期的物业管理公司只能采用简单的门帘作为辅助工具，但是对人流较大的商业场所，门帘对景观的破坏和进出人员的不便是显而易见的，见图8-15。

图 8-15　一楼进出口风机和门帘

3）楼顶设计空中花园和立体绿化，减少阳光对建筑物的垂直暴晒，通过绿色植物的遮阳功效，有效隔绝和减少太阳热能进入室内，从而提高中央空调的能效，见图8-16。

图 8-16　空中花园和立体绿化

二、更换冷冻油的风险管控

风险：中央空调厂家的维修保养成本偏高，而其他维修保养单位的维护成本会比较低。但这些维修保养单位让人"不满"的是：每年的合同总是要求物业服务企业更换中央空调的冷冻油，至于为什么要换冷冻油，理由总是不清不楚，但维保单位会强调不换油的严重性，这对物业服务企业的影响比较大，因为换空调冷冻油不是一笔小数目，换吧，有点心不甘情不愿，不换吧，又怕中央空调出事故难于承担责任。所以对物业服务企业，这是两难的抉择，尤其是技术人才欠缺的物业公司，简直就像热锅上的蚂蚁没病乱投医的拍脑袋决策。

风险管控：深圳一些物业公司的做法是，在设备两年免费的维修保养期内，由中央空调厂家负责更换（在早期介入时，物业公司要求房地产商与中央空调厂家签订合同时要注明）；到底多长时间更换冷冻油才比较合理，在深圳也是仁者见仁、智者见智，有物业公司在磨合期结束后，立即按维修保养单位的合同要求，及时更换冷冻油，但是几个写字楼或商业购物广场更换后，他们就后悔了，因为更换冷冻油的费用太高了；也有的企业无动于衷，使用10年的中央空调也未更换，前提是做好冷冻油的检验，确认冷冻油是正常。

三、央空调系统节能的风险和规避

中央空调系统涉及的专业非常多，有电系统（强电、弱电）、油路、机械、水系统（冷却泵、冷冻泵、冷却塔）、风系统（风柜或风机盘管、新风机）等，每个子系统的微小变化都会引起整个系统的变化，因此，中央空调的节能改造一定是系统的综合考虑，而不是狭隘的只考虑换泵或冷却和冷冻泵的变频。中央空调系统节能的风险规避，详见本书附录部分的文章《中央空调变频节能改造的"神秘面纱"》。

第九章　给排水系统管理

第一节　给排水系统的基础管理

建筑给排水系统的管理范围：建筑给水系统包括生活给水系统、生产给水系统、消防给水系统等；建筑排水系统包括生活排水系统、工业废水系统和屋面的雨水及雪水等排水系统；建筑中水系统包括生活排放水（雨水、冷却水、淋浴水、洗衣服时排水等）及其处理设备等。

一、给排水系统的可视化管理

（一）给排水系统的人工可视化管理
1. 给水系统
给水系统的类型和设备配件见图 9-1 ～图 9-4。
1）水泵房和水池（高位水箱）：
（1）设备房的照明和应急电源正常。
（2）水池和高位水箱：
①水池的水位高度监测装置；
②水池进水口的水位（液压）控制阀和水位信号控制装置（如浮球或杆簧管控制系统）；
③溢流管；
④通气管（口）等。

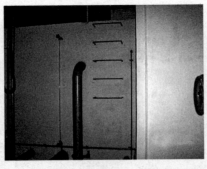

图 9-1　生活水池、溢流管、水位高度监测玻璃管和水池通气口

2）水泵系统和管道及其配件：
（1）水泵的状态（自动、手动、停止状态；水泵运行时的电压、电流、频率、温升、压力和噪声）和减震装置（水泵的震动程度）以及密封（漏水）情况等；

（2）阀门开关情况；

（3）过滤器；

（4）水系统的稳压装置（补压小泵、气压罐或气囊罐等）；

（5）主管道（包括室外裸露管道）定期保养（如管道刷漆）。

3）电控柜：

（1）供电状态（三项平衡）；

（2）空气开关断路器、接触器和热继电器和主令电器（水泵启动和停止的开关按钮）；

（3）供电电缆和控制线路（防潮、防老鼠）等。

4）室外管道和管井：

（1）楼层水井房和室外管道：水系统没有跑冒滴漏、积水情况等；

（2）室外管井：室外的井盖（包括雨水井和污水井）没有积水、没有丢失等；

图 9-2　生活给水设备系统

图 9-3　消防给水设备系统

图 9-4　各种阀门管材

2. 排水系统

1) 排水管道（器具排水管、排水横管、排水立管、埋地横干管、排出管等）正常排水。

2) 集水坑及设备：

(1) 积水情况；

(2) 垃圾杂物和淤泥；

(3) 控制浮球；

(4) 污水泵；

(5) 过滤器；

(6) 控制柜等。

3) 公共洗手间：

(1) 公共洗手间的照明和通风设备正常；

(2) 洗手间的供水正常、没有跑冒滴漏、洗手间的地面不积水；

(3) 排水正常：地面的地漏和排水管道正常；

(4) 洗手盆上的手龙头正常（水龙头的自动感应正常）、装饰镜完好；

(5) 卫生洁具：卫生洁具能正常冲水、大便器水箱不漏水、小便器的自动感应装置正常；

(6) 高级宾馆和酒店的公共洗手间配套成熟（卫生纸、洗手液、冷热毛巾、女性卫生巾、烟灰缸、空气清新剂、花木配置、休息床等物品齐全）。

4) 污水局部处理构筑物：

(1) 化粪池：污水未溢出来、化粪池井盖安全不存在危险隐患、物业公司定期抽化粪池；

(2) 隔油池正常。

3. 中水系统

雨水收集装置。

1) 压力流雨水斗；

2) 雨水溢流装置；

3) 雨水井；

4) 渗透沟；

5) 雨水池；

6) 过滤罐；

7) 中水箱；

8) 变频装置。

4. 水景观给排水系统

水景观见图9-5。

1) 水位高度警戒指示；

2) 水位溢流装置；

3) 水晶观的安全标识牌；

4) 景观泵及其电控系统（漏电保护装置）。

图 9-5　水景观

（二）给排水系统的科技可视化管理

1. 水位自动监测和报警系统

给水系统最大的风险是水淹，重点是水池或高位水箱的水位控制阀门损坏，导致水池（水箱）的水通过溢流管道大量的流出来，会导致水淹泵房或建筑物的屋面；或者是水泵房爆水管后水淹泵房；楼层水井房爆水管（尤其是最脆弱的水表接头处）导致水淹楼层或电梯等。针对这些风险，只要在水池（水箱）及水泵房安装水位报警装置，并连接到消防中心，消防中心值班人员就能及时预警漏水和爆水管，避免水淹泵房的重大风险。

2. 卫生间漏水监测系统

写字楼和商场的公共洗手间，卫生洁具使用频繁，尤其是马桶漏水很难通过人工及时发现，而安装漏水监测系统就能及时发现洗手间漏水情况，有效避免水资源浪费。

3. 卫生间报警装置

重点是残疾人使用的专用洗手间，甚至在一些甲级写字楼的女洗手间，安装报警装置，万一有突发事件，消防中心值班人员能及时发现并派人到现场处理。

4. 用水量监测系统

在生活用水总管和部分管路加装计量装置，通过显示平台能随时掌握用水量。

二、给排水设备操作的流程管理

（一）给水设备（水泵）操作流程图

给水设备（水泵）操作流程见图 9-6。

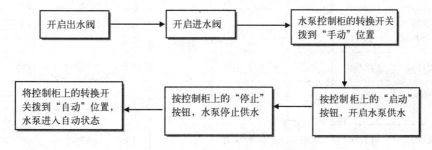

图 9-6　给水设备（水泵）操作流程图

（二）排水设备（潜水泵）操作流程图

排水设备（潜水泵）操作流程见图 9-7。

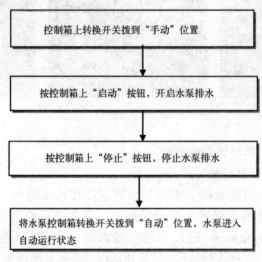

图 9-7 排水设备（潜水泵）操作流程图

三、给排水系统量化的和标准化管理

（一）给排水设备台账

通过制度建设，明确、统一和规范给排水系统的台账及维修保养的标准，以深圳某物业公司为例：

1. 住宅、商场（综合楼）给水设备的台账

住宅、商场（综合楼）给水设备的台账见表 9-1。

住宅、商场（综合楼）给水设备台账　　　　　　　　　　表9-1

编号	名称	型号	厂家	出厂日期	安装位置	数量	设备本体主要参数
1号	生活供水泵	80DL-50-20X3	山东	1996 年 2 月		1 台	扬程 60m、流量 50m³/h、转速 1450 转/分
	电动机	Y160-4	大连	1995 年 10 月		1 台	380V/30.3A、15kW、50Hz
1号	消防水泵	100Dt-100-20X4	山东	1995 年 10 月	地下室	1 台	扬程 80m、流量 100m³/h、转速 1450 转/分、轴功率 30.26kW
	电动机	Y225s	大连	1995 年 10 月		1 台	380V/69.8A、37kW、50Hz
2号	喷淋水泵	100Dt-100-20X4	山东	1995 年 12 月		1 台	扬程 80m、流量 100m³/h、转速 1450 转/分、轴功率 30.26kW
	电动机	Y225s	大连	1995 年 12 月		1 台	380V/70.4A、37kW、50Hz

2. 写字楼给水设备的台账

写字楼给水设备的台账见表9-2。

写字楼给水设备的台账 表9-2

编号	名称	型号	厂家	出厂日期	安装位置	数量	设备本体主要参数
1号	生活供水泵	——	山东	1996年		1台	扬程116m、流量90m³/h、转速2960转/分
	电动机	——	大连	1996年		1台	380V/70A、37kW、转速2960转/分、50Hz
2号	生活供水泵	100DLX5	山东	1996年		1台	扬程100m、流量100m³/h、转速1450转/分、轴功率37.9kW
	电动机	Y160-4	大连	1996年		1台	380V/84.2A、45kW、转速1480转/分、50Hz
1号	低区消火栓泵	160-25X4	山东	1996年		1台	扬程100m、流量160m³/h、转速1450转/分、轴功率57.3kW
	电动机	——	大连	1996年		1台	380V/140A、75kW、转速1480转/分、50Hz、△接法
1号	高区消火栓泵	160-25X2	山东	1997年12月	地下室2层	1台	扬程175m、流量160m³/h、转速1450转/分、轴功率100kW
	电动机	Y315M	大连	1996年5月		1台	380V/240A、132kW、转速1470转/分、50Hz、△接法
2号	消防补水泵	T100DL	山东	1997年7月		1台	扬程40m、流量100m³/h、转速1450转/分、轴功率15kW
	电动机	——	大连	1997年3月		1台	380V/36A、18.5kW、转速1470转/分、50Hz、△接法
1号	喷淋泵	100DX5	山东	1997年7月		1台	扬程100m、流量100m³/h、转速1450转/分、轴功率37kW
	电动机	Y315M	大连	1997年5月		1台	380V/84A、45kW、转速1480转/分、50Hz、△接法
2号	水幕	100DX5	山东	1997年7月		1台	扬程100m、流量100m³/h、转速1450转/分、轴功率37kW
	电动机	Y315M	大连	1997年7月		1台	380V/84A、45kW、转速1480转/分、50Hz、△接法

（二）给排水系统的检查内容和保养周期

给排水系统的检查内容和保养周期见表9-3。

给排水设备（设施）检查保养内容及周期 表9-3

序号	检查保养项目	保养内容	周期
1	水泵房清洁	控制柜、水泵、电机、管道等	1次/周
2	生活水泵	外观清洁、除污 手动盘动、排气（消防泵） 手动启动（生活泵） 轴承加润滑油 更换密封圈 联轴器、填料函、盘根	1次/周
3	喷淋泵		1次/半年
4	稳压泵		1次/周
5	消火栓泵		1次/半年
6	污水泵		1次/月
7	控制柜	检查、清洁	1次/月
8	电机主回路、控制回路	检查主触点、清洁、紧固	1次/年
9	设备机座	检查、紧固地脚螺丝	1次/半年
10	进水电动蝶阀	开闭是否正常	1次/月
11	泵房各种阀门	启闭情况、更换填料、加油	1次/季
12	给水主干管道	清洁、补漏、除锈、刷漆	1次/半年
13	排水主干管道	清洁、疏通	1次/季
14	管道固定支架、抱箍	如有松动、脱落，紧固、更换	1次/半年
15	浮球开关	模拟高低水位、检查动作情况	1次/月
16	水表	读数是否正常，如卡阻、清洗	1次/半年
17	压力表	检查、如损坏，更换	1次/年
18	Y型过滤器	清洗	1次/年
19	集水坑	清除泥沙、杂物	1次/半年
20	污水井、化粪池	清除泥沙、杂物，疏通排水管	1次/半年
21	室外排水地漏	清除杂物、疏通地漏	1次/季
22	地下排水沟	冲洗	1次/半年
23	高区水箱、地下水池	清洗、消毒	1次/半年
24	室外雨水、污水井盖	除锈、刷漆	1次/年

第二节　给排水系统的能效管理

面对当前水资源严重匮乏的现状，除工业用水外，消耗水资源的又一重要根源就是住宅、酒店、商业场所和学校等。在满足住户用水需求的前提下，尽可能地做好在建筑给排水系统后期使用中实现节能用水，推进水循环利用，不仅能节约水资源和能源，还能推动社会走向可持续发展之路。

一、给排水系统的能效计量和能耗统计

生活和消防给水系统也是多变量的动态设备：如生活用水，早上上班前、中午和晚上的做饭时间是用水高峰期，在凌晨 1：00 ～ 6：00 时甚至可能不用水或用水量非常稀少。消防用水主要是在消防演习时使用极个别的几个消防水龙头，与整个消防系统相比用水量极为有限。对于给水系统，尤其是对于达到一定年限的物业，因房屋和道路等的下陷压力、地质下沉、土质和地下的腐蚀等因素，加上管材器件（尤其是镀锌管等）容易生锈和腐化，地下管网普遍存在漏水现象，所以做好用水量的计量和成本管控，房地产商和物业管理公司应该高度重视，在项目的规划设计阶段要重点考虑给水系统的计量。

给排水系统的能效计量

1. 给排水系统的能效计量

主要计量给排水的实际用水量和用电量，给排水系统能效计量的仪器仪表（或传感器）主要有电流表、电压表、电度表、水表、计时器等，见图 9-8。

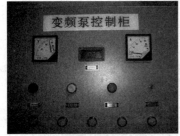

图 9-8 电压、电流表、供水压力表和计量水表

2. 给排水系统的能耗统计

详见本书第三部分能源审计章节。

二、给排水系统的管理节能

（一）宣传节约用水

1. 我国的水资源危机

我国是世界上水资源最缺乏的国家之一，也是多水患的国家，近年来发生的频繁和影响范围不断扩大，而且持续时间和遭受的损失不断增加。随着社会经济的发展和人民生活水平的提高，工农业生产和人民生活过程中排放出大量的污水，严重污染了水源和环境，导致水资源功能下降，降低了水资源利用的功能，使水资源供需矛盾更加尖锐，水资源的短缺和污染已经成为制约我国经济发展的瓶颈，严重影响我国全面建设小康社会和生态文明建设。

2. 加强节水宣传工作

我国政府、高校、科研机构、企业和民间都应该加强节水宣传，尤其是人员比较集中的城市、生产、办公和居住的社区、大中专院校和中小学、甚至幼儿园的孩子，普及节约用水的知识，加强人们的节水意识，建设节水型社会，见图 9-9。

图 9-9　节约用水的宣传

3. 宣传推广节水器具

在业主装修入伙和后期的物业管理阶段，物业公司应该加强节水器具的宣传，如节水马桶、节水龙头、淋浴的节水喷头等，让节水器具更好的走进社区，进入家庭，长期有效的降低生活用水总量，见图 9-10。

图 9-10　节水型马桶和自动感应的小便器

（二）加强水资源的管理制度，以制度建设实现节约用水

1. 实行用水总量管理和用水时间控制，立竿见影的节约水资源

成功案例：以华南区某职业学院的用水管理为例，学生在刷牙、洗衣服和沐浴时浪费自来水的现象非常严重，学院引进节能公司后，首先推出管理节能措施，按学生每人每天用热水 45L 计算、每学期用水 4 吨、一学年（两个学期）是 8 吨。刚开始这 8 吨水量是免费的，学生凭卡用水（水表装有刷卡功能）用水量超出部分，学生需要花高价购买。通过用水总量管理，更好的培养了学生的节能意识，杜绝了浪费现象，节约了宝贵的水资源；鉴于学院的特殊性质，对学生宿舍供热水时间集中在 16：00 ~ 23：00，教师楼和学院的宾馆 24 小时集中供热水。学生公寓集中时间供应热水，不但节约水资源（因为水管使用时间长，已有部分水管漏水），而且节能了大量的热泵耗电量，也延长了热泵的寿命。

失败案例：华南区某市的自来水公司为例，以前曾经对住宅区的业主实施过最低用水总量的管理制度，如设定最低用水总量，即使用户达不到最低用水量，物业公司也是按照最低用水总量收费，而超过最低用水量的，则按实际用水量收费。在制度实施过程中，用水量达不到最低标准的用户，造成业主和物业公司的矛盾纠纷不断，经常上演各种冲突。鉴于这些制度的不合理和矛盾纠纷严重，后来还是取消了这种不合理的制度。而以后实施的阶梯用水制度则好多了，即按设定最低用水量，在设定值内按市场价收费，超出部分价格会高出市场价格。

2. 漏水检查机制

1）日常使用中的漏水。物业的日常清洁和绿化等用水方式,因为水管接头密封程度差、水管损坏或不良的用水习惯等原因,漏水是很常见的毛病,甚至漏掉的水比实际使用的更多,所以规避用水的不良习惯,杜绝管理不善以及管材问题,实现长效的节水机制;而且地面漏水会导致地面湿滑,路过的人(尤其是老人和小孩)不小心很容易摔伤,引起不必要的事故和纠纷,见图 9-11。

图 9-11 日常使用中的漏水

2）洗手间马桶漏水。洗手间马桶漏水也是非常普遍的现象,而且是很隐秘的事情,马桶长期漏水不一定能发现,所以针对马桶漏水物业管理公司也要形成长期的检查机制:公共洗手间,应该确定责任人,每天巡查,发现马桶漏水及时处理;而业主家的马桶,物业公司也应该作为便民服务,通过住宅区的宣传栏和定期上门示范检查的方式,告知业主如何检查,发现漏水后的应急处理等,让更多的业主共同参与进来,最大限度地规避马桶漏水,减少不必要的浪费。

3）老旧小区漏水。使用镀锌管供水的老旧住宅区,因为镀锌管容易生锈、房屋或地面下沉以及车辆碾压等因素导致地下管网漏水,是很普遍的现象。要保证整个住宅区的生活用水,物业管理公司又要建立漏水巡查机制,对物业管理区域内的给水主管和分支管定期巡查,发现给水管有跑冒滴漏的,要立即处理,最大限度地避免水资源浪费并同时确保业主的正常用水。如华南区一个 50 万 m² 的老住宅区,每月生活给水(地下管网)漏水 2 万多吨,而且地下消防管网也漏水严重,为了节省成本,消防管道一直没有水,万一遇到火灾,因消防管网没水不能及时救火,后果更严重。后来是原开发商(出资 70%)、物业公司和业主们共同分摊,才把整个住宅区的漏水管网重新更换新管(PPR 管),彻底解决了地下管网漏水问题。

3. 生活用水的循环利用

业主的洗脸、洗菜水用来浇阳台的花草或冲厕所;洗衣服的水用来拖地板。居家生活节水的方式方法很多,物业公司可以发动业主的智慧,总结生活中简单易行、方便操作的循环用水经验，在住宅区内推广，建设节水型社区。

4. 控制超压出流

在物业楼层低的地方水压偏高，日常用水的流量较大，即涌水量较多，导致浪费严重，而且水压偏高还会产生水锤效应，损坏水表和水龙头，最简单的方式是把阀门关小，确保合适的水压供水，通过减压立竿见影的节约用水，而且能更有效的保证水表、水龙头和管网的安全。以华南区某市的地铁交通物业为例，因为地铁物业的建筑物都在地下，当地城市的水压都在 0.3 ~ 0.4MPa，物业公司决定通过技术管理实现节水。清洁服务是外包给当地的清洁公司，物业公司在合同上要求清洁公司共同协助实现节水 40%（与物业公司其他地铁线的数据比较）的指标，具体操作是物业公司的工程人员把洗手间的主阀门关小一半，而清洁公司的清洁工再把每个洗手盆下面的阀门再关小，确保水压适中，而且清洁公司每天要检查，发现水压偏大要及时告知物业公司。

5. 雨水利用

对于水质要求不高的设备和环境场所，应该充分考虑雨水回收利用：物业的公共洗手间、业主的马桶，可以收集雨水冲厕；马路的冲洗完全可以在雨天完成，没必要在晴天时浪费水资源；冲洗楼梯和地下停车场，也可以完全使用雨水；物业公司应该充分利用天气预报，在雨天时杜绝用自来水浇灌花木，雨水回收利用技术详见《能源管理与低碳技术》❶第九章 变频供水系统。

三、给排水系统的技术改造节能

无负压供水和变频供水技术详见《能源管理与低碳技术》❶第九章 变频供水系统：变频供水的工作原理及系统组成，变频供水和高位水箱供水的比较，PID、PLC 和模糊控制技术介绍；无负压供水概述、工作原理、与传统供水设备比较、系统组成及功能等。

（一）充分利用市政管网的水压

低楼层直接用市政供水，节省加压能耗。

1. 不同地域

要根据市政水的压力，在规划设计时，对洗车场、桑拿洗浴中心等用水量需求大的业态，以及较低的楼层，充分利用市政管网的压力供水，节约水泵长期的加压能耗；而且随着社会的发展，一些市政水压较低的城市，供水压力可能会提高，因此物业应该站在更长远的角度，在目前市政水压不能供水的低楼层，增加一套备用生活水管，方便将来市政水压升高后可以使用。以深圳为例，2000 年以前，深圳一些品牌地产的建筑给水设计，4 楼以下直接由市政供水，而 2000 年以后，因为深圳很多地方的市政水压都有 0.4MPa，即市政直接供水达到40m 高，考虑到用水高峰期的因素，8 层高（按 25m 高度计算）的住宅用市政供水完全能满足供水要求，物业公司停掉了加压设备，由市政直接供水，节省长期的加压能耗，见图 9-12。

2. 无负压供水节能

无负压供水技术充分利用市政管网的压力，在市政水压的基础上实现压力叠加供水，即在市政水压的范围内由市政直接供水，超出市政压力部分（在市政压力的基础上）再加压供水，提高供水质量，立竿见影地节省供水成本，硬件产品见图 9-13。

---

❶ 郭连忠．能源管理与低碳技术．北京：中国电力出版社，2012.

图 9-12　市政供水压力显示

图 9-13　无负压供水产品

以深圳某物业公司为例：14 个住宅小区安装无负压供水设备，采用合同能源管理机制，节能公司与物业公司按 6：4 分成，2011 年节电 100 万元（物业公司节能 40 万元），2012 年节电 110 万元（物业公司节能 44 万元），详见表 9-4。

深圳物业公司14个住宅区的数据　　　　　　　　　　　　　　　　表9-4

序号	管理处	管理面积（m²）			生活供水（水泵）节电	
		占地面积	建筑面积	绿化面积	2011 年	2012 年
01	品园	12220	67000	3739		
02	名园	30249	110297	——		
03	丽日花园	13700	77397	11000		
04	年华花园	——	39593	17520		
05	郎园	9908	35310	——		
06	怡园	80000	280000	25000	100 万元	110 万元
07	财富家园	14700	66780	——		
08	水晶园	153000	205000	50490		
09	半岛花园	20000	52000	5000		
10	丽斯花园	23700	48559	9124		

续表

序号	管理处	管理面积（m²）			生活供水（水泵）节电	
		占地面积	建筑面积	绿化面积	2011 年	2012 年
11	广富花园	18000	36000	5688	100 万元	110 万元
12	红景苑	3341	20187	1437		
13	龙园	19312	68519	——		
14	锦园	72000	300000	——		

（二）变频供水

物业管理公司普遍认为，与高层生活水池的供水方式比较，变频供水不节电，甚至认为是严重耗电的设备，这个说法正确吗？根据本章水泵设备台账的数据，从水泵的供水能效看设备的实际情况，见表 9-5。

水泵供水能效的统计   表9-5

编号	名称	型号	设备本体主要参数	功率比较		供水能效
				额定功率	功率差距	电动机
2 号	生活供水泵	100DLX5	扬程100m、流量100m³/h、转速1450转/分	37.9kW	7.1kW	2.2
	电动机	Y160-4	380V/84A、转速1480转/分	45kW		
1 号	低区消火栓泵	160-25X4	扬程100m、流量160m³/h、转速1450转/分	57.3kW	17.7kW	2.1
	电动机	——	380V/140A、转速1480转/分	75kW		
1 号	高区消火栓泵	160-25X2	扬程175m、流量160m³/h、转速1450转/分	100kW	32kW	1.2
	电动机	Y315M	380V/240A、转速1470转/分	132kW		
1 号	消防补水泵	T100DL	扬程40m、流量100m³/h、转速1450转/分	15kW	3.5kW	5.4
	电动机	——	380V/36A、转速1470转/分	18.5kW		
1 号	喷淋泵	1000X5	扬程100m、流量100m³/h、转速1450转/分	37kW	8kW	2.2
	电动机	Y315M	380V/84A、转速1480转/分	45kW		

注：供水能效是流量与功率的比值（流量与电动机功率比值、流量与水泵功率比值），这个数据说明每度电能提升多少立方米的水量。

以上的统计说明：

1）水泵电动机的额定功率比水泵的轴功率要大，而且楼层越高、供水量越大，相应的功率差距越大。也说明电动机不但要克服自身阻力，还要克服水泵等的阻力，以及把水泵内的水搅动起来，才能有效供水。

2）楼层越高，水泵的供水能效越低，水泵的用电越大：如扬程是 40m 高的 1# 消防补水泵，水泵的供水能效是 5.4，即一度电能供 5.4m³ 的水量；而扬程是 100m 高的 2# 生活泵，水泵的供水能效是 2.2；扬程 175m 高的 1# 高区消火栓泵，供水能效是 1.2。

在设备的实际运行中，如生活变频供水，非高峰用水时间，水泵的频率在 35Hz 至 45Hz 之间，按照流体力学的知识，运行频率在 45Hz 时，只有额定功率的 72.9%，节电 27.1%；运行频率在 40Hz 时，只有额定功率的 51.2%，节电 48.8%；运行频率是 35Hz 时，只有额定功率的 34.3%，节电 65.7%。因此，在设备的实际运行中，变频供水是节能产品。

关于无负压供水的节能，因为楼层越高，水泵的效率越低，而无负压供水充分利用市政压力，实现叠压供水的效率高。实际上，无负压供水也有变频供水技术，所以，从无负压供水节能也说明，变频供水是节电的，是节能产品。

第三节　给排水系统的风险管控

一、植物和车辆

根系发达的植物和车辆不能靠近住宅区的水泵房，以保证供水主管网的安全和方便后期的维修保养工作

（一）根系发达的植物靠近水泵房的风险管控

1. 风险

水泵房是整个住宅区供水的重点部位，水泵房出来的供水主管道都是深埋在地下，如果上面栽种有榕树（高山榕、小叶榕、大叶榕）和竹子等深根植物，这些高大植物的根系发达，而且这些植物本身比较重，对地下的供水管道非常不利；地面爆水管或进行大修需要更换地下的水管，这些根系发达的深根植物会严重阻碍地面开挖，很难保证工程施工的进度和维修的及时性及有效性，严重影响业主的正常生活需求和扰乱生活秩序，见图 9-14。

图 9-14　榕树和竹子

2. 风险规避

为了水泵房地下供水主管道的安全，确保正常供水和后期的维修保养，水泵房周边不

能种植榕树和竹子类的根系较发达的植物，也不要种植树菠萝、芒果、木棉、阴香、朴树等高大的乔木，而应种植低矮的灌木或草本植物。

（二）车辆靠近水泵房的风险管控

1. 风险

现在住宅区的车位普遍欠缺，导致住宅区停车难，为了停车，车主不管人行道还是消防通道，能停的都停了，但是如果大量的汽车停放在水泵房附近，因为汽车重量大，很容易压坏水泵房周边地下的生活供水管网，不利于保证住宅区的正常供水。

2. 风险规避

物业管理公司应该高度重视车辆靠近水泵房的风险，在水泵房墙上贴通告明确告知业主车辆停放在水泵房附近的风险，而且在水泵房周边摆放路障，防止业主车辆进入，见图9-15。

图9-15 水泵房贴提示并摆放路障

二、恒压变频供水（简称变频供水）的风险管控

远传压力表安装位置问题和稳压装置问题（补压小水泵、气压罐问题）等。

（一）生活变频供水远传压力表安装的风险管控

1. 风险

生活变频供水的压力传感器，为了安装和调试方便，施工单位习惯安装在水泵房的主管道上，面对现在的高层建筑，这种安装方式会有一些弊端，因为生活用水变化大，在早上和晚上高峰期用水量大，导致管网内水的波动变化频繁，而实现闭环控制的远传压力表，在水泵房内（水泵房地势低，一般设计在地下层）对整个管网尤其是末端水的频繁变化的感知有些滞后，滞后的信号再传输到 PLC 或 PID，系统的控制也会稍为延缓，这对保证末端正常供水是不利的。

2. 风险管控

鉴于生活用水的水压波动大，远传压力表安装在管网末端，感测水压变化的信号才是比较精确的，实现闭环的变频控制设备能更精确地控制，更稳定、更有效地保证供水质量；而水泵房主管上也可以加装压力表，不是作为传感器材，只为调试和后期运行测试使用，见图9-16。

图 9-16　变频供水的压力传感表安装在水泵房的主管道上

（二）变频供水稳压装置的风险管控

1. 风险

变频供水的稳压装置，主要设备有小流量的水泵和稳压罐装置。在消防和喷淋供水，设备使用的频率非常少，物业公司每个月才会启动测试，确认消防设备是否正常，这种稳压装置在设备长期运行的效果比较可靠和稳定。但是生活变频供水与消防用水不一样，因为在早上、中午和晚上用水量比较大以致水压频繁波动，远传压力表感测的信号也是不断波动的，这种不断变化的信号会导致补压小泵频繁的启动和停止，很容易烧坏小泵；而且设置补压罐尤其是气压罐时，补气罐的安装要求、安装高度、补气罐上面止回阀的性能要求等都影响补压效果。

2. 风险管控

在深圳，生活变频供水使用气压罐的安装高度不够，影响补压效果，最简单的是增加小补气罐的高度；而小补气罐上的止回阀，应该选质量性能好的中外合资产品，确保小补气罐能正常补气；因为补气罐的问题多，而气囊罐比气压罐的补压效果好多了，所以后来市场流行使用气囊罐。而补压小泵频繁启动，也与小泵的选型有关：主泵与补压泵的配比系数，才能实现更优的梯级供水；另外是时间控制，应针对大型住宅区还是小型住宅区、业主喜欢夜生活还是朝九晚五的上班族等，在电气控制方面要考虑，减少补压水泵在用水高峰期的频繁启动，确保设备安全。

三、水泵房和水池（或高层水箱）及楼层水井房的风险管控

水是流动的，不管是生活、生产，还是消防供水，一旦发生泄漏，加上水的压力，对设备的伤害是很严重的；楼层水井房等管道爆管，流出来的水可能会淹掉楼层的办公和生产区域，也可能淹掉楼层的业主家，甚至可能导致电梯瘫痪，影响整栋楼的上下交通。因此，水泵房和水池及楼层水井房等防止漏水，甚至发生漏水后应及时预警，通过技术和管理手段及时有效的控制漏水导致的各种损害，最大限度地减少对业主居家、办公和生产的影响，是物业公司必须长期应对和规避的重点课题。

（一）水泵房和水池（或高层水箱）的风险管控

1. 风险

万一水池进水的液压阀失灵，或电动液压阀打开后突然停电，大量的水很快会从水池溢流出来；水泵房最薄弱的地方是管件接头的部位和软接头（也叫可曲绕，橡胶材料制成），

这些薄弱的地方损坏也很容易导致大量的水冲进水泵房；暴雨季节大量的雨水冲进水泵房等这些风险不但白白浪费宝贵的水资源，而且很容易水淹泵房导致整个住宅区停水，甚至造成二次伤害，不但把水泵的电控柜也淹掉，损害水泵的电动机和水泵的控制柜，更严重的会导致漏电，对物业工程人员（尤其是近水泵房抢救的人员）的人身安全造成伤害。

2. 风险管控

不管是水池的进水阀失灵还是水泵房爆管导致大量的水冲进泵房水，水泵房污水池的水泵都会把这些水抽出去，但是污水池的水泵容量小，如果大规模的水冲进水泵房，污水池的水泵只能是临时缓冲的救急设备，不能及时有效地把大量的水排出，还是会导致水淹泵房。只有在水泵房和水池（或高层水箱）的设置给排水自动化的监测和预警系统，一旦水位过高，系统能立即检测，并发出报警信号，才能保证水泵房的安全。

如果水池使用电动液压阀，在停电后一定要派人该电动阀是否有效关闭。以广东一使用电动液压阀的项目为例，当时该项目刚完工，但物业公司尚未接管，晚上停电后（停电前水池还在补水），一直到第二天早晨才恢复供电，房地产开发公司上班发现整个水泵房被淹，现场所有的消防泵、喷淋泵、补压泵及其电控设备全泡水里了，损失惨重。

（二）楼层水井房漏水的风险管控

1. 风险

楼层的水井房，现在水表的接头普遍都是使用铜管，这些接头的铜管非常脆弱，加上施工工艺问题，如水管不够长，水管接头的高度不一致，施工人员只能强行的接好管以保证不漏水。在以后正常供水时，水管内有一定的水压，这些水压很容易导致水表接头处爆裂，如果漏水点是在水表前，则物业公司要为白白流失的水费买单，如果漏水点是在水表后，流失的水要业主承担经济损失，因为楼层水井房一般是长期锁住的，不是漏水很严重，这些问题很难及时发现，所以漏水后的问题会导致业主与物业公司发生冲突：业主会认为既然是物业公司管理，而且水井房的钥匙也是物业公司掌管（业主不能进去），所以物业公司要为浪费的水负责；而物业公司会按照相关的法律法规，在水表后漏水的（水表有计量）应该由业主负责。

楼层水井房漏水会导致二次伤害：现在住宅物业的很多楼层水井房的设计和施工很少考虑排水问题，所以楼层水井房漏水后，里面的积水很容易淹掉一墙之隔的业主家，导致业主的木地板被水泡坏等其他的损失，如果这些损害业主的事件不及时沟通和尽快解决，会迅速导致业主与物业公司的纠纷升级，既影响业主的居家安全和正常的生活秩序，也影响物业公司的日常管理工作。另外，楼层公共区域的电梯门槛较低，楼层漏水后，流出来的水很快会进入电梯井道，导致电梯瘫痪，影响整栋楼上下交通运行。

2. 风险管控

要规避楼层水井房漏水，最关键的是楼层水井房应该安装统一的排水管道，确保漏水能正常流到楼下；另外，最好在楼下的排水口设置观测点，物业公司的秩序维护员和工程人员在例行的巡逻时能够及时发现楼层水井房漏水，并尽快解决。对于豪宅和甲级写字楼，夜间电梯使用频率非常低，除保留一台电梯正常使用外，其他备用电梯的轿厢最好停在最高层，即使楼层发生漏水事故，对电梯的造成的伤害也能降到最低程度。

四、水表计量不准确的风险管控

水表计量不准确，或计量数据严重错误，大家普遍会认为是水表质量有问题所致，所以物业公司一般的操作是建议业主把水表拿到相关计量部门检测，而检测结果证明水表质量是正常的，不存在问题，结果会让物业公司和业主陷入死结：业主会误认为物业公司"偷水"，导致自己用水量不正常；而物业公司认为既然水表经检测是正常的，业主再纠缠不休是无理取闹。实际上，水表计量不准不是物业公司片面理解的水表质量问题，有可能是整个水系统和整个水计量系统的问题。

（一）变频供水导致水表计量不准确的风险规避

在城市的高层楼宇的加压供水中，变频供水是最普遍最常见的加压设备，但变频供水系统会导致水表计量不准确，则让业界很难理解，实际上，这是很正常的技术问题，以南方某住宅项目（以下简称该项目）为例：

1. 变频供水导致水表计量不准的风险

该项目由 A、B、C 三栋 30 层高的楼组成，生活供水分高、中、低三个区（高区 22 ~ 30F、中区 13 ~ 21 层、低区 3 ~ 12 层，1 ~ 2 层由市政供水），采用变频调速控制，供 957 户住户用水。业主认为水表不正常的原因是：自己以前在其他住宅区居住时，每月用水量都是在 5 吨（m^3）以下，而搬进这个楼盘后，家庭的成员没有增加，生活用水方式也没有改变，怎么每月的用水量都在 15 吨以上甚至更多。而且春节回老家休假半个月，即有半个月时间房屋是没住人没有用水的，这个时间段的用水量怎么还是 15 吨（一个月用水是 15 吨，半个月的用水也是 15 吨）？另外，其他有异议的业主和管理处在楼层的水井房查看水表时，发现业主水表会有不正常的空转现象，即水表指针会顺时针转动（正转）和反时针转动（反转）。根据这些现象，业主认为是管理处做手脚才导致自己用水偏多。据管理处不完全统计，有 300 多户的水表有空转现象，A 栋最为严重，B、C 栋较 A 栋稍少一些，长期得不到彻底的解决，业主投诉不断，给管理处的工作增加了很大的压力与负担，经物业公司、地产公司、监理公司和设计院等单位，无数次地核对设计图纸、现场查看和开会商讨，一直找不到原因，而且也不清楚水表为什么会正转和反转？

经物业公司的统计表明，水表空转是没有规律的，有的水表顺时针转动（正转），有的水表偶尔会反时针转动（反转），有的水表转得快，有的水表转得慢，有时这家水表会空转，有时又是另一家水表空转，按理论上来说，水表里面是由众多齿轮组成，齿齿相扣，而且整个生活水管是封闭的，没有一定的流量（即水表末端不放水），水表的指针是不会转动并产生计量的，除非住户家里有漏水现象。如果真是这样，问题就严重了，300 多户水表空转，即有 300 多户在漏水，这个楼盘不成了游泳池？但在检查中发现，所有楼层的外墙、地面从未有渗水的痕迹，业主家的马桶也没有漏水现象，所以漏水的说法不成立；水表由深圳自来水集团公司生产，多年的使用和市场反馈证明，他们的产品质量是有保证的。而且，针对闹得最凶的十多位业主，拆下他们家水表去深圳仪表检测部门校验，检验结果证明这些水表质量都是正常的，不存在计量问题。

在接待业主投诉时，业主普遍反映：晚上冲凉（洗澡）时，会突然停水，等一会儿又来水了。到业主家检查，找不到任何漏水的痕迹，反而在打开水龙头时，都会有气排出来，把业主家所有水龙头打开放完气后，水表就不空转了。

打开业主家的水龙头会有气排出来，水管管网里面的空气是怎么产生的？查看给排水设计图纸及在水泵房仔细观察设备的运行情况，高区生活水泵的工作压力为 1.15 ~ 1.25MPa，中区在 0.8 ~ 0.85MPa，低区在 0.61 ~ 0.7MPa 之间，在正常工作的情况下，这压力是正常的，但在水泵切换时发现：水泵循环（3 小时一次）切换时间长达 20 秒以上，如切换的水泵有故障，再切换下一台水泵工作，时间会更长（将近 3 分钟），故在切换的时间段内（20s ~ 3 分钟），水泵处于停止工作状态，造成较高区域的住户停水，一旦这些区域有用户打开水龙头，空气会沿着打开的水龙头乘虚而入，进入管网里面；按供水高、中、低区大泵每 3 小时切换一次，整个水泵每天切换工作的次数达 20 多次，管网内的空气也相应不断地得到补充，故管理处的水电工再怎样排气都无济于事。由此得出结论：该项目生活水表空转的原因，是因为（水）管网里面有空气存在，才导致水表空转并产生计量。而管网里面的空气，则是由于水泵切换时间较长，管网末端瞬间缺水，空气乘虚而入。

2. 变频供水导致水表计量不准确的风险规避

针对该项目水表空转的原因，而且根据项目水管管径偏小的实际情况，采用模糊控制技术是最佳方案。按模糊控制技术的要求，每个区（每个电控系统）的水压由两个电接点压力表将测得的水压（H）模糊量化为五个区间，即：无偏差区、正小偏差区、正大偏差、负小偏差区、负大偏差区，通过传感器，将相应的信号转换为数字信号，经模糊量化后，驱动变频器调节电机的转速，实现最经济的运行效果。另外，在确保变频器（不同功率的水泵，变频器设置的时间是不一样的）和水泵安全控制的前提下，需缩短水泵的切换时间，任何情况下都必须保证管网末端有足够的水压，不让空气有机可乘。使用模糊控制技术改造后，水泵的压力表指针稳定，水压波动小，设备运行平稳。经过多次检查所有水表，基本上见不到水表空转，水表计量也恢复正常，业主投诉水表计量不正常的问题得到了圆满解决，该项目的物业管理工作终于步入正轨。

（二）智能抄表计量不准确的风险管控

随着我国智能大厦的快速发展，生活供水的智能抄表系统在物业管理行业不断推进和实施，它能立竿见影的提高物业管理的工作效率，减少人工上门抄表的繁杂劳动强度。目前，我国在物业管理的水表自动抄表系统主要有总线制智能抄表、智能卡水表和分线制集中抄表共 3 种方式。

1. 智能抄表计量不准确的风险

在住宅物业管理，目前的智能抄表（总线智能抄表）系统对生活用水的计量表不准确，与实际用水量的差距较大，如在深圳的一些住宅区，业主对智能抄表系统的投诉严重，而物业公司和业主把这些水表拿到质量技术监督局下属的仪表检测部门，检测的水表是正常的，以致物业公司和业主都找不到原因，但业主无论如何不同意检测的结果。个别双职工家庭认为：自己两夫妻都在工作单位吃饭（家里基本不做饭），家里只有晚上才用水冲凉、洗衣服，在其他地方居住时，即使在夏天最热的天气，每月的用水量从未超过 5 吨，怎么在这里而且是冬天季节竟然要用 20 吨甚至 30 吨，真是不可思议。后来，业主自己出钱购买一个新的机械水表（即旋翼式水表），此新水表经过仪表检测中心校验正常，由物业公司在楼层水井房的智能水表旁边加装这个新买的机械水表，观测 2 个月，机械水表的用水量是 2 吨和 3.5 吨，但智能水表是 19 吨和 32 吨，结果说明智能表和机械表的数据相差太大，这让业主坐不住了，要求物业公司退回以前多收的水费。

智能抄表系统计量为什么不准确呢？物业公司怀疑是水表的问题，于是购买质量性能好的其他国产水表测试，发现计量不准确；再买精度更高的进口水表测试，发现水表的表头数据和电脑显示的数据差距较大，计量还是不对。到底是什么原因导致智能抄表系统计量不准确？从技术的角度可以分析，智能抄表计量不准确，不是简单的水表问题，而是整个计量系统的问题，如水表的计量精度、水表上直接安装的采集模块、输送采集信息的联网线路、采集信息的处理设备和软件等等，都会影响实际用水量计量的准确程度，见图9-17。

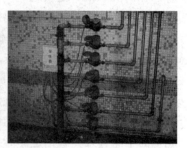

图9-17　智能抄表系统

2. 智能抄表计量不准确的风险规避

住宅区生活用水的智能抄表系统计量不准确，影响的是整个住宅区大规模的业主，而且面对大规模的业主投诉，也严重影响物业公司的正常办公秩序。目前，针对整个住宅区智能抄表计量不准确的问题，在深圳的物业同行没有见到更有效的解决方式，而且物业公司也不具备技术力量和资金实力，只能建议业主购买新的机械水表（即旋翼式水表），由物业公司免费安装，再回到传统的人工抄表方式，如果水表集中在水井房或一楼，抄表的效率基本不受干扰，到月底物业公司可以随时抄表，如果水表设计在业主家里，则物业公司抄水表就被动了，只能等业主在家才能上门抄表，见图9-18。

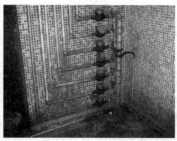

图9-18　智能抄表系统更换为传统的机械水表

五、水池清洗的风险管控

按照我们国家相关法律法规的规定，如深圳规定生活水池每年要清洗两次，或者因为设备故障及大中修问题要到水池里面作业，物业公司应该高度重视作业人员的人身安全。

（一）水池清洗的风险

住宅和商业物业的水池一般设计在地下，长期封闭不见阳光，可能缺氧气，而且水池这种潮湿的环境容易触电。在水池里面作业的工作人员，可能是基层的清洁人员，对缺氧的生活常识和人身触电的风险等知之甚少，也可能是外来的清洗队伍，不熟悉现场环境和相关的设施设备，所以在水池清洗时，对在水池里面作业人员的人身安全，物业公司必须高度重视并有效防范，最大限度地保证人身安全。

（二）水池清洗的风险规避

1）清洗的水池必须保证供氧正常和水池里面的空气流通。对于水池氧气不足，物业公司和清洗队伍一定要通过点亮蜡烛放到水池里面测试是否有氧气；而且在清洗前，因为水池的空间比较封闭，一定要通过风机往水池里面供新风，确保水池里面的空气流动，水池清洗人员才应该下去作业；清洗水池的劳动强度大，也要花费较长的时间，所以在整个清洗过程一定确保新风的供应，保证在水池作业人员的人身安全。

2）确保水池清洗作业人员不触电：水池有水，这种潮湿的环境很容易导致人身触电，所以清洗水池准备的风机和抽水的污水泵，一定要使用漏电开关控制，防止这些设备或线路漏电后，漏电开关能及时动作，确保清洗现场的人身安全。而且使用污水泵抽水时，水池里面不能有人，哪怕是穿着水鞋的清洗人员，因为一旦触电，水池里面的工作人员是很难逃脱的。

另外，配合水池清洗的物业公司的工程人员，一定要确保水泵和控制系统是完全断电（断路器是有效隔离的）。在进行水池清洗作业前，物业公司工程人员应该确认水池的水泵和控制系统完全断电；如果是生活和消防共用一个水池的，不但要确认生活泵的控制系统断电，而且要确认消防泵系统（消防泵、喷淋泵、补压泵等）断电，水泵房安排专门配合的工程人员与消防中心值班人员随时沟通，万一有突发事件能够随时处理和应对。

六、停水后开启水泵的风险管控

水池清洗或因为设备故障维修时需要停水，但是在水池停水后物业公司对水泵重新启动，结果很可能烧坏水泵。

（一）水池停水后水泵启动的风险

水池清洗或维修停水后，整个水管网里面是没有水的，则管网内有空气，在水泵启动时，很可能因真空损坏水泵；而且恒压（变频）供水系统，因为管网没水，水泵自动（变频）启动时，因为单台水泵的容量有限，一定会按顺序启动所有的水泵才能在短时间内把整个管网补满水，这对控制系统和水泵也是不安全的。

（二）水池停水后水泵启动的风险规避

水池清洗或维修后，因为整个水管网里面没有水（管网内有空气），所以重新启动水泵前，首先应该手动（即工频）启动水泵先补充管网的水，也检测是否有真空等不正常的现象，待确认正常而且管网补充一定的水后，才能启动自动（变频）运行。

七、下水管道和卫生间产生臭气的风险管控

不管是住宅物业、酒店业、写字楼和商业物业的公共洗手间，都会有臭气出现，这是房地产开发公司和物业管理企业无法规避的重点和难点。

（一）下水道和卫生间产生臭气的风险

洗手间的臭气源是怎么产生，首先是人的小便和大便；其次是活塞效应影响，导致臭气源会通过马桶和井盖返回洗手间。最后是排水设计和实际使用的原因，如洗手间的马桶、井盖和洗手盆是共用一根管道，以致在同一根管道内的臭气源也会通过洗手盆的管道返回

洗手间内。而且在地上化粪池的臭气源还会通过马桶、井盖和洗手盘的管道再次返回到洗手间。

（二）下水道和卫生间的除臭

针对下水道和卫生间的臭气，主要是通过设计和在后期的管理方式除臭。

1. 设计和改造方面规避臭气源

目前排水设计中普遍计水弯头（存水弯）规避臭气源，以及在排水管上并联安装排气管，让臭气通过并联的排气管排出室外。但是低层的排气管末端如果排气不畅，低层住户的排水管内又会有臭气溢出，在有条件和空间的情况下，物业公司会在并联的排气管顶端安装一冲洗水管，定期自动冲洗，可很好的解决这一问题，但还是不能完全规避，尤其是减低楼层的活塞效应。

2. 物业管理方面

因为在设计上不能完全规避臭气源，所以在后期业主进驻后，尤其是人流量大或使用频繁的公共洗手间，物业管理被动的处理方式有：

1）物业管理公司可以打开洗手间窗户，或使用抽风机把室内空气排出去，但还是不能完全杜绝洗手间令人讨厌的臭气。尤其是洗手间楼层（高度）较低，加上通风效果不佳，则臭气更是阴魂不散的在洗手间室内徘徊。

2）物业公司在后期的管理上，通过制度建设定期抽楼下的化粪池，减少臭气源。

3）物业公司的清洁人员在洗手间内定时喷空气清新剂，减少室内臭气的味道；或者定期使用生物除臭方式，如使用生物除臭剂，减少臭气源等方式。

八、水景观的安全管控

水的存在形式，可以分为水池、瀑布、溪涧、泉、潭、滩、水景缸等，水在室内外空间布局上都有着重要的作用，水在庭院中除浇花滋木、养鱼育莲、消防降温、洗庭涤院等功能外，它极具可塑性，并有可静止，可活动，可发出声音，可以映射周围景物等特性，所以可单独作为艺术品的主体，也可以与建筑物、雕塑、植物或其他艺术品组合，创造出独具风格的作品。同时也为人们提供了丰富的自然景观，水可能是所有景观设计元素中最具吸引力的一种。

（一）水景观的风险

水景观为人们带来美好的享受，也存在许多不容忽视的安全隐患，尤其是以生命为代价的溺亡事件，每年都会在各地重演。

（二）水景观的风险管控

1. 水景观风险管控规避的共性措施

1）有条件的情况下，建议开发商在建设景观池、花圃、污水沟、电缆沟以及大面积的水景观时，考虑安全防护，设置防护栏、窨井盖等，见图9-19、图9-20。

2）通过设置植物绿篱，以植物绿篱为障碍，最大限度地规避行人掉进水区，见图9-21。

3）设立醒目的警示标志，在大的水面景观明令禁止游泳、垂钓、滑冰，见图9-22。

4）设置救生设施，加强安全管理，建立救护机制，对发生的溺水等突发性事故有处置预案，提高水上突发事件的应急能力，见图9-23。

图 9-19　水面景观周围设置防护栏

图 9-20　游泳池上下安全扶手装置

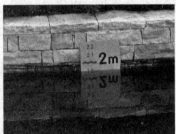

图 9-21　水岸边的植物绿篱　　　　图 9-22　水景的标识警示

图 9-23　救生设施

5）宣传监督：物业管理公司等单位要加大宣传教育力度，增强群众的安全意识，加强日常巡查，及时劝导制止擅自翻越栏杆、在水面游泳、垂钓、滑冰等违反规定行为，杜绝在危险区域活动，避免发生安全事故；教育部门、学校、幼儿园和家长要切实加强对中、小学生、幼儿的管理和引导，教育学生远离各类水面危险区域，以免发生意外。

2. 大面积集水面景观的风险规避措施

在旅游物业或稀缺的别墅等特殊物业，大的湖面、水面，或人造沙滩等，这些特殊场所的集水面积大，而且水深，所以安全管理措施更关键。

1）在规划设计阶段，通过土建方式设置缓坡，以此规避行人瞬间掉进深水里，见图9-24。

图9-24　岸边的土建斜坡

2）在游人多和雨天等情况下，人造沙滩的沙子会往地势低的地方下沉，可以在岸边设计水泥路等设施，有效隔绝下沉的沙子，见图9-25。

图9-25　人造沙滩

3）通过设置救生船，加强安全管理，见图9-26。

房地产公司在规划设计阶段和物业管理公司在后期的管理阶段，必须采取有效措施加强水面景观的安全管理，打造一个人水和谐的新亮点。

图 9-26　救生船

第三部分
服务创新和绿色转型

　　物业行业历经30多年的发展，业主需求的升级，人工、材料和能源费用的上涨等内部经营压力，以及外部市场的激烈竞争，成为物业行业创新和转型的动力。

　　能量存在于能源之中，人类活动需要能量，活动空间越大，生产越发达，生活越富裕，能量消耗就会越多。因为工业、燃煤、燃油、化工、交通车辆等污染物排放。进入初冬季节，从东北到华北。从华东到华中，再到遥远的天涯海角，2013年的雾霾起来越严重了。雾是天灾，霾是人祸，气候变化是当今人类共同面临的最大的环境问题。从绿色建筑到绿色物管，中国物业管理600多万的从业大军，拓展绿色环保的低碳经济增长点，呵护好青山绿水的环境，可以形成燎原的大火，实现绿色的中国梦。

第十章　物业管理服务创新

物业管理服务创新是指物业服务企业为取得经济效益、环境效益和社会效益，向业主提供更高效、更完备、更准确、更满意的服务，并增强业主满意度与忠诚度的活动。

第一节　物业基础管理

根据物业管理的基本特征，围绕"服务"这一产品的特殊性，物业管理服务创新就是要在管理上有所突破、在服务上要注入新的内涵。

一、学习与发展

1981 年 3 月深圳在全国最早成立一家物业公司，当时的物业管理还是新生的婴儿，深圳是师从香港和新加坡，根据中国物业管理协会发布《物业管理行业发展报告》，截至 2012 年底，我国物业管理行业已拥有 71000 余家企业，612.3 万从业人员，管理各类房屋面积 145.3 亿 m^2，年营业收入超过 3000 亿元，说明中国的物业管理是成几何级的倍数增长，但这些人才在短期内是怎么速成培训出来的？

（一）深圳房地产和物业管理进修学院的培训

创建于 1990 年的深圳房地产和物业管理进修学院（原深圳市房产管理培训中心，1992 年 11 月被原建设部房地产业司批准成立"全国房地产业深圳培训中心"，以下简称学院），20 年来，为全国 30 多个省、市、自治区和港澳特别行政区培养输送 20 余万物业管理专业人才，在全国物业管理从业人员中，有近 1/3 的企业经理和业务骨干接受过学院的专业培训。因此，深圳房地产和物业管理进修学院是中国物业管理人才培训的摇篮。

（二）深圳书城培训中心

"深圳书城培训中心"（BCT）成立于 1999 年，是一所全资国有综合性培训机构。BCT 总部位于深圳书城罗湖城，并设有福田、南山、盐田、宝安、大浪、平湖等教学分部及分教点，教学点遍布深圳六大行政区，教学面积达到 12000 多 m^2；BCT 倡导"知行合一，与时偕行"的办学理念，作为华南区首家通过 BSI（英国标准协会）ISO9001 国际质量体系认证的培训机构，成功开拓了职业技能、职业资格认证、职称培训、会计、电脑、外语、艺术、自学考试、网络教育、成人高等教育、出国培训、研究生学历教育、远程教育等培训领域，目前每年培训学员 4 万余人，30 多万新老学员遍布深圳各行各业；BCT 还有众多为企业量身定做的专门的培训课程，提高企业员工的素质，满足企业发展与文化建设的需求，为企业的可持续发展，提供创新的思维与动力。中心先后为松下电器、华为公司、中国电信、戴德梁行、深圳机场、富士康等国内外上百家大中型企业，提供了专业的企业培训服务。

深圳书城培训中心的物业管理专业培训，属于职业资格认证，而且物业管理学员考试合格后，有机会获得深圳户口，这个政策曾经激励了物业管理人员，纷纷通过深圳书城培训中心学习物业管理专业，不但增长了在城市的生存技能，更圆了物业管理人的深圳梦。所以，深圳书城培训中心也为深圳和中国的物业管理人才培训做出较大的贡献。

（三）高等院校等

近年来国内很多高校包括自学考试都有物业管理专科、本科甚至研究生学历，这些高校和培训机构为中国培训更多的物业专业的学历型人才，他们（他们）将为中国物业管理打造更高的标杆，也是中国物业管理走出国门、甚至是中国占领全球物业话语权的希望。

（四）全球五大行的培训

中国物业市场的快速发展，吸引全球五大行（以下简称五大行）：戴德梁行（DTZ 戴德梁行）、第一太平戴维斯（SAVILLS）、仲量联行（JONES LANG）、世邦魏理仕（CBRE）、高丽国际（COLLIERS），他们在中国主要接的是别墅（豪宅）、写字楼、商业购物场所等高端物业，可以说，早期中国写字楼、商业等高端物业人才主要是五大行培训出来的。

（五）企业内训

随着后来广州、北京、上海等一线城市的物业管理雨后春笋般地发展，深圳的物业公司开始北上南下、东进西伐的在全国扩张，但是物业人才严重稀缺却制约了物业公司的发展，所以深圳不少品牌物业公司提出人才是企业的金矿，很多品牌物业公司纷纷打造学习型组织，通过企业的内训，向成功的物业同行取经：现场参观、交流等各种方式学习等资各种资源培训物业管理人才，形成标杆的学习效应，为企业的可持续发展提供有力的人才保障。

二、物业企业规范化管理。

物业管理企业达到一定规模后，物业公司开始最求高效的制度化管理，主要是创优管理和推行国际标准化的质量管理体系等，实现标准化的管理模式。

（一）创优管理

住房和城乡建设部关于全国物业管理示范小区（大厦、工业区）标准及验收（简称创优管理），具体标准详见表10-1。

表10-1

序号	住宅小区		工业区		大厦	
	具体标准	分值	具体标准	分值	具体标准	分值
01	基础管理	32分	基础管理	21分	基础管理	22分
02	房屋管理与维修养护	14分	房屋管理与维修养护	11分	房屋管理与维修养护	9分
03	共用设施设备管理	15分	共用设备管理	34分	共用设备管理	35分
04	保安、消防、车辆管理	10分	共用设施管理	4分	共用设施管理	4分
05	环境卫生管理	14分	保安、消防及车辆管理	9分	保安、消防及车辆管理	9分
06	绿化管理	7分	环境卫生管理	11分	环境卫生管理	10分
07	精神文明建设	3分	绿化管理	3分	绿化管理	4分
08	管理效益	5分	精神文明建设	3分	精神文明建设	3分
09	——		管理效益	4分	管理效益	4分

以上表格说明：

1）创优管理是按住宅区、工业区和大厦三个业态划分；

2）创优有非常具体的标准和相应量化的分数，便于管理和实施；

3）从评优的具体分数说明，住宅区更重视基础管理，占 32 分，而工业区和大厦分别是 21 分、22 分，比住宅区的分值的分数差距较大；

4）业区和大厦的设施设备的分数较高，分别是 49 分、48 分，而住宅区是 29 分，这也说明工业区和大厦的设施设备档次高，要求的管理水平也相应地比住宅区更高。

这个政策效应最大的好处是规范管理、打造物业品牌优势和增加管理费收入等，所以深圳的物业公司和各管理处都是千军万马的去挤创优管理的独木桥。

（二）ISO 9000 族质量管理体系管理

ISO 是"国际标准化组织"，其全称是 International Organization for Standardization。

1. 实施 ISO9000 族标准的意义

ISO9000 族标准可以帮助组织建立、实施并有效运行质量管理体系，是质量管理体系通用的要求或指南。它不受具体的行业或经济部门的限制，可广泛适用于各种类型和规模的组织，在国内和国际贸易中促进相互理解和信任，具体如下：

1）质量管理和质量保证的国际化是促进国际贸易和合作、消除技术壁垒的需求。

2）建立、实施质量管理体系是组织增强市场竞争能力的需要，为提高组织的运作能力提供了有效的方法。

3）建立、实施质量管理体系是组织持续保持提供满足顾客要求的产品的能力的需要。

4）建立、实施质量管理体系有利于保护消费者利益，增强顾客满意。

2. ISO 的成立和发展

1）ISO 为一非政府的国际科技组织，是世界上最大的、最具权威的国际标准制订、修订组织，它成立于 1947 年 2 月 23 日。

2）国际标准化组织（ISO）于 1979 年成立了质量管理和质量保证技术委员会（TC/176），负责制定质量管理和质量保证方面的国际标准。

3）1986 年，ISO 发布了第一个质量管理体系标准：ISO8402《质量管理和质量保证术语》。

4）1987 年，ISO 相继发布了 ISO 9000《质量管理和质量保证标准 选择和使用指南》、ISO9001《质量体系 设计、开发、生产、安装和服务的质量保证模式》、ISO9002《质量体系生产和安装的质量保证模式》、ISO9003《质量体系 最终检验和试验的质量保证模式》和 ISO9004《质量管理和质量体系要素 指南》。这些标准通称为 1987 版 ISO9000 系列标准。

5）1994 年的修改：保持了 1987 版标准的基本结构和总体思路，只对标准的内容进行技术性局部修改，并通过 ISO9000-1 和 ISO8402 两个标准，引入了一些新的概念和定义，如：过程和过程网络、受益者、质量改进、产品（硬件、软件、流程性材料和服务）等，为第二阶段修改提供了过渡的理论基础。

ISO9000 族标准是国际标准化组织（ISO）在 1994 年提出的概念，是指"由 ISO/TC176（国际标准化组织质量管理和质量保证技术委员会）制定的所有国际标准"，即 1994 版的 ISO8402、ISO9000-1、ISO9001、ISO9002、ISO9003 和 ISO9004-1 等 6 个国际标准。到 1999 年底，陆续发布了 22 项标准和 2 项技术报告。

6) 2000 年的修改：充分总结了前两个版本标准的长处和不足的基础上，对标准总体结构和技术内容两个方面进行的彻底修改。2000 年 12 月 15 日，ISO/TC 176 正式发布了 2000 版的 ISO9000 族标准。2000 版 ISO9000 族标准更加强调了顾客满意及监视和测量的重要性，增强了标准的通用性和广泛的适用性，促进质量管理原则在各类组织中的应用，满足了使用者对标准应更通俗易懂的要求，强调了质量管理体系要求标准和指南标准的一致性。2000 版 ISO9000 标准对提高组织的运作能力、增强国际贸易、保护顾客利益、提高质量认证的有效性等方面产生积极而深远的影响。

(1)2000 年 12 月 15 日，2000 版的 ISO9000 族标准正式发布实施，其核心标准共有四个：

ISO9001：2000 质量管理体系——基础和术语；

ISO9001：2000 质量管理体系——要求；

ISO9004：2000 质量管理体系——业绩改进指南；

ISO19011：2000 质量和环境管理体系审核指南。

(2) 八项质量管理原则：

以顾客为中心

领导作用

全员参与

过程方法

管理的系统方法

持续改进

基于事实的决策方法

互利的供方关系

(3) ISO9000：2000 版的目录，详见表 10-2。

ISO9000：2000版的目录和深圳市市长质量奖评定标准　　　　　表10-2

ISO9000：2000 版的目录		深圳市市长质量奖评定标准		
编号	目录	编号	目录	分值
0	引言	P	前言：组织简介	
1	范围	P.1	组织的概况	
2	引用标准		组织的环境（产品供应、远景和使命、员工概况、资产、法规要求）	
3	术语和定义		组织的关系（组织结构、顾客和利益相关者、供应商和合作伙伴	
		P.2	组织的现状	
4	质量管理体系		竞争环境（竞争地位、竞争变化、比较性数据）	
4.1	总要求		战略背景	
4.2	文件要求		绩效改进系统	
4.2.1	总则	1	领导	120

ISO9000：2000 版的目录		深圳市市长质量奖评定标准			
编号	目录	编号	目录		分值
4.2.2	质量手册	1.1	高层领导		70
4.2.3	文件控制		远景、价值观和使命（愿景与价值观、促进法律和道德行为、创建可持续的组织）		
4.2.4	记录控制		沟通和组织绩效（沟通、聚焦行动）		
5	管理职责	1.2	治理和社会责任		50
5.1	管理承诺		组织的治理（治理系统、绩效评估）		
5.2	以顾客为中心		法律和道德行为（守法行为、道德行为）		
5.3	质量方针		社会责任和对关键社区的支持（社会福利、社区支持）		
5.4	策划	2	战略策划		85
5.4.1	质量目标	2.1	战略制定		45
5.4.2	质量管理体系策划		战略制定过程（战略策划过程、创新、战略思考、工作系统和核心竞争力）		
5.5	职责、权限和沟通		战略目标（关键战略目标、战略目标思考）		
5.5.1	职责和权限	2.2	战略实施		40
5.5.2	管理者代表		行动计划的制定和展开（计划制定、计划实施、资源配置、员工计划、绩效测量、行动计划调整）		
5.5.3	内部沟通		绩效测量		
5.6	管理评审	3	以顾客为关注焦点		85
5.6.1	总则	3.1	顾客的声音		40
5.6.2	评审输入		倾听顾客的声音（倾听当前和潜在顾客的声音）		
5.6.3	评审输出		确定顾客满意和契约（满意和契约、对照竞争者的满意、不满意）		
6	资源管理	3.2	顾客契合		45
6.1	资源的提供		产品供应及顾客支持（产品供应、顾客支持、顾客细分）		
6.2	人力资源		建立顾客关系（关系管理、投诉管理）		
6.3	基础设施	4	测量、分析和知识管理		90
6.4	工作环境	4.1	组织绩效的测量、分析和改进		45
7	产品实现		绩效测量（绩效测量、比较性数据、顾客数据、测量和灵敏性）		
7.1	产品实现的策划		绩效分析、评审		
7.2	与顾客有关的过程		绩效改进（最佳实践分享、未来绩效、持续改进和创新）		
7.2.1	与产品有关的要求的确定	4.2	知识管理、信息和信息技术		45

编号	目录	编号	目录	分值	
7.2.2	与产品有关的要求的评审		组织知识（知识管理、组织学习）		
7.2.3	顾客沟通		数据、信息和信息技术（数据和信息属性、数据和信息的可获取性、硬件和软件属性、紧急可用性）		
7.3	设计和开发	5	以员工为本	85	
7.3.1	设计和开发策划	5.1	员工环境		40
7.3.2	设计和开发输入		员工能力与量能（能力与量能、新员工、工作的完成、员工变化管理）		
7.3.3	设计和开发输出		员工氛围（工作环境、员工福利和政策）		
7.3.4	设计和开发评审	5.2	员工契约		45
7.3.5	设计和开发验证		员工绩效（契合要素、组织文化、绩效管理）		
7.3.6	设计和开发确认		员工契合的评价		
7.3.7	设计和开发更改		员工与领导的发展		
7.4	采购	6	以运营为关注焦点	85	
7.4.1	采购过程	6.1	工作过程		45
7.4.2	采购信息		产品和过程设计（设计理念、产品和过程要求）		
7.4.3	采购产品的验证		过程管理（过程实施、过程支持、产品和过程改进）		
7.5	产品和服务提供	6.2	运营有效性		40
7.5.1	生产和服务提供的控制		成本控制		
7.5.2	生产和服务过程的确认		供应链管理		
7.5.3	标识和可追溯性		安全和突发事件应对		
7.5.4	顾客财产		创新管理		
7.5.5	产品防护	7	结果	450	
7.6	监视和测量装置的控制	7.1	产品和过程结果		120
8	测量、分析和改进		以顾客为关注焦点的产品和过程控制		
8.1	总则		工作过程有效性结果		
8.2	监视和测量		供应链管理结果		
8.2.1	顾客满意	7.2	以顾客为关注焦点（顾客满意、顾客契合）		85
8.2.2	内部审核	7.3	以员工为本结果		85

ISO9000：2000 版的目录 — 深圳市市长质量奖评定标准

ISO9000：2000 版的目录		深圳市市长质量奖评定标准			
编号	目录	编号	目录		分值
8.2.3	过程的监视和测量		员工能力和量能		
8.2.4	产品的监视和测量		员工氛围		
8.3	不合格品控制		员工契合		
8.4	数据分析		员工发展		
8.5	改进	7.4	领导和治理的结果		80
8.5.1	持续改进		领导、治理和社会责任结果		
8.5.2	纠正措施		战略实施结果		
8.5.3	预防措施	7.5	财务和市场结果（财务绩效、市场绩效）		80

7）2008 年 ISO9000 族标准的修订：尽可能地提高与 ISO14001：2004《环境管理体系要求及使用指南》的兼容性；ISO9001 和 ISO9004 标准仍然是一对协调一致的质量管理体系标准。

ISO 9000 系列继续向前发展——2000、2005、2008 及更多版本。

（三）深圳市市长质量奖评定标准

1）深圳市市长质量奖（以下简称深圳市长奖）评定标准目录详见表 ISO9000：2000 版的目录和深圳市市长质量奖评定标准，这个表的目录说明，深圳市长奖包括人力资源管理、组织管理、战略管理、信息化管理、企业管理、财务管理和法律要求等，而且比 ISO9000：2000 版更详细、更完善、更丰满；

2）加上深圳市长奖有明确分值，这种量化的方式比 ISO9000 更具可操作性；

3）以上标准也带着深圳的烙印和城市特色：

（1）以"员工为本"说明深圳是一座包容的城市；

（2）从"知识管理、组织学习"说明深圳是一座阅读城市，基于个人阅读和公共阅读，深圳这座城市容得下书桌；

（3）从多次提到"创新"，说明深圳是一座创新城市；

（4）从"信息和信息技术"说明深圳的信息化产业高度发达；

（5）从"组织"、"战略策划"、"绩效"，说明深圳是一座高度竞争的城市。

物业行业的创新，是一场没有终点的马拉松比赛。我国物业管理行业要取得重大发展，就必须沉下心来，在认真实践的基础上，扎扎实实开展学习研究，努力提高从业人员素质，因为人力资本是物业资产管理的第一资本，是物管企业最具竞争力、最有活力的元素。

第二节　减员增效

一、人工荒和最低工资标准成为倒逼机制

物业管理是人海战术的服务型企业，这个行业是从享受人口红利起步的，但是后期出现的人工荒和最低工资标准成了物业行业生存的拦路虎。

（一）人工荒

1980年8月26日中国第一个特区——深圳经济特区成立于；1990年，中共中央和国务院决策开发浦东，1993年成立了浦东新区；1992年10月党的十四大报告中提出要加快环渤海地区的开发、开放，将这一地区列为全国开放开发的重点区域之一，国家有关部门也正式确立了"环渤海经济区"的概念；1999年3月，江泽民总书记提出，要研究实施西部大开发战略，加快中西部地区的发展。2000年1月，党中央对实施西部大开发战略提出了明确要求，国务院成立了西部地区开发领导小组，实施西部大开发战略拉开了序幕；2002年11月，党的十六大报告提出了"支持东北地区等老工业基地加快调整和改造"的战略任务。这些政策出台，形成我们国家经济发展的格局：珠江三角洲、长江三角洲、环渤海经济区、东北工业基地、西部大开发，这给中国的人才提供了更多的发展机遇：孔雀已经不是东南飞，而是全国东南西北都可以展翅飞翔；对于物业行业基层的清洁工和秩序管理员，基于自身利益也会考虑到面对家乡的蓬勃发展还是留在北京、上海、广州、深圳，这种结果让珠三角和长三角的制造业以及物业管理这些需要人海战术的服务型企业，基层的员工（秩序管理员、清洁工及生产线上的工人）等普工出现招聘难了，物业企业开始感觉到人工荒了。

（二）最低工资上涨

全国性最低工资标准的持续上涨，直接冲击人海战术的物业管理行业，因为利润被工资持续上涨摊薄，以致物业界认为：物业管理是否从当初的朝阳产业变成现在的夕阳产业了？以深圳为例。

深圳市历年最低工资（全日制）标准　　　　表10-3

年度	最低工资（元/月）		年度	最低工资（元/月）		年度	最低工资（元/月）	
	工资	涨幅		工资	涨幅		工资	涨幅
1992	245	0	2000	547	0	2008	1000	17.6%
1993	286	16.7%	2001	574	4.9%	2009	1000	0
1994	338	18.2%	2002	595	3.7%	2010	1100	
1995	380	12.4%	2003	600	0.8%	2011	1320	20%
1996	398	4.7%	2004	610	1.7%	2012	1500	13.6%
1997	420	5.5%	2005	690	13.1%	2013	1600	6.7%
1998	430	2.4%	2006	810	17.4%	2014	1808	13%
1999	547	4%	2007	850	4.9%	——	——	——

以上表格数据说明：

1）随着社会和经济的发展，人工成本是持续上涨的；

2）深圳在1993年、1994年基本工资涨幅达到16.7%和18.2%，对当时深圳的制造业打击严重，很多三来一补的加工型企业因为加工利润低，面对突发上涨的基本工资，加上深圳产业发展和政策因素，已经很难维持，只能离开深圳；这是人力密集型的加工制造业给后期的物业行业敲响警钟；

3）工资上涨对物业行业的打击（全国的基本工资都在上涨）：

（1）2005 年，最低工资标准上涨 13.1%，这是对深圳物业的第一波严重打击；

（2）2006 年，最低工资标准上涨 17.4%，这是对深圳物业的第二波严重打击；

（3）2008 年，最低工资标准上涨 17.6%，这是对深圳物业的第三波严重打击；

（4）2012 年，最低工资标准上涨 17.6%，这是对深圳物业的第四波严重打击。

从 2000 年到 2010 年的 10 年时间，深圳最低工资标准上涨 1 倍；从 2000 年到 2014 年的 15 年时间，最低工资上涨 2.3 倍。住宅物业的利润本来就很低，面对基本工资不断上涨，而管理费却是原地踏步，对深圳乃至全国的住宅物业是最严重的冲击，以致住宅物业的生存空间越来越窄。

人工荒、全国各地最低工资标准和物价不断上涨，物业管理已经越来越难于享受人口红利，这些因素成为倒逼机制，让物业公司在寒冬中考虑创新：通过管理手段最大限度地减少人工成本，确保行业的生存和可持续发展。

二、定岗定编

住宅物业是劳力密集型产业，物业公司发展到一定规模后，完全可以通过人力资源的优化管理，实现量化指标的管控模式。不同的区域、不同的品牌、不同的服务、不同的项目，用人的标准是不一样的，以深圳住宅物业公司为例：

（一）不同的物业公司比较

不同的物业公司比较见表 10-4。

不同的物业公司比较　　　　　　　　　　　　　　　　　表10-4

物业情况		建筑面积（m²）	总人数和人均管理面积			
			编制人数	人均面积	在职人数	人均面积
物业公司 1	海河项目	800000	236	3389	200	4000
物业公司 2	日河项目	513456	254	2021	230	2232
	月河项目	265100	141	1880	117	2265
物业公司 3	城市广场	176638	75	2355	68	2598

以上三家物业公司的数据说明：

1）物业公司人员的缺编很严重，海河项目缺编 16 人，日河项目缺编 24 人，月河项目缺编 24 人，城市广场缺编 7 人，这三家不同的物业公司都缺人，说明这是物业管理行业的普遍现象。

2）物业公司的人均管理面积说明：不同的物业公司、不同的项目，人均管理面积是不一样的，如实际人均管理面积最大的海河项目是 4000m²，人均管理面积最小的日河项目是 2232m²，说明不同的物业公司用人量化标准差距很大，也说明项目规模大的住宅物业，用人指标有很大的优化空间。

3）即使在同一家物业公司，人力资源在编制用人指标也是很随意的，如日河项目人均管理面积是 $2021m^2$，月河项目人均管理面积是 $1880m^2$，而在实际管理中，因为缺人，两个项目的人均管理指标却相差很小，分别是 $2232m^2$ 和 $2265m^2$；另外日河项目的规模比较大，而用人指标的优化空间却没有体现出来，这种管理既浪费成本，也是不负责任的。

（二）同一家物业公司比较

以深圳某物业公司为例，2007 年前，这家物业公司的用人已经是非常优化了，但每拓展一个住宅项目，需要在已管理的住宅项目临时抽调一些保安、清洁和工程人员协助时，每个项目的管理处主任都以人员紧张为由拒绝公司的安排；加上深圳基本工资准备上调的消息也让物业公司的领导压力很大；如果到社会招人，物业公司的利润更低，而且新招人员还有一段磨合期才能走上工作岗位，也不可能解决新项目的燃眉之急。无奈之下，物业公司启动全面预算管理体系后，通过梳理原来的定岗定编信息，看看是否还有空间。

1. 梳理前情况

梳理前物业公司情况见表 10-5。

梳理前物业公司情况　　　　　　　　　表10-5

序号	管理处	管理面积（m^2）			编制人数	人均管理面积
		占地面积	建筑面积	绿化面积		
1	丽日花园	13700	77397	11000	41 人	1888
2	嘉宾花园	24000	117922	——	43 人	2742
3	秀丽园	——	17765		12 人	1480
4	缤纷花园	——	39593	17520	36 人	1100
5	品园	12220	67000	3739	29 人	2310
6	名居	30249	110297	——	54 人	2043
7	红园	3341	20187	1437	16 人	1262
8	丽斯花园	23700	48559	9124	25 人	1942
9	广富花园	18000	36000	5688	22 人	1636
10	河水花园	153000	205000	50490	67 人	3060
11	汉水花园		123528		38 人	3250

以上表格统计说明：最少的缤纷花园人均管理面积是 $1100m^2$，而最大的汉水花园人均管理面积达到 $3250m^2$，这个数据说明物业公司的定岗定编有一定的差距，完全可以梳理出更优化的结果。

2. 梳理后情况

梳理后调整情况见表 10-6。

梳理后调整情况   表10-6

序号	管理处	管理层		维修工		保安		清洁工		减编人数
		编制	人均	编制	人均	编制	人均	编制	人均	
1	丽日花园	4-1	19349	4-1	19349	23-3	3365	9-1	8600	6人
2	嘉宾花园	4	29481	5-1	23684	23-3	5127	10	11792	4人
3	秀丽园	1	17765	1	17765	7-1	2538	3	5922	1人
4	缤纷花园	4-1	9898	3-1	13198	23-6	1721	5-1	7919	9人
5	品园	4-1	16750	3	22333	17-1	3941	5	13400	2人
6	名居	5-1	22059	6-2	18383	27-5	4085	15-2	7353	10人
7	红园	1	20187	1	20187	11-1	1835	3	6729	1人
8	丽斯花园	2	24280	2	24280	15-2	3237	6	8093	2人
9	广富花园	2	18000	1	36000	14	2571	5-1	7200	1人
10	河水花园	5	41000	5	41000	33-7	6212	19	10789	7人
11	汉水花园	4	30882	4-1	30882	17	7266	13		1人
	合计	4人		6人		29人		5人		44人

注：1. 人均分摊管理面积是编制人数/建筑面积（m²）；
    2. 管理层主要是管理处主任\客户服务人员和收款员。

梳理结果：

1）梳理后减编人员44人，加上储备人员，则实际减编（44－10）34人；按人均2500元（2007年）计算，每月为物业公司节省人力资源成本85000元，每年为公司节省1020000元。这个梳理结果真是出乎意外，包括在深圳最低工资标准出台后，物业公司没有因为工资上调受到冲击。

2）梳理后人力资源的定岗定编不但更加合理和优化，而且也解决了临时到各项目抽调人员的问题。

3）人员储备建议：考虑到人员的波动和将来物业总部对人员的临时调动，建议电工储备2人，保安储备5人，清洁工储备3人。

三、人力资源的绩效管理

物业是最讲究团队协助的行业，对于人海战术的团队，绩效管理应该成为团队的合力效应，而不是成为物业前进的拦路虎或者需要大家耗时耗力的门槛。

（一）物业公司高层管理人员的绩效考核

如针对物业公司总经理、副总经理级别，根据集团或董事会等的要求，绩效考核的重点是：每年要实现多少的经济指标、要拓展多少新项目；品牌建设：要打造自己物业的品牌特色和管理模式；团队建设：要保证关键人才不能流失，而且要培养更多的储备人才，确保企业的正常和高效运作；危机管控：重大的安全、突发事件的有效预防和事后处理的有效机制。

（二）物业公司部门经理

随着物价和人力资源成本的节节攀升，物业公司的部门经理不是一个萝卜一个坑的编制，现在深圳很多物业公司的部门经理不是只管眼前一亩三分地，而是同时兼管多个部门，如工程经理还要负责品质管理甚至客户服务管理；保安经理要负责清洁绿化等环境管理事务。这就要物业公司培养好综合型的经理人才。

（三）项目经理（管理处主任）

项目经理已经不是管好一个项目，而是要同时负责周边两个、三个甚至四个的项目管理。这种要求对项目经理的水平和从业经验要求比较高。

（四）工程值班人员

通过自动化技术，对水池（水箱）、水泵房和楼层管井（水表房）房实现智能监控，对各种突发性的水淹事故能及时预警，在此基础上，住宅物业的工程值班人员可以实现更高的能效。如深圳某物业公司，原来一个住宅项目要安排四个值班电工（三班倒），品质部门组织每月的例行检查，通过设备的故障率和完好率的统计信息发现，值班电工的工作量非常少，更多的是应付公司的品质管理（要求每两小时现场抄表和巡查），通过后期上马监控水淹的设施后，每个项目值班电工从 4 个人调整为 1 个人（正常上班，没有三班倒），质量记录表格是一天记录三次（质量体系更改）；实行一段时间后，发现这个值班电工的工作量还是比较有限，再调整后，一个电工每天骑自行车上班，可以负责周边五公里范围内的多个项目。从原来一个住宅项目配置 4 个值班电工，到周边 5km 多个项目配置 1 个电工，在服务品质不变甚至更高的情况下，实现更高效的人事管理。

通过人力资源的定岗定编和绩效管理，充分发挥人力资源的效率，降低人力资源成本，是物业行业生存的关键因素。

第三节　专业化道路

深圳较大规模的物业公司，既整合资源，降低成本，又充分利用自己的资源优势，组建专业化公司，走专业化道路，实现物业的可持续发展。

一、整合资源，降低运营成本

对于达到一定规模的物业公司，应该整合物业公司的资源，通过各种管理手段和方法，降低整个物业公司的运营成本。

（一）设施设备的成本管控

物业管理，人工成本是最高的，其次是设施设备的维修保养，以深圳某物业公司为例：

1. 电力变压器的维修保养

按照深圳住宅物业抄表到户的政策，高压环网柜和电力变压器（包括每户业主的电表）等财产的产权是属于供电部门的，不是全体业主的，但电力变压器到底是由供电部门，还是物业管理公司负责定期保养，一直是有争议的话题，以深圳某物业公司为例，见表10-7。

电力变压器的维修保养   表10-7

项目	设备部分参数	数量（台）		生产厂家	维保价格（元）	
		数量	报停		单价	合计
福田花园	1250KVA、10/0.4KV、72A/1804A	4	2	上海	10000	20000
福田花园二期	1250KVA、10/0.4KV、72A/1800 A	9	4	上海	10000	90000
	1000KVA、10/0.4KV、57A/1400A	5	2		8000	15000
君园	800KVA、10/0.4KV、46A /1155A	2	1	上海	8000	16000
豪园	1250KVA、10/0.4KV、72A/1804 A	3	1	顺德	——	
东海居	800KVA、10/0.4KV、46.2A/1155A	1		海南	——	
	630KVA、10/0.4KV、36A/909A	1	1	海南	——	
星光园	1250KVA、10/0.4KV、72A/1804A	3	1	佛山	5000	15000
城市广场	1250KVA、10/0.4KV、72A/1806A	6	2	许继电气		
	1000KVA、10/0.4KV、57A/1445A	4	1			
合计	——	38	15			156000

以上统计数据说明：同一家物业公司，有的电力变压器有保养费用，有的又没有？据说是项目经理告知业主委员会，他们报停的变压器，每月给业主方（按酬金制管理）节省巨额开支，如1000kVA的电力变压器，深圳供电部门按24元/kVA收费，他们报停后每月节能2.4万元，每年节省28.8万元，所以业委会听说物业管公司每年能节省巨额开支，花点小钱做维修保养还是物有所值的（其实物业公司这种说法是不对的，只有写字楼、商业、酒店等物业因为电力变压器的产权是业主方的，而且按商业电价收费，报停的电力变压器才能节省成本）。

2. 柴油发电机维修保养

南方电网的服务非常好，在深圳市内的住宅物业甚至包括关外（特区外），住宅物业都是两路高压环网供电（有的区域甚至是三路高压供电，住宅区不需要配置柴油发电机），所以很少停电，住宅物业的柴油发电机，年复一年的基本是每月例行的试运行。以深圳某物业公司为例，见表10-8。

柴油发电机维修保养   表10-8

项目	品牌	相关参数	数量（台）	价格
福田花园一期	新加坡	569kW/865A	1	3540 元 / 年
福田花园二期	美国	730kW	1	8000 元 / 年
		680kW	1	7080 元 / 年
豪阁	中外合资	400kW	1	4800 元 / 年
丽园	新加坡	569kW/1152A	1	4800 元 / 年
星光园	英国	640kW/1155A	1	6500 元 / 年

1）从以上表格统计数据说明，柴油发电机年维修保养最低的价格是 3540 元，最高的是 6500 元，价格差距近 3000 元；豪园中外合资的产油发电机年维修保养费用是 4800 元，而福田花园进口的柴油发电机是 3540 元，说明物业公司没有统一管理（招投标）。

2）即使在福田花园二期同一个住宅区，功率相差不大、同一个品牌的柴油发电机，年维修保养价格相差 920 元；福田花园一期和丽园，都是同一个品牌而且功率一样，年维修保养的价格分别是 3540 元和 4800 元，再次说明物业公司没有统一管理。

3. 电梯的维修保养

住宅（包括写字楼）物业的电梯维修保养的成本是非常高的，电梯的维修保养价格涉及的因素非常多，如电梯的品牌（进口还是国产）、使用年限、楼层高度和停靠层站、电梯速度、载重、功率等，见表 10-9。

电梯的维修保养　　　　　　　　　表10-9

项目	品牌	速度	功率	层站	数量（台）	总层数	每月费用	每层费用
福田一期		1.75m/s	15kW	19 层	14	266 层	16500 元/月	62 元/层
福田二期	进口日立	1.75m/s	11kW	11 层	8	640 层	33397 元/月	52 元/层
		1.75m/s	11kW	16 层	4			
		1.75m/s	11kW	17 层	8			
		1.75m/s	11kW	29 层	8			
		1.75m/s	11kW	30 层	4			
豪园		2m/s	18kW	36 层	3	108 层	4750 元/月	44 元/层
东海居		2m/s	18.5kW	30 层/33 层	4	120 层	4000 元/月	33 元/层
丽园		1.75m/s	15kW	40 层	6	296 层	11067 元/月	38 元/层
城市广场	OTIS	2.5m/s	28kW	39 层/30 层	9	564 层或 723 层	33200 元/月	59 元/层或 46 元/层
		2.5m/s	28kW	41 层/32 层	4			
		2.5m/s	28kW	41 层/35 层	2			
		2.5m/s	28kW	42 层/32 层	3			
星光园	三菱	0.75m/s	15kW	32 层/32 层	14	448 层	12600 元/月	28 元/层

以上表格统计说明，如果按电梯每月的价格指标，看不出什么问题，但是按照量化指标计算，精确到楼层，计算出来的成本差距就大了：

1）同属一家物业公司管理的住宅物业，电梯价格差距很大，最低的 28 元，最高的达到 62 元，每层楼电梯维修保养价格相差两倍多，这个差价严重偏大，说明物业公司对电梯的维修保养的价格的招投标没有统一标准；

2）规模不经济，如福田花园二期有 32 台电梯、城市广场有 18 台电梯，每层楼电梯的维保价格分别是 52 元和 59 元，说明数量规模没有价格优势；

3）而城市广场项目与电梯维修保养单位沟通时，他们也承认价格高于市场平均水平，大家在讨价还价时有些分歧：

（1）电梯不应该按楼层指标核算，而应该按市场规矩考虑，即以本地城市规定的每台电梯的单价为标准，才符合政策规定。物业公司请电梯维保单位找出政策规定，即政策规定每台电梯是多少钱？电梯维修保养公司又拿不出政策规定的维修保养价格（其实不是政策规定，而是当地行业协会的指导价或成为参考价）；

（2）电梯维修保养单位同意按照楼层指标核算价格，但是提出应该按所有楼层即 723 层核算，不应该按电梯停靠的层站即 564 层计算；物业公司不同意，这位这个项目二楼至七楼是商业（配置有扶梯），电梯不停靠，等于说不用停靠的楼层基本没有产生成本，至少不用维修保养厅门、电梯开关门装置、平层装置等。讨价还价后，电梯公司同意原来维修保养的服务标准不变，降低服务费用。

4. 消防设备的维修保养

在所有设施设备的对外委托服务，消防设备维修保养的价格是最难量化的，见表10-10。

消防设备的维修保养　　　　　　　　　　　　　　　　表10-10

楼盘名称	合同内容	中标公司名称	维修保养价格（元/年）	价格比例
福田花园一期	住宅消防系统		41 800 元	44%
	停车场消防系统		18 400 元	
福田花园二期	住宅消防系统		95 000 元	30%
	停车场消防系统		28 500 元	
丽园	住宅消防系统	深圳市 XX 消防工程有限公司	37 600 元	29%
	停车场消防系统		10 800 元	
豪园	住宅消防系统		7 000 元	43%
	停车场消防系统		3 000 元	
城市广场	消防系统		86 400 元	——

以上表格的统计数据说明：

1）经物业公司审计发现，住宅和停车场都是共用的消防报警主机、消防广播和 UPS 电源等，消防维修单位按财务独立核算的原则，费用是按住宅部分（全体业主）和停车场的产权（房地产开发商）的比例分摊，对共用的消防主机、消防广播和 UPS 电源等重复计算维修保养费用；

2）消防设备维修保养价格与什么因素有关？以上项目入住有三年也有十年的，说明设备的使用年限差距较大；而且管理面积有 20 多万 m^2，也有不到 3 万 m^2 的，说明这些消防设备的数量差距比较大；消防主机的品牌有进口的、中外合资的和国产的产品。但这些因素和维修保养的价格没有关系；停车场与房屋建筑面积有比较合理的比例关系，福田花园二期和丽园的价格比较接近，分别是30%、29%；福田花园一期和豪园比较接近，分别是44%、43%，但这些因素也不能作为参考依据。

5. 住宅物业生活水池（水箱）的清洗

按照深圳的规定，住宅物业的生活水池每年要清洗两次，而且水池清洗后要取水样去第三方机构检测水质，见表10-11。

住宅物业生活水池（水箱）的清洗费用   表10-11

项目	水池	容量	数量	检验点	总成本		实际清洗费用	
					清洗费用	平均成本	实际费用	平均成本
福田花园一期	生活消防	700m³	1个	8个	5700元/次	5元/m³	3300元/次	2.8元/m³
	楼顶水池	70 m³	7个					
福田花园二期	生活消防	518m³	1个	4个	2500元/次	5元/m³	1300元/次	2.5元/m³
丽园	生活消防	450m³	1个	2个	3000元/次	7元/m³	2400元/次	5.3元/m³
豪园	生活消防	80m³	1个	1个	1050元/次	13元/m³	750元/次	9.4元/m³
东海居	生活消防	70m³	1个	1个	1200元/次	17元/m³	900元/次	12.9元/m³
城市广场	生活水池	620m³	1个	3个	2600元/次	3元/m³	1700元/次	2.1元/m³
	楼顶水池	180 m³	2个					

注：水质检验一个点（即一个水池抽取一瓶水做检测样品）收费300元，实际清洗费用是总成本减去水质检测费用的成本。

以上表格的统计数据说明：

1）水池容量越小的项目，生活用水清洗的成本越高，如豪园和东海居分别是13元/m³、17元/m³；而水池容量大的项目，清洗的才5元/m³甚至是3元/m³；

2）即使容量小的水池，清洗的成本也是有差距的，如豪园和上海居的容量分别是80 m³、70 m³，而价格却是13元/m³、17元/m³，价格相差4元/m³；

3）即使水池容量大的项目，成本的差距也是很大的，如福田花园一期、福田花园二期、丽园和城市广场四个项目，每立方米的价格最低是3元，中间价是5元，最高的是7元。实际上，这些指标还不能说明问题，因为还要考虑水质由第三方检验（化验）的成本，所以减去检验后的成本，这才是水池清洗公司的实际收入，则福田花园一期、福田花园二期和城市广场的价格是2.8、2.5元和2.1元，这个价格比较接近，但丽园却是5.3元，说明这个价格还是比较高的。

（二）清洁绿化成本

管理项目多的大品牌物业服务企业，清洁成本也是一笔不小的开支，以深圳另一物业公司（2011年）为例，见表10-12。

237

清洁绿化成本 表10-12

序号	楼盘名称	合同类型	供应商信息		人均单价	人均面积 (m²)
			名称	人数		
1	世纪楼	住宅楼清洁合同	深圳玉x公司	28	1810	3285
		消杀合同	深圳柯x公司	——	——	——
2	明园	清洁合同（含消杀）	深圳玉x公司	14	1750	6238
3	华园	清洁合同（含消杀）	深圳玉x公司	11	2010	4422
4	雅园	清洁合同（含消杀）	深圳玉x公司	10	1970	5444
5	龙园	清洁合同（含消杀）	深圳碧x公司	8	1880	5023
6	国园	清洁合同（含消杀）	深圳玉x公司	44	1812	6025
7	荷花园	ACDF区域合同	深圳碧x公司	72	1680	3760
		BE区域合同	深圳碧x公司	49	1750	
		消杀合同	深圳正x公司	——	——	
8	湖居	清洁合同	深圳玉x公司	33	1680	4939
		消杀合同	深圳正x公司	——	——	

注：消杀按照实际消杀次数计费

以上表格数据说明：

1）清洁合同的承包价格有较大的差距，最低清洁工的人均单价是1680元，最高的是2010元，为什么在同一家物业公司会有这么大的差距呢？1680元是有问题的，首先不符合深圳的最低工资标准，即使按照合同承包价格，这么低的工资待遇是不可能招到清洁工的；而且清洁公司比行业平均水平低意味着这是一笔亏本的买卖；而在物业公司的调研也证明，这家公司现场的清洁工一直严重缺人，等于说清洁公司赚的是缺人的空饷，因为合同签的价格低，物业公司也是睁一只眼闭一只眼；现场的清洁工拿这么低的工资是怎么生存的，每天上班会多捡垃圾外卖拟补工资不足。

2）同一家物业公司，清洁工的人均管理面积最低3760m²，最高是6238m²，人均管理面积相差将近一倍，说明物业公司的招投标监管是失职的。

二、专业化道路

深圳师承新加坡和香港的物业管理，在物业实际管理时，很多项目是外包的，如安全和秩序维护、清洁、绿化等，物业管理有点像总包方，要充分协调各分包方，不可否认这种管理模式的优势，实现强强结合、资源共享、优势互补、降低物业的风险和便于物业的管理等，但大量项目的外包也加重了物业的成本，以致物业的利润越来越薄；另外，鉴于人力资源、成本上升等各种市场变化因素，外包方的服务品质很难满足物业的品质要求，甚至成为物业的包袱。所以达到一定规模的物业公司，充分利用自己的资源，走专业化道路，降低物业营运成本：

（一）组建清洁公司或清洁团队

物业公司的清洁服务一般是承包给专业的清洁公司，但是外包服务却给物业公司带来太多的纠纷：首先是物业与清洁公司的矛盾，因清洁公司克扣清洁工的工资和各种福利，导致很多管理处的清洁工经常集体罢工；因为用工荒，清洁公司经常缺人，物业公司按合同处理，每月付清洁款时扣掉缺人的费用，导致清洁公司经常中断服务要挟物业公司；物业公司的管理问题，在合同实施阶段，发现清洁公司人员超标后，要求清洁公司减员并签订补充协议，清洁公司往往基本会拒绝，以合同签订为由不同意增加对自己不利的补充条款，即清洁合同签订后，物业公司就成弱势群体了。

另外是物业公司与清洁工的个人矛盾很容易上升为群体性的事件。按照清洁合同绩效考核的要求，对不达标的清洁扣分（扣掉清洁公司的费用），被扣分的清洁负责人和清洁工是要被清洁公司扣工资的。清洁工是我们社会最底层的人，赚一点点工资不容易，如果因为工作问题被扣一点工资，他们（她们）会立即反弹，认为物业公司和自己过不去，很容易产生矛盾甚至带头起哄，带领整个清洁团队集体罢工。

1.组建清洁公司或清洁团队

负责日常保洁和环境消杀工作。

1）在物业管理合同的有效期限内，做好日常保洁工作的基础上，这时成立清洁公司或清洁团队的最基本要求，不但节省长期的、较大的成本，实现长期的持续盈利，减少清洁外包额外给清洁公司的利益，而且服务品质会做得更好。

2）环境消杀。在中国的华东区、华南区、西南区和华中区域，蚂蚁、蚊虫的消杀占物业管理的成本的比重并不低，而且给物业管理保值、增值的危害却是立竿见影的，见图10-1。

图 10-1 被蚂蚁蛀坏的凉亭

虫蚁治理：虫蚁的危害大，中国早期的建筑，基本上是使用木材，为什么以前受到虫蚁的危害比较少？以岭南砖木结构的客家围屋为例，早期的客家人都是整个族群居住在围屋里，日常以柴草做饭，所以袅袅炊烟是乡村的特色景观，就是这些长期的炊烟，杜绝了虫蚁对木质结构的危害，而后来随着经济的改善和钢筋混凝土建筑的流行，客家人也陆陆续续地搬离客家围屋，住到钢筋混凝土的现代洋房。而客家围屋因为缺少人气和炊烟，虫蚁开始大规模的损害客家围屋建筑。但是在城市的住宅小区，木制框架、凉亭、室外木地板和木凳等木制品，尤其是绿化面积大的住宅区，没有了农村的"袅袅炊烟"，虫蚁对木制品的危害更严重，清洁公司使用环保的水剂、粉剂的药品进行消杀更关键；另外，木制品定期刷漆养护也能有效地防止虫蚁的腐蚀，见图10-2。

图 10-2　地上的蚂蚁窝

蚊子和蟑螂也是南方住宅区最令人讨厌的害虫，尤其是绿化覆盖率较高，或靠近江河湖边、山景及城市污水排水沟渠的区域，以及住宅区的下水井盖、排水沟渠和绿化地等才是蚊子和蟑螂滋生和藏身的场所，只有使用烟炮机才能比较有效地消杀蚊子和蟑螂，见图10-3。

图 10-3　烟炮机消杀

以广东一贵族学校为例，该校三面环山，风景宜人，但是天然的绿化环境也催生了更多的蚊子，校园的大树下、草地上，甚至学生上课的教室和休息的宿舍，密密麻麻的蚊子是所有师生的最大敌人，学校的后勤部对蚊子的消杀也一直束手无策。后来聘请专业的物业公司后，物业公司也低估了消杀的成本，因为青山绿水和高大乔灌木滋生的蚊子，已经不是物业管理传统的喷雾器能对付的，只能由物业公司下属的专业清洁团队来负责。清洁团队通过一段时间的观察，也逐步摸清规律，在每年 4 ～ 10 月南方的温度较高时，学生宿舍要每周（周五晚上学生回家后）打一次烟炮机，才能基本消除蚊子对学生的危害，而且经过周六、周日两天后，消杀药品对宿舍的空气环境基本没有影响（找专业的环保单位做室内环境检测），而其他月份使用烟炮机消杀频率较少。如果没有自己的专业清洁团队和配备齐全的设备，物业公司接管该高校的管理，光是环境消杀成本，基本分摊了物业管理的利润。

3）拓展开荒等业务的经济增长点：每个项目入伙前，都要对整个项目做物业开荒工作，因为开荒都是时间紧、任务中、大规模的清洁人员要瞬间集中，这对房地产开发商的信誉和物业管理的品牌都是严重的挑战，所以组建自己的清洁公司或清洁团队，能更好地整合自己的资源，顺利完成开荒工作，拓展开荒的利润增长点。

另外，有的物业公司组建的清洁团队，还接管了自己物业公司所有项目的生活水池清洗业务。生活水池清洗的门槛比较低，要求按照当地水务集团（自来水公司）的规定：清洗人员的健康证、放漂白粉等消毒物品的比例、作业程序和安全清洗管理等，水池清洗完成后，再去水样找第三方化验水质。所以水池清洗还是比较容易操作和实施，物业组建的清洁公司也能更好地拓展水池清洗的利润增长点。

2. 组建机械化的保洁公司

保洁机械化设备的出现，通过人机结合的方式提升效力，最大限度地减少人工成本。物业公司要根据自己物业的实际情况进行评估，购买相应的机械化保洁设备，如驾驶式扫地车、多功能擦地机、高压冲洗机等。因为保洁机械化的一次性投入成本较高，导致保洁公司不愿意投入，但是目前广州、深圳甚至不少内地城市的机械化保洁证明，机械化保洁设备的投资回收在3～5年，高的在5～8年，这对于大型的品牌物业公司还是非常划算的经营。

3. 组建地毯清洁和石材护理公司

现在的房地产项目，常用高级地毯以及瓷砖、花岗岩和大理石等材料装修，以致地毯清洁技术和石材护理业务蓬勃发展。地毯清洁技术和石材护理要求见表10-13，图10-4。

地毯清洁和石材护理要求　　　　　　　　　　表10-13

技术	项目	工具	清洁产品	程序
地毯清洁技术	除尘	标志牌 吸尘机		1. 清理工作场所 2. 放置标志牌 3. 开启吸尘机吸尘
	清洗	1. 标志牌 2. 地毯清洗机 3. 吹干机 4. 水桶 5. 量杯 6. 搅拌棒 7. 注水器 8. 毛巾 9. 手刷 10. 喷壶	1. 地毯粉或高泡地毯清洁剂 2. 强力地毯除渍剂 3. 化泡剂	1. 放置清洁标志牌 2. 清理工作场所（洗完物归原位） 3. 准备好所有工具 4. 按比例（1∶60～80）配制成清洁液 5. 顽渍用强力地毯除渍剂注入喷壶中 6. 将除渍液喷于污垢处 7. 用手刷和毛巾手工进行清洗，再用地毯清洗机清洗作业 8. 将清洁剂注入地毯清洗机清洁液水 9. 放置吹干机，并不断改变风向，直至干透 10. 洗净所有工具，放回原来地方

技术	项目	工具	清洁产品	程序
地板打蜡技术	除尘	1. 标志牌 2. 推尘地拖 3. 垃圾箕 4. 扫把 5. 刀片等	尘推油	1. 预先将尘推油喷洒到地拖上，在阴暗处晾干待用 2. 备齐上述工具 3. 清理工作场所，把可移动的物件移到指定的地点 4. 用小刀刮掉各种可见的污垢，注意：不要刮伤地面 5. 用准备好的地推清洁整个地面 6. 放置多个标志牌 7. 洗净工具，放回原处
	洗地	1. 标志牌 2. 拖把 3. 水桶和榨水器 4. 刀片 5. 全自动洗地机 6. 红色保养清洁垫 7. 个人劳保用品 8. 抹布	全能清洁剂	1. 准备好所有工具 2. 清理工作场所 3. 清扫地面，用刮刀刮掉可见的坚硬污垢 4. 穿戴所有必要的劳防用品 5. 按比例（1：128）配制清洁液（用冷水） 6. 将清洁液注入全自动洗地机的溶液内开始清洗作业 7. 放置多个"禁止通行"标志牌 8. 用清洁剂擦洗地面完毕后，再用清水过洗，直至清水不起泡沫为止 9. 洗净所有用具，放回至原来地方 10. 地面干透，再进行别的处理
	起蜡	1. 标志牌 2. 个人劳保用品 3. 垃圾箕 4. 胶扫 5. 刀片 6. 地拖 7. 水桶和榨水器 8. 拖把 9. 擦地机 10. 黑洁垫 11. 吸水机 12. 尘推 13 抹布	快新起蜡水	1. 准备好所需工具 2. 清理工作场所 3. 清扫地面和除尘，用刀片刮去口香糖之类的坚硬污垢 4. 穿戴所有必备劳防用品 5. 放置"禁止通行"、"地面上蜡"标志 6. 按规定比例（1：40）配制起蜡水（用热水） 7. 用起蜡水拖把将起蜡水均匀打拖到地面 8. 让药水停留 10 分钟后再起蜡 9. 用擦地机打磨地面，如果地面上有累积旧蜡，则再用起蜡水处理，通过增加作用时间和机械动作来提高起蜡效果 10. 用刀片去墙角或墙边的积蜡 11. 用吸水机吸净污水 12. 再用清水过洗地面 2 次 13. 再清拖 2 次，停留 45 分钟后检查地面是否干透，方可打蜡 14. 洗净所有用具，放回原处 15. 保留标志牌直至地面完全干透 注意：此时，应绝对禁止在地面上行走，要等上蜡或封地后才能让人走上去
	抛光	1. 标志牌 2. 喷壶 3. 高速抛光机 4. 白色抛光洁垫或亚麻抛光垫 5. 地拖	地坪保养蜡	1. 备齐上述工具 2. 先除尘或洗地、拖地等除去灰尘杂物等 3. 在抛光机上装好合适的抛光垫 4. 用爱坚喷磨保养蜡通过喷雾器洒向地面（不要过多喷洒，否则地面会起雾） 5. 用高速抛光机慢慢移动，磨光地面（如垫子磨损，就应更换） 6. 用推尘地拖除去灰尘 7. 洗净所有工具，放回原处 8. 保留标志直至地面完全干燥 9. 将所有移动过的物件还回原位、摆放整齐
		在抛光地坪前，必须先进行除尘或洗地。地面必须干净无颗粒，否则通过打磨会渗入蜡膜内		

续表

技术	项目	工具	清洁产品	程序
地板打蜡技术	顶层去蜡及补蜡			顶层去蜡的方法与洗地相同，仅是庄臣全能清洁剂的稀释比例不同，稀释比例为1∶80。补蜡的方法与上蜡相同，上蜡前必须要除尘和洗地
大理石晶面处理技术		1. 标志牌 2. 毛巾 3. 水桶 4. 喷壶 5. 钢丝棉 6. 红垫 7. 洗地机 8. 加重晶面处理机 9. 吸水机 10. 刀片 11. 玻璃刮刀	晶面剂，抛光剂	1. 准备好所有工具和机器设备 2. 放置标志牌 3. 设置围栏，避免行人行走 4. 待清洗过的地面完全干燥 5. 将晶面处理机推入作业面，套上钢丝棉或红垫 6. 将6克NCL2502晶面剂喷于地面 7. 启动晶面处理机进行研磨作业，必要时需重复1～2次 8. 除尘后适时喷入NCL2501晶面剂进行抛光 9. 直到地面出现晶莹光亮的晶面效果即可，需翻新地面除外

图10-4　石材护理

（二）组建绿化公司

达到一定规模的物业公司，园林绿化的工作量非常庞大：绿化的日常管理和养护（浇水、施肥、补苗、移植等），这些工作量足以养活一个绿化公司。以深圳某物业公司为例，物业公司不但确保管理项目的绿化工作，而且组建自己的育苗基地。基地选择在一个有山有水的项目里，因为项目靠近山边，山水充沛解决了绿化用水问题；物业公司从各项目（苗木茂盛）移植了大量的四季桂（桂花）、勒杜鹃（三角梅）和一些高大的乔木；另外从一些项目驳接一些品种好的树苗进行移植，并大规模的培育菊花等时花。自己的育苗基地基本解决了物业公司及各项目的办公区域的绿化盆景，而且每年住宅区节假日的时花需求也基本解决，为物业公司节省巨额的绿化成本；以后，绿化公司的业务不但延伸到上游产业，承接自己地产公司的绿化工程，而且开始参与市场竞争，承接其他物业公司和当地城市的绿化项目。

（三）组建机电公司

物业有变配电、给排水、中央空调、电梯、安防智能化等涉及各种专业的机电设备机电设备，这些机电设备外包的成本非常高。现在机电设备的质量性能比较好，如变配电（电力变压器）、给排水、中央空调等，这些机电设备对维修企业的资质要求不高，物业公司配备专业的工程人才后，自己就可以动手维修保养，不但对设施设备的维修保养及时性更高，而且物业品质更有保障；另外是对专业资质要求高的项目，如电梯等特种设备，对于达到较大规模的物业公司，电梯的保有量大，外包不但成本高，而且电梯维修保养公司的人才欠缺，很多专业的电梯维修保养公司，一个技工负责 20 台、30 台甚至更多的电梯，因为人均负责的电梯数量多，他们根本忙不过来，更多的是被动的、应付式的应急维修，这是近年来大量电梯质量事故频发的原因之一（还有开发商居于成本原因、电梯安装遗留问题、电梯在磨合期的质量问题、天气原因、使用人的问题、物业公司管理不到位、电梯保养单位等因素），这样的后果很严重：因为高层甚至超高楼宇的电梯是最基本的交通运行工具，电梯的事故频发导致业主（客户）的人身安全没保障，业主会不信任物业公司的服务，加深业主与管家的矛盾，甚至炒掉物业公司。为了更好地服务业主和客户，保住自己的管理项目和维护物业企业的品牌，深圳一些规模大的、采用包干制的物业公司逐步组建自己的电梯公司，不但确保电梯维修保养的及时性和有效性，而且这块的蛋糕不用再分出去（外包），也有效降低物业的经营成本，增加物业的多种经营收益。

深圳物业公司组建的专业工程公司，自己管理的物业是其生存的基本前提；在此基础上，逐步延伸到上游的地产开发项目，完成开发商在项目建设期的机电设备安装；而且很多物业公司组建的专业公司，已经在市场上竞争，成为更专业的公司，拓展更高端的价值链。

第十一章　物业的绿色转型

第一节　新能源与可再生能源

目前在建筑业，尤其是既有建筑（物业管理行业），新能源与可再生能源在市场上使用比较普及的有太阳能、风能、地热能和生物质能源等。新能源与可再生能源在既有建筑的综合使用，是物业管理行业减少对化石能源的依赖，调整能源利用结构，转变能源利用方式，建设绿色家园，打造绿色物管，保障国家能源安全和维护中华民族长远利益，具有极其重要而深远的意义。

一、太阳能与热泵系统

（一）太阳能与热泵系统简介

1. 太阳能

太阳能是取之不尽、用之不绝、绿色无污染的清洁能源，在物业管理行业，市场上比较成熟、比较普及的是太阳能热水利用；而太阳能发电，因为能源利用效率低而且投资大，以致在物业行业推广不理想。实际上，各种新能源与可再生能源，已经不是单一能源或产品，而是多种能源或多种能源产品的综合利用：如太阳能与风能的风光互补系统、太阳能与热泵系统的结合。

2. 热泵系统

热泵系统主要有水源热泵、地源热泵和空气源热泵三种，目前在物业行业比较普及的主要是空气源热泵。

（二）太阳能热利用与热泵系统的能效管理

在充分发挥太阳能最大运行效率的情况下，选用空气源热泵热水机组作为联合供热源，不管春夏秋冬、白天黑夜、阴雨天气，系统都可以源源不断的利用大量的免费热能，保证24h全天候且无间断的供应生活热水。

1. 太阳能热利用与热泵系统的能效（以中国华南区某高校为例）

1）项目和设备情况：

本项目（华南区某高校）地处珠江三角洲，校园环境优美。现有东、南、西、北四大校区，总建筑面积168万 m²，普通全日制在校生23169人，各类成人教育学生7123人。学院办学条件优良，基础设施完善。太阳能和热泵系统改造的是东校区的住宿区域，其中东校区所属A栋~I栋及雅志楼、雅言楼、雅诗楼、交流中心共13栋学生宿舍楼，共计925套学生宿舍，住宿人数为8198人（学生实际用热水人数为6573人，不包括教师楼和交流中心）。

设备情况：现有的生活热水供水系统（太阳能＋锅炉）采用燃油锅炉加热设备对环境

的污染特别严重，而且在柴油供应紧张时候对学院的供热水的压力更是严重挑战，锅炉设备已运行十多年，设备已经严重老化且运行效率低，故障率特别高，且有部分锅炉已濒临报废。水箱采用岩棉保温，目前保温效果很差，以致学生在洗澡期间经常出现水温较低的现象，尤其是在用水高峰期更突出，为此，在用水高峰期学校经常要通知学生错峰洗澡，这就造成部分学生要等到较晚时间才能用到热水。给学生的学习和正常休息带来很大不便。所以，每年的运行成本和管理成本非常大，为了保证教职员工和学生的热水供应，建设绿色校园，学院决定把东校区住宿楼原来的太阳能＋锅炉热水系统，改造为太阳能＋空气源热泵系统联供的形式，即每栋宿舍楼采用一套单独的供水系统（太阳能＋空气源热泵系统）。

2）太阳能热利用与热泵系统的能效管理：

（1）根据现场情况如楼顶承重和可供使用面积等，具体改造设计见图 11-1：

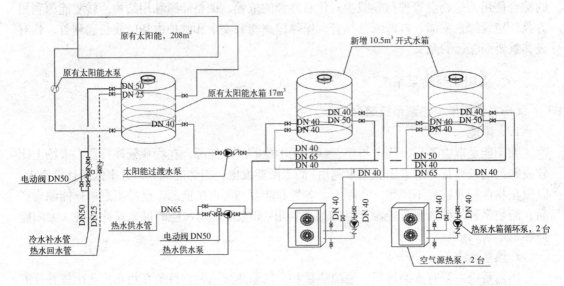

图 11-1　宿舍楼热泵热水系统

（2）太阳能与热泵的能耗分析：原来太阳能＋锅炉设备改造为太阳能＋热泵后，系统运行 1 年后，现对 2011 年热水能耗进行分析，见表 11-1 和图 11-2。

项目2011 年资源消耗统计表　　　　　　　　　　　　　　　　表11-1

项目指标	雅志楼（男）	雅言楼（男）	雅诗楼（老师）	交流中心	A 栋（男）	B 栋（女）	C 栋（女）	D 栋（男）	E 栋（男）	F 栋（男）	G 栋（男）	H 栋（女）	I 栋（男）	项目年平均吨水能耗
用电量	38080	44960	46040	28840	25320	36400	41480	34240	34040	41840	42440	42120	38360	494160
用水量	1875	2256	1213	960	1768	3466	3447	2673	3703	4259	4418	3924	4370	38332
人数	259	381	121	——	588	610	587	600	590	637	752	676	772	6573
人平均用水量	7.24	5.92	10.02		3.01	5.68	5.87	4.46	6.28	6.69	5.88	5.80	5.66	5.83

续表

项目 指标	雅志楼 （男）	雅言楼 （男）	雅诗楼 （老师）	交流 中心	A栋 （男）	B栋 （女）	C栋 （女）	D栋 （男）	E栋 （男）	F栋 （男）	G栋 （男）	H栋 （女）	I栋 （男）	项目年平均 吨水能耗
每吨水 能耗	20.3	19.9	38.0	30.0	14.3	10.5	12.0	12.8	9.2	9.8	9.6	10.7	8.8	12.9

说明：

1.单位说明：用电量的单位为度；用水量和人平均用水量的单位为吨；每吨水能耗单位为元

2.男表示男生宿舍；女表示女生宿舍；老师表示老师住宿楼、即教师楼；交流中心是接待客人的旅店

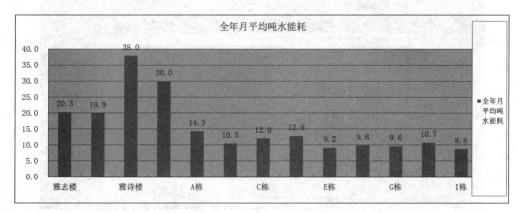

图 11-2　全年月平均吨水能耗

表和图的数据说明，雅诗楼和交流中心平均每吨水能耗最高，分别为 38 元 / 吨和 30 元 / 吨，I 栋楼平均每吨水能耗最低，仅为 8.8 元 / 吨，整个项目年平均每吨水能耗为 12.9 元 / 吨。经现场调研，雅诗楼和交流中心热水系统为 24 小时供热水系统，雅言楼、雅致楼虽然为分时段供水，断断续续约 10 小时，其他楼为定时段供水约 6 小时，总结问题如下：

①系统设计不合理，见图 11-3。

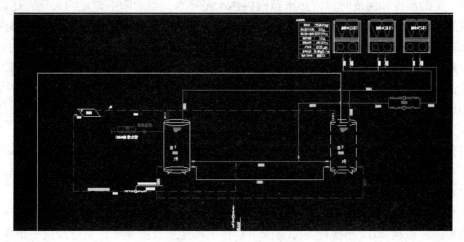

图 11-3　系统设计不合理

　　两个水箱同为产热水箱和供热水箱，这样设计不合理，造成很大的能源浪费，如在设计时段内，只要有一个水箱里的水未达到45℃，热泵就启动进行加热，既增加耗能，又做无用功；雅诗楼太阳能循环泵在工作时段仅依靠太阳能板出水口温度高低来控制起停，只要出水口温度达到设定值就开启运行，就算水箱内水温已经达到设定温度仍然在运行，这样造成能耗增加、设备劳损加剧，合理的系统设计见图11-4。

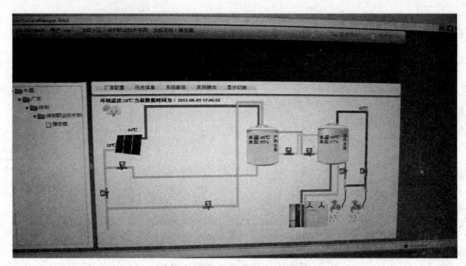

图11-4　设计合理的系统

　　将两个水箱分作产热水箱和供热水箱。产热水箱的水在白天的时候根据温度进入太阳板循环，同时兼有向供热水箱补水的功能。供热水箱负责储存热水和向学生宿舍供应热水的功能，同时兼有利用热泵加热恒温的功能。

　　②将产热水箱和供热水箱采用压力传感器进行水位控制，这样可以分时段精确地进行水位控制。例如：在晚上没有太阳能的时候，可以将两个水箱的水位控制在30%～40%之间；白天利用太阳能加热并逐渐补充产热水箱的水。当太阳能充足的时候，产热水箱的水达到一定的高度和温度时，产热水箱向供热水箱补水。当太阳不充足的天气，在设定时间内供热水箱的水位没有达到设定值，产热水箱向供热水箱补水到设定值同时利用热泵将供热水箱的水温加热至55℃。

　　③系统补水是采用原太阳能系统补水水箱，而补水管入口又设置在热水箱底部，管道为镀锌钢管连接，无保温，增大热损失，建议进行改造，改为顶部进水，PPR管连接。

　　④根据热水卡使用人数统计，目前雅诗楼入住人数只有121人，而热水系统设计是满负荷设计（按400人设计用水量）。

　　根据2011年统计数据，计算121人每天总用水量为：121人 ×0.05 m^3/人 =6.05m^3，而现有水箱总水量为18 m^3，基本上为24小时供水，建议对现有水箱进行水位控制，降低水箱储水量，减少能耗，见图11-5。

　　⑤交流中心目前只有一个20 m^3 水箱，既是产热水箱又是储热水箱，系统运行情况和雅诗楼相同，根据2011年统计得知交流中心日平均耗水量约4吨，需要加设一个4 m^3 产热水箱以节约能耗。

图 11-5　水箱改造和布局

2. 热泵系统的能效

以华南区另一高校的学生公寓楼热泵热水工程为例，因学院建筑屋顶是人字形结构，不能安装太阳能设备，只能考虑热泵设备供热水。

1）项目情况：此高校的学生总人数约 8500 人，男生约 1080 人，该校区主要以女生多。学生住宿环境舒适优雅，每间宿舍住 4～6 人，多数住 4 人，目前配有壁挂式电热水器，蓄水 50L，功率 1.5kW。由于女生用热水多，原电热水器能耗大，计划改造成热泵供学生洗浴用热水。使用热水的学生人数和热水量估算见表 11-2。

学生人数和热水量估算　　　　　　　　　　　表11-2

栋号	层数	间数	总间数	每层人数	总人数	总水量
1	1～2 层	24	188	96	752	37600
	3～7 层	28		112		
2	2～7 层	28	168	112	672	33600
3	1～2 层	20	172	160	688	34400
	3～7 层	22		528		
4	2～8 层	22	154	88	616	30800
5	1～2 层	24	188	96	752	37600
	3～7 层	28		112		
6	2～7 层	28	168	112	672	33600
7	1～7 层	28	196		1008	50400
8	1 层	16	184	64	736	36800
	2～7 层	28		672		
9	1～2 层	24	188	96	752	37600
	3～7 层	28		112		

栋号	层数	间数	总间数	每层人数	总人数	总水量
10	2～7层	28	168	112	672	33600
11	1～2层	16	140	128	560	28000
	3～7层	18		432		
12	2～8层	18	126	72	504	25200
					8384	

2）热泵加热计算及选型：设计要求在冬季环境相对恶劣情况下，加热设备能满足系统负荷要求。最低进水温度为10℃，则供水所需的总制热功率见表11-3。

供水所需的总制热功率   表11-3

栋号	设计水量（L）	冷水温度	要求水温	热泵功率	COP	能效	运行时长	热损系数	水的比热	计算所需热量 kcal	小时输入功率 kW/h	所需机组数量
1	37600	10	50	9.01	3.0	2580	12	1.15	1	1729600	55.87	6.20
2	33600	10	50	9.01	3.0	2580	12	1.15	1	1545600	49.92	5.54
3	34400	10	50	9.01	3.0	2580	12	1.15	1	1582400	51.11	5.67
4	30800	10	50	9.01	3.0	2580	12	1.15	1	1416800	45.76	5.08
5	37600	10	50	9.01	3.0	2580	12	1.15	1	1729600	55.87	6.20
6	33600	10	50	9.01	3.0	2580	12	1.15	1	1545600	49.92	5.54
7	50000	10	50	9.01	3.0	2580	12	1.15	1	2300000	74.29	8.25
8	36800	10	50	9.01	3.0	2580	12	1.15	1	1692800	54.68	6.07
9	37600	10	50	9.01	3.0	2580	12	1.15	1	1729600	55.87	6.20
10	33600	10	50	9.01	3.0	2580	12	1.15	1	1545600	49.92	5.54
11	28000	10	50	9.01	3.0	2580	12	1.15	1	1288000	41.60	4.62
12	25200	10	50	9.01	3.0	2580	12	1.15	1	1159200	37.44	4.16

3）热泵能效分析：

（1）总能量：系统每天将50吨10℃的水升温到50℃，总共耗费的能量为：2300000kcal

计算如下：

$$Q = C_p m k \Delta T = 4.18 \times 50 \times 10^3 \times 1.15 \times (50 - 10) = 2.3 \times 10^6 \text{kcal}$$

式中：Q—该热水系统运行需要的能量（kcal）

Cp—水的定压热容（Cp=4.18kJ/kg•℃）

k—热损系数

△T—水的温升（即热水温度与基础水温之差）

m—水的质量（kg）

（2）以 7 号楼日供热水 50 吨（50℃）热水为例，空气源热泵能耗：（冬季冷水计算温度 10℃，春、夏、秋冷水计算温度 20℃）

冬季每天能耗：50 吨 / 天 ×[1000kcal× （50℃ － 10℃）] ×1.15÷2580kcal/ m³ =891.5kW/ 天

春、夏、秋季每天能耗：50 吨 / 天 ×[1000kcal× （50℃ － 20℃）] ×1.15÷2580kcal/ m³ =668.6kW/ 天

费用计算：

冬季每天能耗费用：891.5kW×0.68 元 /kW = 606.2 元

春、夏、秋季每天能耗费用：668.6kW×0.68 元 /kW = 454.6 元

平均每吨水费用：

冬季每吨水加热成本：606.2 元 ÷50 吨 = 12.1 元 / 吨

春、夏、秋季每吨水加热成本：454.6 元 ÷50 吨 = 9.02 元 / 吨

二、地热能

在人们日益关注全球气候变暖和矿物燃料利用带来的各种环境污染的今天，地热能作为一种清洁、无污染、能自然补给的可再生的宝贵资源，如果不开采而任其沉睡地下，并不会增值，是对资源的浪费，但如果缺少统筹计划，也很容易造成资源的巨大浪费甚至破坏环境。地热资源的利用，主要按照温度范围划分，分为高温低热、中低温地热与浅层低热。我国的高温地热主要用于发电，中温地热通常直接用于采暖、工农业加温、水产养殖、医疗和洗浴等，浅层地热应用于地源热泵技术，其中以京津地区发展最快。

（一）建筑行业使用地热能

地热能用在建筑已经存在了数千年，早期主要为了满足挖矿的需要，近年来则更多为了满足地铁等地下交通工具，以及住房和商业发展的需要。英法海底隧道、各国地铁，以及各式各样的地下商场，都是地下建筑的典型代表。

1. 地铁行业使用地热能

地铁是中大运量的轨道运输系统，也是耗能相当大的用户，环控（地铁中通风空调专业一般称为环境控制）、电梯、给排水和照明等系统的用电量非常大，占地铁运营成本的比例很高，因此，降低地铁的建设和运营成本，实现经济效益和可持续发展，意义重大。

地铁地下段的车站和区间隧道除出入口和进、排风口外，基本与外界是隔绝的，因此，地铁一般被认为是深埋地下的建筑。由于地铁周围土壤是一个很大的热熔体，起到了夏储冬放、调节地铁空气温度作用，俗称"热库效应"。根据一些资料记载，传到地铁周围土壤的热量占地铁产热量的 25 % ～ 40 %，合理利用土体这个性能，对减少机房面积和降低设备能耗，在地铁的长期运营阶段节约成本，起到了重要作用。

随着城市化的快速推进，城市道路交通严重阻塞和居民乘车难问题已经是中国所有城市的共性和弊端，地铁系统相对于其他城市公共交通工具而言，具有安全舒适、快速环保、运力大和节约能源，减少污染物排放，并可以有效缓解城市交通压力，因此得到快速推广和发展。

2. 商业建筑使用地热能

地下建筑不受风、雨、霜、雪和太阳辐射的直接影响，工程内的温度波动范围小，冷热负荷均比地面建筑少，即地下建筑具有保温隔热、冬暖夏凉的优势，可以减少暖气和冷气的设备耗能，节省石油、煤炭等矿藏能源，具有一定的节能效益。

深圳最具时尚气质的购物中心 COCO Park，总建筑面积约 8.5 万 m^2，地上 3 层，地下 2 层，拥有 6000m^2 下沉式露天广场、5 大自然光中庭、9 大自由进出口。

图 11-6　深圳 COCO Park 购物中心

建筑业根据不同的建筑形式和不同的物业类别，在项目的规划设计阶段，充分利用地热能，在物业使用的全生命周期内，降低对能源的需求，走可持续发展之路。

（二）温泉资源的综合利用

我国是一个拥有丰富温泉资源的大国，中国温泉资源十分丰富，且类型齐全，分布广泛，目前已探明的温泉数量，最多的是云南、西藏、四川、广东和福建；我国温泉的利用历史悠久。

1）我国的温泉资源在古代仅仅为封建帝王、皇亲国戚、达官贵人所享用，如唐朝杨贵妃浸浴温泉，诗人白居易脍炙人口的名篇《长恨歌》赋："回眸一笑百媚生，六宫粉黛无颜色。春寒赐浴华清池，温泉水滑洗凝脂。侍儿扶起娇无力，始是新承恩泽时。"宋朝苏东坡在广东惠州汤泉留下"温泉水暖洗凝脂""一洗胸中九云梦"等传世佳句。

2）改革开放后，随着人们生活水平的不断提高，旅游作为新兴的经济振兴手段，温泉资源的综合利用受到方方面面的重视：

（1）温泉是一种宝贵的、具有高附加值的旅游资源，被国内外的投资者所看好，全国新建成了一大批温泉旅游度假区，如 2007 年底我国的等级温泉旅游区（点），其中 5A 级有 66 处、4A 级有 805 处、3A 级有 521 处、2A 级有 921 处、A 级有 130 处，详见表 11-4。

2007年底我国的等级温泉旅游区（点）表

表11-4

旅游区（点）级别	全国总数	温泉型	所占比例（%）
5A级	66处	陕西华清池	1.5
4A级	805处	安徽巢市金孔雀温泉旅游度假村；厦门日月谷温泉主题公园；广东清新温矿泉旅游度假村；惠州市龙门南昆山温泉旅游大观园；惠州市龙门温泉旅游度假区；广东湛江蓝月湾温泉度假郇，恩平市锦江温泉旅游度假区；韶关市曹溪温泉假日度假村；广东清新温矿泉旅游度假区；广东江门金山温泉旅游度假区；广东新会古兜温泉旅游度假村；广州从化碧水湾温泉度假村；南宁九曲湾温泉度假村；河北廊坊茗汤温泉度假村；湖北汤池温泉旅游景区；湖南郴州天堂温泉；湖南郴州市汝成温泉福泉山庄；张家界江垭温泉度假村；江西明月山天沐温泉度假村；宜春明月山温泉风景名胜区；庐山龙湾温泉度假村；庐山天沐温泉度假村；重庆海兰云天温泉度假区；重庆统景温泉风景区；重庆北泉风景区；上海太阳岛旅游度假区	3.2
3A级	521处	广东茂名西江温泉度假村；桂林龙胜温泉旅游度假区；遵义枫香温泉，湖南郴州悦来温泉；鞍山汤岗子温泉旅游度假区大连安波温泉旅游度假区；新疆沙湾县温泉旅游；重庆天赐温泉生态旅游景区	1.5
2A级	921处	安徽巢湖汤池温泉度假区；北京春晖温泉度假村；唐山乐亭县祥云湾海滨温泉度假村；黑龙江省林甸温泉疗养院；湖北保康县汤池峡温泉度假区；江西吉安安福武功山温泉山庄；云南华宁象鼻温泉度假区；云南中甸天生桥温泉度假区；云南水富县西部大峡谷温泉旅游区；新疆塔城沙湾温泉度假村；新疆博州博格达温泉度假村	1.2
A级	130处	山西原平大营温泉景区	0.8

（2）2010年，国土资源部公告通过首批温泉之乡（城、都）和地热能开发利用示范单位，具体详见表11-5。

2010年国土资源部公告关于首批中国温泉之乡（城、都）和地热能开发利用示范单位　表11-5

命名名称	命名地	申报单位
中国温泉之都	重庆市	重庆市人民政府
	天津市	天津市人民政府
	福州市	福州市人民政府
中国温泉之城	辽宁省辽阳市弓长岭区	弓长岭区人民政府
	辽宁省葫芦岛市兴城	兴城市人民政府
	云南省洱源县城	洱源县人民政府
中国温泉之乡	内蒙古自治区克什克腾旗	克什克腾旗人民政府
	江苏省南京市浦口区汤泉镇	浦口区人民政府
	江西省宜春市明月山温汤镇	明月山温泉景区管理委员会
	广东省龙门县	龙门县人民政府
	四川省广元市	广元市人民政府
温泉（地热）开发利用示范单位	陕西省咸阳市绿源地热能开发项目	陕西绿源地热能源开发有限公司
	天津工业大学	天津工业大学
浅层地温能开发利用示范单位	陕西省咸阳市天虹基·紫韵东城小区	咸阳天虹基置业有限公司
	辽宁省沈阳市钓鱼台7号小区	中色发展投资有限公司

（3）温泉资源已经从传统的医疗保健、观光旅游方式，走向更成熟的配套和综合利用。如广东一些有温泉资源的地方，当地充分利用原生态的温泉资源，科学规划、有序开发、合理利用，不断丰富温泉文化内涵，提升温泉旅游档次，建成高尔夫球项目和成熟的星级酒店，开拓商务、娱乐休闲、养生药膳、保健食疗餐饮等生活多样化的配套设施，满足各种游客群体的多样化需求；另外还建有休闲度假型的尊贵私家别墅，把原生态的温泉资源引入别墅，让高端置业人群在家里就能利用原生态的温泉实现采暖和洗浴等奢侈的享受，打造温泉资源可持续开发利用的示范区。

第二节　建筑的能源审计

一、概述

（一）术语和定义

1.建筑能源审计

建筑能源审计是一种建筑节能的科学管理和服务的方法，其主要内容是对用能单位建筑能源使用的效率、消耗水平和能源利用的经济效果进行客观考察，对用能单位建筑能源利用状况进行定量分析，对建筑能源利用效率、消耗水平、能源经济和环境效果进行审计、监测、诊断和评价，从而发现建筑节能的潜力。

2.能源需求

能源需求指为满足特定的工艺目的和舒适性目的，在设计规划阶段认为所需要消耗的能源，应按有关技术准则来进行计算。也可定义为用能负荷。

3.能源消耗量

能源消耗量是指一定时间段内（一般为一年）运行某个目标建筑物所需要的各种能源的总量。主要包括电力、燃料油、燃气、燃煤、市政热水（或蒸汽）及水等。包括低热值燃料、生物质能和太阳能等的利用。

（二）适用范围和要求

根据《大型公共建筑能耗统计技术导则》：本技术导则适用于国家机关（包括人大、政协、党委）办公建筑、单体建筑2万m^2以上的大型公共建筑（特别是政府投资管理的宾馆和列入国家采购清单的三星级以上酒店，以及商用办公楼），和总建筑面积超过两万平方米的大学校园。

（三）建筑能源审计小组和责任人

1）《大型公共建筑能耗统计技术导则》：建筑能源审计小组一般由建筑、暖通空调、会计、审计等专业人员组成。被审计建筑物的所有权人或业主可以委托物业管理公司配合审计，但应指定或委托专人担任审计项目的责任人和联络人。

2）《湖南省建筑能源审计导则（试行）》指出，能源审计机构应指派专人成立建筑能源审计小组，负责能源审计的全部具体工作并出具最终报告。建筑能源审计小组一般由建筑、暖通空调、电气、会计等专业人员组成，根据具体情况，可增加审计、计算机等专业人员。

（四）建筑能源审计的器材

1.《大型公共建筑能耗统计技术导则》

建筑能源审计小组应配备笔记本电脑、通讯对讲、激光测距仪、温度／湿度／二氧化碳浓度／照度等测试仪器或综合测试仪器等设备。

2.《湖南省建筑能源审计导则（试行）》

建筑能源审计小组应配备风速仪、流量计、温度／湿度／二氧化碳／照度等测试仪器及综合测试仪器等，并根据需要相应增加其他仪器、设备。

（五）能耗指标（根据《大型公共建筑能耗统计技术导则》）

1）对国家机关办公楼及写字楼，采用每年每平方米的能耗量和每年每人（常驻人员）的能耗量两个能耗指标来评价其能源利用效率；

2）对宾馆建筑，采用每年每平方米的能耗量和每年每床位的能耗量两个能耗指标来评价其能源利用效率；

3）对商场建筑，采用每年每平方米的能耗量和每年每营业小时数的能耗量两个能耗指标来评价其能源利用效率；

4）对大学校园，采用每年每平方米的能耗量和每年每个学生的能耗量两个指标来评价其能源利用效率。

二、建筑初步能源审计

进行能源审计的对象比较简单，花费时间较短，通常只做初步能源审计。这种审计的要求比较简单，只是通过对现场和现有历史统计资料的了解，对能源使用情况仅作一般性的调查，所花费的时间也比较短，其主要工作包括3个方面：

1）是对用能单位的主要建筑物情况、供热系统、空调系统、管网系统、照明系统、用水系统以及其他用能设备情况进行调查，掌握用能单位的总体基本情况；

2）是对用能单位的能源管理状况进行调查，了解用能单位的主要节能管理措施，查找管理上的薄弱环节；

3）是对用能单位能源统计数据的审计分析，重点是主要耗能设备与系统的能耗指标的分析（如供暖、空调、供配电、给排水等），若发现数据不合理，就需要在全面审计时进行必要的测试，取得较为可靠的基本数据，便于进一步分析查找设备运转中的问题，提出改进措施。初步能源审计一方面可以找出明显的节能潜力以及在短期内就可以提高能源效率的简单措施，同时，也为下一步全面能源审计奠定基础。

三、建筑全面能源审计

对用能系统进行深入全面的分析与评价，就要进行详细的能源审计。这就需要用能单位有比较健全的计量设施，或者在全面审计前安装必要的计量表，全面地采集企业的用能数据，必要时还需进行用能设备的测试工作，以补充一些缺少计量的重要数据，进行用能单位的能源实物量平衡，对重点用能设备或系统进行节能分析，寻找可行的节能项目，提出节能技改方案，并对方案进行经济、技术、环境评价。

物业的能源统计和能耗分析。能源统计是物业能源管理的一项重要内容，既是编制能源计划的主要依据，又是进行能源利用分析、监督和控制能源消费的基础。只有对各种用途、各分项能源消费进行统计，建立能源消费平衡表，掌握能源的来龙去脉，才能发现问题，找出能源消耗升降的原因，从而提出技术上和管理上的改进措施，不断提高能源管理水平。只有通过能源消费的统计分析，才能制定出先进的和合理的能耗定额，确保能源定额考核科学性和有效性。

（一）住宅物业的能源统计和能耗分析

以华南区某物业公司为例：

1. 住宅物业的用电统计

住宅物业的用电统计见表 11-6。

住宅物业的用电统计　　　　　　　　　　　　　　表11-6

月份	水源	嘉宾	丽日	郎园	年华	水晶	丽斯	广富
1	5842	36535	35203	11491		21442	13280	13799
2	6744	40303	33119	12410	0	18896	11468	11411
3	6131	43428	34889	12636	1672	18887	13881	12893
4	6951	42220	34573	14235	45929	15936	13814	12303
5	8355	39027	34836	12081	41889	20701	17821	15867
6	7399	41577	19113	12622	39436	18040	23205	13701
7	8736	35648	38553	12384	39436	22015	32839	17230
8	8736	36367	40823	12514	39436	20014	29645	14520
9	7772	42023	40124	11906	45523	18303	21448	11585
10	6975	40719	35179	12132	34555	21841	18452	20198
11	6821	44799	35179	12210	0	19776	32662	15498
12	7678	36357	13552	11164	35952	10160	13909	15557
合计	88140	479003	395143	147785	323828	226011	242424	174562
每月平均	7345	39917	32929	12315	35981	18834	20202	14547
建筑面积	35140	117922	77397	35310	39593	205000	48559	36000
m^2 能耗	2.51	4.06	5.11	4.19	8.18	1.10	4.99	4.85

注：

1. 用电单位：kW·h

2. m^2能耗是每平方用电，单位：kW·h

3. 建筑面积单位：平方米（m^2）

年华花园是新入伙项目（表11-7数据也是此种情况）

以上统计说明：

1）年华是新入伙项目，用电比较不稳定；

2）住宅物业用电差距比较大，每 $1m^2$ 用电量最大的丽日、丽斯和广富分别是 5.11kW·h、4.99kW·h、4.85kW·h，用电量最小的是水晶，每 $1m^2$ 是 1.1kW·h。最大和最小的用电相差 4.6 倍。

2. 住宅物业的用水统计

住宅物业的用水统计见表11-7。

住宅物业的用水统计　　　　　　　　　　　　　表11-7

月份	水源	嘉宾	丽日	郎园	年华	水晶	丽斯	广富
1	190	694	873	492		1357	885	0
2	671	7921	1251	467	0	1583	998	379
3	210	1323	715	536	918	1739	652	217
4	316	665	970	543	469	1585	491	387
5	255	870	916	509	0	1653	625	154
6	232	1009	759	780	226	1963	630	478
7	470	569	1076	354	1859	1916	681	608
8	476	517	1076	1578	2662	1546	726	545
9	697	523	1076	637	1234	1574	719	446
10	853	791	822	690	0	5004	486	446
11	756	187	822	2184	0	1556	460	176
12	470	0	774	473	1126	2493	502	0
合计	5596	15069	11130	9243	8494	23969	7855	3836
每月平均	466	1256	928	770	708	1997	655	320
建筑面积	35140	117922	77397	35310	39593	205000	48559	36000
m^2能耗	0.16	0.13	0.14	0.26	0.21	0.12	0.16	0.11

注:

1. 用水单位吨 (m^3)

2. m^2能耗是每平方用水,单位吨 (m^3)

以上统计说明:

1) 住宅物业用水差距较小,每平方米用水量最大的郎园、年华分别是 0.26 m^3、0.21 m^3,用水量最小的广富是 0.11 m^3,最大和最小的差距是 2.4 倍。

2) 住宅物业的用水量,如果绿化面积大,用水量也会大;另外还与是否有中水系统、雨水和空调水回收系统有关系,如果有这些设施设备,用水量也会比较节省。

(二)写字楼物业的能源统计和能耗分析

1. 写字楼(办公类)项目信息

写字楼(办公类)项目信息见表11-8。

写字楼（办公类）项目信息 表11-8

序号	办公类	项目名称	竣工时间	面积 (m²)		楼层 (F)	高度 (m)
				总建筑	空调		
1	商务办公	广通	2005年	39849	——	28	99
2		东江投资	2005年	40304	31437	19	80
3		富源科技	2005年	60428	43371	24	99
4	行政办公	方迪大厦	1995年	23792	14000	27	87
5		财富大厦	——	50893	37638	20	85
6		胜利大厦	2007年	59417	52318	28	109
7	金融办公	春秋银行	1998年	79425	70000	30	100
8		西洋银行	1996	80000	60000	26	96

2. 各类写字楼物业的用电统计

各类写字楼用电统计表1见表11-9。

2010年写字楼用电统计表1 表11-9

时间	商务办公			行政办公			金融办公	
	广通	东江	富源	方迪	财富	胜利	春秋银行	西洋银行
1月	673500	178825	313860	189001	246600	259200	392640	846432
2月	662460	156761	345540	164087	214500	195600	372400	736845
3月	577680	139652	368340	229950	225420	228480	360240	1005789
4月	710340	178442	374820	189059	260640	277600	490640	959434
5月	725520	192411	466260	315146	284000	407200	412720	1111933
6月	790320	276184	518880	331900	363280	475120	606800	1146372
7月	783780	284855	572460	402894	388380	574720	579840	1320382
8月	859140	328650	615480	399189	446700	599120	757040	1277860
9月	877800	344741	568740	388412	481440	554640	786080	1247672
10月	838320	313185	427740	267540	420840	374800	684400	1005890
11月	762640	249957	416100	222685	343820	255200	598960	930247
12月	690840	262080	339240	214261	294120	254480	461360	914593
合计	8952300	2905743	5327460	3314124	3969740	4456160	6503120	12503449
折合标煤	1100.24	357.12	654.74	407.31	487.88	547.66	799.23	1536.67
建筑面积	39849	40304	60428	23792	50893	59417	79425	80000
m² 能耗	225	72	88	139	78	75	82	156

以上表格的统计数据说明：

1）商务办公楼，广通项目用电每平方米是 225kW·h，而其他项目却是 72kW·h 和 88kW·h，最高和最低能耗项目差距 3 倍，说明广通项目的单位面积的能耗严重偏高；而东江投资和富源科技两个写字楼的用电量分别是 72kW·h 和 88kW·h，是比较合理的。

2）行政办公楼：都是政府的物业（公共建筑），财富大厦和胜利大厦两个项目的用电是 78kW·h 和 75kW·h，比较均衡；而方迪大厦的用电是 139kW·h，与前两个项目比较，单位面积的用电量偏高，说明方迪大厦项目节能空间比较大。

3）金融类写字楼，春秋银行和西洋银行的用电分别是 82kW·h 和 156kW·h，单位用电相差将近一倍，也需要安装分项计量才能确定具体的用电消耗。

通过能源审计，说明以上同类写字楼（商务、行政、金融类）物业的能耗差距较大，应该找出能耗大的原因，是建筑维护结构、客户习惯（打开窗户）、租赁问题，还是物业公司设备管理问题等，才能对症下药，节省能耗。

3. 各类写字楼物业的用水统计

各类写字楼物业的用水统计表 2 见表 11-10。

2010年写字楼用水统计表2　　　　表11-10

时间	商务办公			行政办公			金融办公	
	广通	东江	富源	方迪	财富	胜利	春秋银行	西洋银行
1 月	4240	1701	4123	1990	2661	5210	6440	13240
2 月	2448	1371	4381	1609	2391	3873	6847	12818
3 月	3174	1791	4880	1746	2627	6551	6426	11028
4 月	3924	1791	4790	2214	2710	4669	7425	12515
5 月	4574	1947	4949	1759	2698	5859	6997	13971
6 月	4794	2274	5860	1988	3489	6354	8176	13834
7 月	5858	2436	5873	1987	3960	9448	7475	14846
8 月	6525	2956	6315	1987	4637	8384	7535	16151
9 月	6055	2864	6098	2176	4779	9557	7947	14561
10 月	5292	2195	4414	1854	4374	7669	6904	14565
11 月	4912	2607	4635	1776	3133	5476	5823	11352
12 月	4890	2175	4085	1669	3101	5526	6242	12914
合计	56685	26108	60403	22755	40560	78576	84237	161795
折合标煤	4.86	2.24	5.18	1.95	3.48	6.73	7.22	13.87
建筑面积	39849	40304	60428	23792	50893	59417	79425	80000
m^2 能耗	1.42	0.65	1	0.96	0.8	1.3	1.06	2.02

以上表格的统计数据说明：

1）写字楼（包括综合体）项目，用水量的大小与办公人员的数量成正比：如果写字楼办公人员多，用水量相对较大；如果办公人员少，用水量也会相应地减少。除非管理不到位，如公共洗手间长期漏水而物业公司一直视而不见或不处理，这样浪费水资源连最基本的公德和责任都没有了。

2）商务类和金融类写字楼，单位用水量最低和最高分别是 0.65 吨和 2.02 吨，两者相差 3 倍多，从用水数据再次说明，用电能耗大的写字楼，用水的能耗也是成比例的，需要更细的分项数据，才能分析节能空间。

（三）综合体和医疗行业的能源统计和能耗分析

1. 项目信息

商业综合体和医疗行业的项目信息见表 11-11。

商业综合体和医疗行业项目信息　　　　　　表 11-11

序号	物业类型		项目名称	竣工时间	面积（m²）		楼层（F）	高度（m）
					总建筑	空调		
1	商业综合体	商场办公	东方大厦	1999 年	45358	44632	28	——
2		商场办公	广成大厦	2005 年	47853	43411	25	99
3		商场办公	丰湖大厦	2005 年	100000	78276	41	130
4	医疗行业	医院	1 号医院	1999 年	27675	——	19	76
5			2 号医院	1999 年	68237	40000	17	75
6			3 号医院		50968		29	100
7			4 号住院	2002 年	84581	——	27	111

2. 商业综合体（简称综合体）和医疗行业的用电统计

商业综合体和医疗行业的用电统计见表 11-12。

商业综合体和医疗行业的用电统计　　　　　表 11-12

时间	商业综合体			医疗行业			
	东方	广成	丰湖	1 号医院	2 号医院	3 号医院	4 号医院
1 月	486360	402600	156001	209640	1740360	979840	1598390
2 月	514560	357180	154216	174630	1228200	937180	1716861
3 月	504000	449160	159945	212100	1197200	1124360	1776645
4 月	570180	468720	154407	205530	1364040	1080880	1915253

续表

时间	商业综合体			医疗行业			
	东方	广成	丰湖	1号医院	2号医院	3号医院	4号医院
5月	589440	520080	246040	158490	1369080	1525480	2592624
6月	663900	570480	294177	307470	1993560	1597360	2558141
7月	705660	622680	370268	359820	2152440	1955280	2953907
8月	765240	790080	416064	429000	2615640	1901540	3150875
9月	755880	633960	361103	371100	2549040	1736860	2600393
10月	601680	582900	280272	144810	2332440	1224080	2353814
11月	553980	602862	163476	197340	1727520	957120	1966496
12月	527640	555720	142023	228870	1316400	1038640	1740581
合计	7238520	6556422	2897996	2998800	21585920	16058620	26923980
折合标煤	889.61	805.78	356.16	368.55	2652.91	1973.6	3308.96
建筑面积	45358	47853	100000	27675	68237	50968	84581
m^2 能耗	160	137	29	108	153	315	318

以上表格的统计说明：

1）医疗行业的用电能耗比综合体高，最高达到318kW·h/m²。

2）综合体项目：综合体项目的低楼层一般是商场，其他是办公用途，而东方大厦和广成大厦的单位用电量是160kW·h和137kW·h，数据有一定的相差，说明东方大厦还是有一定的节能空间；而丰湖大厦单位面积用电是29kW·h（楼层内客户的冷气有分户供冷计量，加上个别地方不使用电力，实际单位面积用电是37kW·h），说明能源利用效率非常高，现场审计也发现，机电设备的设计比较合理，公共区域及个别特殊区域的冷气和照明，物业公司可以在上下班时间和根据客户的要求自动开停，在管理节能方面实现人走关冷气、关灯，而且在技术上，用电量较大的中央空调、照明等设备已做节能改造，所以丰湖大厦的电力使用效率非常高。

3）医疗行业：四家医院的单位用电分别是108kW·h、153kW·h、315kW·h、318kW·h，最低和最高的用电数据相差近3倍；而且医院用电与医院的面积不成比例关系，如2#医院的面积是68237m²，单位能耗是153kW·h，而面积较小的3#医院（50968m²），单位用电达到315kW·h，两者单位面积用电相差一倍多。以上表格统计数据说明医院用电差距大，存在较大的节能空间。

3.商业综合体和医疗行业的用水统计

2010年商业综合体和医疗行业用水统计见表11-13。

2010年商业综合体和医疗行业用水统计表　　　　　　　　表11-13

时间	东方大厦	广成大厦	丰湖大厦	1号医院	2号医院	3号医院	4号医院
1月	5178	2848	12723	7294	81149	33107	44089
2月	5806	2923	9202	13970	74962	25411	39047
3月	6004	3033	9580	6534	79674	35058	30743
4月	5818	3482	9822	6693	85516	35181	44148
5月	5501	3419	5672	9066	72425	43347	46692
6月	6197	3790	5603	7431	94988	43792	32588
7月	6764	4344	6179	8720	112751	55184	47388
8月	7660	5515	7652	8801	103014	57541	52969
9月	7603	4588	12169	7303	104726	49334	50645
10月	5842	3659	5796	7601	108652	39826	50286
11月	6065	4191	5474	7077	92601	30488	42144
12月	6223	3362	4752	6493	97727	25175	40189
合计	74661	45154	94624	96983	1108185	473084	520928
折合标煤	6.4	3.87	8.11	8.31	94.97	40.54	44.64
建筑面积	45358	47853	100000	27675	68237	50968	84581
m^2能耗	1.65	0.94	0.95	3.5	16.24	9.28	6.16

以上两个表格的统计数据说明：

1）商业综合体用水比较均衡，三个综合体项目的单位用水量分别是1.65吨、0.94吨和0.95吨，各项目的用水比较均衡。

2）四家医院的用水数据分别是3.5吨、16.24吨、9.28吨、6.16吨，最高与最低相差近5倍，说明各家医院的用水差距很大，有巨大的节能空间。

（四）商业购物场所的能源统计和能耗分析

商业购物场所的人流量大，设备种类多，能耗比较大。

1.项目信息

商业购物场所项目信息见表11-14。

商业购物场所项目信息　　　　　　　　表11-14

序号	物业类型		项目名称	竣工时间	面积（m^2）		楼层（F）	高度（m）
					总建筑	空调		
1	商业	购物中心	燕岭广场	2009年	40866	30000	5	——
2		其他	新华书店	1994年	25371	——	9	——

2.项目用电、用水统计和分析

项目用电、用水统计和分析见表 11-15。

商业购物场所的用电用水统计表　　　　表11-15

| 时间 | 新华书店 | | | | | | 燕岭广场 | |
| | 用电 | | | 用水 | | | 用电 | 用水 |
	2008 年	2009 年	2010 年	2008 年	2009 年	2010 年	2010 年	
1 月	271160	153150	306046	3900	2860	3317	63873	2495
2 月	234990	182700	305538	3770	3987	2544	77912	2308
3 月	356770	181140	365200	3869	4200	3333	124823	2650
4 月	387960	200610	337967	4209	3753	3521	104482	1835
5 月	442620	261360	779438	4970	5059	3628	186714	2906
6 月	469320	256440	490372	4209	4426	4190	217399	3275
7 月	512520	283890	531645	5547	5380	5135	267993	3657
8 月	510540	321600	588405	5394	5606	4050	261912	4063
9 月	457100	334800	507468	4963	6566	4458	292611	4318
10 月	440010	442330	476528	3209	5548	8036	273709	2877
11 月	179820	443970	480840	3065	4253	4838	154401	2096
12 月	333000	311670	413700	3519	2995	4769	117985	2124
合计	4595810	3373660	5583147	50624	54633	51819	2143823	34604
折合标煤	564.83	414.62	686.17	4.34	4.68	4.44	263.48	2.97
建筑面积	25371m²						40866m²	
m² 能耗	181	133	220	2	2.15	2.04	53	0.85

以上表格的数据统计说明：

1）两个商业购物场所的用电量（2010 年数据比较）分别是 220kW·h 和 53kW·h，单位面积差距 4 倍多，是什么原因导致用电相差这么悬殊，审计分析见表 11-16。

两个商业购物场所用电情况比较　　　　表11-16

项目	新华书店	燕汇广场	结论
建筑物	该大楼地下一层，地上 9 层，标准层高为 4.8 米，建筑面积 25371m²。南北朝向，结构形式为砖混结构，外围护墙体采用实心黏土砖墙体	该大楼地上 5 层，无地下室，建筑面积 40866m²。该建筑结构形式为砖混结构，围墙材料为实心黏土砖，无保温层；外窗类型为单玻单层窗，无遮阳设施	两者差距不大

续表

项目	新华书店	燕汇广场	结论
中央空调	1994 年投入使用，选用三台开利 19XL 离心式冷水主机，单台机组制冷量为 400RT；冷冻水泵四台并联运行，单台流量 269m³/h，扬程 43m，电动机功率 55kW；冷却水泵四台并联运行，单台流量 346m/h，扬程 38m，电动机功率 55kW	2009 年投入运行，2 台开利冷水机组，单台机组制冷量为 400Rt；冷冻水泵 3 台，单台流量为 260m³/h，扬程 30m，功率 45kW；冷却水泵 3 台，单台流量 320m/h，扬程 25m，功率 45kW	两家空调相差 15 年，效率差距较大；新华书店的中央空调设计匹配不合理，而燕岭广场相对比新华书店合理，所以在运行时燕岭广场的中央空调能耗比书店少
照明	室内照明使用普通荧光灯，能统一控制；室外照明使用高压钠灯	室内使用白炽灯、荧光灯、金属卤化物等；室外照明为荧光灯和金属卤化物等。室内照明分区域控制，公共区域可根据上下班控制	燕岭广场的设计和管理更合理，所以照明能效更高，能耗比新华书店低

商业场所用电最大的设备是中央空调系统和照明系统，因为新华书店建设早，而且当时的设计经验不是特别成熟（这是当时的普遍现象），所以不管是中央空调还是照明，用电要比燕岭广场大，这是两家能耗差距大的主要原因；当然，在审计时，燕岭广场的管理节能做得更好，如室内中央空调温度控制，灯光根据环境变化控制开停，在空调运行期间不得随意开启门窗，凡有阳光照射的地方应尽量放下窗帘减少热负荷。所以，不管是设备设计和管理，燕岭广场做得比较好，能源率用效率比新华书店项目高

2）新华书店 2008 ～ 2010 年 3 年的单位用电量分别是 181kW·h、133kW·h、220kW·h，用电量波动较大，2009 年较 2008 年用电减少，属改造后的效果，主要是中央空调水泵做了变频，改造后节能效果明显（改造后也说明中央空调设计匹配严重不合理），而 2010 年单位用电突然增加，是因为新华书店在扩大规模，增添了不少用能设备。

3）新华书店 3 年的用水量变化不是特别明显，但用水量是燕岭广场的 2 倍多，主要原因还是水泵残旧效率低，能源计量系统（包括用电）欠缺，而且在管理上比较薄弱，更缺乏有效的考核和应对措施。

（五）餐饮行业的能源统计和能耗分析

1. 项目信息

餐饮行业项目信息见表 11-17。

餐饮行业项目信息　　　　表 11-17

序号	物业类型	项目名称	竣工时间	面积（m²）		楼层（F）	高度（m）
				总建筑	空调		
1	餐旅业	王家饭店	1994 年	11400	10400	9	——
2		客家酒楼	1952 年	20451	18610	8	34

2. 餐饮行业能源统计和分析

客家酒楼能源消耗数据见表 11-18。

客家酒楼能源消耗数据表　　　　表11-18

时间	用电				用水		用气（天然气）	
	总用电		中央空调用电					
	2009年	2010年	2009年	2010年	2009年	2010年	2009年	2010年
1月	136477	148980	——	——	4602	4987	10089	8501
2月	152301	183553	——	——	4921	3931	8551	10683
3月	148948	221865	——	——	5066	4375	7336	7428
4月	200538	187478	——	——	5332	4472	3219	9404
5月	290585	336789	——	——	6292	4945	8304	7644
6月	368010	364837	——	——	6477	5614	5391	7975
7月	424951	424081	——	——	7549	5522	11397	8539
8月	457294	427775	——	——	8087	6650	7745	8044
9月	427827	414921	——	——	8555	5811	11345	10314
10月	288347	263619	——	——	7500	4931	8610	6845
11月	174731	162377	——	——	4725	3484	8911	7282
12月	103770	148387	——	——	4312	3897	9953	7365
合计	3173779	3284662	2699951	2351818	73418	58619	100851	100024
折合标煤	390.06	403.68	331.82	289.04	6.42	5.02	51.87	51.44
分项比例	——	——	85.07%	71.6%	——	——	——	——
建筑面积	20451m² （空调供冷面积 18610m²）							
m²能耗	155	160	145	126	3.59	2.87	4.93	4.89

王家饭店能源消耗数据见表11-19。

王家饭店能源消耗数据表　　　　表11-19

2010年	用电		用水	用气（天然气）
	总用电	中央空调		
1月	136859	35200	1500	9837.6
2月	120067	43200	1350	8380.8
3月	175616	54300	1393	8871.6
4月	202701	84320	1376	8871.6
5月	233134	103200	3671	8292.6
6月	222914	156200	1377	8930.4

2010 年	用电		用水	用气（天然气）
	总用电	中央空调		
7 月	260016	135600	3227	8695.2
8 月	299213	146300	3803	9024
9 月	282652	132000	3461	9616.8
10 月	223886	104500	3014	8109.6
11 月	178718	5600	2598	8140.8
12 月	160698	4236	3207	9337.2
合计	2496474	1004656	29978	106741.2
折合标煤	306.82	123.47	2.57	141.96
分项比例		40.2%		
建筑面积	11400m² （空调供冷面积 10400m²）			
m² 能耗	219	97	2.63	9.36

以上两家饭店业的统计数据说明：

1）客家酒楼和王家饭店的单位用电（2010 年）分别是 160kW·h、219 kW·h，说明王家饭店的单位用电偏高，原因见表 11-20。

两家餐饮用电量原因分析　　　　　　　　　　　表11-20

项目	客家酒楼	王家饭店	结论
外围环境	项目内古树参天，环境优美，绿化覆盖率占面积的 70%，是花园式单位	项目在闹市区，寸土寸金，太阳暴晒严重	客家酒楼得天独厚的环境能有效减少中央空调能耗
建筑物	项目建筑面积 20451m²，地上 8 层，地下 1 层，建筑南北朝向。结构形式为框架结构，外围护墙体采用面砖、石材作为外饰面材料、铝合金窗、茶色玻璃，内设窗帘做内遮阳。建造于 1952 年	项目 11400m²，地下 1 层，地上 9 层，标准层高 3m，建筑高度 30m，建筑朝南向，建造于 1994 年	两者差距不大
节能改造	1. 中央空调运行 30 年，2009 年更换带冷热源的新空调机组，空调制冷同时产生的热水 2. 热水更换为热泵供应 3. 照明根据不同区域更换为 LED 灯、T8、T4、T5 灯具	1. 中央空调采用智能控制 2. 外围等采用时间控制器，部分区域使用 LED 灯 3. 采用变频电梯和空气源热水泵	客家酒楼更换更节能的中央空调、照明和热水设备，是节能的重要保证

客家酒楼虽然建设早，但得天独厚的建筑环境是节能的基础，而且对能耗大的中央空调、照明、热水供应设备更换效率更高的产品，这是节能的保障，所以能源利用效率更高，因此单位面积能耗比 20 世纪 90 年代的王家饭店更低，说明建筑能耗与建筑时间没有关系

2）客家酒楼 2009 年、2010 年的单位用电分别是 150kW·h、160kW·h，说明用电波动不大，管理比较稳定。

3）客家酒楼 2009 年空调用电占全年用电 85.07%，2010 年占 71.6%，但王家饭店中央空调占全年用电的 40.2%，说明客家酒楼的中央空调能耗偏高，还有很大的节能潜力。

4）客家酒楼 2009 年、2010 年的单位用水是 3.59 吨、2.87 吨，说明用水量在减少，而王家饭店的单位用水量是 2.63 吨，说明客家酒楼的节水还有空间。

5）客家酒楼 2009 年和 2010 年使用天然气的单位能耗是 4.93 m^3 和 4.89 m^3，而王家饭店 2010 年单位面积用气是 9.36 m^3，比同期的客家酒楼高 2 倍多，说明王家饭店的厨房设备用气量严重偏高，节气潜力大（从用水和用气指标，以及现场咨询等，经营收入也不是特别高，用气量偏高与营业额关系不大）。

6）餐饮（包括宾馆酒店）行业比较特殊，除了以上数据和指标外，还应该站在财务的角度考核，如按照总收入核算，能源（水、电、气）利用占收入的比例，这样综合考虑更科学。

四、建筑专项能源审计

对初步审计中发现的重点能耗环节，针对性的进行的能源审计称为专项能源审计。在初步能源审计的基础上，可以进一步对该方面或系统进行封闭的测试计算和审计分析，查找出具体的浪费原因，提出具体的节能技改项目和措施，并对其进行定量的经济技术评价分析，也可称为专项能源审计。

（一）公共机构的专项能源审计

公共机构（根据《公共机构节能条例》规定，是指全部或者部分使用财政资金的国家机关、事业单位和团体组织）能耗在社会能源总消费中占有较大比重，但目前公共机构能耗统计尚没有权威数据，因此，摸清公共机构的能耗数据，尤其是不同城市的数据，对公共机构开展节能降耗提供了科学依据，对全社会开展能源审计和节能规划具有十分重要的示范作用。

1. 政府办公物业的专项能源审计

统计华南区两个城市的政府办公大楼的能源消耗统计数据，详见表 11-21。

政府办公大楼的能源消耗统计表（用电单位：kW·h）　　　　表11-21

指标	华南区某市 2010 用电			华南区另一城市 2011 用电					
	方迪大厦	财富大厦	胜利大厦	图书馆	管理中心	市 1 号楼	市 2 号楼	市 3 号楼	市 4 号楼
用电量	3314124	3969740	4456160	690 万	4220 万	2859 万	3263 万	1021 万	852 万
折合标煤	407.31	487.88	547.66	848.01	5186.38	3513.7	4010.2	1254.81	1047.1
建筑面积	23792	50893	59417	4.96 万	40.36 万	19.3 万	30.6 万	9.78 万	9.3 万
m^2 能耗	139	78	75	139	104	148	106	104	91

以上表格的统计数据说明：

1）政府办公大楼的单位平均耗电差距很大，华南区某市办公楼最低用电是 75kW·h，最高用电是 139kW·h，能耗相差近 1.85 倍；而华南区另一城市单位最低用电是 91kW·h，最高是 148kW·h，能耗相差 1.63 倍。两个城市的统计数据说明，政府办公大楼节能潜力大。

2）政府办公大楼能耗大，主要原因是政府办公楼的窗户（包括大门）打开的比例较高，导致中央空调负荷更大，能耗更高，而商务和金融类办公楼开窗的比例非常稀少。打开门窗的优势是室内办公环境的空气比较好，但是，办公区内的环境空气不能以牺牲能源为代价，所以，政府办公大楼的节能首先是确保窗户的有效关闭，在此基础上再考虑设备的节能。

2.医疗行业的专项能源审计

不同政府办公大楼的能源消耗数据差距大，这是很正常的原因，因为政府部门的分工不一样，如公检法、工商、税务、海关和检验检疫单位等，不同行业的政府部门都会有自己的专业设备，所以能源消耗有一定的差别。但是，同属一种行业如医疗行业，不同的城市之间比较（两个城市距离 150km 左右），则更有参考价值和意义，见表 11-22。

医院的能源消耗统计表（用电单位：kW·h） 表11-22

时间	华南区某市医院 2010 年用电				华南区另一城市的市医院 2011 年用电				
	1 号医院	2 号医院	3 号医院	4 号医院	5 号医院	6 号医院	7 号医院	8 号医院	9 号医院
建筑面积	27675	68237	50968	84581	12.8 万	9.25 万	9.52 万	7.5 万	7 万
合计	2998800	21585920	16058620	26923980	2366 万	1495 万	1342 万	1175 万	956 万
折合标煤	368.55	2652.91	1973.6	3308.96	2907.8	1837.4	1649.3	1444.1	1174.9
m^2 能耗	108	153	315	318	184	161	140	156	136

以上表格的统计数据说明：

1）华南某市医院最低单位用电是 108kW·h，最高用电是 318kW·h，能耗相差近 3 倍，说明医院节能空间巨大；华南区另一城市最低和最高的单位用电分别是 136kW·h、184kW·h，能耗相差 1.35 倍，也说明节能空间大。

2）两个城市的医院用电统计说明，业主方和设计单位及物业管理公司，应该加强节能意识；而且政府部门对能耗大的公共机构必须加强能耗管控和考核。

（二）中央空调系统的专项能源审计

中央空调是重大的能耗设备，所以有必要把中央空调系统做专项能源审计。

1.写字楼中央空调能耗分析

写字楼中央空调能耗分析见表 11-23。

东江投资和东方大厦项目用电统计表 表11-23

2010 年	东江投资		东方大厦	
	总用电	中央空调用电	总用电	空调水冷机组用电
1 月	178825	700	486360	75630
2 月	156761	2100	514560	94700

2010 年	东江投资		东方大厦	
	总用电	中央空调用电	总用电	空调水冷机组用电
3 月	139652	21000	504000	101410
4 月	178442	23100	570180	120710
5 月	192411	82600	589440	155920
6 月	276184	95200	663900	199440
7 月	284855	124600	705660	256060
8 月	328650	122500	765240	273390
9 月	344741	109900	755880	262090
10 月	313185	70000	601680	185230
11 月	249957	44100	553980	128310
12 月	262080	8400	527640	107250
合计	2905743	704200	7238520	1960410
折合标煤	357.12	86.55	889.61	240.93
分项比例	——	24%	——	27%
建筑面积	40304m² (空调供冷面积 31437m²)		45358m² (空调供冷面积 44632m²)	
m² 能耗	72	22	160	44

注：东方大厦中央空调设计分户冷量计量

以上统计数据说明：

1）2010 年东江投资的总用电量是 2905743kW·h，每平方米能耗是 72kW·h；中央空调系统用电 704200kW·h，每平方米能耗是 22kW·h；中央空调系统用电占总用电量的 24%。

2）2010 年东方大厦的总用电量是 7238520kW·h，每平方米能耗是 160kW·h；中央空调系统用电 1960410kW·h，每平方米能耗是 44kW·h；中央空调系统用电占总用电量的 27%。

3）东江投资和东方大厦的统计说明：中央空调系统占总用电量的比例分别是 24%、27%，设备节能重点考虑中央空调外，还应关注其他用电设备的节能。

2. 五星级酒店的中央空调能耗分析

五星级酒店的客房数量、实际的住房率，以及餐饮规模等，是衡量中央空调能耗的关键指标。以华南区某市五星级酒店为例，见表 11-24。

2011年华南某市五星级酒店用电统计（单位：万kW·h）　表11-24

序号	项目和指标	1 月	2 月	3 月	4 月	5 月	6 月	7 月	8 月	9 月	10 月	11 月	12 月	年合计
1	罗湖 1 号总用电	75	85	91	97	111	119	122	131	114	102	91	88	1215
	空调用电量	35	40	45	47	55	59	65	67	61	54	46	43	617
	空调用电比例	47%	47%	49%	48%	50%	50%	53%	51%	54%	53%	51%	49%	51%

续表

序号	项目和指标	1月	2月	3月	4月	5月	6月	7月	8月	9月	10月	11月	12月	年合计
2	罗湖2号总用电	49	64	79	91	98	99	102	112	105	97	91	81	1066
	空调用电量	20	26	37	43	47	52	54	59	56	48	44	32	518
	空调用电比例	41%	41%	47%	47%	48%	53%	53%	53%	53%	49%	48%	40%	49%
3	罗湖3号用电	37	43	53	61	70	76	81	83	77	71	60	49	761
	空调用电量	14	17	26	35	36	37	41	43	38	33	31	17	368
	空调用电比例	38%	40%	49%	57%	51%	49%	51%	52%	49%	46%	52%	35%	48%
4	福田1号总用电	123	140	151	169	180	190	211	218	209	181	176	155	2100
	空调用电量	43	56	76	85	95	100	112	115	110	91	88	69	1040
	空调用电比例	35%	40%	50%	50%	53%	53%	53%	53%	53%	50%	50%	45%	50%
5	福田2号总用电	53	57	63	70	79	83	92	97	93	82	73	60	902
	空调用电量	21	23	28	32	41	42	46	50	49	43	37	26	438
	空调用电比例	40%	40%	44%	46%	52%	51%	50%	52%	53%	52%	51%	43%	49%
6	南山1号总用电	72	77	86	95	102	113	119	134	122	108	96	85	1209
	空调用电量	29	31	35	46	51	53	55	68	65	51	46	32	562
	空调用电比例	40%	40%	41%	48%	50%	47%	46%	51%	53%	47%	48%	38%	55%
7	南山2号总用电	67	74	75	84	89	96	114	126	117	103	90	74	1109
	空调用电量	28	32	33	40	43	50	53	61	54	49	42	31	516
	空调用电比例	42%	43%	44%	48%	48%	52%	46%	48%	46%	48%	47%	42%	47%
8	南山3号总用电	43	49	53	59	71	75	83	85	80	74	63	47	782
	空调用电量	18	19	21	27	31	36	41	44	40	36	31	28	372
	空调用电比例	42%	39%	40%	46%	44%	48%	49%	52%	50%	49%	49%	60%	48%
9	宝安1号总用电	23	25	33	39	43	51	53	56	50	42	36	26	477
	空调用电量	11	12	15	18	21	23	25	28	23	20	15	12	223
	空调用电比例	48%	48%	45%	46%	49%	45%	47%	50%	46%	48%	42%	46%	47%

注：序号9的宝安1号酒店客房走廊为无空调的外走廊

以上五星级酒店的用电统计说明：

1）中央空调年度用电是全年总用电的47%至51%，说明中央空调系统是五星级酒店能耗最大的用电设备。

2）从华南某市五星级酒店的用电统计说明，靠近车站、码头和展览场馆及旅游景点的地方，人流量较大，入住率较高，如罗湖1#酒店中央空调年度能耗占总能耗的51%、福田1#酒店年度占50%、南山1#酒店占55%。而其他酒店只能通过城市的重大活动，如当地举行文化产业博览会、高新技术成果交易会分一杯羹；另外只能开展更灵活的经营手段，如通过周边的资源优势、便利的交通和更多的优惠措施吸引旅游团队；强化内部设施的优势，更好地吸引本地客流，如结婚、孩子满月和居家庆祝及企业的节假日活动等。

3）中央空调用电比例数据说明，在春夏秋冬夏的季节轮回，五星级酒店的用电波动非常小，说明酒店行业在春初、秋末和冬季等温度较低的季节，没有实施更好的节能措施和方式，有效降低能耗。

3. 其他用途物业的中央空调能耗分析

以华南区某报社和中原某信息枢纽大楼为例：

1）其他用途物业的项目信息，详见表 11-25。

其他用途物业项目信息　　　　　　　　　表 11-25

序号	项目		竣工时间	面积（m²）		楼层（F）	高度（m）
				总建筑	空调/采暖		
1	报社		1991 年	13000	10528	21	80
2	通信行业	通讯基站	——	每个基站 16m²，该市有 2 万个类似基站			
3		办公楼		40000	13000	11	45
		通讯机房			21000	17	70

2）报社中央空调能耗分析，见表 11-26。

2010年华南某报社用电明细　　　　　　　　表 11-26

时间	总用电	中央空调系统用电				
		制冷主机用电	水泵用电	1 ～ 12 层风柜	13 ～ 20 层风柜	合计
1 月	220260	0	240	4380	2775	7395
2 月	205020	1500	1320	3000	1650	7470
3 月	269520	12000	8640	4860	2640	28140
4 月	252060	2700	1560	5670	2940	12870
5 月	375840	34200	21360	5190	3105	63855
6 月	451800	73200	44400	6240	4050	127890
7 月	561780	114900	62640	7350	5580	190470
8 月	541080	106200	52440	6570	4950	170160
9 月	528300	110400	53880	6540	5085	175905
10 月	327420	64200	35160	6990	5700	112050

续表

时间	总用电	中央空调系统用电				
		制冷主机用电	水泵用电	1～12层风柜	13～20层风柜	合计
11 月	231660	3900	1800	5400	3765	14865
12 月	228840	300	480	5820	3660	10260
合计	4193580	523500	283920	68010	45900	921330
折合标煤	515.39	64.34	34.89	14		113
分项比例	总用电	12%	7%	3%		22%
	中央空调	56.8%	30.8%	12.4%		——
建筑面积		13000m² （空调供冷面积 10528m²）				
m² 能耗	323	50	27	11		88

以上统计数据说明：

（1）2010 年报社总用电量是 4193580kW·h，中央空调系统用电是 921330kW·h，占总用电量的 21.97%；中央空调制冷主机占总用电量的 12%；中央空调的冷冻泵和冷却泵（简称空调水泵）用电占总用电量的 7%；中央空调风柜占总用电的 3%。

（2）空调制冷主机用电占中央空调系统总用电的 56.82%，空调水泵用电占 30.8%，空调风柜用电占 12.4%；空调制冷主机和空调水泵一起占中央空调总用电的 88%，因此做好中央空调主机和中央空调水泵的节能降耗，对中央空调系统节能的意义重大。

（3）单位面积能耗，报社项目的单位能耗是 323kW·h，中央空调系统的单位能耗是 88kW·h，还有 235kW·h 的用电是其他设备的能耗，说明报社项目的节能还要考虑电梯、水泵、照明插座和客户用电等。

3）通信行业：信息化建设，移动手机的普及，催生了中国通信行业的迅猛发展，移动通讯机房、移动基站的能源消耗和节能早已引起高度关注，而电力消耗在移动运营商的各类能源消耗中占有绝对的比例，以中原某市移动通讯运营商 2011 年的能源审计为例：

（1）基站能耗分析：

①基站情况：现场查看一个楼顶面积约为 16m² 的基站房，室内发热源较为单一，主要是 BTS（基站收发器）和电源，单台 BTS 功率约为 2.5kW；基站要求温度为 25℃左右，最高不超过 30℃；该机站采用国产的柜式变频空调制冷，空调功率 2150W，制冷功率 7290W。当地城市共有类似基站 2 万多个。

② 2011 年该市（2 万多个）移动基站电费支出约 4 亿元人民币，所以移动基站的主设备（基站收发器）和配套设备（空调设备）能耗占比高，可以站在节能的角度重点突破。

（2）通讯机房中央空调能耗分析：通讯机房的能耗统计详见表 11-27。

2011年中原某市信息枢纽大厦用电明细表 表11-27

2011 年	总能耗		办公楼	通讯机房（kW·h）	
	总用电（kW·h）	电费（元）	总用电	总用电	空调系统
1 月	3133303	2254030.94			
2 月	3665441	2636839.6			
3 月	3330727	2396053.52			
4 月	3246504	2335465.31			
5 月	3455087	2485515.44			
6 月	3708397	2714613.21	无	无	无
7 月	3941169	2918215.9			
8 月	4021565	2977744.64			
9 月	3522640	2608318.5			
10 月	3425782	2536600.55			
11 月	3240262	2399233.33			
12 月	4047915	3099334.88			
合计	42738792	31361965.82	1300000	41438792	14503577
建筑面积	40000 m²		13000 m²	21000 m²	
m² 能耗	1068	——	100	1973	691

注：
1. 因为该大厦只有一个总电表，没有分项计量，所以写字楼和通讯机房的数据是估算出来的；
2. 写字楼用电每平方米按100kW·h计算；
3. 通讯机房空调系统按总用电的35%计算。

①该信息枢纽大厦没有做过分项计量改造，也没有安装相应表具，因此具体分项用能情况不明。2011 年总用电 42738792kW·h，电费 31636.2 万，说明通讯机房能耗巨大。

②该信息枢纽大厦能耗大，主要是通讯机房用电大。用电大的主要是通信行业的专业设备，以及中央空调设备用电。

③中央空调设备：通信机房采用专用空调制冷，空调总数大约有 110 台，制冷功率从 30kW ~ 80kW 不等，多为 60kW；机房温度要求较严格，计费机房等不高于 22℃，交换、电力和传输机房不高于 23℃；部分机房对温、湿度和空气的洁净度的要求较高。

④ 2011 年该通讯机房中央空调能耗达到 691kW·h/m²（估算数据），鉴于机房耗电大，部分机房曾安装过新风系统，使用一段时间后，因实际效果不佳后停用。

⑤通讯机房能耗大，中央空调节能主要有：合理利用新风、合理的气流组织设计（地板送风、局部送风）等。但通信机房与其他行业不一样，如果实施节能改造，停电后会导致大面积的手机用户无信号，所以对施工的安全性和可靠性非常注重。

（三）电梯系统的专项能源审计

电梯是重大的能耗设备，所以有必要把电梯系统做专项能源审计。电梯系统的能耗统计和分析相见本书第二部分设施设备篇的电梯系统管理。近年来随着城市的发展，各地都高楼林立，电梯的数量非常庞大，以深圳为例，2013 年深圳的电梯保有量是 11 万多部（台），而且电梯的数量每年都在增长。如果深圳市有 20% 的电梯进行节能改造，电梯每天节电按 10 度（kW·h）计算，深圳市的电梯每天节电（110000 台 ×20%×10kW·h/ 台）22 万kW·h，每月（按 30 天计算）节电 660 万 kW·h。所以站在整个城市的角度考虑，尤其是北上广深等一线城市，电梯设备的节电能更好地保障国家的能源安全。

无论开展初步能源审计、全面能源审计还是专项能源审计，均要求能源审计小组应由熟悉节能法律标准、节能监测相关知识、财会、经济管理、工程技术和物业管理等方面的人员组成，否则能源审计的作用难以充分发挥出来。

第三节 建筑的合同能源管理

合同能源管理是一种新型的市场化节能服务机制，由节能服务企业和用能单位签订能源服务合同，以节省的能源费用或节能量来支付节能项目的全部投资，双方共同分享节能收益，这种机制有助于推动技术上可行、经济上合理的节能项目的实施，大大降低用能单位的资金和技术风险。

一、建筑合同能源管理的市场

建筑合同能源管理的市场，针对的是既有建筑（物业管理行业）和新建建筑（房地产开发建设阶段）。中国近 14 亿人口，需要遮风避雨的住宅，还有配套的酒店餐饮、办公、学校、医院等，而且现在中国城市的建设，消耗的水泥量已接近世界的一半，所以，中国建筑合同能源管理的市场规模非常庞大。

中国合同能源管理市场的蛋糕巨大，合同能源管理企业为了抢占市场蛋糕的份额，都是针对单一项目、单一产品，大家一拥而上，以致合同能源管理市场都是硝烟四起的恶性竞争。

有实力的合同能源管理公司，市场营销的方向不但瞄准单一项目，而是针对集团大客户和政府物业，因为中国的集团公司和每个城市的政府物业的规模大。现在的集团公司已经越来越重视盘活集团资产，而通过节能立竿见影的降低经营成本，拓展绿色经济增长点，是实现集团资产的保值和增值有效措施之一；各城市的政府部门每年都要完成节能减排的指标，但财政有限，所以政府物业实行合同能源管理，可以节省政府的财政开支，大大降低政府部门的资金和技术风险，完成节能减排的任务，取得明显的经济效益。因此，合同能源管理综合运营商与集团公司和政府部门合作，合同能源项目可以批量复制，快速上马，这种合作是多赢的开端，能迅速促进合同能源管理市场的大发展和大繁荣。

二、建筑的能源消费

主要以水、电、气、煤为主。通过能源审计可以发现建筑耗能物业和用能的重点部位：

（一）建筑用能领域高能耗物业

1. 工业物业

包括工业大厦、工业厂区、特种工业建筑；

2. 办公类物业

包括商务办公、行政办公、金融办公等；

3. 商业类物业

包括商场、购物中心、购物广场等；

4. 餐旅类物业

包括酒店大厦、饭店宾馆等；

5. 会展场馆类物业

包括会展中心、娱乐中心等；

6. 其他物业

文化类物业（包括高等院校、图书馆、博物馆等）、体育类物业（包括体育场馆、游泳池等）、医疗卫生类物业（主要是医院）、特种物业（机场、海港码头、车站、地铁和高铁等交通类物业）。

（二）建筑节能的重点部位

1）建筑维护结构；

2）锅炉设备；

3）中央空调系统；

4）电梯、水泵等动力设备；

5）照明系统和插座用电等。

三、建筑节能技术和节能产品

（一）建筑节能技术和节能产品

目前，在市场上运用效果比较理想的建筑节能技术和新产品主要有：中央空调的变频技术、蓄冷产品（中央空调冰蓄冷和水蓄冷）、气候补偿技术、太阳能光热利用（太阳能热水系统）、空气源热泵、无负压（叠压）供水、余热回收、电梯回馈节能技术、扶梯自动感应控制、玻璃隔热膜产品等。详见《能源管理与低碳技术》[1]第三章，能源审计和节能规划。

现在建筑节能技术和节能产品都比较成熟，集团的物业资产管理、每个城市的政府物业（公共机构）完全可以针对写字楼、商业物业、宾馆酒店、高校物业、医院等高能耗物业，快速的批量复制节能工程，又好又快的降低建筑能耗，拓展节能降耗的经济增长点，减少碳排放。

（二）不能计量和不节能的产品

建筑节能技术，中央空调系统、水泵和电梯、照明、用水和用气等，都能通过相应的计量仪表实施计量和统计。但是，有的节能产品的计量是有争议的，如玻璃贴膜产品和楼顶的遮阳设施，安装后通过温度计测量，现场的温度确实下降了，但这个降低的温度实现

---

❶　郭连忠．能源管理与低碳技术．北京：中国电力出版社，2012.

的节能量就很难计量。

中央空调水蓄冷和冰蓄冷产品，由于实现错峰用电，加上有些地方能得到政府或能源管理部门的支持和优惠，这些产品无法核算节能量，是节钱不节能的产品，其收益只能通过峰平谷电价核算收益。

所以，合同能源管理公司，对能计量和不能计量的节能产品，要有充分的认识。否则，因为前期节能量的数据不确定，后期的节能收益会产生分歧，这个结果对用能单位和合同能源管理公司来说，目前只有纠纷没有赢家，更打击节能市场的健康发展。

四、节能量核算

1）物业的经营是波动的，能源消耗也是波动的。如华南区某新华书店的能源审计，2008 年的单位用电是 181kW·h，设备节能改造后，2009 年的单位用电是 133kW·h，但是新华书店扩大规模，增加用能设备后，2010 年的单位能耗达到 220kW·h，从每年的数据来看，用能波动非常大；市场租金变化和政府的规划，会倒逼产业的转型，影响客户的租赁物业的用能也相应地增加和减少。物业用能是波动的，或者说不稳定的，对后期实施节能改造、节能量的核算更加难于确定。

2）第三方节能量审核机构。建筑能源消费每年都是波动的，在核算节能量时，通过第三方节能量审核机构的参与，对节能量的核算会更加公开、公平、公正，对用能单位和合同能源管理公司的透明度更高。截至 2013 年初，在国家发改委网站上公布（第一批）的第三方节能量审计机构有 26 家，其中总部在北京的有 10 家，上海、浙江、广东各有两家，只有一家的分别是天津、山西、江苏、江西、湖北、湖南、重庆、青海、宁夏和新疆。加上各家审核机构在全国各地的分支机构，与近 3000 家公布的合同能源管理公司和中国的节能市场比较，区区 26 家第三方审核单位，实在是物以稀为贵，不利于节能市场的发展，也不利于合同能源管理企业申请政府的财政补贴和税务优惠。

五、合同能源管理的问题

合同能源管理行业，现阶段出现的问题和存在的障碍比较多，主要是：

（一）政策层面

1. 税收方面

税收细节没出台，营业税、增值税无法与税务部门正面沟通，需要财政部、发改委和税务总局等政府相关部门联合出台细节；

2. 财政补贴方面

国务院办公厅转发《关于加快推行合同能源管理促进节能服务产业发展的意见》的通知（简称国务院 25 号文，下同），该通知关于补贴问题，补贴节能服务公司的只是针对效益分享型的合同能源管理，对托管型的没有补贴。随着财政部政策的逐步出台，建议对能耗定额型的标准出台，对托管型和保障型的合同能源管理也应该享受财政补贴。

3. 异地备案方面

现在合同能源管理企业在国家发改委已备案，但许多地方的政府部门，要求外地的合同能源管理公司在当地的发改委备案，有些地方甚至要求在当地工商部门注册成立公司，才能在本地的公共机构开展合同能源管理业务，说明地方保护主义严重影响合同能源管理企业拓展异地市场。

（二）合同能源管理

政府部门的相关人员应加强学习和了解合同能源管理，推动合同能源管理的产业化发展。现在政府物业的市场规模大，而且公共机构能源消费偏高，国务院出台的 25 号文有一个时间表，在 2015 年希望合同能源管理成为我们国家节能改造的主要模式，现在大家对这个时间表了解不够，甚至很多领导还不知道；另外，高校、医院、国家行政机关等高层领导对合同能源管理不熟悉，他们以为合同能源管理公司就是一个垫资工程，就是一个购买节能设备的项目，对节能的全过程缺乏了解，这对节能服务公司的投资预算、财务风险会产生较大的影响。

公共机构（政府物业）在市场的规模巨大，因此政府物业如学校、写字楼、宾馆酒店和医院等物业，规模效应更容易推动合同能源管理的大规模实施，但政府物业涉及太多主管部门，如学校是属于教育部门主管、医院是卫生部门主管；而且政府部门的招投标、采购、财政支付等每一个流程都非常烦琐，竞标企业也是疲于应付。而合同能源管理业务不动用政府的财政资金，所以相关政府部门更应该学习合同能源管理，充分利用社会资金，从我做起，又好又快的推动合同能源管理的产业化、规模化发展，实现美丽中国创新更好的路径依赖。

（三）计量方面

建筑能源审计说明，我们国家的建筑缺乏分项计量，所以住房和城乡建设等相关政府主管部门，应该尽快出台政策规避这些障碍，尤其是对能源消耗大的建筑，如写字楼、酒店、高等院校、会展业、体育场馆和医院等，而且在普及分项计量时，对中央空调系统、水泵系统（生活和生产供水泵）、电梯系统、照明插座系统、信息中心和（饭店业）厨房等一定要单独计量；另外，目前政府相关部门普及分项计量的数据还锁在"深闺"，即还在政府部门或他们委托的管理公司，并没有给政府的相关部门及政府的研究机构分享，更谈不上给合同能源管理公司分享，我们节能公司共享，所以国家财政花费巨资并没有解决计量障碍，更没有推进合同能源管理的发展。

（四）第三方检测方面

目前我们国家在税收方面有补贴、财政优惠，按规定都需要第三方检测，我们国家公布有检测资格的单位只有 26 家，而全国合同能源管理企业将近 3000 家，加上在省、市等地方政府部门备案和没有备案的合同能源管理公司，合同能源管理比第三方检测多了 100 倍以上，所以第三方检测机构太少；另外，在具体操作上，国家财政和税收各一个报告（大家的侧重点也不一样），每个报告都要一、二万甚至二、三万，加大了合同能源管理公司的成本，所以政府部门是否该考虑简化手续，只使用一个报告，第三方检测只用一家公司。

（五）建筑能源消耗和节能量核算方面

目前物业的客户是波动的，同样的设施设备也受天气、地域、人流、使用人和物业管理等各种因素的影响，导致建筑项目的能源消耗每年都不一样，虽然目前普遍的做法是在建筑项目三年的能源消费的基础上取平均数，所以此平均数只能是"参考基数"；另外不同的技术和产品也存在计量的问题，如冰蓄冷和水蓄冷中央空调系统是错峰用电设备，这些设备不一定节能；幕墙玻璃贴膜和空中花园及建筑的遮阳设施，虽然能有效地隔离（太阳暴晒）等热源进入室内，但这些节能措施很难实施计量。因此，建筑能源消耗总量、设施设备使用的实际问题，以及能计量和不能计量的产品及技术等因素的影响，导致节能量的核算很难统一，也很难得到业主方、物业管理公司的认同，合同能源管理公司后期催收费用更加艰难。建筑能源消耗总数、设施设备的耗能和节能量的核算课题，需要政府相关部门和研究机构、高等院校、专家学者、用能单位和合同能源管理企业参与，研究出在理论和实践上各方都能接受的数据，减少合同能源管理实施的障碍和健康发展。

（六）效益分享方面

目前我国的建筑业有业主方和物业管理公司，尤其是既有建筑都由物业管理公司负责，而合同能源管理项目实施需要物业管理公司的配合，如果物业公司没有合同能源管理收益的分享，会影响合同能源管理项目的实施。所以业主方（集团公司、政府物业）和合同能源管理企业在签订合同时，不但要考虑各方的利益分享，还应该考虑到合同能源管理项目实施的各方配合问题，在项目实施时出现问题需要各方的负责人或联络人出面协调和解决，不能因为简单的矛盾和利益纠纷影响进度，推进合同能源管理项目的顺利实施。

（七）信用方面

对于用能单位，不管是政府部门因为地方保护主义，还是用能企业公司和合同能源管理公司，应该以行业协会等方式对用能单位和合同能源管理企业建立信用名单，不能让不良信用问题成为干扰源，影响合同能源管理行业的健康和可持续发展。

合同能源管理在我国发展很快，但目前还是在摸着石头过河阶段，加上在发展的道路上存在很多障碍和问题，除了政府不断出台各种政策呵护外，更需要政府各级主管部门、用能单位和合同能源管理企业，用更高度的视野、更温柔的眼光、更健康的心态去面对合同能源管理这个婴儿，让合同能源管理行业在中国的土地上根深叶茂、茁壮成长，成为国家能源安全保障和维护我们家园安全的核心力量。

附 录

附录 1：深圳市绿色物业管理导则（试行）

1 总则

1.1 为实现城市经济社会可持续发展目标，提高物业管理的科技含量和服务水平，在物业管理中全面导入资源节约、环境保护理念，推进绿色物业管理工作，制定本导则。

1.2 本导则用于指导深圳经济特区行政区域内的绿色物业管理工作。

1.3 绿色物业管理是指在保证物业服务质量等基本要求的前提下，通过科学管理、技术改造和行为引导，有效降低各类物业运行能耗，最大限度地节约资源和保护环境，致力构建节能低碳生活社区的物业管理活动。

1.4 绿色物业管理应符合国家的法律、法规及相关的服务标准规范，实现经济效益、社会效益和环境效益的统一。

1.5 专业物业服务企业可运用 ISO14000 等管理体系，将绿色物业管理有关内容分解到管理体系目标中去，使绿色物业管理规范化、标准化。

1.6 鼓励各相关企事业单位开展绿色物业管理的政策与技术研究，不断发展绿色物业管理的新模式、新方法、新设备与新技术，推行绿色物业管理应用示范项目。

2 绿色物业管理基本架构

2.1 物业管理服务机构从管理制度和技术措施两方面入手，通过科学管理，提升既有物业综合运行水平，有效降低物业能耗和改善物业环境。

2.2 新建建筑在规划、设计和施工阶段，充分考虑绿色物业管理的要求；物业产权人和使用人通过对既有物业的高耗能设施、设备实施节能技术改造，为绿色物业管理提供基础条件。

2.3 通过有关绿色建筑与建筑节能、再生能源建筑应用等方面知识的宣传普及，引导市民树立和培养资源节约与环境保护的思想观念和行为习惯并积极支持和主动参与绿色物业管理活动，共建低碳绿色家园。

3 绿色物业管理制度要点

实施绿色物业管理的制度建设主要包括组织管理、规划管理、实施管理、评价管理和培训宣传管理五个方面。

3.1 组织管理

3.1.1 建立绿色物业管理管理体系，根据物业项目用能及环境现状制定相应的管理制度与目标。

3.1.2 指定绿色物业管理的专业管理人员和监督人员。

3.1.3 项目负责人为项目绿色物业管理第一责任人，负责绿色物业管理工作的组织实施和目标实现。

3.2 规划管理

3.2.1 绿色物业管理应覆盖建筑物全寿命周期，应根据不同类型、不同寿命周期物业的特点，编制项目绿色物业管理工作方案，明确物业项目节能和环保的重点对象及内容、目标。

3.2.2 绿色物业管理方案应包括以下内容：

1. 节能措施

2. 节水措施

3. 垃圾处理措施

4. 环境绿化措施

5. 污染防治措施

3.2.3 绿色物业管理方案应设定以下目标：

1. 量化目标。包括全年能耗量、单位面积能耗量、单位服务产品能耗量等绝对值目标；系统效率、节能率等相对值目标。

2. 财务目标。包括资源成本降低的百分比、节能减排和环保项目的投资回报率，以及实现节能减排项目的经费上限等。

3. 时间目标。设置完成目标的期限和时间节点。

4. 外部目标。特指和国内、国际或行业内某一评价标准进行对比，在同业中的排序位置等。

3.2.4 根据绿色管理目标进行分解，按照上述五项技术措施设定绿色物业管理标准。

3.3 实施管理

依照项目的绿色物业管理工作方案，针对其不同时期的用能情况和环境特点，实行全面控制。即在项目的前期介入、接管验收、装修入伙、日常管理等全过程中实施全员工、全客户、全过程、全方位控制，最大限度覆盖软件和硬件两个层面及所有要素。

3.4 评价管理

3.4.1 对照本导则的指标体系，结合项目特点，对绿色物业管理的效果及采用的模式、方法、设备、技术等进行自评。

3.4.2 成立专家评估小组，结合能源统计、能源审计及能耗监测，对绿色物业管理方案、实施过程及实施效果进行综合评估。

3.5 培训宣传管理

3.5.1 定期对管理人员进行绿色物业管理教育培训，增强绿色物业管理意识和能力。

3.5.2 结合物业项目的类型特点和不同时点，及时开展多形式、多渠道、有针对性的绿色物业管理宣传，为业主和使用人提供相关专业资讯，引导广大业主和使用人主动支持和参与绿色物业管理，共同营造低碳、绿色，文明、和谐的温馨家园。

4 绿色物业管理技术要点

4.1 节能

4.1.1 管理节能

1. 加强能源分类计量管理

有条件的物业管理企业应建立能源管理系统（EMS，Energy Management System），将物业的用电、用水、蒸汽、燃料等能源用量进行分类计量，集中处理，从而实现系统的优化控制，最大限度地提高能源利用效率。

暂不具备条件的，应通过分类计量表计，定时统计重点能耗系统（电梯、照明、中央空调系统等）的用电参数，及时分析和比较，制定合理有效的节能目标。

2. 加强能源统计管理

（1）认真做好能源消耗的原始记录、建立能源基础和历史数据的存储和统计资料档案，建立能耗台账；

（2）制成各种形式的统计报表和曲线图；

（3）分析能耗的使用趋势，进行能耗的纵向和横向比较。

3. 加强能源消耗定额管理

（1）定期报送能耗定额考核情况；

（2）用能部门发生超定额耗能时应认真分析超耗原因，寻求解决的办法；

（3）在保证服务质量的前提下重新订立相应的节能降耗指标和管理办法。

4. 改进过程控制，实现精细化管理

（1）制定合理的设备运行方案，特别是三大耗能系统（中央空调系统、供水设备系统、公共照明系统）的运行方案，合理安排、科学调度，严格执行；

（2）严格执行巡回检查制度。在办公及公共场所通过文字提示及安装感应开关，做到人走灯灭，杜绝长明灯问题；监督不再使用的电器设备电源是否关闭。

（3）根据天气变化和业主需求，及时调整路灯、中央空调系统等公共用电设备设施的启停。

（4）制定严格、规范、安全的用电节电管理制度。对临时用电（如施工用电），实行申报审批制度。

5. 建立节能激励机制。如奖金激励、目标激励、赏识激励和惩罚激励等。

6. 在有条件的物业项目中，采用"合同能源管理"的模式与业主建立能源服务关系。委托专业节能服务机构进行节能诊断、设计、融资、改造和运行管理。

4.1.2　技术节能

1. 优先采购列入国家节能产品目录，或者政府采购名录和环境标志产品，不得采购国家明令淘汰的用能产品、设备。

2. 可在大型的公共建筑、写字楼安装能耗监测系统。按照 GB-T16664-1996《企业供配电系统节能监测办法》的要求，定期完成以下供配电系统节能监测项目：

（1）日负荷率；

（2）变压器负载系数；

（3）线损率；

（4）功率因数。

3. 对既有建筑进行维修改造之时，应当严格执行国家有关建筑节能设计、施工、调试、竣工验收等方面的规定和标准。在节能改造之时，应当进行能源审计和投资收益分析，明确节能指标，并在节能改造后采用计量方式对节能指标进行考核和综合评价。

4. 推广可再生能源技术

（1）推广家庭式太阳能热水器和集中式太阳能集热系统，用以供应生活、生产用热水。

（2）推广使用光伏发电装置。使用太阳能电池装置提供路灯、庭院灯、地下停车场等照明灯具和标识灯箱的电力，以及解决部分园林水泵电力。

（3）充分使用自然采光。使用光传导装置提供停车场和楼道厅堂的日间照明。

（4）推广空气源热泵技术。使用空气源热泵技术结合太阳能光热技术提供生活、生产用热水。

（5）利用风能资源。有条件的可以使用小型风力发电装置提供电力补充。

5. 推广节能技术

（1）采用变频变流量调节技术，根据实际所需冷（热）量控制中央空调系统冷（热）量的输出，使输送能耗随流量的增减而增减。

（2）条件成熟的，可采用蓄冷空调技术，配合错峰用电政策，降低空调系统运行能耗。

（3）采用冷凝水循环技术，将用户端风机的热交换盘管所产生的冷凝水通过回收管路重新泵入冷却塔水循环管路，温度较低的冷凝水可有效降低冷却塔水的温度，从而降低冷却塔热交换机功率，减少电耗、节约水资源。

（4）采用冷水机组水冷管壳式冷凝器胶球自动在线清洗装置。使冷水机组冷凝器内壁始终处于洁净状态，端差（冷媒的冷凝温度与冷却水的出水温度差）接近新机值，降低冷水机组冷凝温度，保证冷水机组的运行效率始终接近新机，节约能源，减少化学水处理药剂使用量，保护环境。

4.1.3 行为引导

1. 引导业主尽可能采用最节能环保的方式进行房屋装修，避免破坏性和重复性装修。

2. 建议业主使用节能灯具和 2 级以上能效比标识的节能家电。

4.2 节水

4.2.1 水循环利用

1. 建立中水系统。收集较洁净的污水（如厨房排水、洗澡水、游泳池水等），并经过污水处理程序后形成达标中水，用于冲厕所、冲洗路面、浇灌植物、洗车等用途。

2. 购买中水。向周边有中水供应的物业购买中水替代部分洁净水。

3. 收集雨水。修建相关设施积攒雨水用于浇灌花木、冲洗路面污垢等。

4. 对空调冷凝水或其他蒸汽设施冷凝水进行回收利用。

4.2.2 用水设施

1. 运用新型的管道材料，如铝塑复合管、钢塑复合管、不锈钢管等代替易损坏的铸铁水管及镀锌钢管产品。

2. 公共区域可使用感应式水龙头、感应冲水系统等节水用具。

3. 对水景景观采取节水措施，如限时开放喷泉，利用中水、雨水等措施。

4. 在日常的管道设施等维护过程中对输水管道、阀门及各类附件进行监测和定期检查，及时发现问题并进行维修、保养，尽量减少跑、冒、滴、漏等现象。

5. 如给水配件出现超压出流现象，可对给水系统进行合理分区，或采用水箱、减压阀、减压孔板或节流塞等措施进行改造。

6. 设法减少集中热水供应系统在设备开启后，因水温不足而排弃的冷水，如设置回流装置等合理的水循环方式。

4.2.3　行为引导

1. 推广使用节水器具，提倡业主安装和使用节水马桶、节水龙头、节水花洒等节水器具。

2. 建议业主对日常生活用水进行多重利用，如采用梯级用水、循环用水等方式，提用水效率。

4.3　垃圾处理

4.3.1　管理要点

1. 与建设、城管、环保、卫生、交通以及街道、社区居委会、社区工作站等相关部门协作，共同做好垃圾处理相关工作。

2. 垃圾集中收集、转运、处理设施和场所建设应当符合国家和地方有关标准，具备密闭、节能、渗沥液处理、防臭、防渗、防尘、防噪声等污染防控措施，防止二次污染。

3. 对从事垃圾处理的作业人员应进行劳动安全保护专业培训；为作业人员配备必要的劳动防护用品，制订防尘、防毒、防辐射等防止职业危害的措施，保障工作人员的长期职业健康。

4.3.2　技术要点

1. 逐步提高生活垃圾机械化收运水平，鼓励采用压缩式方式收集和运输生活垃圾。

2. 垃圾收集分为室外容器内垃圾的收集和室内（各楼层内）垃圾收集两种方式。收集的时间和频率应依照项目及垃圾特性制定，以避免影响客户生产生活和感受。避免隔夜垃圾发酵，室外收集一般一日两次，分类收集，分类存放。

3. 对丢弃的家具、电器、玻璃、塑料、纸材、衣物、被褥等物品分类存放，按特性进入资源循环系统。

4. 对医疗废物、传染性污染源、废弃电器电子产品，以及废电池、废日光灯管、废水银温度计、过期药品等有害危险废物的处理，应当遵守国家和地方的相关法律法规。

5. 倡导通过生物处理方式处理可降解有机垃圾，如分类收集的厨余垃圾和绿化垃圾等。采用生物处理技术，应严格控制生物处理过程中产生的臭气，并妥善处置生物处理产生的污水和残渣。

6. 对餐饮业经营者或批量提供餐饮服务的单位未将厨余垃圾利用而直接排放的行为，应予以制止，或向政府行政执法部门报告。

4.3.3　行为引导

1. 垃圾投放容器应有明确标识，表明垃圾的类别。

2. 做好垃圾分类知识的宣传和培训工作，促进居民养成正确的垃圾处理习惯，按照规定分类投放垃圾。

3. 鼓励、引导单位和个人在生产生活中，采购可以重复使用的商品，使用再生纸及其制品，使用环保可降解的垃圾袋，尽量杜绝使用一次性的餐盒、筷子、水杯等用品；倡导社会公众在各类餐饮服务单位就餐时，适量点餐、避免浪费，减少厨余垃圾。

4.4　环境绿化

4.4.1　绿化管理

1. 物业管理在前期介入时，应对绿化规划提出建议。

2. 应收集物业区域内绿化植物的完整资料，包括植物的种类、数量、习性、特征，了解土壤的成分，以制定科学的绿化管养方案。

3. 应加强监管，确保绿地内无堆物、堆料、搭棚，树干上无钉拴刻画等现象，绿地内无停放自行车、机动车，没有在草地上踢球等损害花草树木的行为。

4. 加强对绿化设施的维护，设施如有损坏，要及时修补或更换。对人为破坏设施的行为要加以制止。

5. 合理安排绿化养护作业时间，尽量减轻对业主、住户的影响。

4.4.2　绿化养护

1. 干枯枝叶要及时剪除，避免脱落造成意外伤害。剪口要平，不能留有树钉。

2. 紧靠窗户或阳台的粗壮树木应及时迁移，避免被用作攀爬物而增加偷盗风险。考虑住户对通风、采光、日照的需求，对于茂盛的枝干要及时修剪。

3. 绿化灌溉尽量采用喷灌、微灌等高效节水灌溉方式。

4. 以生态肥为主，合理施肥，平衡土壤中各种矿质营养元素，保持土壤肥力和合理结构。保护园林卫生，不施用散发臭味的肥料。

5. 病虫害防治

（1）生物防治。尽量采用生物防治，减少对环境的污染。应保护和利用害虫的天敌，创造有利于其生存发展的环境条件。

（2）物理防治。可采用饵料诱杀、灯光诱杀、人工捕捉、挖蛹或虫、采摘卵块虫包、刷除虫或卵、刺杀蛀干害虫、摘除病叶病梢、刮除病斑、结合修剪剪除病虫枝等方法。

（3）化学防治。应选用高效、低毒、无污染、对天敌较安全的药剂。药物、用量及对环境的影响，要符合环境保护相关法规和标准的要求。

a) 用化学方法防治时要考虑人流密度、小孩、宠物的接触危险，水源的污染和常规方案的可行性等，用药时，应提前知会客户，让客户回避。

b) 用化学方法防治时，作业人员应注意自身和环境的安全，并严格按照安全使用农药的有关规定进行安全防护。

6. 人为原因在绿地踩出的路面，如因设计欠缺导致人行不便的，可在踩出的路面上铺设石块，形成园林路，既方便业主，又美化环境。

7. 归堆后的垃圾杂物和箩筐等器具摆放在隐蔽的地方，垃圾做到日产日清，不过夜，不焚烧。

8. 台风前加强防御措施，合理修剪，加固护树设施，以增强抵御台风的能力。

4.4.3　行为引导

1. 在绿地内安装警示标识，提示业主、住户注意安全，爱护绿化植物和绿化设施。

2. 定期组织业主、住户参加种树、浇水、除草等活动，增强业主、住户爱护绿化的意识。

4.5　污染防治

4.5.1　管理要点

1. 在签订物业服务合同和业主公约时，应写入物业服务区域内污染防治相关内容。

2. 对服务区域进行环境情况评估，对重大环境因素进行识别并制定相应管理方案。

3. 设置专人进行环境监测和评估，定期对服务区域内重大环境因素进行识别并制定相应管理方案。

4. 与具备相应资质的公司签订固体废弃物收集、清运协议，对服务区域内固体废弃物进行规范管理。

5.详细了解该物业附近的城市规划，特别是城市地下污水管道系统的规划。

4.5.2　技术要点

1.水污染防治

（1）要求业主在装修施工过程中不要将污水与雨水、空调冷凝水的排水管道混接。

（2）二次供水设施的蓄水池口应加盖加锁，上面不得堆放杂物、栽种花草、晾晒衣物，水池周围30米内不准堆放有毒有害物品、修建厕所、饲养禽畜等，并要对二次供水的蓄水池定期的清洗、消毒，建立健全清洗、消毒档案，保证水质符合《生活饮用水卫生标准》（GB-5749-2006）。

（3）建立健全泳池的管理操作规程，按照泳池的相关水质标准每天检查泳池泵、过滤沙缸的运转情况，定期进行泳池水质的 PH 值、余氯值检测，以保证泳池的水质符合要求。

（4）建议开发建设单位设计和使用污水与雨水、空调冷凝水分流系统。

2.大气污染防治

（1）物业管理区域内建筑施工与装修垃圾应进行集中堆放，并采取经常洒水、篷布覆盖等措施防止尘土飞扬。

（2）定期对中央空调冷却水系统、管网进行清洗。

（3）对管理区域内餐饮场所进行管理，餐厅排放的油烟废气要通过吸油过滤后方可排放，禁止直接排放到空气中。

（4）按规定巡查装修户，并现场对产生大量扬尘和有害气体的现象予以制止和纠正。

（5）在维修、养护中央空调过程中，规范操作，减少消耗臭氧层物质的泄漏。

3.噪声污染防治

（1）阻止在生活区域内设立产生噪声污染的生产、经营项目。

（2）对管理区域内的休闲娱乐场所开放时间进行控制，严格按照规定的开放时间进行。

（3）加强交通噪声的防治和停车场的管理，合理设置各类交通、提醒标识，合理规划停车位，在停车场的周围建立一定宽度的绿化带，减少噪声对工作、生活区域的影响。

（4）限制管理区域内施工使用的机械和施工的时间和周期，以减少噪声对所管区域居民生活和工作的影响。

4.固体废弃物污染防治

（1）对各种垃圾进行分类处理，并做到及时清运，防止垃圾飞散与腐坏变质造成气体和液体污染。

（2）垃圾在外运的途中应采取有效的密闭和覆盖措施，避免洒落在地面上，造成二次污染。

（3）污水处理设施产生的污泥经浓缩、脱水后及时外运，禁止在小区内堆放，避免污水散发出的异味及有害气体造成小区环境的污染。

5.光污染防治

（1）建立太阳能的安装审批、监督制度，合理的规划太阳能的安装位置，保证安装后不会由于反光问题影响其他物业使用人正常的工作和生活。

（2）对商业物业的灯箱广告招牌进行管理，应按照相关的城市管理规范，保证灯箱开启时的光亮，不会影响他人正常的学习和休息。

（3）物业管理区域内尽量少用或不用大功率的射灯和霓虹灯。

（4）受周边已建成的建筑物玻璃幕墙定向反射光影响的，可建议在玻璃上张贴反射膜，以降低反射光的影响。

4.5.3　行为引导

1. 加强员工的正规操作教育和环境意识培训，提高员工进行污染防治控制的意识和能力。

2. 提醒业主在装修的过程中尽量减少土建方面的施工，在装修审批时要引导业主采用环保方案和使用环保材料。

3. 提醒业主选择石材与建筑陶瓷产品时，使用低辐射产品，必要时可向经销商索要产品放射性检测报告。

4. 提醒临街住宅的业主装修时要注意门窗的封闭，使用密封式中空玻璃窗可以降低外界噪声所造成的影响，减少汽车尾气造成的危害，并节省能源。

5. 建议业主在装修完成后，开窗通风一段时间后再入住，以避免装修过程中产生的和新家具散发出的有害气体对人体健康的影响。

6. 停车场管理人员应提醒车主在车辆停稳后熄火，减少有害气体的排放。车位靠近住宅门窗时，应要求车主车头向里，车尾向外停放车辆。

5　绿色物业管理的应用示范项目和创新发展

5.1　绿色物业管理尚处于起步阶段，应通过试点和示范项目总结经验，推进绿色物业管理的健康发展。

5.2　有关部门和行业组织应根据具体情况，制定有针对性的统计、考核指标体系和评估、认证制度，制定引导物业产权人和使用人、物业管理服务机构实施绿色物业管理的补贴政策和激励措施，促进绿色物业管理的持续发展。

5.3　鼓励绿色物业管理的理论研究和实践探索。通过对不同类型物业能耗特点、水平和规律的把握，在政策、技术、投融资方式、市场服务模式、宣传推广等方面，因地制宜地推行绿色物业管理新模式、新方法，创新绿色物业管理制度。

5.4　建立绿色物业管理技术、产品的推广、限制、淘汰公布制度和管理办法。发展和推广适合绿色物业管理的资源利用与环境保护的新设备、新技术和新工艺，推动绿色物业管理的技术进步。

附录 2：旧城改造的部分汇报日记

（进驻省城电涌小区现场情况汇报）

4月1日

今天，深圳物业管理分公司交接小组一行 12∶00 到达省城电涌小区与省公司基建办黄主任进行碰面。省公司基建办黄主任和深圳物业管理分公司交接小组就电涌小区目前现状及交接事宜作了一番交流，鉴于电涌小区现场无水无电，住宿无法安排，考虑多方面因素及住房费用，只好在省城电涌小区招待所暂住，共开了三间双人房，每间房单价 200 元，打八折后每间房单价 160 元，每天住宿费用为 480 元。此外，省公司基建办黄主任为深圳物业管理分公司交接小组办理的商务通电话被省管理处拿走。因此，现在深圳物业管理分公司交接小组暂无办公通信工具，经与省公司基建办黄主任协商，他答应另外再申请一部商务通电话给深圳物业管理分公司交接小组办公使用，并且今天下午开始办理。

下午，深圳物业管理分公司交接小组开始对省城电涌小区进行现场了解，并对小区物业进行了初步的检查和统计，具体情况如下：

现场围墙即将完工，经与天际物业公司保安人员沟通，保安人员透露，天际物业公司领导指示，如果围墙砌好以后，天际物业公司所有保安、一楼周边（道路）清洁人员将全部撤场。届时，现场无人看守，秩序混乱复杂，而深圳物业管理分公司交接小组又在里面办公住宿，安全得不到保障。此外，现场破坏现象、偷盗及安全隐患严重，很多洗收手间的水龙头、房间灯泡、门锁被拆，小区内很多电线（强电、弱电、通信电缆）被剪，所有水电被切断，造成楼层无水无电。经与天际物业公司配电房内值班电工沟通，建议恢复供电，但电工反映由于很多电线被剪，送电容易引起事故，而且送电须天际物业公司领导的批示后才可送电。

由于目前无水无电，给深圳物业管理分公司交接小组的住宿及现场工作的开展带来了很大的困难，经深圳物业管理分公司交接小组成员讨论，初步提出了如下解决方案及建议：

1）请省公司基建办黄主任与天际物业公司尽快沟通，争取尽快恢复供水供电，并确定深圳物业管理分公司交接小组现场办公及住宿的场所，目前正在实施之中。

2）在省公司基建办黄主任确定办公及住宿场所后，深圳物业管理分公司交接小组开始办公现场的供电线路检测及安全隐患的排除，为恢复供电打好基础，并对办公住宿场所进行卫生清理工作。

3）在水、电接通后便可开始床架及床上用品的采购工作，力争在 4 月 4 日（周一）能够到小区现场办公及住宿，降低住宿费用。

4）由于现场偷盗现象严重，场面难以控制，建议保安人员尽快介入。

5）为了便于以上工作的开展，须采购一批电工工具，采购计划见表附 2-1。

采购计划

表附2-1

序号	名称	数量	备注
1	摇表	1个	
2	万用表	2个	
3	螺丝刀（十字／一字）	2套	（大、中、小）
4	扳手	2套	（中、小）
5	电笔	2把	
6	水管钳	1把	
7	水、电胶布	一批	
8	钢丝钳	2把	
9	斜口／尖口钳	各2把	
10	介刀	2把	
11	锤子	1把	（未采购）
12	手电筒	3个	
13	电热得快	3个	
14	锁	4把	（2个卷帘门用）

以上情况已经通过电话向省基建办、物业公司张总、物业管理部刘文汇报。

4月2日

今天，深圳物业管理分公司交接小组按照4月1日讨论的初步方案开始工作，交接小组分为两个小组开始工作，一个清洁小组，负责住宿办公场所清洁器具的采购及卫生打扫工作；一个电工器材采购小组，负责采购电工器材，开始省城电涌小区内115栋（住宿办公用）的1～3层供电线路的检测及安全隐患的排除工作。整个上午基本完成了以上工作。下午，深圳物业管理分公司交接小组开始通电检测及通水调试工作，115栋1、2、3层已恢复供电，但供水系统经检查后无法恢复，在附近（一楼喷泉处）找到一处可供水的水龙头，经深圳物业管理分公司交接小组商讨决定下一步工作计划，争取在4月3日将住宿地点由电涌小区招待所搬至广电涌小区115栋，并开始购置床架、床上用品及一些生活必需品。

以上情况已通过电话向省基建办、物业公司张总、物业管理部刘文汇报。

4月3日

今天，深圳物业管理分公司交接小组根据工作计划开始床架、床上用品及一些生活必需品的采购工作，并在上午11：00退出电涌小区的招待所，下午将115栋三楼的卫生打扫干净，并将1～3楼的楼梯用水彻底冲洗，基本完成住宿及办公场所的安置工作。为周一开展工作打下良好的基础。

以上情况已通过电话向物业公司张总、省基建办、物业管理部刘文汇报。

4月4日

今天，省公司基建办黄主任 8∶30 前来安排工作，告知深圳物业管理分公司交接小组，他已经和天际物业公司预约：今天下午 3 点开始交接资料，要求深圳物业管理分公司交接小组复印图纸资料，原件要交给省公司。此外，省公司基建办黄主任为深圳物业管理分公司交接小组申请的商务通电话还要过一段时间才能申请到。

根据以上安排，深圳物业管理分公司交接小组在上午将对方遗留在各个房间的桌椅和资料柜进行收集和清洁（办公桌 5 张、电脑台 1 张、资料柜 1 个、鞋柜 2 个），为下午交接资料做好准备。

下午，省公司基建办黄主任陪同监理公司相关工程师熟悉电涌小区的现场，由于天际物业公司的工作人员因有事暂不能前来交接资料，下午工作未能按计划开展。于是，深圳物业管理分公司交接小组对小区现场进行了一次查看，现场围墙已砌好，东面预留了两个门暂时用于电涌工作人员出入。

对于明天的工作计划，深圳物业管理分公司交接小组需要等省公司基建办黄主任与天际物业公司协商的结果出来后再开展工作。

以上情况已通过电话向物业公司张总、物业管理部刘文汇报。

4月5日

今天上午，省公司基建办黄主任吩咐深圳物业管理公司交接小组带设计院的刘工与天际公司的杨副总协商如下事情：

1）请杨副总带设计院的刘工和物业公司交接小组了解变配电房、柴油发电机（1977年德国生产的船用柴油机、气瓶启动）、电缆走向情况。

2）请天际物业公司杨副总把变配电系统图暂借给交接小组复印（复印两份，其中一份给设计院），电涌集团公司总工办的杨工还提供了电通小区各栋楼供电总开关的位置和电缆规格等较明确的数据。

3）关于电通小区的平面图，要等总工办杨工找到后再通知省公司基建办黄主任。

下午，交接小组按杨工提供的资料，开始对电通小区所有大楼的供电总开关现场进行核对，具体情况见表附 2-2。

供电总开关情况核对　　　　　　　　　　　　　　表附2-2

栋号	电表型号	电表号	电表底数	存在问题	备注
115	——	——	8538	没电	
116	DT862	1492	5638	没电	
117	DT862	9648	7501	所有开关输出电缆被剪掉	
122	DT6	7074	4343	所有进出电缆被剪掉	
118	DT8	0201	1422	所有输出电缆被剪掉	

续表

栋号	电表型号	电表号	电表底数	存在问题	备注
110	DT862	2075	21499	电源不知从何处初引来	
101	DT862	1207	23206	所有出线和分开关被拆	
103				暂时进不去	
119				暂时进不去	
114				具体位置不详	

关于治安交通方面，咨询天际物业公司大门口保安，对方尚有 300 多人上班从大门出入，有一半出租物业是三班倒（白天、晚上、节假日都有人进出），固定车辆每天有一百多辆出入，外来车辆（联系业务，进出货等）每天有更多，而对方短时期内不能另开大门，要从电涌小区的大门进出，对我们前期进驻的治安管理会带来很多的麻烦。

另外，交接小组在检查办公楼的总开关时，还发现部分办公楼的大门或楼梯和对方相通，对方还能进出搬东西，具体情况如下：

1）122 栋东面有一大木门和一小门与外面相通。

2）117 栋东面有一铁门与外面相通。

3）111 栋有一楼梯与外面相通。

4）120 栋旁有围墙未封闭。

以上情况已经通过电话向物业管理部刘文和省公司基建办黄主任汇报。

4 月 6 日

今天，深圳物业公司交接小组按照 4 月 5 日的事情继续进行现场供配电线路的核查工作。

以上情况已经通过电话向物业管理部刘文和省公司基建办黄主任汇报。

4 月 7 日

今天上午，深圳物业公司交接小组对电涌小区现场进行了例行查看，围墙已基本粉刷完毕，配电房处预开的围墙缺口已经封闭，现还有一个出口预留在东边供电通小区配电房值班的工作人员出入。小区内仍还有不明人员在拆东西，已告知省公司基建办黄主任。

下午，深圳物业公司交接小组协助省公司基建办黄主任与电涌小区给排水工程师郑工进行了部分给排水系统图纸的交接工作，郑工对整个电涌小区的给排水情况作了一个简要的介绍，并答应明天下午派天际物业公司的工程人员带领交接小组人员对电通小区内给排水系统的详细情况进行现场的具体介绍，因在档案室未找到图纸，下次再交接。

以上情况已向物业管理部刘文和省公司基建办黄主任汇报。

4 月 8 日

今天，深圳物业公司交接小组现场工作情况如下：

1）王义接到公司通知，今天早上已回深圳管理处工作。

2）王勇与周清前往省公司将物业公司交接小组来省城电涌小区一周的工作记录发送给物业公司领导。

3）王勇、周清、李华对 115 栋物业情况进行统计和登记，对接收资料进行登记造册，编制目录清单。

4）郭工和李华与天际物业公司交接变配电的部分资料（配电房）。

5）郭工下午前往配电房统计、核对变配电设备，并与天际物业公司杨副总商讨图纸资料交接的事情(省公司基建办黄主任安排)。杨副总交代因天际物业公司的工作人员不在，请我们下周一再商谈。

6）今天对现场情况进行查看发现 116 栋仍还有人在搬拆东西。

7）晚上进行每天例会，对今天工作进行了总结，并安排明天工作，具体工作计划如下：

（1）物业组继续进行小区内物业情况的统计和登记工作。

（2）郭工继续按图纸进行小区变配电的统计和核对。

（3）明天上午接待消防安装单位，并与天际物业公司进行沟通（借钥匙开门、请天 X 物业公司消防人员现场介绍消防设备情况等）。

此外，天际物业公司杨副总谈到一些交接问事宜：

（1）具体什么时候交接、怎么交接，天际物业公司尚未接到通知。

（2）天际物业公司尚在电涌小区上班的人员（大门保安、清洁绿化人员）什么时候撤场，尚不清楚。

（3）天际物业公司的图纸资料也不健全，难以提供系统的图纸资料。

（4）天际物业公司人员从未见过有绿化情况的图纸资料。他们的绿化项目全部是外包的，现在外包单位已经撤场很长时间，要协调他们回来交接难度比较大。

（5）小区给排水没有系统的图纸，他们负责给排水的维修人员已换任多次，给排水线路更改也没有记录，很难按照正常的程序与我们交接。此外，现场地下漏水情况严重，尤其是山顶水塔的周边，很多供水管网已被截断，水塔也已报废，很长时间未使用。

（6）电涌公司是否另开大门，天际物业公司尚不明确，希望短期内还是使用我们的大门。

（7）对于共用水电的分摊、双方机电人员的值班以及配电柜的更换，天际物业公司希望大家协商沟通。

以上情况已经通过电话向物业管理部刘文汇报。

4 月 9 日

一、天气环境和人员

1）阴雨绵绵。

2）物业交接小组上班人员：郭工、王勇、周清、李华。

二、小区情况

1）围墙施工人员已停工；

2）天际物业的保安照常在电涌小区大门上班；

3）天际物业的清洁工照常上班，但未清扫电涌小区的道路；

4）天际物业公司请来的车辆照常清运 115 栋和 119 栋之间的垃圾（对方搬家遗留），垃圾运往电涌小区山顶水塔下的垃圾场；

5）120 栋（配电房）三楼有人搬家，经了解是曾被法院查封的物品，现已解封；

6）116 栋还住有人员（估计是施工围墙的工人）；

三、物业公司交接小组工作开展情况

1）上午，物业组（王勇、周清、李华）统计核查 110 栋和 118 栋楼的物业情况；

2）郭工继续在配电房按图纸核对变配电设备和了解设备的完损情况，发现图纸和现场的情况出入比较大，详见《变配电设备统计表》；

3）10：00 后，物业交接小组接待消防公司的设计人员，并请天际物业公司的人员开门（119 栋），陪同设计人员了解现场消防设施情况；

4）下午，绿化组（郭工、李华）统计绿化情况，详见绿化统计表；

5）物业组（王勇、周清）继续统计小区内公共物业设施。

4 月 10 日

一、天气环境和人员

1）阴雨绵绵，天气阴晴不定，加上整个小区的清洁经常无人打扫，卫生情况越来越差，各类蚊虫等大量滋生，给交接小组人员带来了很大的麻烦。

2）物业交接小组上班人员：郭工、王勇、周清、李华。

3）健康状况：李华出现水土不服、皮肤过敏等现象。

二、小区情况

1）天际物业公司的保安照常上班、巡逻。清洁人员只是很随意的清扫个别树叶和落花（木棉花），垃圾扫成一堆留在原地未清走。

2）116 栋还住着施工围墙的工人（大约 6 个人）。

3）117 栋的搬家工人在打扫地面卫生，但垃圾未清理。

4）120 栋（配电房）三楼有人搬家，经了解是曾被法院查封的物品，现已解封；

5）上午 8：30～12：00 小区停电。

三、物业公司交接小组工作开展情况

1）物业组（王勇、周清）统计核查 119 栋楼的物业情况，并对部分档案、资料进行整理、录入；

2）绿化组（郭工、李华）统计 116 栋和 117 栋之间、117 和 118 栋之间、118 栋和背面围墙之间（靠近 118 栋，对面是电通小区的篮球场）的树木，但 118 栋靠近篮球场的树木未统计，统计资料暂未输入电脑。

3）晚上，物业交接小组进行了每天例行会议，对本天工作情况进行汇报总结，对明天工作计划进行安排，并做好工作记录。

四、明天工作计划

1）郭工、李华上午前往天际物业公司找吕总、杨副总协商图纸复印事宜（上星期五省公司基建办黄主任安排）。

2）各物业小组进行日常的例行统计核查工作。

4月11日

一、天气环境和人员

1）阴雨绵绵，天气阴晴不定，整个小区的清洁卫生情况仍然越来越差，各类蚊虫等大量滋生。此外，电涌集团公司总工办杨工还提醒我们部分地方还会出现比较大的眼镜蛇（将近2m长），平时工作时要小心谨慎，晚上更要注意安全。

2）物业交接小组上班人员：郭工、王勇、周清、李华、阳光上午从深圳回来。

3）健康状况：李华扁桃体发炎，周清出现皮肤过敏现象。

二、小区情况

小区情况基本同4月10日一样。

三、物业公司交接小组工作开展情况

1）上午，物业组（王勇、周清）对前两天统计核查的物业情况、绿化统计情况、部分档案、资料进行整理、录入；

2）上午，绿化组（郭工、李华）前往天际物业公司找吕总、杨副总协商图纸复印事宜（上星期五省公司基建办黄主任安排，因天际物业公司的相关工作人员不在而延误），杨副总说电涌小区没有详细的图纸，基于大家的合作关系，他们可以把以前管理小区的几代技术人员找过来，现场告诉我们地下管线的大致走向，请他们吃顿饭就可以了。接着，郭工与李华前往天河文具城采购各类文具（文件夹、订书机、胶水等）和打印机。

3）下午，郭工和阳光继续进行绿化统计核查工作（大门口至西面围墙），被蚊子咬得实在受不了。郭工电话咨询以前在深圳集团公司的医生：户外要买蚊怕水预防，户内要买花露水，吩咐李华去购买。

4）下午3：00多，省公司黄总带领设计院、监理公司人员前来现场查看（调研小区大楼的改造装修、供配电系统的改造、给排水的改造等事宜），物业交接小组陪同黄总对小区的供配电、发电机房、电缆的走向及使用情况、给排水管线的分布使用情况、存在的隐患等进行了一番介绍，交接小组也对近来的摸底工作进行了汇报。黄总在对物业交接小组的工作给予了肯定的同时，要求我们要继续做好小区的摸底工作，尤其要注意人身安全。

5）晚上，物业交接小组进行了每天例行会议，对今天工作情况进行汇报总结，对明天工作计划进行安排，并做好工作记录。

四、明天工作计划

1）郭工、李华上午继续前往天际物业公司找吕总、杨副总协商：请他们以前管理电涌小区的工程人员来现场告知具体的管线走向，费用由基建办负责；物业公司一定要摸清地下的电缆和给排水管道（省公司黄总交代）。

2）郭工、王勇前往省公司基建办找黄主任复印各类图纸。

4月12日

一、天气环境和人员

1）阴雨绵绵，天气阴晴不定。

2）物业交接小组上班人员：郭工、王勇、周清、李华、阳光。

3）健康状况：李华扁桃体发炎。

二、小区情况

1）天际物业公司的保安照常上班、巡逻。没有看见清洁人员打扫卫生。

2）116 栋还住着施工围墙的工人（大约 6 个人）。

三、物业公司交接小组工作开展情况

1）物业组（王勇、杨光）上午，对统计核查但未输入电脑的物业情况、绿化统计情况、部分档案、资料进行整理、录入；下午前往省公司基建办拿图纸（总平面图）。

2）上午绿化组（郭工、李华）前往天际物业公司找杨副总，协商请电涌公司负责给排水技术人员（退休人员）吃饭的问题，让他们到小区现场告诉我们地下管线的情况，我们画图，共同完成给排水最新现状的管线图，但天际物业公司反悔，说老退休人员资格老，他们请不动。中午，深圳物业公司张总和刘文前来电涌小区了解物业交接小组的工作情况，指示我们要搞好与省公司和省基建办的关系。下午，与电涌集团公司总工办郑工交接电通小区的给排水管网布置图（复印），然后由郑工在图纸上标示给水图（加压和市政供水），因给水管网改造比较大，由人工用红、蓝两色笔标示出市政供水和加压水的管道走向。

3）资料组（李华、周清）进行资料的整理和录入，并协助其他小组的工作。

4）晚上，物业交接小组进行了每天例行会议，对今天工作情况进行汇报总结，对明天工作计划进行安排，并做好工作记录。

四、明天工作计划

1）按照总平面图开始新一轮的物业统计和绿化的区域统计工作。

2）郭工请朋友过来准备开始对小区内部分绿化植物（我们不熟悉）进行辨认和统计工作。

4 月 13 日

一、天气环境和人员

1）阴雨绵绵，天气阴晴不定，整个小区的清洁卫生情况很差（下雨无人打扫卫生）。

2）物业交接小组上班人员：郭工、王勇、周清、李华、阳光。

3）健康状况：李华扁桃体发炎咳嗽不止。

二、小区情况

1）天际物业公司的保安照常上班、巡逻。没有看见清洁人员打扫卫生。

2）116 栋还住着施工围墙的工人（大约 6 个人）。

三、物业公司交接小组工作开展情况

1）物业组（王勇、杨光）上午安装打印机，有问题，查验因电脑原因不能安装。下午与阳光统计 101、103、116、117 栋物业（因下午保安人员入场，部分统计未完成），下午四点多保安人员进场，因时间紧迫，各小组成员分头安排保安人员的住宿，并采购好铁架床，妥善安排保安入住电涌小区 115 栋。

2）上午，阳光协助绿化组郭工和温生（郭工找来帮忙的朋友）统计电涌小区的绿化，初步把小区所有的花草树木统计完，因时间关系，部分树木未测量高度、胸径和树冠。下午，接到保安进场的通知，组织物业公司交接小组成员做好保安接管工作，并请示省公司领导：同意保安暂住电涌小区 115 栋 1F（省公司基建办要求保安尽快办理好保安上岗证）。

3）资料组（李华、周清）进行资料的整理和录入，并协助其他小组的工作。

4）晚上，物业交接小组进行了每天例行会议，对本天工作情况进行汇报总结，对明天工作计划进行安排，并做好工作记录。

四、明天工作计划

1）郭工前往省公司基建办开会。

2）做好保安人员的安顿工作及保安人员的摸底工作。

3）物业组继续未完成物业的统计工作。

4 月 14 日

一、天气环境和人员

1）天气良好。

2）物业交接小组上班人员：郭工、王勇、周清、李华（下午休息）、阳光。

3）健康状况：李华咳嗽严重，下午前往医院看病。

二、小区情况

物业组每天对小区物业情况进行查看（上下午各一次），小区情况基本良好，天际物业公司保安人员继续上班，有一个清洁人员在负责小区内的卫生清扫，116 栋东面发电机房旁仍然有人员居住。

三、物业公司交接小组工作开展情况

1）物业组（王勇、阳光）上午继续对前两天统计核查的物业情况、部分档案、资料进行整理、录入。十点多，与省公司管理处过来的彭小姐商讨、对接进场保安人员的一些相关资料，并接收彭小姐送过来的保安服装（具体情况见接收清单）。下午，物业组和郭工组织新来保安人员开会，了解保安人员情况，并告知相关管理规定。开完保安会议后，物业组对遗留的 116 栋和 120 栋（配电房）的物业情况进行统计。下午四点半左右，深圳物业公司综合部派司机送过来保安上衣六套，电脑一台，同时，深圳管理处的保安队长章队过来组织新来保安的培训。电脑经调试可以安装打印机使用，便将阳光带过来的笔记本电脑让司机带回深圳。对于保安制服问题，综合部黄经理承诺 19 日全部到位。晚上，与章队商量保安培训的相关工作。计划明天上午 8：30 开始培训，中午 11：30 结束，下午 2：30 开始训练，下午 5：30 结束，培训内容按深圳项目的标准。

2）绿化组（郭工），上午前往省公司基建办开会，详细汇报物业交接小组到电通小区的摸底情况：房屋、绿化、给排水、配电房设备、地下电缆等情况。下午，省公司黄总、黄主任、郭工和电涌公司协商小区设备和接管小区的问题（黄总希望我们物业明天可以接管，但要和对方沟通后再确定）。

3）资料组（李华、周清）进行资料的整理和录入，并协助其他小组的工作。

4）晚上，物业交接小组进行了每天例行会议，对本天工作情况进行汇报总结，对明天工作计划进行安排，并做好工作记录。

四、明天工作计划

1）组织开展保安实操培训。

2）继续做好物业情况统计。

3）前往科学城（电涌公司档案室）要回电涌小区的所有图纸资料，尤其是 4# 楼（119 栋）消防验收竣工图（专项消防）、报建图、其他办公楼的验收合格证、竣工图等。

4）协助监理公司评估低压配电柜、电缆的性能、柴油发电机组。

4 月 15 日

一、天气环境和人员

1）天气良好。

2）物业交接小组上班人员：郭工、王勇、周清、李华、阳光。

3）健康状况：李华咳嗽情况好转。

二、小区情况

今天上午，物业组每天对小区物业情况进行查看，小区情况基本良好，天际物业公司保安人员继续上班，有两个清洁人员在负责小区内的卫生清扫，103 栋和 116 栋东面发电机房旁仍然有人员居住（修围墙工人）。110 栋对面的小楼上还有人办公。

三、物业公司交接小组工作开展情况

1）物业组（王勇、阳光）上午，继续对前两天统计核查的物业情况、部分档案、资料进行整理、录入。阳光与深圳管理处的章队组织对新来保安人员开展实操培训工作。中午，物业组接到郭工通知，物业公司交接小组与天际物业公司将在下午 3：30 进行保安工作的交接，由于时间比较仓促，而且大部分管理处运作表格没有，只好临时进行制作，并开始编制 4 月份的保安人员值班安排表。下午 2：00，与郭工前往配电房熟悉相关工作。

2）绿化组（郭工）上午，前往广州科学城电通公司的档案室查询资料，做好交接准备（因电涌公司配合省基建办办理相关手续，图纸资料原件已被借出，暂时不能归档）。下午，协助监理公司人员前往配电房评估供配电设备和地下电缆的完损情况（省公司黄总交代），并组织开展保安交接工作，和对方交接水电表的底数。

3）上午资料组（李华、周清）进行了一些生活用品的采购（蚊帐、席子、保安厕所冲水的大桶、保安晚上用的手电筒等），回来后开始资料的录入整理。

4）下午 4：00，物业公司交接小组与天际物业公司正式进行保安交接工作，由于服装不齐全，经过商讨，暂时决定白班穿短袖，晚班穿外套上班（晚上蚊子多），并组织我方保安人员正式开始进入岗位上班。

5）双方物业公司交接协商：电涌公司大门未开通前，因进出大门的人和车都是电涌公司的，车辆进出电涌公司的，我们物业不用发放车辆出入证，由天际物业公司的保安在围墙侧门发放、管理。天际物业公司的清洁人员今天已开始撤场（小区的卫生由我们负责）。

6）晚上，物业交接小组进行了每天例行会议，对本天工作情况进行汇报总结，对明天工作计划进行安排，并做好工作记录。

四、明天工作计划

1）继续统计绿化资料。

2）继续统计物业情况。

3）监督保安工作情况及训练。

4月16日

一、天气环境和人员

1）上午大雨倾盆，下午阴雨绵绵。

2）物业交接小组上班人员：郭工、王勇、周清、李华、阳光。

3）健康状况：李华身体情况好转。

二、小区情况

今天上午，物业组开始每天对小区物业情况进行查看，小区情况基本良好，我方进驻的保安已经进入工作正轨，因天际物业公司清洁人员已撤场，所以小区内的卫生无人打扫，116栋东面发电机房旁仍然有人员居住（修围墙工人）。110栋对面的小楼上还有人办公。

三、物业公司交接小组工作开展情况

1）物业组（王勇、阳光）上午，继续对前两天统计核查的物业情况、部分档案、资料进行整理、录入。下午，编制相关保安工作的表格，编写相关管理制度，并进行制度上墙。同时监督考察保安工作情况，对工作中的一些细节问题进行指导，密切注意保安人员的思想行为及动向（实操训练因下雨无法进行）。

2）绿化组（郭工），上午与电涌公司相关人员协商交接遗留问题的解决，下午进行小区绿化的统计。

3）资料组（李华、周清）协助物业组和绿化组的工作。

4）晚上，物业交接小组进行了每天例行会议，对今天工作情况进行汇报总结，对明天工作计划进行安排，并做好工作记录。

四、明天工作计划

1）绿化组继续统计绿化资料。

2）物业组继续统计物业情况。

3）监督保安工作情况，对保安值班工作进行指导安排

4月17日现场工作情况及进度汇报

一、天气环境和人员

1）上午天气状况良好，下午有阵雨。

2）物业交接小组上班人员：郭工、王勇、周清、李华、阳光。

3）健康状况：李华身体情况好转。

二、小区情况

今天上午，物业组对小区物业情况进行查看，小区情况基本良好，我方进驻的保安工作情况基本良好，但小区内的卫生无人打扫，尤其是昨天下雨后到处都是树叶，现场卫生状况很差。116栋东面发电机房旁仍然有人员居住（修围墙工人）。110栋对面的小楼上还有人办公。

三、物业公司交接小组工作开展情况

1）物业组（王勇、阳光）上午，继续对前两天统计核查的物业情况进行整理、录入。下午，物业组对剩余的几栋物业进行统计，已经基本完成小区物业的统计任务，遗留下来的或统计不全的则为极少量的对方未进行交接的物业，如配电房、发电机房。同时，物业组与章队协商关于保安实操培训工作的开展，并在下午开展了保安人员的实操培训。（因

保安人员已经开始上班，训练很难全面开展）

2）绿化组（郭工）完成小区的绿化统计。

3）资料组（李华、周清）协助物业组和绿化组的工作。

4）晚上，物业交接小组进行了每天例行会议，对本天工作情况进行汇报总结，对明天工作计划进行安排，并做好工作记录。

5）郭工、王勇、章队与新来的保安沟通，倾听他们的心声和建议。

四、明天工作计划

1）绿化组继续完成绿化资料的整理、录入。

2）物业组继续完成统计物业的整理、录入。

3）监督保安工作情况，对保安值班工作进行指导安排。

4月18日

一、天气环境和人员

1）天气状况良好。

2）物业交接小组上班人员：郭工、王勇、周清、李华、阳光。

3）健康状况：李华身体情况好转。

二、小区情况

今天上午，物业组对小区物业情况进行查看，小区情况基本良好，我方进驻的保安工作情况基本良好，但小区内的卫生无人打扫，尤其是昨天下雨后到处都是树叶，造成卫生状况很差。116栋东面发电机房旁仍然有人员居住（修围墙工人）。110栋对面的小楼上还有人办公。

三、物业公司交接小组工作开展情况

1）物业组（王勇、阳光）上午，继续对前两天统计核查的物业情况进行整理、录入。下午，物业组对剩余的几栋物业进行统计，已经基本完成小区物业的统计任务，遗留下来的或统计不全的则为极少量的对方未进行交接的物业，如配电房、发电机房。同时，物业组与章队协商关于保安实操培训工作的开展，并在下午开展了保安人员的实操培训。（因保安人员已经开始上班，训练很难全面开展）

2）绿化组（郭工）进行小区绿化的统计。

3）资料组（李华、周清）协助物业组和绿化组的工作。

4）晚上，物业交接小组进行了每天例行会议，对本天工作情况进行汇报总结，对明天工作计划进行安排，并做好工作记录。

四、明天工作计划

1）绿化组继续完成统计绿化资料的整理、录入。

2）物业组继续完成统计物业的整理、录入。

3）监督保安工作情况，对保安值班工作进行指导安排。

4月19日

一、天气环境和人员

1）天气状况良好。

2）物业交接小组上班人员：郭工、王勇、周清、李华、阳光（周清、李华、阳光下午回深圳公司）。

3）健康状况：李华身体情况好转。

二、小区情况

今天上午，物业组对小区物业情况进行查看，小区情况基本良好，我方进驻的保安工作情况基本良好，但小区内的卫生无人打扫，尤其是昨天下雨后到处都是树叶，造成卫生状况很差。103 栋的炮库和 116 栋东面发电机房旁仍然有人员居住（修围墙工人）。110 栋对面的小楼上还有人办公。

三、物业公司交接小组工作开展情况

1）物业组（王勇、阳光）上午，核查的所有物业统计情况，并完成了所有统计资料的整理、录入工作。下午，接收综合部送过来的对讲机（4 部）、保安队服（共 10 套，每套一件外套、两件短袖、两件裤子、一条领带、一个领带夹、一顶帽子、一根礼带、一些衣服扣子）及热水器（2 部），并与章队展开了保安人员的实操培训（衣服着装要求及整理）。

2）绿化组（郭工）基本完成小区内所有绿化的统计、整理和录入工作。

3）资料组（李华、周清）协助物业组和绿化组的工作，并完成资料统计、整理和录入工作。

4）郭工、王勇做新来保安的思想工作，尤其是整天闹事、唯恐天下不乱的叶广和龚超，稳定保安队伍。

5）晚上，物业交接小组进行了每天的例行会议，对今天工作情况进行汇报总结，对明天工作计划进行安排，并做好工作记录。

截至今天，物业交接小组基本完成了大部分的交接任务，剩余的配电房、柴油发电机房、水等设施、设备还在商讨之中。

四、明天工作计划

1）监督保安工作情况，对保安值班工作进行指导安排，确保保安管理工作有序地开展。

2）进一步完善各类资料。

附录3：作者发表的部分文章和接受杂志采访

A. 中央空调变频节能改造的"神秘面纱"

本文发表在深圳《节能技术与市场》杂志 2009 年第 1 期

中央空调变频节能改造，已经越来越成熟和普及，但至今还是存在争议，本文来揭开它的"神秘面纱"。

一、"神秘的面纱"之一

中央空调不能做变频改造，即使变频的水泵节能，可相应的制冷主机能耗更大；另外，水泵变频调速后改变的水压、流量不符合冷水主机的运行条件。

深圳一家一级物业公司有两个商业楼宇（以下简称 A 大厦、B 大厦），中央空调制冷主机（表附3-1）和冷却、冷冻泵（表附3-2）的情况如下：

中央空调制冷主机的数据　　　　　　　　　　　　　　　　　表附3-1

大厦	主机	型号	功率	电流	水流量	冷冻水压差	冷凝水压差
A	XX	XX	320kW	486A	67.2L/s	75kPa±5%	90kPa±10%
B	XX	XX	210kW	369A			

说明：
1. A 大厦中央空调的水流量、冷却和冷冻水压差是物业公司花了很大的代价才由厂家的工程师私自提供；但 B 大厦的空调数据厂家绝对不提供。
2. 因涉及厂家的秘密，空调主机和型号用 XX 代替。

中央空调冷却泵、冷冻泵的数据　　　　　　　　　　　　　　表附3-2

大厦	水泵	厂家	电压	电流	功率	频率	扬程	流量	冷却塔高度
A	冷却	湖南	380V	84A	45kW		32m	324m³/h	
B		广州	380V	84A	45kW	50Hz	50m	200 m³/h	A 大厦 84m
A	冷冻	湖南	380V	69A	37kW		30m	270 m³/h	B 大厦 36m
B		广州	380V	69A	37kW		44m	187 m³/h	

关于中央空调的节能改造，物业公司从 1998 年初开始讨论，同时咨询了设计院和空调厂家，他们认为：他们的产品是最好最节能的，冷却泵、冷冻泵的变频节能没有任何意义，是顾此失彼的做法，即使水泵节能，可相应的制冷主机能耗有可能上升，而主机的耗电更大；

另外，水泵变频调速后改变的水压、流量不符合冷水机主的运行条件。设计院和空调厂家强烈反对变频节能，以致物业公司领导层犹豫不决。

我们是通过节能三部曲才说服所有的反对者和领导层。

第一部曲：季节的温差变化说明空调是多变量的设备，不同的季节不同的温度有不同的节能效果。中央空调系统的设计参数都是按最热天气、最大负荷加一定余量而设计的。但在实际运行中，空调系统极少在该极限条件下工作。中央空调主机能在一定的范围内根据负荷的变化而变化，如环境、温度、房屋建筑的密封程度、室内灯光、人流等，但冷却泵、冷冻泵却不能随之作出相应的调整，仍在高负荷状态下运行。

第二部曲：中央空调设备的运行数据。根据厂家提供A大厦中央空调水流量、冷却和冷凝水压差，作为实施节能改造的最重要参考数据。

第三部曲：根据厂家提供的数据，从中央空调的实际运行情况分析和试验结果验证节能改造。A大厦所有冷冻、冷冻泵的阀门一直在半关闭状态（阀门开启度只有1/3），如果阀门完全打开，导致水压过高，水泵超负荷运行，如冷冻泵电机电流达95A（而额定电流是69A），水泵发热并经常烧坏轴承（2002年年底烧坏一台水泵的轴承套）；B大厦的情况比较特殊，1～4层（6000m²）是商场，冷气供应时间要求8：00～21：30；5～6层（2800m²）空置未出租(原计划是酒店)；7层（1417m²）空置(2003年才开始装修出租)；8～24层是住宅不用中央空调；25～27层是集团的办公场地，冷气供应时间要求8：00～17：30，周六、日和节假日不办公，所以下班后和节假日中央空调只供应1~4层，空调主机的余量非常大。

长期观察空调的运行情况，我们认为：A、B大厦的中央空调都有余量，尤其是B大厦的节能空间更大。至于水泵的节能效果如何，我决定把A大厦的消防泵变频器（富士37kW）临时安装到冷冻泵做试验，冷冻泵管道阀门全打开（原打开1/3），设备运行的具体数据见表附3-3。

A大厦中央空调冷冻泵变频节能测试数据　　　表附3-3

时间 月日	温度（℃）		机号	进水 温度	出水 温度	温差	进水 压力	出水 压力	压差	水泵 频率
	室内	室外								
7. 29	28	39	2号	13.4	9.1	4.3	500	350	150	50
7. 29	28	39	2号	13.8	8.9	4.9	440	340	100	43
7. 29	28	39	1号	14.2	9.1	5.1	390	300	90	43
7. 30	28	37	2号	13.9	8.8	5.1	450	340	110	43
7. 30	28	37	2号	13.9	8.8	5.1	440	330	110	41
7. 30	28	36	1号	14.2	9	5.2	360	270	90	37
7. 31	29	36	2号	13.3	8.2	5.1	440	340	100	42
7. 31	29	36	2号	14.1	8.8	5.3	420	340	80	40
8. 1	28	32	1号	12.9	7.9	5	440	350	90	42
8. 1	28	36	1号	12.4	7.6	4.8	420	340	80	40

试验数据分析：当夏天室外温度 39℃（基本上是最热温度），变频器的运行频率43Hz，冷冻水温差5.1℃，不但实现冷冻泵节能30%左右，而且设备的运行工况更加合理，如果在秋季、冬季、春季，室外气温较低（与夏天高温比较），冷冻泵的节能效果更佳。

通过以上三部曲的工作，物业公司内听不到任何反对的声音，我们决定B大厦的冷冻泵、冷却泵作为节能的试点。空调厂家得知消息后，强烈反对，并以将来设备出现问题则不再保修来要挟。但公司非常明确的告知厂家：因为中央空调耗电大，经过测试后表明节能的空间也很大，现在立即实施节能改造，如果空调厂家不保养主机，物业公司自己保养。中央空调变频节能改造完成后，节能效果比较理想，详见《深圳综合楼中央空调节能改造》或《节能：中央空调改造势在必行》城市开发杂志 2008 年 9 月，具体见表附 3-4。

中央空调冷却、冷冻泵用电（节能改造前后）统计 表附3-4

时间	改造前用电	改造后用电	节约电度	节能率	电费（元）	工程造价
2001 年	365300 度	——	——	——	328770	120000 元（成本价 10 万元，奖励工程人员 20000 元）
2002 年	382400 度	——	——	——	344160	
2003 年		204200 度	178200	46.6%	183780	
2004 年		203896 度	178504	46.7%	183506	
2005 年		205887 度	176513	46.2%	185298	

说明：中央空调节能改造后，通过一年时间运行（2003 年与 2002 年比较），节约电能 178200 度（160380 元），节能率达到46.6%，即不到 1 年时间收回投资成本，节能的效果非常好

完成B大厦中央空调节能改造后，公司又集中精力攻关A大厦的节能改造，经过前期的试验和实际运行，发现A大厦的冷却泵（45kW）设计严重偏大，冷冻泵（37kW）可以代替冷却泵，即拆掉冷却泵，用冷冻泵替代，再到市场上买30kW的水泵替代冷冻泵，但把45kW的冷却泵废掉也太可惜了。经与水泵厂家商量：厂家提出收回我们的冷却泵和冷冻泵，因为现在的水泵效率更高，将45kW的冷却泵换成30kW，37kW的冷冻泵换成22kW，节省的电费按2年时间回收。

换泵后年节能效果（每天开机10小时，每年按220天计算）如下：

(45+37−30−22) kW × 10h × 220d=66000 度电

经过换泵后，每年可节省电费66000度，水泵厂家每年只回收60000度电，剩下6000度电的收益归物业公司，两年后水泵归物业公司所有。

在换泵的基础上再增加变频控制冷却泵和冷冻泵。

二、"神秘的面纱"之二

中央空调节能改造的高新技术不断升级换代，推广到市场上却是喜忧参半，喜的是技术层次越来越高，忧的是厂家的垄断并以此作"秘密武器"。

深圳另一家一级物业公司在深圳的中央空调项目非常多，初步设想把其中一个写字楼的中央空调项目（冷却泵 110kW,冷冻泵 90kW）外包给有优势的专业化公司,自己也省事。所有投标的公司都说他们的技术如何先进，电脑软件的控制如何精确，看了几十多家公司的投标方案后，我的疑虑更深：

高新技术问题一：我们节能公司是站在整个中央空调系统的角度考虑，冷却泵和冷冻泵变频后，不但水泵节能，整个系统更加节能。其他公司只是简单的冷却泵和冷冻泵用变频，这样的结果只是水泵节能，而用电大的制冷主机更加耗电，所以小公司是不能考虑的，选择大公司才更有保证。关于我们公司中央空调的相关数据？在什么状态下才最节能？结果没有一家公司能说清楚，这种为了拿项目的营销手段怎么能让人放心呢？

高新技术问题二：各节能的方案都说他们做改造后节能效果达到 80 万 ~120 万度电每年。我给他们算了一笔账，大家都是做冷却泵、冷冻泵变频改造的，我们的设备每天运行 10 小时，一年运行 250 天左右，水泵（110kW+90kW）每年的耗电量（$200 \times 10 \times 250$）50 万度电左右，80 万度电是怎么节省？

高新技术问题三：现在的电脑很普及，用电脑控制主机，万一电脑有故障怎么办？网上监控的控制主机（电脑）中病毒或被黑客攻击怎么办？这些问题导致中央空调无法启动怎么办？总不能让写字楼里的人都享受桑拿吧！结果没有一家公司敢再说天花乱坠的所谓高科技。经过多次沟通后，我发现所谓的（软件）智能控制是厂价的炒作，其实是智能监视，即在网上监视到设备的运行状态和相关数据而已。

高新技术问题四：制冷主机通信协议问题。很多公司都说可以控制中央空调主机？实现全自动化控制，减少人力资源的成本，有谁知道制冷主机的通信协议？各节能公司都要物业公司与中央空调厂家沟通，要求厂家开放制冷主机的协议？这是根本不现实的问题，空调厂家关于中央空调的运行数据也是在我们威逼利诱、用尽各种手段才"骗"来的，制冷主机的通信协议对外开放，代价更高；如果设备出现故障，维修保养的厂家和节能公司肯定扯皮；而且所有的节能公司没有一家公司知道中央空调系统的具体数据，只是以自动化控制或软件方面的优势力量去面对涉及水、电、机械、制冷等综合性的多变量的中央空调，说明这些公司的节能改造也是盲目的，技术优势有限，万一把中央空调主机烧坏了怎么办？

高新技术问题五："高新技术"等于高回报。因为各节能公司所谓的高新技术、营销手段、改造价格等，笔者都不能接受，笔者决定还是物业公司做。但各节能公司利用电脑软件控制，可以随时在互联网上监视到主机的运行状态和各种运行数据，对笔者感触很深。

物业公司中央空调实施变频节能改造三部曲：

第一部曲：通过各种手段从空调厂家取得中央空调的相关数据，以此评估系统的节能。

设备选型的余量：现场有主机 3 台（大机 2 台，小机 1 台），冷冻泵 4 台（大泵 2 台，小泵 2 台），冷却泵 4 台（大泵 2 台，小泵 2 台）。系统参数见表附 3-5 和表附 3-6。

中央空调系统设备统计表　　　　　　　　　　　　　　　表附3-5

项目	制冷主机（2台）	冷冻泵（2台）	冷却泵（2台）	中央空调最经济运行参数		
功率	629kW	90kW	110kW	项目	冷冻水	冷却水
电流	1037A	164A	201A	温度（℃）	7 ~ 12	32 ~ 37
扬程	——	32m	32m	水压降（kPa）	53	88
流量	见右边	765m³/h	900m³/h	流量（m³/h）	633	756
制冷量	1050RT					

中央空调系统设备统计表   表附3-6

项目	制冷主机（1台）	冷冻泵（2台）	冷却泵（2台）	中央空调最经济运行参数		
功率	313kW	45kW	55kW	项目	冷冻水	冷却水
电流	533A	84A	102A	温度（℃）	7～12	32～37
扬程	——	35m	31m	水压降（kPa）	92	80
流量	见右边	350m³/h	468m³/h	流量（m³/h）	301	362
制冷量	500RT	——	——	——	——	——

分析：如空调大主机的流量，即主机在满负荷状态的最经济运行所需的冷冻水、冷却水流量分别是 633m³/h、756m³/h，而实际对应的冷冻泵、冷却泵的流量却是 765m³/h、900m³/h；空调小主机的情况亦如此，主机最经济运行为 301m³/h（冷冻水）、362m³/h（冷却水），对应的水泵的流量为 350m³/h（冷冻泵）、468m³/h（冷却泵）。设计严重偏大，造成能源的长期浪费。

设备运行情况分析：空调主机、冷却泵和冷冻泵在各个时间段的工作状态见表附3-7。

中央空调运行参数   表附3-7

		空调主机	冷冻泵	冷却泵	标准参考值
负荷率	上午	70%	——	——	——
	下午	50%			
	晚上	28%			
电压		上午：377V 下午：380V 晚上：385V			380±2%
电流	上午	939A			——
	下午	764A	145A	185A	——
	晚上	490A			——
	时间	上午	下午	晚上	——
冷却水	进口压力	900kPa	700kPa	700kPa	
	出口压力	700kPa	900kPa	900kPa	压差：88kPa
	压差	200kPa	200kPa	200kPa	
	进口温度	34.2℃	30.9℃	29.4℃	32℃
	出口温度	38.2℃	34.3℃	31.2℃	37℃
	温差	4℃	3.4℃	1.8℃	5℃

		空调主机	冷冻泵	冷却泵	标准参考值
冷冻水	进口压力	920kPa	850kPa	850kPa	压差：53kPa
	出口压力	850kPa	920kPa	920kPa	
	压差	70kPa	70kPa	70kPa	
	进口温度	10.5℃	10.1℃	8.8℃	12℃
	出口温度	6.9℃	6.9℃	6.9℃	7℃
	温差	3.6℃	3.2℃	1.9℃	5℃

分析：中央空调早、中、晚的运行变化非常大，主机的负荷也根据负荷的变化而作出相应的调整，但水泵的功率与流量却保持不变，是典型的大流量小温差，严重的大马拉小车现象（见压差、温差等数据）。长此以往，能源浪费所造成的影响日益加深。

第二部曲：根据设备的选型和运行情况，设计相应较节能的控制技术和产品。笔者专门找了一家变频器生产厂家，让他们按照要求在变频器生产时增加一些控制元器件，以实现最优的控制。节能改造后的效果见表附3-8。

中央空调系统2006年（工频）与2007年（变频）的用电统计　　　　表附3-8

月份	2006 年	2007 年	用电比较（2006 年与 2007 年之差）
	中央空调系统用电	中央空调系统用电	
1	41753.00	36283.00	5470.00
2	36420.00	26891.00	9529.00
3	60280.00	38707.00	21573.00
4	118164.00	73452.00	44712.00
5	162075.00	126691.00	35384.00
6	209116.00	157722.00	51394.00
7	232760.00	190040.00	42720.00
8	213419.00	170095.00	43324.00
9	164844.00	132156.00	32688.00
10	152257.00	121970.00	30287.00
11	121677.00	101430.00	20247.00
12	66594.00	51003.00	15591.00
合计	1579359.00	1226440.00	352919.00

注：1.中央空调节能运行从2007年1月中旬开始
　　2.中央空调系统用电是中央空调主机和冷却泵、冷冻泵的用电量之和
　　3.中央空调冷却泵和冷冻泵节能25万多度电，主机节电10万多度电

通过我们的优化设计，在变频器增加控制元器件，节能改造后冷却泵和冷冻泵年节电25万多度，制冷主机年节电超10万度，实现系统（水泵和制冷主机）节能的技术至今尚掌握在少数人手里。

节能三部曲：持续改进，将中央空调设备纳入因特网，实现网上只能监视，方便管理。我又找变频器生产厂家商量，要求开放变频器的通信协议，并在变频器增加接口，如中央空调的温度、压力、流量、用电量等，直接在变频器的输出线读出这些数据；通过软件、自动化控制等各专业工程师攻关和反复试验，我们完成自己的软件，实现了网上智能监视中央空调设备：设备的运行状态、运行参数可随时在网上查询。现在，我们在智能监视的基础上研究设备升级到智能控制，即通过成熟的软件控制中央空调系统。

三、神秘的面纱三

中央空调厂家：空调制冷主机、冷却泵和冷冻泵都不能使用变频技术实现节能，但不说出理由；制冷和暖通专家：经过激烈争论，大部分人不反对变频技术的优势但还是不同意使用变频，主张换泵；机电专家：主张用变频，而且要求空调厂家公开设备的参数，自动化控制技术很容易根据这些参数实现控制（但空调厂家不愿说出参数）。这次争论的结果虽然不理想，但中央空调变频节能的面纱已经不神秘了。

四、神秘的面纱四

到底谁在苦苦支撑中央空调变频节能的"神秘面纱"？空调厂家反对变频，但无论是市场上的产品，还是空调厂家向我们推销，现在的中央空调制冷主机已开始使用变频技术，更别说冷却泵、冷冻泵的变频了。这种结果让我们更疑惑：空调厂家反对别人使用变频技术，甚至用各种理论（变频的水泵节能，可相应的主机能耗更大；水泵变频调速后改变的水压、流量不符合冷水主机的运行条件）和手段恐吓别人（设备出现问题不再保修），可他们的产品连制冷主机都用变频节能，到底是技术封锁还是产品营销的手段？设计时因为缺乏空调的相关数据，还是人为因素，设计严重偏大是很正常的事，甚至把中央空调冷却、冷冻供水等同于生活变频供水，以致设备严重超压，不但导致系统耗电，而且随时会损坏设备。

我们中央空调变频节能改造和市场上不断出现的变频中央空调说明：中央空调的变频节能并不神秘，通过科学技术实现中央空调节能降耗，在理论和技术上非常成熟，在经济上具有可观回报。

B.物业资产管理从设备节能开始

本文发表在深圳《节能技术与市场》杂志 2008 年第 3 期

摘要：物业服务是劳动密集型的产业，经营的成本越来越高：（柴）油（紧张）、电（经常拉闸限电）、水、气等材料和人力资源成本（深圳规定 2008 年 7 月 1 日起，市内最低工资标准从 860 元提高到 1000 元，关外从 760 元提高到 900 元）；不断上涨；而且现在深圳的房地产行业低迷，严重影响下游的物业服务企业。现在物业的竞争是狼烟四起，与狼共舞的格局，国外（境外）如第一太平戴维斯、世邦魏理仕（CBRE）、戴德梁行（DTZ）、熊谷物业等已在国内生根发芽。因此，劳动密集型的物业行业的竞争更加激烈，生存更加艰难。

国外的设计院、国外的物业公司，没有给国内的房地产/物业服务行业带来更好的节能技术和节能经验，反而是国内的节能行业协会（尤其是中国电工技术协会电气节能专委会、深圳市节能专家委员会、深圳市电气节能研究会等）集中了各种行业的节能专家一直在研究节能技术、在交流节能经验、在推广节能技术和节能经验。

科学技术是第一生产力，充分利用科学技术实现减员增效（减少人力资源的投入）和节能降耗（提高机电设备的使用效率，拓展企业节能降耗的经济增长点）是物业服务企业的核心竞争力和实现可持续发展的保障。

物业服务行业设施设备的节能重点由三部分组成：中央空调系统、电梯系统、照明系统，另外包括物业服务行业长期忽视了的电能质量问题。

一、中央空调系统节能

中央空调用电占整个大厦的30% ~ 60%，是最耗能的设备之一，因此，中央空调系统的、综合的节能降耗是关键，即中央空调制冷主机节能和冷却泵、冷冻泵的变频调速节能等，而不是单一的只做某一部分的节能，企业一定要根据自己的实际情况因地制宜，综合考虑。

（一）主机节能

目前比较成熟的是清洗球自动清洗和余热回收技术。

1. 清洗球

中央空调的水是长期存放在主机、管道、冷却塔、盘管风机里面，这些水必须经常用化学药水清洗处理后，才能保证水质符合要求，传统的化学药水清洗不但易滋生病菌，严重污染环境，影响空调使用人的身心健康；而且使用的化学药水对主机、管道、冷却塔等腐蚀更严重；最不利的是制冷主机的铜管因长期有水而积垢，这些泥垢直接降低了制冷主机的制冷量效率，导致主机更加耗能。清洗球技术主要是中央空调运行时循环水带动清洗球在主机管道反复摩擦，自动清除主机铜管壁内的泥垢，实现主机节能（主机节能达到10%以上）和环保（减少化学药水的使用）。

2. 余热回收

中央空调主机废（余）热回收（深圳规定超过1万 m^2 的热水使用场所必须强行推广此技术），在整个空调供冷季节热水生产不耗能。优势是：效率高，节能显著，除热水节能100%外，空调机组可节电5% ~ 15%，环保无污染。在酒店、足浴、桑拿等行业要求供热时间长（如酒店要保证24h供热），中央空调废热回收应重点推广，最好再配合热泵设备，拟补充中央空调停机时，由热泵系统供热。

（二）中央空调冷却泵、冷冻泵的变频调速节能

中央空调系统的设计参数都是按最热天气、最大负荷加一定余量而设计的。但在实际运行中，空调系统极少在该极限条件下工作。中央空调主机能在一定的范围内根据负荷的变化而变化，如环境、温度、房屋建筑的密封程度、室内灯光、人流等，但冷却泵、冷冻泵却不能随之做出相应的调整，仍在高负荷状态下运行。根据流体力学知识原理，流量Q与转速n一次成正比：$Q=k_1n$；扬程H（水阻）与转速n二次方成正比：$H=k_2(n)^2$；功率P与转速n三次方成正比：$P=k_3QH=k_1k_2k_3(n)^3$；其中，k_1、k_2、k_3 为系数，因此，当所需流量减少，频率低（水泵转速降低），电动机功率则成三次方下降，如频率下降10Hz（50Hz降至40Hz），流量减少20%，而功率则下降近49%，此时，流量虽减少，但仍在空调技术允许范围内。变频调速节能使冷冻水泵和冷却水泵能随空调主机负荷的变化而自动变速运行，水泵节电率达20% ~ 50%（详见表附3-9、表附3-10）。

中央空调变频节能投资与回收案例 表附3-9

时 间	项 目	冷却泵/冷冻泵	工程投资	年节能（万元）	投资回收
2003 年	综合楼	45kW/37kW	12 万元	18.5 万元	一年内
2006 年	卓越项目	110kW/90kW	15 万元	35 万余元	半年内

卓越项目中央空调系统2006年（工频）与2007年（变频）的用电统计 表附3-10

月份	中央空调系统用电		用电比较（2006 年比 2007 年）	系统节电率
	2006 年	2007 年		
1	41753.00	36283.00	5470.00	13%
2	36420.00	26891.00	9529.00	26%
3	60280.00	38707.00	21573.00	35%
4	118164.00	73452.00	44712.00	37%
5	162075.00	126691.00	35384.00	21%
6	209116.00	157722.00	51394.00	24%
7	232760.00	190040.00	42720.00	18%
8	213419.00	170095.00	43324.00	20%
9	164844.00	132156.00	32688.00	19%
10	152257.00	121970.00	30287.00	19%
11	121677.00	101430.00	20247.00	16%
12	66594.00	51003.00	15591.00	23%
合计	1579359.00	1226440.00	352919.00	22%

注：1. 中央空调系统用电是中央空调主机和冷却泵、冷冻泵的用电量之和
   2. 中央空调节能运行从 2007 年 1 月中旬开始
   3. 2 月份（中旬开始）、3 月份和 4 月份因天气温差大，根据温度变化在变频调速的基础上再通过人工调节制冷主机实现管理节能，系统的节能效果非常好（因各种原因，管理节能未形成制度坚持下去，从这两个月的节能效果说明，管理节能的效果非常理想）

二、电梯节能

电梯（升降梯）节能回馈再生技术（以下简称电梯节能回馈技术）

在物业管理行业，承担上下运行交通工具的电梯，投诉占第一位（最多最严重也是最影响地产和物业品牌的投诉）。电梯故障多的主要原因之一是：电梯在制动运行时制动电阻温度高（100 多度至 250 度的温度），导致电子元器件长期在高温状态下运行，电梯为保护自身系统的安全而自动停止运行（也有人叫死机）等各种软故障；制动电阻的高温不但导致电梯机房的环境温度恶劣，更增加了电梯的能耗，而且电梯机房须额外增加空调（或

风机）来降低环境温度，才能保证电梯的正常运行（即双重耗能：电梯制动电阻耗能和机房空调耗电）。

原理和优势：电梯变频器泄放大电容中电量的方法是采用制动单元和外加大功率电阻，将大电容中电量消耗到外加大功率电阻上白白浪费掉，电梯节能回馈则可以将大电容中储存的高效、清洁、环保的电量无消耗的回收再利用，即将储能电容中的多余能量采用逆变技术（造电）回送给交流电网，供给其他正在用电的设备使用，达到既节能、造能又快速制动的目的。此技术最大的优势是减少电梯制动电阻的发热源，有效地降低了机房的环境温度，避免了电梯长期在高温状态下运行导致的电子元器件老化，减少电梯的故障率（如电梯死机等各种软故障），并有效地延长了电梯的使用寿命；额外带来的效应是节能和造能：造电率达到 18% ~ 46%（楼层越高，速度越快，载重量越大，造电效果越好），并节约电梯机房的空调（风机）耗电和维修养护费用，综合节能效果非常理想（详见表附 3-11 ~ 表附 3-13）。

深圳鸿基三菱电梯使用节能回馈技术前、后电梯的温度　　　　　　表附3-11

测试前后	制动电阻	防护罩	电脑主板	触摸防护罩感觉	环境温度
测试前	214℃	56.1℃	49 ~ 54℃	手不能接近防护罩	室外：33℃
测试后	43℃	38.9℃	39 ~ 43℃	手可以长时间触摸	室内：35℃

安装电梯节能回馈器的用电统计：造电率达到25%　　　　　　表附3-12

日期	时间	电梯用电量		电梯回馈电量		造电率
		电表读数	用电度	电表读数	造电度	
9 月 13 日	21:15	2479	——	41565	——	——
9 月 14 日	10:22	2507	28	41574	9	24%
	15:20	2521	14	41579	5	26%
9 月 15 日	16:40	2584	63	41600	21	25%
9 月 16 日	15:20	2635	51	41617	17	25%
9 月 17 日	15:00	2692	57	41636	19	25%
9 月 18 日	17:00	2754	62	41656	20	24%
9 月 19 日	14:25	2807	53	41674	18	25%
9 月 20 日	15:30	2870	63	41695	21	25%
9 月 22 日	12:00	2978	108	41730	35	24%
合计	——	——	499	——	165	25%

造电率 = 电梯回馈电量 ÷（电梯用电量 + 电梯回馈电量）× 100%

　　　　 = 165 ÷（499 + 165）× 100% = 25%

未安装电梯节能回馈器的用电统计 表附3-13

日期	时间	电梯用电量		备注
		电表读数	用电度	
9月22日	12：00	2978	——	未使用电梯节能回馈器，2号电梯每天用电量大约是76.4度电
9月27日	10：40	3360	382	

扶梯节能

不管有没有人经过，自动扶梯都不停地运转，这是深圳乃至全国公共场所中普遍存在的现象。殊不知这种看似方便的背后，却有大量电能被白白浪费掉了。

原理和优势：在扶梯安装传感器和变频器，根据传感器信号，有人乘坐时，扶梯以原有的设计速度运行，无人乘坐时，扶梯以原有1/5的速度运行，可节电50%左右，效益明显；减少机械磨损（无人乘坐时，扶梯速度慢，机械磨损大大降低，减少扶梯易损件的维护费用）；延长扶梯的使用寿命；安全可靠（当扶梯上人后，机器以很慢的加速模糊控制曲线运行，让人感觉不到扶梯进入到额定速度；改造中考虑了变频系统与原有系统的并存，便于故障时系统相互切换，不影响用户的使用）。

三、照明系统

1）全面启用寿命长的28W的T5直管荧光灯（比传统40W日光灯加上8W的镇流器（即48W）节省20W）。

（1）重点是24h使用的地下停车场照明，其次是设备房和办公场所。地下停车场照明时间长，40W日光灯的数量多，而且地下停车场对照明的光照度要求不高（不像办公场所对照明的要求比较高）。

（2）节能与投资回收（购买T5荧光灯的市场价是40元/盏）

0.02kW × 24h × 365d = 175.2度/年（即使用T5荧光灯每年节省175度电）

即不到四个月可以回收投资成本。

2）使用节能灯。电梯轿厢、单元门大堂、小区草坪灯、围墙灯等换上品牌节能灯：节能灯的光效是白炽灯泡的5倍，如5W白光的节能灯等于25W灯泡的光照度，故降低能耗的效果非常明显，而且现在的节能灯质量性能好。

3）楼梯、消防通道灯改为自动控制：如声光控的开关控制，保证人到灯亮，人离开一段时间后灯灭，实现自动化控制，有效杜绝长期亮灯的损耗和根本不现实的人力控制开、关灯。

四、电能质量

电能质量是指供给敏感设备的电力和为其设置的接地系统均适用于该设备正常工作。合格的电能质量应当是恒定的频率和恒定幅值的正弦波形的电压和连续供电。造成用电设备故障或误动作的任何电力问题都是电能质量问题，其表现为电压、电流或频率的偏差，用电设备受电压变化影响见表附3-14。

用电设备受电压变化影响 表附3-14

用电设备	额定电压	实际电压	影　响
白炽灯	220V	209V	光通量减少18%，降低效率，影响视力。
		198V	光通量减少30%，降低效率，影响视力。
		232V	寿命减少30%。
		244V	寿命减少一半。
电炉等发热设备	220V 或 380V	电压偏低	电热设备的发热量与电压的平方成正比，电压低则使设备发热量急剧下降，生产效率降低。
电动机	380V	电压偏低	电动机滑差加大，定子电流增加，绕组温度升高，加速绝缘老化，缩短电机寿命。
		电压偏高	损坏电机绝缘，励磁电流大产生过电流，缩短电动机寿命。
电视机/显示器	220V	电压偏低	屏幕显示不稳定，图像模糊，甚至无法收看。
		电压偏高	缩短显像管寿命。

在物业管理行业，应该重点关注电压问题（电压偏高或偏低）和谐波的危害等。在今天的住宅、工业、写字楼、商场、特殊物业等，变压器、变频调速装置、直流电源、电脑、节能灯、电视机、各种电子设备等在使用过程中会产生大量的谐波电流注入电网，严重的会导致继电器误动作、导线发热、设备增加功率损耗、甚至烧毁用电器等，当发现谐波（如出现干扰）时应尽快处理。因此，物业机电设备的安全使用、保值、增值，更要关注电能质量，实现真正合格的、优质的、环保的、绿色的供电质量。

物业资产管理是系统工程，现代科学技术将引领物业管理行业快速转型，摆脱微利行业的包袱，实现项目资产的保值增值。

变而后大，穷而后工
——物业管理在绿色中发展

住宅与房地产 2011 年第 1 期本文由深圳《住宅与房地产》杂志徐辉采访和写作

从哥本哈根到坎昆，低碳减排的生活方式已经成为世界各国的共识。而随着我国建设节约型社会的全面开展和建筑节能工作的不断推进，节能减排理念也逐步深入人心，节能环保技术不仅在新兴建筑得到广泛推广运用，既有建筑的节能改造也表现出了旺盛的需求。

但凡行业市场出现新的变局，作为服务主体的物业管理企业自然会予以高度关注。那么物业管理企业应该怎样扛起"低碳生活"这面大旗？怎样将建筑节能改造项目纳入物业管理范畴？怎样才能让建筑节能改造项目与物管品牌相互支撑，以培育企业的核心竞争力？绿色物业管理在现阶段又存在着哪些挑战？

契机——国家低碳政策所向，产业转型大势所趋

随着国家将应对气候变化、降低二氧化碳排放纳入国民经济和社会发展规划，低碳、环保就已经不再是环保专家的专用名词术语，各行各业都在加入到新时代下全新的绿色改革中来。这其中，耗能巨大的建筑物自然引起了人们足够的关注，而作为建筑后期的使用管理主体，物业管理公司在其中又扮演着怎样的角色？他们又如何看待绿色物业管理呢？

深圳市港隆物业有限公司品质经理魏将表示，由于历史原因，我国城乡既有建筑中90%以上的是高耗能建筑，而作为建筑管理主体，物业公司在建筑运营中努力开展节能减排工作责无旁贷。"有资料显示，建筑的碳排放占到整个社会碳排放量的3成以上，而建筑建成运行期间的碳排放又占到了整个建筑碳排放量的一半以上，开展绿色物业管理大有可为"，他进一步指出，"目前国家已经关闭了一些火力发电厂、造纸厂等高耗能的工厂企业，这表明高碳在现阶段政策大环境下是不被允许的，迟早会被淘汰，物业企业对此要有充分的认识。"

深圳市航天物业管理有限公司董事张建平认为，除了响应政府号召，物业行业自身也有做好节能减排工作的诉求，"现今行业入行门槛低，同质化现象十分明显。人力物力成本在不断上涨，物业费的收入却日渐式微，随之而来的行业恶性竞争让行业发展陷入僵局。而绿色物管作为行业重要的发展方向，完全可以与常规的物业管理相互支持，相得益彰。"深圳市东部物业管理有限公司总经理晏华也表示，传统规模管理的链条已经不足以推动企业和行业进一步向前，专业化领域产生的利润依然有限，"10年前我们将物业管理看成是朝阳行业，但时至今天行业必须变革，企业在对扩展力有新的认识，要沿着集约型的发展道路，利用内部资源走内涵式的扩大再生产，找到新的突破口。从这个角度上看，对绿色物业管理的探索也是具有重要意义的，也许在若干年后往回看，其意义并不会亚于物业协会和业委会的成立。"

深圳市之平管理发展有限公司执行总裁余绍元指出，打造"绿色管理"、为业主营造"绿色文化与生活"，已不仅是物业管理企业对服务顾客的责任，更是整个行业的社会责任的重要体现。"绿色管理"既是行业的社会责任，也是促进物业管理行业的持续健康发展的重要举措。魏将也表示，发展绿色物业管理对行业可持续发展大有裨益，"对行业而言，能否积极响应政府号召，主动承担社会责任，可使行业为更多的业主所接受，提高行业的认可度，提升从业人员的社会地位；对企业而言，实施绿色物业管理，必然会致力于节能降耗，以及环境绿化、垃圾处理等方面的管理工作，这样既减少支出，又美化环境，经济效益和社会效益两者兼得。"

探索——推行绿色低碳管理，物业公司大有可为

既然在现阶段推行绿色物业管理有着充分的历史必要性，那么物业公司在实际管理中应如何操作？很多物业企业在这方面有着自己的探索。

受访者普遍表示，物业公司一方面可以通过专业化的运营管理手段节能，一方面可以通过节能技术设备的改造。余绍元指出，随着行业逐步由劳动密集型向技术密集型转变，愈来愈多的技术也被运用到行业当中，"从恒温恒湿控制技术到中水回用及雨水收集系统，再到日常无纸化办公等，各个层面的节能降耗技术都已有了一定的市场利用。企业的能耗

成本是比较大的一块，在有些企业它甚至能占到总成本 20% 以上，因此应用节能技术将有助于改善许多企业收不抵支的窘境。我们在重庆有一个 150 万 m² 的超大型社区，节能效果是喜人的，就停车场照明来说，我们对照明系统进行全面改造，细化了日常管理控制模式，结果有效延长了照明系统的使用寿命，使停车场日常照明的能耗减少了近一半。”DTZ 戴德梁行高级工程经理、中国电工技术协会电气节能专委会专家郭连忠也认为，目前市场上各种设施设备的节能技术改造都比较成熟，但企业也要有选择性“在微利的物业公司动用资金并不那么容易，在技术改造时要对既有设备进行节能潜力的评估，对有潜力的投入资金改造实现降耗。”

　　除了改造技术设备，专业化的运营管理手段也是绿色物业管理非常重要的一环。“低碳并不意味着要花费巨大投入，通过管理手段同样能达到一定的节能效果”，郭连忠向记者表示，“企业可根据设备的设计、使用动态、季节变化等进行合适的运行调整。如：深圳夏天很多场所的中央空调温度很低，严重耗能且容易带来空调病，这时在供冷质量不变和保证舒适度的前提下，可通过调高制冷主机的温度实现节能。按经验，温度调高一度，制冷主机可以节能 5% 左右（高的达到 8%），以 10 万 m² 的写字楼为例，通过管理节能，每年可节约 30 万度电左右。”余绍元也认为物业公司可以通过更科学、更合理的管理方法来节约能耗，“管理高层住宅区，可在小区内定点设置分类垃圾回收站，引导业主每天自觉将垃圾拎至指定地点分类投放，既减少了垃圾袋和垃圾筒的消耗，又减少了逐层回收垃圾时造成的二次污染这些细节管理措施有助于保持社区良好的人居环境，也为业主实现了物业资产的保值、增值。”

　　深圳市东部物业管理有限公司董事长张解放则指出，在绿色管理上物业公司应想方设法“开源节流”。“对节流企业都有自己的认识，通过水电精细化管理以降低小区的综合能耗，但物管公司节能观念要从单纯的抑制需求转变为提高能源效率，因为节能不能以降低服务品质来实现。在实践中可采用很多方法，根据用水情况及时调整供水压力，根据天气季节变化和业主需求及时调整路灯电梯和水景观等设备的启停时间，及时发现解决跑冒滴漏，及时统计水电消耗情况……”。他进一步说道，“而开源应该得到行业更多的关注，它就是通过既有建筑的节能改造，改变其能源结构，充分利用清洁和可再生能源，降低小区总体能耗”。物业公司可利用市场化手段，在合适的区域建立太阳能集群供热系统，也可在小区建立雨水回收利用系统工程，收集雨水用于绿化、水景等。我们前几年在深圳高新北区投建的太阳能集群供热项目已经取得了一定成功，至今集热面积已达约 3000m²，日供应 45℃ 热水 200 多吨，可年节约用电 200 多万度，节约电费 100 多万元，相当于节省标煤用量近 1000 吨。

困境——仍未形成成熟的市场化运作机制

　　尽管物业公司开展低碳管理有着广阔的前景，但现如今行业却没有形成一定的规模和体系。那么物业企业在推动绿色管理的过程中又遇到了何种难题？

　　郭连忠指出，从宏观角度看，目前全球并没有形成统一的绿色评级体系和标准，这不利于绿色物业管理的发展，而目前我国的物业管理也是高耗能的企业，但国家和业界对碳排放还没有统一的审计、核查和交易标准。低碳概念虽然已经谈论得很多，但具体落实到绿色物业管理上，标准和具体的操作模式还没有形成。

"对物业企业而言，实现绿色管理面临最直接的就是改造资金和设备产权问题，"张解放说道，"既有建筑节能改造需要较大的资金支持，要分散群体的业主出资难度很大，让开发商把已到手的资金再次投向已售项目更不靠谱，而许多节能公司只愿意做工程，而不愿意对项目进行投资和运营管理，看上去物业企业是不二的选择。但一般的企业缺乏足够的改造资金，设施设备的产权问题更是让企业畏首畏尾。这就要求我们对既有建筑节能改造项目的市场化运作机制进行全方位的探索。"

关于绿色物业管理的市场运作，晏华说道，"EMC 合同能源管理模式在国外得到了普遍的运用，而 BOT 的经营模式在绿色物业管理方面也得到了一定程度的运用。通过与节能科技公司的合作，一定程度上解决了物业企业资金和设备产权方面的瓶颈，让市场多方主题实现共赢，并使'节能减排工作成为创造效益的一种方式'成为现实。"他进一步指出，物业管理有着明确的市场主体和运作机制，既有建筑的节能改造项目要纳入物业管理范畴，也必须是市场行为，也必须有明确的投资、运营和消费主体和规范的市场化运作机制。"既有建筑进行节能改造，只有将其纳入到物业管理范畴与其他公共设备设施一起实施科学的'一体化'管理，才能最大限度地发挥作用。解决了产权问题，就解决了物业企业节能改造的后顾之忧，物业企业在市场作用下自然会完善'售后服务'，设备的经营管理问题也会迎刃而解，自己的孩子自己养嘛。因此政府和企业要努力探索市场化运作机制，实现物业管理领域与节能环保新领域的对接。"

张解放表示，目前国家在绿色物业管理方面还没有相对完善的政策支持，"现阶段国家在低碳产品的生产设计方面给予了较大关注，相比之下产品设施的使用运营方面则比较空白，相应的资金和税收优惠政策并没有跟上。"郭连忠指出，我国目前相关的节能理论和技术还有待进一步宣传推广，节能产品也需要进一步的交流平台，否则面对市场上令人眼花缭乱的节能技术和产品，物业公司未必能够辨别优劣，甄选出适合自己的。张建平坦言，企业在推行绿色物业管理时会遇到技术上的难题，但技术难题并非大问题，技术只是手段，只要有市场需求，它迟早都会得到解决，关键还是在于尽快形成合理的市场化运作机制，让各方主体在这个平台上实现自身利益诉求。

愿景——形成行业共识，期待政府借力

尽管市场的完善需要时间孕育，但业界关于绿色物业管理的尝试无疑触碰着行业进步的神经。那么，物业人对绿色物业管理又有着怎样的发展愿景？

郭连忠强调要加强绿色产业链的合作，"房地产上下游应开展合作，物业企业可以介入建筑规划设计阶段，并根据建筑运营的情况对规划提出合理建议，管理期间可与技术公司开展合作；除房地产产业链外，政府和其他社会力量也应该通力合作，在国家层面上，政府应学习西方绿色产业的相关技术和体系标准，并根据国情制定合适的法律、政策等，同时积极宣传倡导新能源的使用和绿色低碳的生活方式；而科研院校和高新企业则要搞好科研，为绿色产业提供产品和技术支持。"在行业内，大家普遍认为行业应该形成低碳运营、实现行业可持续发展的共识，并要明确自己肩上义不容辞的责任。"绿色低碳已是行业发展不可逆的趋势，企业应该审时度势，根据自有资源的特点开展各种方式的低碳工作，"晏华说道。"物业项目由于地缘优势对社区居民具有着无与伦比的辐射力。物业企业有足够的理由向居民宣传低碳，并引导其具体行动"，魏将则指出，"物业企业可以提供老旧物

品交换的跳蚤市场，可以带领人们在日常生活中进行垃圾的分类及回收处理，可以配合无车日、熄灯一小时等活动进行环保低碳的宣传，让绿色生活方式深入人心。这不需要多少技术或是资金上的支持，但它的力量却是难以估量的。"

"物业公司只是人们雇来的保姆，不是社会福利院，要想让物业公司独自扛起建筑节能改造的重担并不现实"，张解放直言，"响应政府号召也好，争取社会效应也罢，对物业企业而言，做出的努力和尝试终究还是要转化成经济效益。低碳是要付出成本的，物业企业凭借自身力量并不足以扛起低碳生活这面大旗。国家现在亟须完善产业政策的配套支持，对真正在低碳方面做出努力的企业应该给予经济上的补贴奖励。"但他同时指出，"产业政策的配套和经济支持并不意味着让政府钻入无底洞，探索合理的市场化道路，充分利用经济杠杆的作用，就能让绿色物业管理健康快速地发展，它并不需要政府过多的财政支持。政府如果对建筑改造项目实行贴息贷款，就减轻了融资上的一些困难，鼓励了企业实行低碳改造。"

恩格斯在谈到欧洲文艺复兴的时候曾深情赞美道："那是一个需要巨人而且产生了巨人的时代。"巨人与时代，时代与巨人，总是相互需要，交相辉映。在绿色低碳引领着物业管理行业变革之际，我们相信会有更多致力于绿色低碳探索的企业和有识之士出现，引领行业走向可持续发展的道路。

附录4：商业培训交流案例

商业培训交流案例见表附4-1。

气象预警，保障安全和赢得商机　　　　　　　　　　　　表附4-1

案例名称	气象预警，保障安全和赢得商机			
作者	郭连忠	单位	上海区域商管公司	职务	副总经理

一、案例背景（包括故事发生的有关情况，如时间、地点、人物、事情的起因等）

据相关媒体报道：2010年5月7日的一场暴雨，将华南区某市一住宅项目车库中近400辆车淹没，所有被水淹的车主集体维权，要求当地市政施工单位、气象台、保险公司和物业公司等各相关单位负责赔偿损失。

二、分析和解决问题过程（故事里有哪些困难和问题，分析问题的思路和过程，解决问题的过程）

通过研究此项目的水淹事件，主要原因是当地城市为了办好亚运会，进行大规模的体育场馆和市政道路建设，面对突发性的暴雨，因工程施工导致市政管网排水不通、河涌倒灌等严重的水淹事件。针对此物业同行的水淹事件，笔者开始研究：气象台为什么不能及时预报，提醒公众尤其是物业公司？为此，笔者专门走访××市气象台，咨询重大暴雨的气象信息，据气象台领导介绍：暴雨和冷空气等各种天气信息是可以提前预报的，而且我们城市气象台可以提前预测一个月、甚至更长时间的气象信息。这些提前预警的气象资源，对商业管理公司，能更有效的规避资产管理风险，实现资产保值、增值。

1）我们物业公司成为气象台会员后，对于重大暴雨，总部和驻地领导的手机都能提前获悉，这样可以更加及时有效地做好预防：准备防洪沙袋，检查地下停车场的排水泵确保设备正常，规避水淹风险。以前针对重大暴雨，总部通过公司的办公网站和邮箱大规模的发送信息，甚至不厌其烦的打电话通知相关领导，自从成为气象台会员后，对天气变化的沟通更加方便快捷、及时有效。

2）高温预警：高温季节，是设备超负荷、甚至会出现各种故障的高峰期，因此通过气象信息提前知道高温天气后，工程部门将加大设备的降温，更有针对性的防范各种机电设备的问题，确保设备的安全；而对于户外工作，如清洁工等特殊工种，可以灵活改变上班时间，力争减少中午和下午的高温暴晒，杜绝以前一线员工的中暑问题，实现人性化管理。

3）商业运营部门也充分利用气象信息：在下雨和冷空气来临前，商管公司会提前告知商户，让商户们有充分的时间提前准备好充足的雨衣、雨伞等雨具和保暖的衣物、电热器等，根据天气变化更加主动地营销，增加货物的销售，减少库存和周转，赢得商机。

三、可借鉴内容、价值（通过上述案例，总结经验和教训，分享心得体会）

成为气象台会员，可以共享气象信息：实现提前预警，最大限度地规避暴雨的危害、高温天气的预警等不利因素，确保设备安全，以及杜绝一线员工（清洁工等）的中暑现象，实现人本化管理；而且提前知道雨季和冷空气信息，商家也能提前掌握商机，提升商业经营和管理水平。

学员回帖：

1）在以往的工作中对天气情况都是被动接受，本案例中新介绍的方法对日后的工作有很大的帮助，值得借鉴。——内蒙古商管李总（总经理）

2）未雨绸缪，很好地体现了工作前瞻性带来的好处，最大限度地降低了工作风险，给我起到了警醒作用，此案例很好。——内蒙古商管乔总（物业副总经理）

3）小小的气象预报，精细化后。可以如此多的应用，很让人启发。——湖北武汉商管李总（总经理）

4）充分利用社会资源信息来弥补自身资源短板。凡事提前预想，事前预防胜于事后补救。通过本案例可以看出，在日常工作中，要充分利用社会公共信息资源来弥补我们自

身短板，同时事前预防胜于事后补救。——商管总部张总（各地总经理）

5）凡事预则立，不预则废，作为管理者，应有最基本的风险控制意识，能从平常的事物中发现可控的风险，小小天气预报的关注运用，举一反三，各部门根据各自工作职责将信息软件与天气情况有效结合，可提升工作效率，防范职业风险，提高工作业绩，小改进，大收益。该案例说明处处留心皆学问，气象预报此类小改进计划能大大规避经营风险，提高经营业绩。管理者应该从细节入手，纵观全局，组织资源，高效执行，实现小投入大产出。"金手指"提名——海鹰号谢总（招商营运副总经理）

6）"未雨绸缪，防患于未然"提前做好对安全隐患的检查，制定出应急措施，可以减少损失，提升服务质量，最终提高客户的满意度！——福建商管陈瑞敏（招商营运副总经理）

7）该案例让我们认识到提前了解相关信息，不仅仅限天气，包括高温等信息等，都是让我们提前做好应对措施的有效工具。——海鹰号程总（招商营运副总经理）

8）对事物的预见性，利用能够利用的资源，为企业的安全隐患采取提前预防，与此同时，将有限的资源最大限度地使用，达到小资源办大事的效果。——江苏商管宋经理（人事行政经理）

9）日常工作中，员工之间、员工与上级之间、部门之间沟通非常重要，特别是在我们商管系统这样的大型集团中工作，学会用智慧、情商、用心去沟通，工作会提高工作效率，还可以密切联系各部门之间的工作关系，好完成各项工作任务，天气预报案例值得借鉴。——沈阳区域商管：范经理（人事行政经理）

10）管理无小事，任何事件只要足够重视，都能发现管理学问。——江苏商管王经理（人事行政经理）

11）气象管理是企业管理容易忽略的环节，案例中能及时吸取以往教训，并从中改进，将气象转为日常管理并从中受益，体现当代管理者兼容并举，突破创新的勇气和胸怀，对我们有借鉴意义！有用！"金手指"提名——辽宁号李总（财务副总经理）

12）科学运用资源，关注细节，与信息共享，赞！——山东商管贺良君（物业副总经理）

参考文献

[1] 王占奎. 变频调速应用百例. 北京：科学出版社，1999.

[2] 谢家谨等. 物业设施设备管理指南. 北京：中国市场出版社，2010.

[3] 张孔娟，曾霁朗. 我国生物质能源发展新探索. 中国经济新闻网，2011.09.20.

[4] 邹道忠. 地温空调技术——二十一世纪最具发展潜力的节能环保型空调技术. 2004年深圳节能技术与市场.

[5] 邹道忠. 第二届中国建设工程质量论坛论文集. 北京：中国建筑工业出版社，2007.

[6] 杨文会，宋鸿筠. 环境艺术概论. 北京：化学工业出版社，2004.

[7] 陈德豪. 物业管理理论与实物. 广东：广东经济出版社，2005.

[8] 郭连忠. 设施设备管理重在科技手段节能. 中国物业管理，2008，7.

[9] 郭连忠. 节能：中央空调改造势在必行. 城市开发，2008，9.

[10] 郭连忠. 深圳综合楼中央空调节能改造. 深圳节能技术与市场，2006，9.

[11] 像白兰花一样坚持——梁斯鸿说植物的灵魂. 南方都市报，2010，8.

[12] 邹道忠. 论蒸发温度、冷凝温度对制冷效率的影响. 发电与空调，2013，4.

[13] 邹道忠. 建筑师设计手册（英译中）. 北京：中国建筑工业出版社，1988.

[14] ISO9000资料. http://www.shenheyuan.net.

[15] 赵向标. 传统风水与现代住宅. 北京：群言出版社，2007.

[16] 智慧城市综合体. http://www.bellsent.com.

[17] 范学臣，高沛峻等. 公共机构节能审计. 北京：中国环境科学出版社，2010.

[18] 曹林娣. 中国园林艺术概论. 北京：中国建筑工业出版社，2009.

[19] 黄安心. 物业管理原理. 重庆：重庆大学出版社，2009.

[20] 梁桂全，赵细康等. 低碳知识与低碳广东. 广州：广东人民出版社，2011.